教师教育系列教材

学前教育活动设计与实施

王　萍　主　编

刘　丹　华苏阳　王　瑜　副主编

清华大学出版社

北　京

内 容 简 介

本书严格按照《3~6岁儿童学习与发展指南》《幼儿园教育指导纲要(试行)》的理念进行创作,遵循学前儿童身心发展规律,坚持科学教学,在新知识的理念下,全面系统地介绍了学前教育活动设计的原理、方法,并穿插幼儿园具体案例进行辅助说明,力求理论结合实际,打造通俗易懂、具体可操作的设计模式。本书共十章,第一章对学前教育活动设计的概念、意义等进行了阐述,第二章介绍了国内外著名学前教育活动设计,第三至七章具体介绍五大领域教育活动设计概要,第八章介绍了区域活动及主题活动的设计,第九章介绍了幼儿园一日生活活动的设计,第十章对课程改革和发展新动向进行说明,提出展望,环环相扣。

本书可作为学前教育的专业教材,也可作为学前教育教师继续教育的培训教材。希望通过本书,可以为从事幼教行业的人员提供学前教育活动设计理论和实践方面的指导,并给予一定的思考。

图书在版编目(CIP)数据

学前教育活动设计与实施/王萍主编. —北京:清华大学出版社,2021.10
教师教育系列教材
ISBN 978-7-302-59147-4

Ⅰ. ①学… Ⅱ. ①王… Ⅲ. ①学前教育—活动课程—课程设计—师资培训—教材 Ⅳ. ①G613

中国版本图书馆 CIP 数据核字(2021)第 182830 号

责任编辑:陈冬梅
封面设计:刘孝琼
责任校对:李玉茹
责任印制:丛怀宇

出版发行:清华大学出版社
    网 址:http://www.tup.com.cn, http://www.wqbook.com
    地 址:北京清华大学学研大厦 A 座   邮 编:100084
    社 总 机:010-62770175   邮 购:010-62786544
    投稿与读者服务:010-62776969, c-service@tup.tsinghua.edu.cn
    质量反馈:010-62772015, zhiliang@tup.tsinghua.edu.cn
    课件下载:http://www.tup.com.cn, 010-62791865
印 装 者:三河市铭诚印务有限公司
经 销:全国新华书店
开 本:185mm×260mm 印 张:17.5   字 数:426千字
版 次:2021 年 12 月第 1 版   印 次:2021 年 12 月第 1 次印刷
定 价:49.80 元

产品编号:092426-01

前　　言

党的十九大强调"优先发展教育事业，办好人民满意的教育"，首次提出"实现'幼有所育'，努力让每个孩子都能享有公平而有质量的教育"，这肯定了学前教育在我国教育发展中的巨大作用。办好学前教育，关系到千千万万儿童的健康发展，更关系到国家和民族的未来。

面对新的形势，幼儿园教育活动的质量也成为我们需要关注的重点。设计良好的、适合儿童身心发展的教育活动有利于儿童的全面发展，也能为儿童一生的发展奠定基础。如何设计这样的活动课程，是需要我们不断探索的课题。

本书以国内外著名学前教育活动设计理论和实践为指导，深入探讨了幼儿园五大领域课程的设计原理，从目标的设定到具体的活动过程，分领域将理论与实践相结合进行了阐述，并配有翔实的教案设计加以说明。在此基础上探讨课程改革与学前教育发展新动向，对学前教育活动的设计提出了新的希冀与展望。

从结构上来讲，本书由浅入深，环环相扣。行文从引导案例出发，增添学习指导，从实践出发引入主题，结合《3～6岁儿童学习与发展指南》、《幼儿园教育指导纲要(试行)》、学前教育活动设计相关理论进行阐述，理论与实践相结合，更好地展示了学前教育活动设计的本质精神。从内容上看，每个领域都按照学前教育活动设计的具体步骤进行翔实记录与指导，另添加"拓展阅读"模块，帮助读者更好地理解内容的重点，且在每章结束设置"思考与练习"模块，以巩固各章的学习成果并加深理解。

本书由王萍任主编，刘丹、华苏阳、王瑜任副主编，统稿由王萍、王瑜完成。第一章由赵悦同编写，第二章由王瑜编写，第三章由王萍编写，第四章由吴瑛编写，第五章由刘丹、华苏阳编写，第六章由王萍、姚丹编写，第七章由赵蕊、蔡慧多编写，第八章由曹然编写，第九章由赵新编写，第十章由刘秋凤编写。

在此，感谢所有参与本书编写之人的努力。学海无涯，本书难免存在不当、疏漏之处，恳请各位学者、专家不吝赐教，并提出改正建议。

编　者

目　　录

为学之道，必本于思，思而得知，不思则不得也。

——程颐

第一章　学前教育活动设计概述

本章学习目标

➤ 熟悉学前教育活动的分类和特点。
➤ 熟悉学前教育活动设计的注意事项。
➤ 了解学前教育活动设计的意义。

核心概念

学前教育活动(preschool education activities)　教育活动设计(educational activity design)
学习能力(learning ability)　儿童主体性(children's subjectivity)　领域活动(field activities)

引导案例

案例一：在某幼儿园的中班，由于午休时班里几个孩子吵着要讲"白雪公主与七个小矮人"的故事，于是下午刘老师临时决定，带领孩子们玩这个故事的角色扮演游戏。由于准备时间匆忙，没有故事主人公的服装，道具也很简单，不少孩子对此失去了开始的兴致，还有个别男孩子对这个故事根本不感兴趣，可是当时老师没有在意也没有喊停。当孩子们开始分角色选道具的时候发生了矛盾，大家都想扮演美丽的白雪公主，没有人想演小矮人，许多小朋友都很不高兴，这时刘老师随意分配了角色，要求他们必须按照分配的角色演。表演终于开始了，有个小朋友忘了台词，可惜刘老师对故事情节不是很了解，不能及时给予指导。

案例二：张老师为了让学前儿童学习"蜡烛的燃烧需要氧气"和"压强会使水位上升"的知识，准备进行一次名为"神奇的水"的科学教育活动。她提前备好课，准备了合适的道具，确保每个学前儿童都有一份。上课了，老师请学前儿童利用眼前的蜡烛、盘子、水杯等道具，让水位自动上升，孩子们积极尝试，有的把蜡烛放在水里，有的用盘子盖住水杯……最后，张老师把蜡烛点燃放在盘子上，盖上水杯，等蜡烛熄灭后水位就升高了！孩子们都很激动，因此印象也很深刻。

（资料来源：https://mbd.baidu.com/ma/s/Kau9Sue3）

 案例分析

我们可以清晰地对比出上述两则案例的差异。案例一中刘老师不懂如何设计教育教学活动，所以发生了学前儿童不感兴趣、活动过程发生冲突、教师因不够熟悉故事情节而不知如何指导的种种意外。而案例二中的张老师提前做好准备工作，分析了"水能否升起来"和"水怎样升起来"会不会引发学前儿童的兴趣，这样的科学教育活动是否有意义，并准备了充足的道具。由此可见，学前教育活动的设计与实施尤为重要。那么，学前教育活动的设计由哪些环节组成呢？有什么特点和要求呢？教师又该如何进行教育活动设计呢？

 学习指导

本章的学习重点是学前教育活动的特点、活动设计的原则和任务以及活动设计的注意事项。在学习过程中首先要仔细阅读教材，掌握相关的理论。其次，要结合自己的学习，了解教育活动设计的基本环节。最后，根据教学实践活动，掌握学前教育活动设计对学前儿童和教师的实际意义。

幼儿园教育是通过教育活动来实现的，幼儿园的教学活动是保证教育目标实现的重要途径之一，它不只为学前儿童系统地提供了新的学习经验，也是帮助学前儿童把学习经验系统化、引导其心理水平提升的重要手段。那么，什么样的教学是有效的？教学活动如何达到有效性？这是当前幼儿园课程改革研讨的核心问题。所谓有效，是指通过教师在一段时间的教学之后，同学所获得的具体的进步或发展。有效的教学，需要教师采取相应的教学准备战略、教学实施战略和教学评价战略。教学活动的设计是对一次活动的具体行动规划，是教师进行教学的蓝图，也是教师取得良好教育效果十分必要的前提条件。可见，教学活动设计得好坏，是教学活动是否有效果的关键。

第一节　学前教育活动设计的特点

一、学前教育活动

广义的学前教育活动指的是对受教育者——学前儿童施加教育影响的一切活动。狭义的学前教育活动专指在学前教育机构实施的活动，包括幼儿园教育活动和托儿所教育活动。其目的在于促进学前儿童身心健康发展，培养学前儿童将来成为国家和社会所需要的高素质人才。

(一)学前教育活动的构成

学前教育活动的基本要素包括主体、客体和活动过程。

主体是对客体有认识和实践的人，是客体存在意义的决定者。学前儿童是学前教育活动的主体，是最积极的因素。同时，教师也是另一活动主体。此外，教师也是教育活动的

组织者、指导者和支持者，对教育活动的顺利进行起着不可替代的作用。哲学上客体是与主体相对应的两个概念，是主体以外的客观事物，是主体认识和实践的对象。学前教育活动中的客体是指学前儿童活动的对象，包括活动所涉及的人和物以及环境。活动过程是由活动主体与活动对象进行接触与发生作用的过程，它是活动的体现，由活动主体的动作、操作、语言等构成。

(二)学前教育活动的分类

学前教育活动按不同的标准可分为以下五类。

(1) 按教育内容划分，学前教育活动可分为学前单科教育活动、学前领域教育活动、学前主题教育活动和学前区域教育活动。

(2) 按活动性质划分，学前教育活动可分为一日生活活动、教学活动、游戏活动、操作活动和考察活动。

(3) 按活动形式划分，学前教育活动可分为集体教育活动、小组教育活动、个别教育活动，各种形式之间相互配合、合理交替、互为补充。

(4) 按学习方式划分，学前教育活动可分为接受式学习、体验式学习、探究式学习、合作式学习。

(5) 按活动参与人员划分，学前教育活动可分为全园活动、亲子活动等。

(三)学前教育活动的特点

1. 计划性

学前儿童去幼儿园接受教育是自愿的、有计划的，家长可以根据学前儿童和自己的各方面情况综合考虑是否送进托儿所或幼儿园，以及送进哪所托儿所或幼儿园。家长想让学前儿童学到哪些技能，得到哪些方面的发展，也是可以与幼儿园教师协商的。此外，教师在选择活动之前要考虑到活动的价值和意义，能否让学前儿童学到知识，会给学前儿童带来哪些积极影响。

2. 生活性

学前儿童的年龄特点和身心发展需要决定了幼儿园教育活动目标和内容的广泛性，也决定了必须遵循保教合一的教育教学原则。对于学前儿童来讲，除了认识周围世界、启迪其心智的学习内容以外，一些生活所需要的基本知识和能力，如卫生习惯、生活自理能力、交往能力等，都需要学习。在学前教育活动中，儿童更多是在生活中学习生活，在交往中学习交往。即使是认知方面的学习，也必须紧密结合学前儿童的生活经验，才能被学前儿童理解和接受。因此，幼儿园教育活动具有浓厚的生活化特征——活动的内容来自学前儿童的生活，活动的实施贯穿于学前儿童的每日生活。

3. 情境性

在学前教育阶段，由于学前儿童的认知水平较低，知识经验欠缺，他们主要是通过感官和动作认识客观世界，与周围生活环境中的事物直接接触，进行感知和操作，获取直接经验。而且，他们的思维方式主要是具体形象思维，学前儿童只有通过感官和动作确切地接触到事物并操作，才会理解。因此，学前教育活动大多是以情境性为主的，对学前儿童来讲，只有在活动中的学习才是有意义的学习，只有在直接经验基础上的学习才是理解性的学习。

4. 整合性

所谓整合性，是指教师主导作用和学生主体作用的整合、媒体演示和语言解说的整合。

第一种是教师主导作用和学生主体作用的整合。在这种背景下，教师容易出现两种教学形式。一种是教师包办型，整个活动过程全由教师做主，形成一种我说你听、我问你答的态势，效果很不好；另一种是放纵学生型，有些教师为了体现学生的主体地位，便放开手让他们去做，对活动的过程没有指导和参与，导致整个活动在快乐中进行、在混乱中结束。所以，教育活动应是教师主导性和学生主体性的有效整合。

第二种是媒体演示和语言解说的整合。在现代化教学中，媒体的使用增加了活动的趣味性，但如果过度地运用媒体又会喧宾夺主，所以教育活动应处理好媒体演示和语言解说的关系。

(四)学前教育活动的本质特点

学前教育活动的本质是指教师依据学前儿童的特点，制定教育活动目标，选择教育活动内容，采用一定的教育方式和手段科学地安排和组织活动，支持学前儿童活动、促进学前儿童发展而事先研究制订具体的、可操作的计划的行为，这种行为应该具有系统性、动态性和合作性。

二、学前教育活动设计

(一)学前教育活动设计的含义

学前教育活动设计一般是指根据幼儿园教育的目标，在一定的教学理论和原则的指导下，对幼儿园教育活动的结构方法和手段等多种因素进行优化组合而设计形成的，相对稳定而又概括的范型，是为促进儿童学习而对学习过程和资源所做的系统安排，是分析儿童的学习需要和目标以形成满足儿童学习需要的互动系统的全过程。

(二)学前教育活动设计的基本环节

1. 活动设计思路

设计思路即设计意图，是根据当地教育资源、幼儿园及学前儿童的实际情况，结合活动内容概述活动过程中拟实践的教育理念、原则和方法。

2. 活动目标

学前教育活动的目标，是指通过教育活动所要达到的预期效果。教师应根据学前儿童的年龄特点、原有的水平和能力、活动的内容和性质来确定具体明确的活动目标。

3. 活动准备

活动准备是教育活动正常进行所必需的知识与物质准备，具体包括学前儿童的经验准备、材料准备、活动场地的布置等。

4. 活动过程

活动过程设计是对教育活动中的各个部分内容与方法事先加以确定,通常包括导入、展开、结束这三个基本步骤。

5. 活动评价

学前教育活动的评价是学前教育评价的重要内容,教育活动的评价因教育及教学观的不同,评价项目也有所不同,但教学评价的核心目标都是为了了解教学活动的成效。了解教师和学前儿童的行为,主要从目标、内容、教师和学前儿童这几个方面进行评价。

(三)学前教育活动设计的原则

1. 发展适宜性原则

设计活动、组织活动和实施活动都应该符合学前儿童的年龄特点、学习特点和生理特点,教师在参与过程中应该考虑到每个学前儿童的不同,关注每个学前儿童的个体差异,设身处地为学前儿童着想。此外,教育活动设计应在最近发展区内有延伸的空间,应着眼于学前儿童的最近发展区,为学前儿童设计带有一定难度的学习内容,调动学前儿童的学习积极性,挖掘其潜能,超越其最近发展区而达到下一发展阶段的水平,然后在此基础上进行下一个发展区的活动。

2. 教育科学性原则

教育科学性原则是指教育活动必须在科学理论的指导下,运用科学思维方法进行指导的教育行为准则。科学性的主要标志是信息全面、预测正确、步骤清晰、责任目标明确、反馈及时。现代教育发展规模越来越大,变化越来越快,影响越来越广,以前没有遇到过的新情况、新问题层出不穷,经济、科技发展的一体化,要求教育过程中必须遵循科学性原则,有利于为学前儿童树立科学正确的世界观、人生观、价值观。学前教育活动设计时必须科学合理地安排时间、地点和活动内容,以保证学前儿童健康发展。

3. 儿童主体性原则

从幼儿园教育活动本身来说,在活动中教师和学前儿童是共同参与、相互配合的,可以说他们都是活动的主体。学前儿童的主体性是指儿童能够根据自己的需要、兴趣、意志和发展要求支配自己的行为,具有主动、积极的心态以及探索未知和创新的内在需求。

因此,学前儿童教师在进行活动设计时要遵循以学前儿童为主体的原则,在活动内容和方法的选择上要注重激发学前儿童的能动性、自主性和创造性,要善于激发学前儿童的学习兴趣和学习动机,为学前儿童创设良好的环境,提供适宜的操作材料,并适时地进行指导,这样有利于发挥学前儿童的主体性,使学前儿童能够积极参与生活和教育活动,有利于促进身体的发展和心智的成熟,同时也有利于培养兴趣,保护他们的好奇心,有利于促进学前儿童心理过程和个性的发展。

4. 教育开放性原则

教育开放性原则是指教师在进行学前教育活动设计时,既要根据一定的教育目标要求和内容范围,在预测、分析学前儿童的学习需要以及年龄特点的基础上对教育活动进行必要的预设，同时也要给教育活动留有足够的空间，这种空间是随时随地为学前儿童偶发的、自然生成的、即时体验的活动准备的。其具体体现在以下几个方面。

(1) 活动目标的开放。教师在设置目标时要充分考虑活动的内容特点、班级学前儿童的年龄特点、时间、地点等多方面的因素，如区角活动与学科活动目标的区别，集体活动与个别活动、小组活动目标的区别等。比如为《雨的神秘》教学活动制定目标时，就要充分考虑没有下雨和真的下雨了，在室内还是在室外等不同的因素，有区别地进行活动目标的预设。

(2) 形式的开放。教师在进行活动设计时，针对不同领域和不同的教育对象等应该灵活采用不同的活动形式，根据不同的活动内容、不同的儿童特点等因素充分考虑活动形式的多样性和灵活性。

(3) 内容的开放。教师在选择活动内容时既要充分考虑对儿童发展和获得知识经验有价值的活动内容，又要考虑哪些内容是儿童真正感兴趣的内容，要留有一定的空间，允许学前儿童有自己的主张和选择。

5. 联系性原则

联系性原则是指在教育活动设计中将各种不同领域的内容、各种不同的学习形式与方法加以有机地融合，将其作为一个互相联系而又不可分割的完整体系来对待。教育活动设计的联系性主要包括教育活动内容和形式的相互渗透和整合，把幼儿园中五大领域的活动内容相互融合在一个活动中完成，可以是集体进行的、正式的教育活动，也可以是个别选择的、非正式的区域活动等。同时教师可以将不同的学习方式加以渗透和整合，让学前儿童在操作、游戏、实验等不同形式的活动中实现活动目标。

(四)学前教育活动设计的任务和要求

学前教育是基础教育的有机组成部分，是学校教育制度和终身教育的奠基阶段。因此，学前教育应为每一个学前儿童近期和终身发展奠定良好的素质基础。

学前教育活动是教师有目的、有计划地利用幼儿园所提供的环境和资料，与学前儿童通过交流与合作，促进学前儿童身心发展的过程。

学前儿童的教育活动设计必须本着丰富学前儿童的生活、满足他们的身心发展的原则，以帮助他们度过快乐而又有意义的童年为目的；应充分尊重学前儿童作为学习主体的经验和体验，尊重他们身心发展的规律和学习特点，以游戏为基本活动，引导他们在与环境的积极互动中得到发展；应贯彻落实国家的教育方针，坚持保育与教育相结合的原则，对学前儿童实施德、智、体、美诸方面全面发展的教育。

(五)学前教育活动设计的注意事项

在设计活动时要考虑到学前儿童的兴趣点以及年龄特点、学习特点和生理特点，要考虑到教师已有的知识经验，对学前儿童和教育内容的了解程度，还应考虑到活动是否符合《幼儿园教育指导纲要(试行)》(以下简称《纲要》)的要求以及活动的价值和意义。具体提出以下几点要求。

1. 教师应加强理论学习

教师应认真学习《纲要》，贯彻落实《纲要》中的目标要求，通过自学、活动实践、观摩其他教师的课堂教学活动等方式，结合实际，取长补短，提高自己设计教学活动的技能技巧，提升课堂教学水平。

2. 应力求有自己的特色，并符合学前儿童实际情况

活动的设计应考虑到个体差异，依据学前儿童的发展水平确定活动方式，有些学前儿童对于某种事物已有大量的感性知识，教师稍加讲解，学前儿童就可以理解，就不必使用直观道具进行演示，而有些学前儿童缺乏感性认识基础，必须采取直观演示的方法，学前儿童才能理解。例如，农村学前儿童和城市学前儿童认识鸡鸭的区别在教育方法方面就应有所区别。对处于不同年龄及思维水平不同的学前儿童要采取不同的教育方法，还要多创设情境，用情境来激发学前儿童的参与兴趣，开发学前儿童的智慧潜能。

3. 要考虑到幼儿园和地方可提供的条件

幼儿园和地方可提供的条件包括社会条件、自然条件、物资设备等。如果不具备这些条件，就会限制某些教育方法(如直观法、探索法、独立工作法等)的运用。在现代技术设备较好的条件下，教师就有可能使用较多样的教学方法，设计较丰富的教育教学活动，使学前儿童更快地获取知识。如果没有现代化的设备和条件，教师只能更多地设计以语言讲解为主的教育活动。就教育条件而言，农村幼儿园和城市幼儿园的条件是不一样的，我们应该尽量利用各自的优势开展有效的教育活动。

4. 教师的素质与个性特点也是不可忽视的重要因素

由于教师的素质与个性的影响，不同教师在设计同一个活动时效果也会有差异。这时的个性主要是指在教师个性心理基础上表现出来的教学风格，对不同的教育活动气氛的好恶，与学前儿童的亲疏程度等。例如一个口语较差的教师，设计教育活动时就可以多利用多媒体设备；表情态度和蔼可亲的教师可以多设计一些角色扮演、做游戏的教育教学活动。因此，教师要正确认识自己，扬长避短，根据自身特点设计恰当有效的教育教学活动。

第二节　学前教育活动设计的意义

一、学前教育活动设计对教师的意义

(一)有利于促进内化理论

学前儿童教育活动设计应贯穿于整个学前教育教学活动中，活动设计是教育教学活动得以顺利进行的基本保证。教师们每天接受的专家理论很多，但专家都是站在比较宏观的理论层面上讲解，一般没有具体讲要怎样落实到实际教学中，这就导致了在实施过程中，教师对理论理解得不透彻，导致理论与实践严重脱节。积极进行教育活动的设计，有利于教师有效地把理论学习与教学实践紧密结合起来，使教育理论能落实到实践中并指导实践。同时，教师不断进行活动设计分析和准备的过程是一个主动学习的过程，这种任务驱动型的学习，有利于教师不断地内化理论并落实到自己的教学实践中，从而提高自己的教学能力。

(二)有利于促进自我反思

反思是促进教师素质提高的核心因素，只有经过不断地反思，教师的经验才能上升到一定的理论高度，才会对后续的教学行为产生积极影响。教师寻求优秀的教育活动的过程，也是整理自己思维的过程，既可以极大地帮助教师对自己的课堂教学进行深度的反思与总结，有利于他们专业技能的提升和专业的发展，又可以通过积极开展教育活动，探讨与幼儿园教育活动相关的问题，推进幼儿园教学的发展。通过反思，可以提炼并明确有效的教育行为及其理论依据，对于改进和指导今后的教学实践有重要意义。

(三)有利于提高教研实效

教育活动设计的过程实际上就是为教学活动制定蓝图的过程。通过教学设计，教师可以对教学活动的基本过程有一个整体的把握，可以根据教学情境的需要和教育对象的特点确定合理的教学目标，选择适当的教学方法，采用有效的教学手段，创设良好的教学环境，从而保证教学活动的顺利进行。好的教学活动设计可以为教学活动提供科学的行动纲领，使教师在教学工作中事半功倍，取得良好的教学效果。

教师通过研究分析别人的活动设计，总结成功的经验，吸取失败的教训，有利于相互学习，取长补短，共同提高。例如，幼儿园经常举办的研讨日活动，教研员与教师共聚一堂，大家一起畅所欲言地讨论"新理念体现在哪里""哪里存在问题""如何改进"，既谈自己对本次活动设计的看法，又结合自己的教学谈做法，力求在理论上说清楚，在实践上说具体，使理论变得看得见摸得着。这样既有利于教师专业能力的发展，有利于提高教研实效，对教育活动的顺利实施发挥积极作用；同时又能优化教育活动组织与实施的过程，增强学前教育活动的实效性。

二、学前教育活动设计对学前儿童的意义

(一)有利于培养学前儿童的想象能力

想象是人们为之奋斗的动力源泉，没有想象就没有发展，就没有进步。从小培养学前儿童的想象能力是非常有必要的，它有助于学前儿童各方面能力的提升，也可为他们以后的成长发展打下坚实的基础。教师在教学活动设计时，应灵活地把知识寓于活动中，寓教于乐地让学前儿童去学习、探索、发现、想象，让学前儿童自己去思考、自己去探索、自己去完善，从而收获意想不到的效果。

(二)有利于培养学前儿童的动手能力

理论与实践相结合，这一点非常重要。在教育活动设计中，应设计让学前儿童亲自动手操作的教学方式，比如美术教学活动中的手工制作，将学前儿童想象的东西变成现实，不仅有利于发散学前儿童的思维，锻炼学前儿童的精细动作能力，而且有利于对学前儿童各方面能力的培养，学前儿童从中获得的提升是十分珍贵的。

(三)有利于培养学前儿童的语言表达能力

从学前儿童的角度来说，语言表达就是让学前儿童能够把简单的事情表达清楚。在教

学活动的设计中，教师通过引导学前儿童进行谈话、与同伴交流讨论、师幼间的对话等丰富多彩的方式，比如语言教学的谈话活动和听说游戏，培养学前儿童的语言表达能力，让学前儿童想说、敢说、愿意说，为学前儿童语言表达创设良好的环境。

(四)有利于培养学前儿童的合作能力

只有协同作战，才能实现预期目标。因此，从小培养学前儿童的合作能力是很重要的。在教育活动设计的过程中，教师注重学前儿童合作能力的培养，从日常生活的小事做起，有利于培养学前儿童树立一定的合作意识，能够有意识地与同伴合作，有利于让学前儿童更加切身地感受合作的重要性，在一日生活各环节中进行渗透，有利于培养学前儿童逐步养成合作的好习惯。

(五)有利于培养学前儿童的学习能力

在幼儿园里，高质量高效的学前儿童教育活动可以满足学前儿童发展的需要，既有利于促进每个学前儿童健康和谐地发展，又可在很大程度上激发学前儿童的学习兴趣，使学前儿童的心理活动处于主动、活跃的状态，提高了学前儿童参与的程度和力度，激励学前儿童成为一个发现者、探索者，让学前儿童在好的教育活动中愉快、主动地收获知识，健康全面地发展。

📇 拓展阅读

有一个落魄青年流浪到了巴黎，他期望父亲的朋友查尔斯叔叔能帮助自己找一份谋生的差事。"精通数学吗？"查尔斯问。青年羞涩地摇头。"历史地理怎么样？"青年还是不好意思地摇头。"那法律怎么样？"青年窘困地垂下头。查尔斯接连地发问，青年都只能摇头告诉对方——自己似乎没有任何长处，连一丝一毫的优点也找不到。"那你先把自己的住址写下来，我总得帮你找一份事做。"查尔斯最后说。青年羞涩地写下自己的名字和住址，转身要走，却被查尔斯一把拉住了："你的名字写得很漂亮嘛，这就是你的优点啊。"把名字写好也算一个优点？青年在对方眼里看到了肯定的答案。我能把名字写得叫人称赞，那我就能把字写漂亮，我能把字写漂亮，我就能把文章写得好看……受到鼓励的青年，一点点地放大着自己的优点，他的脚步立刻轻松起来。数年后，青年果然写出了享誉世界的经典作品。这个青年就是家喻户晓的 18 世纪法国著名作家大仲马。

(资料来源：https://wk.baidu.com/view/786d9d8d7e192279168884868762caaedd33ba9a)

本 章 小 结

学前教育活动是以教师为主导、学前儿童为主体进行的多种形式的活动。本章从学前教育活动的概念入手，清晰地介绍了学前教育活动的定义、构成、分类和特点，然后引出了学前教育活动设计的含义、基本环节、原则、任务以及注意事项，最后重点分析了活动设计给教师和学前儿童带来了很多积极影响，让大家都能清晰地了解到学前教育活动设计的重要性。从教师的角度来看，学前教育活动设计有利于促进教师理论内化，提高自己的教学能力；有利于促进教师的自我反思，为今后的教学实践做指导；有利于提高教研实效，对教育活动的顺利进行具有积极作用。从学前儿童的角度来看，优秀的教育活动设计有利于培养学前儿童的学习能力、想象能力、动手能力、表达能力和合作能力，有利于培养学前儿童自愿自主学习的行为习惯，有利于提高学前儿童的学习和生活能力，让学前儿童能在安全高效的环境中健康全面地发展。

【推荐阅读】

[1] 朱家雄. 幼儿园教育活动设计与指导[M]. 北京：高等教育出版社，2015.

[2] 陈恒眉. 学前儿童发展心理学[M]. 南京：北师大出版社，2013.

[3] 刘晓东. 学前教育学[M]. 南京：江苏凤凰教育出版社，2009.

[4] 王化敏. 给学前儿童教师的一把钥匙[M]. 北京：教育科学出版社，2008.

[5] 闫玉双. 反思教育习惯[M]. 北京：同心出版社，2005.

思考与练习

一、名词解释

学前教育活动　　学前教育活动设计　　学前儿童的主体性

二、简答题

1. 学前教育活动的特点是什么？

2. 学前教育活动设计的原则有哪些？

三、论述题

1. 学前教育活动设计有哪些注意事项？

2. 请结合实际阐述学前教育活动设计的意义有哪些？

【实践课堂】

分析下面幼儿园师生的实际情况，帮助李老师设计一次合理的教育教学活动。

萌萌是一个懂事的孩子，平时爸爸妈妈在外面工作，他和奶奶生活，所以对奶奶十分依赖，由于上学期期末要回老家，所以提前一个月就请假了，待在家里的时间比较长。这学期对于他来说就像是新生刚入园一样，有很多地方不适应。浩浩是一个性格开朗的男孩子，他喜欢什么就和老师说什么，今天中午浩浩和李老师说想要收集公园里的各种树叶，他特别希望老师能够帮助他。甜甜是一个非常爱美的女孩子，每天都要换新衣服上学，喜欢布娃娃、小兔子等玩具，玩角色扮演游戏时喜欢争抢小公主的角色。而李老师本人非常细心，总是想要尽可能地照顾到每一个小朋友，并且擅长水彩、素描和手工制作。

国民的命运，与其说是操在掌权者手中，倒不如说是握在母亲的手中。因此，我们必须努力启发母亲——人类的教育者。

——福禄贝尔

教育就是激发生命，充实生命，协助孩子们用自己的力量生存下去，并帮助他们发展这种精神。

——蒙台梭利

第二章　国内外著名学前教育活动设计

本章学习目标

➢ 了解国内外著名学者的主要思想。
➢ 学会将国内外学者的主要教育思想应用到实际教学中。
➢ 掌握国内外著名学前教育活动的设计方法。

核心概念

恩物(gift)、游戏(game)、作业(task)、有准备的环境(prepared environment)、三段式教学法(three paragraph teaching method)

引导案例

活动名称：沉与浮的奥秘。

活动目标：

(1) 亲自操作，发现鸡蛋在清水与盐水里沉与浮的奥秘。

(2) 获取简单的操作经验。

(3) 对科学探究感兴趣。

活动准备：一盆盐水，一盆清水，两个鸡蛋。

活动过程：

(1) 在学前儿童面前摆放盐水与清水，里面各放一个鸡蛋，A 盆水中的鸡蛋是漂浮着的，B 盆水中的鸡蛋是沉下去的，A 盆比 B 盆的水量多一些。

教师引导学前儿童观察，引发讨论：为什么 B 盆水里，鸡蛋是沉下去的，而在 A 盆水里，鸡蛋是浮起来的呢？

(2) 学前儿童自主操作，教师在旁协助。学前儿童对这一现象进行观察并参与讨论。讨论后应使他们认识到，因为 A 盆水多，所以鸡蛋是漂着的。然后，老师引导学前儿童往 B 盆中加水。如果加水后鸡蛋还是沉的，学前儿童可以讨论下述几个问题。

学前儿童 1：我认为鸡蛋在这个盆里沉下去是因为水凉了(他只摸了 B 盆里的水但没摸 A 盆里的水)。

学前儿童 2：不对。因为这个盆里的鸡蛋重，咱们换个位置试试。

学前儿童把清水盆(B 盆)里的鸡蛋拿到盐水盆(A 盆)里，发现两个鸡蛋在 A 盆里都是浮着的。教师请学前儿童再看一看，想一想为什么。

学前儿童 1：(仔细观察水后)这盆水里有东西，比较混浊，所以使鸡蛋漂起来。

学前儿童 2：是糖。

学前儿童 3：是面粉。

学前儿童 4：它像是海水，不是面粉。

教师：糖是什么味道的？海水又是什么味道的？

学前儿童谨慎地蘸了一点尝了尝："是盐。"

最终学前儿童得出结论：盐水里的鸡蛋容易浮起来，清水里的鸡蛋会沉下去。

(3) 集中回顾探究过程，梳理经验。

今天我们发现了一件奇怪的事，鸡蛋放在水里，在这盆里沉下去了，在那盆里却没有沉下去。小朋友们也觉得很奇怪，大家一起找原因。一开始，你们觉得是什么原因？这个原因对不对？你怎么知道的呢？后来你又觉得是怎么回事？你又是怎么去做的？那现在你们觉得，为什么鸡蛋在盐水里能浮起来，在清水里会沉下去？

学前儿童不知道液体密度对浮力的影响，教师稍作解释，并鼓励学前儿童回家之后继续探究。

(资料来源：http://www.ruiwen.com/jiaoan/2297695.html)

案例分析

本活动遵循了陈鹤琴"大自然、大社会是活教材"的课程论，体现了整合化、本土化、生活化、学前儿童化、现代化的特点，凸显了学前儿童"主体建构"的活学本色，回归到"问题解决"的活用轨道，"活教、活学、活用"，摆正了教师"适度介入"的活教位置，让学习活动绽放出蓬勃的生命活力。

学习指导

国内外幼儿园课程模式的发展经历了多个时期和阶段，出现了许多的课程类型，具有代表性的课程模式包括西方国家的蒙台梭利教育方案、福禄贝尔课程、瑞吉欧教育体系课程、感觉统合训练课程、奥尔夫音乐课程、加德纳多元智能教育；中国的陈鹤琴的五指活动课程、陶行知教学做合一课程等。这些课程目前仍然对学前教育领域的理论与实践研究有着重要影响，对研究和发展幼儿园教育活动的设计有一定的启迪作用。本章将就国内外较为重要的幼儿园课程的设计进行展开性论述。

第一节　福禄贝尔的学前儿童教育思想与设计

弗里德里希·福禄贝尔(Friedrich Wilhelm August Fröbel，1782—1852)是德国著名的教育家、哲学家，近代学前教育理论的奠基人，被誉为学前儿童教育之父。

一、福禄贝尔生平

图 2-1　福禄贝尔

弗里德里希·福禄贝尔(见图 2-1)出生于德国图林根地区奥伯魏斯巴赫村一个牧师家庭。母亲在他出生九个月时离开了人世，从此，小福禄贝尔度过了寂寞孤独的童年，在葱郁的树林里生活，大自然丰富了福禄贝尔的想象。缺乏母爱的童年和对自然界的热爱，对福禄贝尔以后幼儿园教育思想的形成具有很大影响。

1799 年，福禄贝尔进入耶拿大学哲学系，他一边工作一边自学，两年后因贫困而失学。1805 年，福禄贝尔邂逅了法兰克福模范学校校长格吕纳，改变了原本打算成为一名建筑师的想法，也改变了他一生的命运。1805 年和 1808 年两次的瑞士裴斯泰洛齐的伊韦尔东学院访问，与裴氏朝夕相处，裴氏的教育原则和方法对他产生了巨大的影响，奠定了他毕生从事学前儿童教育事业的志向。福禄贝尔作为裴斯泰洛齐最忠实的追随者，继承了裴氏衣钵，批判地消化吸收了裴氏著作中的精神，进一步发展了他的事业。

1816 年，福禄贝尔在施塔提尔的格利斯海姆创办了一所学校，称"德国普通教养院"。1817 年，学校迁往鲁道尔施塔特的卡伊尔霍。在卡伊尔霍学校里，福禄贝尔实施裴氏教育原则，后来以卡伊尔霍学校教育实践经验为基础写成了《人的教育》一书，于 1826 年正式出版。但因受到煽动民心的指控，迫于政治上的压力，他创办的学校被迫关门。从 1831 年起，福禄贝尔流亡瑞士，曾在布格多夫担任一所孤儿院的院长(1834—1835)，为 4～5 岁的孩子讲授学前课程，这成了他开始实际关心学前儿童教育的时期，也为福禄贝尔积累了丰富的学前儿童教育经验。这时，福禄贝尔认识到：孩子们应在学前儿童期开始就接受教育，让他们健康地成长，他一边为 4～5 岁的学前儿童开设学前课程，一边对学前儿童教育表现出了特别的关注，并决心把他的教育思想全面地运用到儿童早期教育工作中。其间，他还阅读了夸美纽斯的《母育学校》一书，这更有助于他的幼儿园教育思想的形成。

1836 年，福禄贝尔回到故乡，设立了"自教自学"的直观教学模式，主张通过游戏活动来开启学前儿童灵性的教育形式，认为应鼓励满足学前儿童所有的兴趣和要求，按照人性固有的行动、直觉、思考的教学方式开始设计游戏材料。1837 年，他就在卡伊尔霍附近的勃兰根堡开办了一个"发展学前儿童活动本能和自我活动的机构"，同时在以前的研究成果的基础上创制了一套游戏"恩物"及其使用说明，构建了较完整的幼儿园教育体系，并倡导幼儿园运动。福禄贝尔曾想把这个机构取名为"婴儿职业所"或"育婴院"，但都觉得不妥而没有确定下来。后来有一天，他和他的助手米登多夫(W. Middendorf)等人在树林中散步时，从所看到的花草树木的自然乐趣中突有所悟，决定用"幼儿园"(Kindergarten)

一词来命名自己创办的学前儿童教育机构。他把学前儿童的活动场所比作花园，把学前儿童比作花草树木，把学前儿童教师比作园丁，把学前儿童的发展比作培植花草树木的过程。这个名称一直到 1840 年 6 月 28 日才正式公布于世，标志着世界上第一所幼儿园的诞生。正是由于幼儿园的创立，标志着学前教育由家庭开始向社会公共机构转移，学前教育的性质也开始由家庭教育和慈善教育性质向社会公共教育方向转变，标志着学前教育作为一门新兴学科的诞生，为近代西方学前儿童教育思想的发展提供了实践的平台。1844 年，这所幼儿园迁往巴特利本施泰因的马林塔尔，福禄贝尔本人在那里生活和工作到生命的最后时刻。福禄贝尔的学前儿童教育理论和实践对世界各国幼儿园的发展，以及学前儿童教育理论体系的形成和发展产生了广泛影响。

1843 年，福禄贝尔出版了学前儿童教育著作《慈母曲及唱歌游戏集》，总结了他自己的幼儿园教育工作经验。由于福禄贝尔本人的努力，开办学前儿童教育讲习班和训练幼儿园的教师，加上德国一些社会人士和教育家的支持，一批新的幼儿园在德国许多城市建立起来，原来的学前儿童学校等机构也按福禄贝尔的体系进行了改组。福禄贝尔去世后，福禄贝尔有关学前儿童教育的文章被汇编于 1861 年出版的《幼儿园教育学》。

二、福禄贝尔教育思想与教学活动设计

在构建幼儿园教育理论体系的过程中，福禄贝尔既受到了裴斯泰洛齐、卢梭、夸美纽斯等人的教育思想的影响，又受到了费希特、谢林、克劳泽等人哲学思想的影响。这使福禄贝尔的幼儿园教育理论体系既强调了人的发展和教育适应自然的观点，又体现了万物有神论并带有宗教神秘主义的色彩，对教育观的影响非常明显。

(一)幼儿园的作用

在《人的教育》一书中，福禄贝尔强调指出："人的整个未来生活，直到他将要离开人间的时刻，其根源全在于这一生命阶段。不管未来生活是纯洁的还是污浊的，是温和的还是粗暴的，是平静的还是充满风浪的，是勤劳的还是怠惰的，是功绩卓著的还是无所作为的，是迟钝而优柔寡断的还是敏锐而富有创造的，是麻木不仁、畏首畏尾的还是富有远见的，是建设性的还是破坏性的，是和睦待人的还是生性好斗的，是惹是生非的还是给人以安宁的。他将来对父亲和母亲、家庭和兄弟姊妹的关系，对社会和人类、自然和上帝的关系，按照儿童固有的和天然的禀赋，主要取决于他在这一年龄阶段的生活方式……"他又指出："假如儿童在这一年龄阶段遭到损害，假如存在于他身上的他的未来生命之树的胚芽遭到损害，那么他必须付出更大的艰辛和更多的努力才能成长为强健的人，必须克服更多的困难在其朝着这一方向发展和训练的道路上避免这种损害所造成的畸形……"

同时，福禄贝尔认为家庭和母亲在早期教育中占有重要地位，但又指出，许多母亲没有充足的时间教育自己的子女，而且也没有受过相应的教育训练，缺乏学前儿童教育的知识，不能胜任子女的教育，因此，有必要建立公共的学前儿童教育机构来弥补家庭教育的缺陷。正因为认识到学前儿童期是人一生发展中的一个极其重要的阶段，所以，福禄贝尔于 1837 年创建了世界上第一所幼儿园。福禄贝尔指出，他创建的幼儿园与以前已存在的学前儿童学校一类的学前儿童教育机构是不同的，"它并不是一所学校，在其中的儿童不是受教育者，而是发展者"，他把自己的学校称为"学前儿童的花园(幼儿园)"，他把学前儿

童放在生长发芽的种子的地位上，把教师放在细心的有知识的园丁的地位上。

提出在学前儿童教育上有值得我们作为父母学习的理论知识，如他提出家庭教育的不可替代性。福禄贝尔认为："国民的命运，与其说是操在掌权者手中，倒不如说是握在母亲的手中。因此，我们必须努力启发母亲——人类的教育者。"

作为"学前儿童教育之父"的福禄贝尔是近代学前儿童教育理论的奠基人，其学前儿童教育理论和实践对世界各国幼儿园的发展以及学前儿童教育理论体系的形成和发展产生了广泛影响。他逝世后，在他的墓碑上刻有他生前最喜爱的一句话："来吧，为我们的儿童生活吧！"这是他个人生活的写照，更是他向世界发出的召唤。

(二)明确提出了幼儿园的任务

福禄贝尔强调，他创立的幼儿园与以前已存在的学前儿童学校一类的学前儿童教育机构是不同的。他说："称之为'幼儿园'，与通常称为'学前儿童学校'的类似机构是不相同的。它并不是一所学校，在其中的儿童不是受教育者，而是发展者。"他还指出儿童的发展主要是通过自我活动和发现的过程来实现的，因为儿童的体内存在着巨大的发展潜能，这些潜能包括艺术本能、活动本能、创造本能和宗教本能。作为儿童内在的生命力量，这些本能是儿童发展的依据和前提，也是教育得以实施的土壤，因此，在福禄贝尔的幼儿园里，必须拥有一个供游戏用的宽敞而明亮的大房间，并与一个花园相连。其基本的教育任务是幼儿园教师通过直观的方法让学前儿童参加与其天性相适应的各种必要活动，带领他们到花园、树林里做游戏，增强他们的体质，在活动中引导他们进行观察，训练他们的感官，促进儿童的自我活动和内在本质力量的发展，发掘儿童内在的生命潜力，使儿童在游戏、娱乐和天真活泼的活动中，发展其各种本能，做好升入小学的准备。

(三)教育必须适应自然

福禄贝尔认为，对于人来说，重视自然和观察自然是十分重要的。人作为宇宙万物的一部分，具有与宇宙万物一样的发展进程和规律，服从于同一条法则。人的力量、天赋及其发展方向、四肢和感官的活动，是按照它们本身在儿童身上出现的必然的次序发展的。儿童从刚诞生起，就必须按照儿童的本性去理解他们和正确对待他们，让他们自由地、全面地运用他们的能力，不能违反他们的本性而把成人的形式和使命强加于他们。因此，福禄贝尔强调说："一切专断的、指示性的、绝对的和干预的训练、教育和教学必然地起着毁灭的、阻碍的、破坏的作用。"他以园丁修剪葡萄藤为例，指出在葡萄藤确实应当修剪时，如果园丁在修剪过程中不是十分耐心地、小心地顺应葡萄树本性的话，不管园丁出自多么良好的意图，葡萄藤也可能由于修剪而被彻底毁灭，至少它的肥力和结果的能力将会被破坏。

福禄贝尔还认为，尽管在每一个人身上包含并体现着整个人性，但它在每个人身上是以完全固有的、特殊的、个人的、独一无二的方式得到表现和塑造的。因此，从儿童刚诞生起，就必须重视儿童的个性及个性发展，而不能把他们当作一个模拟出来的、没有个性差异的复制品，当作某一先辈模样的铸件。

总之，只有在人的天性不受到干扰而自然地发展以及人的个性发展也受到重视的前提下，真正的、正确的人的教育和人的培育方式才能发展成熟，才能开花结果。

(四)创制了恩物

为了更好地引导学前儿童认识自然、增长知识和发展能力，福禄贝尔在幼儿园教育实践中，第一次将游戏列入课程中，根据儿童的发展特点和规律于1836年创设了一套供他们进行游戏和其他活动所设计使用的活动玩具，称之为"恩物"，用来发展儿童的认识和创造性，并练习手的活动技能。"恩物"的意思是"上帝恩赐的礼物"，也可以看作成人赠与儿童的心爱的礼物。福禄贝尔创制的这套"恩物"的基本形状是圆球、立方体和圆柱体。圆球可以向任何方向滚动，既没有起点也没有终点，是运动无限的象征。立方体具有三维性，它同时有6个面、8个角、12条边，表现出多种多样的几何图形。圆柱体是圆球与立方体的联结。通过这三种最基本的物体形态及其变化，体现了统一性与多样性的结合。

这套活动玩具与儿童天性的发展相适应，适合学前儿童教育的要求，仿照大自然的性质、形状和法则，体现了从简单到复杂、从统一到多样的原则，作为学前儿童认识万物的初步手段。在他看来，通过"恩物"的使用，可以帮助学前儿童由简到繁、由易到难循序渐进地认识大自然。福禄贝尔把自己创制的这套"恩物"作为幼儿园课程的主要内容。"恩物"共有12种，其中10种是游戏性恩物，两种是作业性恩物。

在福禄贝尔看来，真正的"恩物"应该能使学前儿童理解他周围的客观世界和表达他们对于这个客观世界的认识；应该能表现各种恩物之间的联系；应该表现部分与部分之间的联系；应该表现整体与部分之间的关系。

恩物是福禄贝尔教学内容的主线，尽管具有一定的宗教含义，但他所创制的恩物客观上有助于增长学前儿童的知识，发展他们的创造力和想象力，从而在欧洲各国得到了广泛的流行。

阅读链接 2-1

恩物种类.docx 见右侧二维码。

阅读链接 2-2

中班关于浮力的学习.docx 见右侧二维码。

阅读链接 2-1　　　阅读链接 2-2

(五)强调游戏和作业在幼儿园教育中的地位和作用

从儿童的能力特别是创造能力的发展出发，福禄贝尔强调游戏与作业在幼儿园教育中的特殊地位和作用，并对游戏与作业进行了颇有价值的论述。

1. 游戏

福禄贝尔认为，随着学前儿童期的到来，儿童进一步运用他们的身体、感官和四肢，并力求寻找内部和外部两者的统一，这一点特别应当通过游戏来实现。因此，游戏就是学前儿童期儿童生活的一个要素。他强调说："游戏是人在这一阶段上最纯洁的精神产物，同时也是人的整个生活、人和一切事物内部隐藏着的自然生活的样品和复制品。所以，游戏给人以欢乐、自由、满足，内部和外部的平静，同周围世界的和平相处。"

在福禄贝尔看来，游戏既是儿童内在本质的自发表现，又是内在本质出于其本身的必要性和需要的向外表现。可以说，游戏是儿童内部需要和冲动的表现。游戏作为儿童最独特的自发活动，成为学前儿童教育过程的基础。一个一直全神贯注地沉醉于游戏中的儿童，正是学前儿童期儿童生活最美好的表现。从某种意义上说，幼儿园应当是学前儿童游戏的乐园。

在《人的教育》一书中，福禄贝尔恳切地呼吁："母亲啊，鼓励和支持儿童的游戏！父亲啊，保护和指导儿童的游戏！"但是，福禄贝尔指出游戏应当适合于儿童的体力和智力，并使他们认识周围的自然界和社会生活。

当儿童从学前儿童期进入少年期后，他们仍需要游戏。福禄贝尔认为，儿童通过充分地享受他亲自经历的生动活泼的游戏而得到满足。但是，这一时期游戏的目的与前一时期已有所不同。如果说学前儿童期游戏的目的仅在于活动本身，那么少年期游戏的目的始终是一种特定的有意识的行为，那就是表现。

福禄贝尔强调集体性的游戏在幼儿园教育中的重要性。他认为，许多有趣味的游戏，只有在集体性的游戏中才可能进行，它能使学前儿童学会尊重别人，通过集体的游戏获得愉悦，从而培育学前儿童之间友爱和信赖的感情。

在学前儿童的游戏中，福禄贝尔十分注意象征主义对学前儿童发展的作用。例如，一根小棍被想象成一匹马等。在他看来，这是儿童进入想象世界的途径。他甚至在幼儿园的房间地板上画上一个象征统一性的圆圈，每天早晨他们脚踏圆圈、手拉着手，排成一圈祈祷和唱歌，以此象征集体的统一性。

福禄贝尔把游戏分成三类。一是身体的游戏。它主要是为了锻炼学前儿童的身体。这是学前儿童对自然界和周围生活中所观察到的动作的模仿，既是作为力量和灵活性的练习，也是内在的生活勇气和生活乐趣的表达。二是感官的游戏。它既可以是听觉的练习，如捉迷藏等；也可以是视觉的练习，如辨别色彩的游戏等。三是精神的游戏。它主要是为了训练学前儿童的思考和判断能力。

正因为游戏对学前儿童的发展如此重要，所以，福禄贝尔提出，每一个村镇都应当为学前儿童设立公共游戏场。他认为，公共游戏场将对整个社区的生活产生极大的影响，既丰富和充实了孩子们的生活，又培养了他们共同的社会意识和感情，并激发和培养了他们的公民道德品质。因此，福禄贝尔说："不管谁，如果想呼吸一下令人振奋精神的新鲜的生命气息，都得参观一下这些孩子的游戏场所。"

2. 作业

福禄贝尔认为，作业活动是学前儿童的体力、智力和道德和谐发展的一个主要方面。通过作业活动，可以对学前儿童进行初步的教育。他制定了一套详细的幼儿园作业大纲，要求学前儿童的作业活动必须严格遵循从简单到复杂的原则。他指出，在作业活动中，教师应当对学前儿童及时地进行指导和帮助，培养学前儿童集中注意力和认真制作的习惯，促使表现和创造能力的发展。

福禄贝尔设计的作业是"恩物"的延伸，就是给学前儿童设计的各种活动。在作业活动中，他们运用的材料是纸、沙、黏土、竹、木、铅笔、颜色盒、剪刀、糨糊等，从而制作某种物体。通过这些作业活动，学前儿童可以得到完善的发展。

从某种意义上说，作业是恩物的发展，它要求学前儿童将恩物运用到实践中。与恩物中的立方体相对应的作业活动有捏泥型、纸板和木刻等；与恩物中的平面相对应的作业活动有剪纸、刺孔、串珠、图片上色和绘画等。因此，福禄贝尔指出，学前儿童只有在掌握恩物的使用方法之后，才能开始进行作业活动。尽管作业和恩物是紧密联系的，但两者又有明显的区别，其表现为恩物在先，作业在后；恩物的主要作用在于吸收或接受，作业的主要作用在于表现或建造，培养儿童的各种能力。

作业活动是学前儿童的体力、智力和道德三方面和谐发展的一个主要方法。通过作业活动，可以对学前儿童进行初步的教育。于是，福禄贝尔制定了一套详细的幼儿园作业大纲，要求学前儿童的作业活动严格遵循从简单到复杂的原则。例如，绘画这个作业活动应当从画点开始，然后是画横线和竖线的组合，最后才是画一些物体。但是，他对作业活动规定的顺序有时过于死板而表现出形式主义。

除了使用恩物进行的作业活动外，福禄贝尔还认为，学前儿童也可以参加一些简单的劳动活动，如照料花草、初步的自我服务等。

最后，福禄贝尔认为，在作业活动中，教师应当对学前儿童及时进行指导和帮助，培养他们集中注意力和认真制作的习惯，促进他们的表现能力和创造能力的发展。

在游戏和作业活动中，学前儿童往往会有多说话的表现。他们把每一种事物都看成是有生命、感情和语言能力的，同时又相信每一种事物都在听他说话。因此，福禄贝尔强调指出，说话也是学前儿童期儿童生活的一个要素。从学前儿童期开始就对儿童进行语言训练，可使他们正确地和确切地看待一切事物，正确地、确切地、肯定地和纯正地描述一切事物。

📓 阅读链接 2-3

福禄贝尔(魔法)数学.docx 见右侧二维码。

📓 阅读链接 2-4

以恩物一为材料设计的活动.docx 见右侧二维码。

阅读链接 2-3　　　　阅读链接 2-4

三、对福禄贝尔课程模式的评价

福禄贝尔是近代学前教育理论的重要奠基人，幼儿园的创始人。他首创了学前儿童社会教育的重要形式之一——幼儿园，并组织了训练幼儿园教师的工作。他在幼儿园实践及长期研究的基础上，创立了学前儿童教育学，使它成为教育理论中的一个独立学科。福禄贝尔确定的游戏和作业成为学前儿童教育的重要活动形式，他的"恩物"作为学前儿童玩具被广泛采用，成为幼儿园不可缺少的设备。在这些方面，福禄贝尔对于后世的影响是深远的。目前，其学前儿童教育思想中的合理因素，仍为许多国家的学前儿童教育工作者所采用。

福禄贝尔课程模式经历了一百多年的时间演变，成为当前幼儿园课程的主要模式之一。福禄贝尔反对强烈性教育，重视儿童的积极活动，强调发展其创造性，这是正确的。他重视游戏对儿童的教育作用，提倡手工和劳动，对于 19 世纪下半期资本主义国家的初等教育有一定的影响。

第二节　蒙台梭利教育活动设计

一、蒙台梭利生平

玛丽亚·蒙台梭利(Maria Montessori，1870—1952)(见图2-2)是意大利女性学前儿童教育家，被誉为在世界学前儿童教育史上，自福禄贝尔以来影响最大的一位著名的教育家。蒙台梭利生于意大利科纳省基亚拉瓦镇，父亲是军人，1896年毕业于罗马大学医学系，以极优异的成绩成为意大利历史上的第一位女医学博士。虽然贵为女医学博士，然而她却仍无法改变当时社会对女性的偏见。她只能在罗马大学附属精神科诊所担任助理医师，就在这时候，她开始接触智障儿童，并对他们产生同情，开始帮助他们解决生活难题，也因此对教育产生了兴趣。她着手研究智障儿童的治疗及心理教育问题。

图2-2　蒙台梭利

在精神病诊所两年，形成了她的发展智力需要通过双手操作的基本理念。在这种理念指导下，她为智障儿童制作了许多玩教具。蒙台梭利深受福禄贝尔、卢梭、裴斯泰洛齐等人教育思想的影响。在西方传统的自然主义和自由主义教育观的基础上，蒙台梭利通过自己在教育实践中的观察与实验，总结出有自己特色的儿童观和教育观。1907年，在罗马的贫民区开设了第一所"儿童之家"，将对智力缺陷儿童的教育方法运用于正常儿童。此后，蒙台梭利在国内外相继开设了多家训练班，培养了许多蒙台梭利学校的教师。在1914年至1935年期间，蒙台梭利教学法盛行于欧洲，后因法西斯政权的禁止，蒙台梭利教学法在欧洲的推行受到阻碍。"二战"以后，蒙台梭利再次受到欧洲各国的欢迎，出版了许多著作，如《童年的秘密》《有吸收性的心理》《蒙台梭利教育法》《教育中的自发活动》等。20世纪60年代，由于亨特和布鲁纳等人在他们的著作中指出早期的环境能在很大程度上影响儿童的智力发展，蒙台梭利教学法在教育改革的呼声中曾风靡美国。可以说，蒙台梭利课程在世界范围内引起了一场学前儿童教育的革命。迄今为止，蒙台梭利在学前儿童教育中仍然有着广泛的影响，蒙台梭利课程在全世界许多国家仍然可以见到。蒙台梭利是世界上第一位也是唯一一位因为幼教事业而成为诺贝尔文学奖的提名人。

二、蒙台梭利教育思想与教学活动设计

(一)儿童观

蒙台梭利的教育思想是与她的儿童发展观紧密地联系在一起的。蒙台梭利在《童年的秘密》一书中指出："存在一种神秘的力量，它给新生儿孤弱的躯体一种活力，使他能够生长，教他说话，进而使他完善，那我们可以把儿童心理和生理的发展说成是一种'实体化'。"在她看来，一方面，遗传素质和内在的生命力，促使儿童不断地发展；另一方面，蒙台梭利也相信环境对儿童的发展有着举足轻重的作用。

蒙台梭利认为，遗传是第一位的，对儿童而言，生命力的表现就是自发冲动，正是这

种内在的冲动力，促使儿童不断地发展。因此，蒙台梭利将对儿童的自发冲动进行压制还是引导，看成是区分教育优劣的分水岭。在蒙台梭利看来，生命力的冲动是通过儿童的自发活动表现出来的，通过活动，儿童的生命力和个性得到了表现和满足；通过活动，儿童的生命力和个性得到了进一步的发展。

在蒙台梭利看来，从心理学的角度分析，儿童在出生时内心一片空白，所具备的各种能力都是通过环境获得的，儿童的心理能力和思维的发展都是在一种天然地主动地吸收外界信息的基础上，形成信息的积累，最终形成心理胚胎，使心理开始萌芽、发展、成熟，儿童的这种主动吸收外界信息刺激、获取知识和经验的能力，被称为"吸收性心智"，也称为"吸收力心智"。蒙台梭利还对"吸收性心智"与教育的方式进行研究。她认为，在各个物种甚至昆虫中，都存在着一种无意识心理，它驱使生物主动地吸收外界的"养料"，以满足自己生长的需要，儿童也不例外。受生命潜能的驱使，所有儿童天生具有一种"吸收"文化的心理，因此他们能自己教自己。

蒙台梭利认为，生命力不仅通过自发活动呈现和发展，还表现在学前儿童的心理发展过程中会出现各种"敏感期"。她说："正是这种敏感期，使儿童用一种特有的强烈程度去接触外部世界。在这一时期，他们对每件事情都容易学会，对一切充满了活力和激情。"而人的智力发展正是建立在学前儿童敏感期所打下的基础之上的。例如，儿童对颜色、声音、触摸等感觉的敏感期在2~4岁，而行为规范的敏感期则在2~6岁。

1. 秩序敏感期

秩序敏感期从出生的第一年就出现一直持续到4岁。这是学前儿童的一种内在的感觉，以区别各种物体之间的关系，而不是物体本身。

2. 细节敏感期

学前儿童在2~3岁时会表现出对细节的敏感，他们的注意力往往集中在最小的细节上。这表明学前儿童的精神生活的存在，以及学前儿童和成人具有两种不同的智力视野。

3. 协调性敏感期

这是在学前儿童发展过程中最容易观察到的一个敏感期。学前儿童通过个人的努力学会走路，并逐渐取得平衡和获得稳健的步伐。这一时期应该在2~3岁时出现。

4. 触觉敏感期

这一时期学前儿童会朝着外界的物体伸出小手。这个动作的最初推力代表学前儿童自我进入外部世界之中。正是通过手的活动，学前儿童才能发展自我，发展自己的心灵。

5. 语言敏感期

2个月左右的学前儿童就开始吸收语言，他所获得的语言是他从周围环境中听到的。当他说第一句话时，并不需要为他准备任何特殊的东西。在蒙台梭利看来，语言能力的获得和运用，是学前儿童智力发展的外部表现之一。

儿童发展过程中的关键期不是割裂开的，而是多个关键期交叉出现的，儿童在敏感期和对应操作活动与练习过程中，会逐渐形成自己的个性。因此，如果忽视了敏感期的训练，就会产生难以弥补的损失。蒙台梭利认为，每个儿童个体都有不同的发展节律，教育必须与敏感期相符合，应以不同的教育去适应不同的节律，即要实施个别化教学，让儿童根据自己的需要进行活动，因此，儿童的自由成了教育的关键。

在蒙台梭利教育体系中，感官教育占有特别重要的地位。这是因为，从心理学角度讲，感官教育符合该时期儿童的心理发展状况；从教育学的角度讲，从感官教育能引发出算术、语言、书写、实际生活能力等。

在蒙台梭利教育体系中，自由、作业和秩序是蒙台梭利为儿童教育营造的三根主要支柱。蒙台梭利认为，自由不仅能使儿童的需要得到满足，而且还能使作业符合儿童的兴趣，使之专心于作业，从而达成良好的秩序。自由、作业和秩序是通过作业而协调统一起来的，而以自由和作业为基础建立起来的秩序，明显不同于以常规压制和命令训练而产生的服从。

从发展的观点出发，蒙台梭利认为儿童是一个发育着的机体和发展着的心灵；儿童发展的时期是人的一生中最重要的时期。学前儿童处在不断生长和发展变化的过程中，而且主要是内部的自然发展。在这个连续的自然发展过程中，学前儿童的发展包括生理和心理两方面的发展。

在蒙台梭利看来，学前儿童身体内含有生机勃勃的冲动力。正是这种本能的自发冲动，赋予他积极的生命力，促使他不断发展。一是主导本能，这种本能可以对处在生命初创时期的婴儿提供指导和保护，甚至决定物种的生存。二是工作本能，这是人的基本特征。学前儿童正是通过不断的工作在进行创造，使他自己得到充分的满足，并形成自己的人格。它既能使人类更新，又能完善人类的环境。

在心理方面，学前儿童心理发展既有一定的进程，又有隐藏的特点。蒙台梭利认为，学前儿童是一个"精神(心理)的胚胎"。因为每一个婴儿都有一种创制本能，一种积极的潜力，能依靠他的环境，构筑一个精神世界，所以，学前儿童不仅作为一种肉体存在，更作为一种精神存在。每个学前儿童的精神也各不相同，各有自己的创造性的精神。

蒙台梭利强调指出，应该注意学前儿童的心理发展和生理发展之间的密切关系。她说："如果心理的压抑会影响新陈代谢，并因此降低了一个人的活力的话，那可以肯定，相反的情况也会发生，富有刺激的一种心理体验能够增加新陈代谢的速度，并因而促进一个人的身体健康。"

(二)蒙台梭利课程模式的教育目标、内容

1. 目标

蒙台梭利教育方案的目标是帮助儿童形成健全的人格，并通过培养具有健全人格的儿童，建设理想的和平社会。蒙台梭利认为，每一个儿童都具备自我发展并形成健全人格的生命力，但这只是一种发展的可能性，儿童发展的状况要看他们"会吸收的大脑"吸收环境的情况。因此，为了使儿童得到良好的发展，教育者头脑中要有一个理想的儿童形象作为教育的目标。可见，蒙台梭利把教育者头脑中应该具有的关于儿童发展的理想形象——具有健全人格的儿童作为教育应该追求的目标。

经历了两次世界大战的蒙台梭利把建设理想的和平社会看作教育的最终目标。在她看来，"和平"并不意味着仅仅依靠武力和政治来防止战争和解决纠纷，它是指通过教育培养新人类，并通过新人类创造理想的和平社会。

综上所述，蒙台梭利教育方案的目标可以归结为两个方面：其一是帮助儿童形成健全

的人格——创造新人类;其二是通过培养具有健全人格的儿童建设理想的和平社会——创建新社会。二者是相互依存、相辅相成的,需要经过长期的教育而逐渐形成。前者是直接目标,后者是最终目标。教育就是对这二者的长期的、持续不断的追求;教育的目标就是创造新人类和创建新社会二者完美的结合。

2. 内容

蒙台梭利教育方案的内容主要包括主题教育活动和区域教育活动两大方面。主题教育活动主要是指教师和学前儿童一起在用红黄等颜色的标志线围成的圆圈中进行的团体教育活动。主题教育活动的内容丰富多彩,可以根据学前儿童发展的情况、儿童周围环境变化的情况,特别是自然界和社会变化的情况,进行多种安排;主题教育活动的方式和手段多种多样,可以通过语言活动、身体活动进行,也可以通过艺术创造或外出参观访问等多种活动进行。

区域教育活动可以理解为分组教育活动——不同的区域自然地将学前儿童的活动分成不同的活动小组;也可以理解为个别教育活动——每个学前儿童都可以自由地选择活动区域及区域中的活动材料。需要指出的是,由于蒙台梭利强调应该让学前儿童在"有准备的环境"中通过和环境相互作用得到发展,因此她的区域教育活动遵循一个重要的原则,即将所有区域教育活动的内容都"物化"为符合学前儿童特点的活动对象,让学前儿童在和环境的相互作用中获得心理发展。

蒙台梭利的区域教育活动内容主要分为日常生活训练、感官教育、数学教育、语言教育、文化科学教育、历史地理教育和艺术表现几个方面。以上只是蒙台梭利室内教育活动的主要方面。事实上,蒙台梭利从不认为教育活动内容仅仅局限于室内,室外教育如大肌肉活动、幼儿园外的各种交往活动,以及在交往中学习和发展的活动等,这些活动都是蒙台梭利教育内容的重要组成部分。

蒙台梭利课程模式以培养儿童成为身心均衡发展的人为目标,通过作业的方式,让儿童把内在的生命力表现出来,在作业过程中培养儿童的注意力,在自由和主动的活动中让儿童自我纠正,使儿童在为其设置的环境中成长为具有特质的人。

在蒙台梭利课程模式中,教育内容由4个方面组成,它们是日常生活练习、感官训练、肌肉训练和初步知识的学习,教师通过创设环境、提供蒙台梭利教具、对儿童进行观察和引导等方法,对儿童实施教育。

日常生活练习旨在培养儿童的独立自主能力,学习实际生活的技能,并促进儿童注意力、理解力、协调力、意志力的发展以及良好的生活习惯的养成。与儿童自身有关的日常生活练习主要是儿童的自我服务,包括穿脱衣服、刷牙、洗脸、洗手、梳头、洗手帕等;与环境有关的日常生活练习主要是做家务,包括扫地、拖地板、擦桌椅、摆餐桌、端盘子、开关门窗、整理房间等。

感官训练是蒙台梭利教学法的主要特点,旨在通过视、听、触、味、嗅等感官的训练,增加儿童的经验,让儿童在考察、辨别、比较和判断的过程中提高自己的能力。蒙台梭利设计了16套教具,用于对儿童的感官训练。在蒙台梭利的感官训练中,触觉训练最主要,因为蒙台梭利相信学前儿童常以触觉替代视觉或听觉。触觉训练有辨别物体光滑程度的训练、辨别物体冷热程度的训练、辨别物体轻重程度的训练,以及辨别物体大小、长短、厚薄和形体的训练等，触觉训练的教具有立体几何体、触觉板、温度筒、重量板、布盒等。视觉训练包括识别物体量度、形状和颜色的训练，视觉训练的教具有各种几何图形板、立体几何体、颜色板、圆柱体组、粉红塔、长棒等。听觉训练包括辨别音高、音响和音色的训练，听觉训练的教具有发音盒、音感铃等。味觉训练包括识别不同味道的训练，味觉训练的教具有味觉瓶。嗅觉训练包括提高嗅觉灵敏度的训练，嗅觉训练的教具有嗅觉筒。

蒙台梭利将肌肉训练看作有助于儿童的发育和健康，有助于儿童动作的灵活和协调，也有助于儿童意志的锻炼和合作精神的培养的活动。蒙台梭利设计了专门的器具，如攀登架、绳梯、跳板、摇椅等，用作对儿童的肌肉训练。蒙台梭利还设计了有音乐伴奏的走步、跑步和跳跃练习以及徒手操，用以锻炼儿童的肌肉力量、发展儿童的节奏感。此外，蒙台梭利还通过儿童的自由游戏，让儿童在玩球、铁环、棍棒、手推车等的过程中得到肌肉的锻炼。

初步知识的学习包括蒙台梭利认为的学前儿童可以学会的阅读、书写和算术。在算术教学方面除了运用感觉教育的教具外，蒙台梭利还设计了一套算术教学的教具，一起用于对儿童实施算术教学。算术教学教具的运用是与教学目的匹配的，例如，为了让儿童理解 0～10 的数字和数量，可运用的教具有数棒、砂数字板、纺锤棒和纺锤箱等；为了让儿童认识十进位的基本结构，可运用的教具有金色串珠、数字卡片等。在阅读和书写的教学方面，书写的练习常常先于阅读的练习，通过触觉的训练，儿童可以自然地练习书写。蒙台梭利还设计了字母教具，让儿童通过练习，使视觉、听觉、触觉和发音结合起来，以学习辨别语音和拼音、阅读单词和理解短句。

(三)蒙台梭利课程中教师的作用

在蒙台梭利学校中，教师扮演的角色首先是观察者。蒙台梭利把教师称作"指导员"，她说，应用她的方法，教师教得少而观察得多；教师的作用在于引导儿童的心理活动和他们的身体发展。蒙台梭利相信，教师要成为真正的教育工作者，就应该学习和研究一本书，这本书就是对儿童的从最初不协调的活动到自发、协调的活动的观察。蒙台梭利认为，教师的观察应着眼于儿童的成熟程度，通过对每个儿童不同的刺激引起注意的时间长短的观察作出判断，当然，观察不是最终目的，观察为的是对儿童进行引导，在必要时及时给予指导或适当的刺激，为的是给儿童提供活动的环境和作业的教具，让儿童通过自己的作业，获得自我发展。

在蒙台梭利学校中，教师的作用还体现在为儿童提供榜样。由于在活动中教师很少对儿童直接传授知识，教师的榜样就显得格外重要。教师的榜样作用需要教师的自我完善，其中最有价值的就是对儿童的爱、对儿童的期望，以及由此而产生的对儿童教育事业的献身精神。

(四)蒙台梭利教育法

蒙台梭利教育法是世界著名的幼教模式之一，由意大利著名教育家蒙台梭利创立。该教育法自 20 世纪产生以来直至今日，在世界范围内产生了广泛的影响。中国引进蒙台梭利教育法的时间虽然比较短，但是国人对于蒙台梭利教育法推广的热情极高，已有众多蒙氏幼儿园或蒙氏班。因此无论从理论层面还是实践层面，均有必要对蒙台梭利教育法进行深入研究，以推进我国蒙氏教育的健康发展。蒙台梭利教育法以培养儿童健全的人格为目标，主张让儿童处在"有准备的环境"之中，通过"工作"的方式，自由、自主地发展。儿童、教师、环境和教具构成了蒙台梭利教育法的四要素，这四要素的有机结合是蒙台梭利教育法得以成功的关键所在。诞生于20世纪初的蒙台梭利教育法，进步性与局限性俱存，但是其进步性是主要的。蒙台梭利教育法的进步性可以概括为给儿童以自由，有自由才有选择；给儿童以兴趣，有兴趣才有专注；给儿童以合作，有合作才有建构；给儿童以活动，有活动才有经验。蒙台梭利教育法也有其局限性，如感官训练过于机械，忽视对儿童创造力的培养，对游戏在儿童发展中的重要性认识不足，忽视了社会文化在儿童发展中的作用等。蒙台梭利课程，包括感觉、动作、肢能、语言和道德发展等，使个体成为一个身心统整合一的人。"自由"与"纪律"合一，"个性"与"群体"兼顾。启发学前儿童使他们有能力解决困难，适应新的环境，达到自我构建和心智发展。综合内容，蒙台梭利课程设计以"有准备的环境"为核心，由"有准备的环境"、作为"导师"的教师、作为教具的"工作材料"三个要素组成。同时，特别强调三段教学法的应用。

1. 设计"有准备的环境"

蒙台梭利十分重视环境的作用，认为"在我们的学校中，环境教育儿童"，并认为环境是重要的保育内容，而且保育方法的许多方面亦由环境所决定。儿童的吸收性心智使儿童能够积极主动地从外界获取信息刺激。儿童需要适当的环境才能正常地发展，完善其人格。因此，要为儿童提供有准备的环境，保证儿童从环境中获取积极有益的知识经验，促进其自身健康发展。对于有准备的环境，蒙台梭利制定了基本的标准。

(1) 人数。每所"儿童之家"的孩子不能超过25人，并且主张实行混龄制，3～6岁儿童占1/3。

(2) 秩序。"儿童之家"的环境必须按照要求，有秩序地摆放教具，同时各种工作的进行也要有秩序地展开。避免出现凌乱、杂乱摆放教具，禁止违规操作教具，一切都要按照规定的计划执行。此外，环境还要保持一种美的感受，给人以舒适的体验，并且一定要保证安全。

(3) 自由。蒙台梭利认为"自由和纪律就像一个硬币的两个面，是对立统一的"。在"儿童之家"中，儿童需要遵守各项要求和秩序，但是在这个前提下，儿童的自由是得到足够的保障的，儿童可以按照自己的意愿选择自己喜欢的教具和工作，在保证"集体利益优先"的前提下，可以随意地活动，教师不应对儿童进行过多的干涉，要给予儿童更多的自我探索和教育的机会。

(4) 真实与自然。儿童通过工作进行发现和学习，"儿童之家"内的教具需要真实地呈现在儿童面前，它们不是玩具，而是儿童进行工作的"工具"，除了有些工具比例缩小之外，与成人使用的工具没有差别，锅、牙刷等都是真实的生活用品，而不是娃娃家游戏所使用的道具。

然而，大多数儿童在一般情况下并不是生活在适当的环境中的。儿童天性亲近自然，但是，伴随着文明的发展，自然却距离儿童越来越远了。他们居住在以成人为本位的世界中，身边的一切对他们来说，其规格、重量及形态都是不完全相适宜的，难以随心所欲地操作。"有准备的环境"是为了让精神处于胚胎状态的儿童能够顺利成长，而将秩序与智慧等精神食粮的环境预备好。

2. 设计老师的工作

蒙台梭利认为，教育不是教师自上而下地教授，而是协助儿童自下而上地自我发展。正是从这种教师观出发，蒙台梭利把"儿童之家"的教师称为"导"师而不是"教"师。导师的作用在"儿童之家"中有多种表现，主要是通过扮演不同的角色来完成教育任务。在蒙台梭利教育方案中，导师有三个主要任务：一是提供有准备的环境，导师要在儿童工作之前为儿童提供具有安全感、秩序感、美感的有准备的环境；二是标准示范，教学中导师需要将标准的工具操作步骤示范给儿童，引导儿童积极、主动地探究环境、操作环境、发现并解决环境中的问题，让儿童切实成为活动中的主体；三是在观察和了解儿童的基础上，倾听儿童的声音，了解儿童的需要，进行有针对性的指导与帮助，并正确评价儿童的活动。

总之，导师要不断地为儿童提供能够激发其好奇心、求知欲，促进他们向更高水平发展的活动环境和材料，使导师的工作进入"提供环境—进行引导—调整环境—进行引导"的良性循环，从而促进儿童的可持续发展。

3. 设计工作需要的工具

蒙台梭利将她创造的教具称为"工作材料"。这些工作材料不是教师教学的辅助材料，而是一种辅助儿童生长发展的媒介，是儿童自发工作的操作材料，具有充分的教育意义。蒙台梭利的教具大体可分为四类，即生活训练教具、感官教具、学术性教具和文化艺术性教具。蒙台梭利在设计这些工作材料时一般遵循以下原则：其一是困难度孤立原则，即一种工作材料只发展儿童某一个方面的一种具体能力，把儿童学习的重点或难点孤立起来，以确保儿童某一个方面的一种具体能力得到真正有效的发展；其二是自动控制错误原则，即每一种工作材料都可以自动提示儿童操作的正确与否，儿童按照工作材料本身的提示和指引就可以得到应有的学习和发展；其三是顺序操作原则，即每一种工作材料都有作为其准备的另一种工作材料，同时，每一种工作材料又是另一种工作材料的准备，儿童对工作材料的操作应该遵循从简单到复杂、从具体到抽象的原则，即每一种工作材料都应该能够满足儿童内在的发展需求，能够长时间地把儿童的注意力吸引到操作工作材料的活动中。

蒙台梭利把构成其教育方法的三个要素看作彼此间相互联系、相辅相成的整体。在这个整体中，"有准备的环境"是具有根本意义的，而其他两个要素既可以看作蒙台梭利教育方案的构成要件，也可以看作"有准备的环境"的重要成分或内容。

4. 三段式教学法

蒙台梭利的三段式教学法是蒙台梭利教学中经常使用的方法，它是根据"特殊教育之父"塞根的名称练习三阶段而来的。这种方法简洁明确，用它来教学前儿童认识各种事物的名称，可以避免学前儿童产生混淆和挫折感。

名称的学习如果能配合具体实物的操作，会获得更好的效果。因此，在蒙台梭利的三段式教学法中，成人应配合具体的刺激物(实物)来进行名称教学。

通常，我们认为两种不同的刺激物，能带给学前儿童最佳的学习效果。因为当学前儿童看见两个不同的实物时，会努力去辨别这两者的差异，所以有助于记忆的累积；相反，如果只有一个刺激物，由于没有辨别异同的需要，会影响学前儿童记忆的累积。但是如果同时呈现三个刺激物，却又负担过重，会使学习效果不如两个刺激物那般恰到好处。

蒙台梭利的三段式教学法包括命名、辨别、发音三个阶段。

第一阶段：命名。命名是教师将物品的名称一一告诉儿童，并让儿童复述。这是由物到名称的阶段。例如在学习家具名称时，教师先将床、书柜、电视柜等实物或图片放在儿童面前，告诉儿童"这是床""这是书柜"等，告诉儿童这三种家具的名称分别是什么，同时让儿童进行复述，以加深印象。这是教师对实物进行命名。然后，本体的认识——其目的是在于建立实物和名称之间的关系(由物体到名称)，比如家中用的由小到大，可以装在一起成套的糖果盒，就是很好的教材，父母亲用双手拿起整个盒子向学前儿童说："这是红圆形的糖果盒。"反复地说到你觉得你的孩子了解了"物体"和"名称"之间的联合为止。

第二阶段：辨别。辨别是老师在命名阶段的基础上，请儿童指出刚刚命名的实物分别在哪儿。这是由名称到实物的阶段。例如："请告诉老师'床在哪里？''书柜在哪里？'"如果儿童指对了就算通过。或者也可以说："请把那个床拿给老师。"

第三阶段：发音。发音是在第二阶段的基础上，教师让儿童对刚刚学过的物品进行唱名，也是对事物的确认和辨异。如教师问："这是什么？"儿童回答："这是床。"假若答不出了，再帮助他反复说到会了为止(这也同时训练了语言发展)。

三个阶段的顺序不能随意改变。

📑 拓展阅读

举例说明三段式教学法

第一阶段：命名："这是……"

以数棒 1 为例

指第一个刺激物(如数棒 1)说："这是数棒 1。"指着第二个刺激物(如数棒 2)说："这是数棒 2。"当教师命名其中一个刺激物时，可以把它拿给学前儿童，或者请学前儿童重复这个名称，但是，不要给学前儿童做过多的解释，因为过多的语言可能会使学前儿童感到混乱。

第二阶段，练习(辨别)："请给我……"

第二阶段的练习，能够帮助学前儿童了解刺激物和名称之间的关联，在这一阶段，刚开始，由于学前儿童还不熟悉刺激物的名称，因此，教师可以扮演错误订正的角色，例如当教师说"请给我数棒 1"时，教师不妨暗示性地指指数棒 1。

在第二阶段中，教师可以借助许多有趣味性的方法，来加深学前儿童的印象，例如教师可以请学前儿童做：请把数棒 1 拿给老师，请把数棒 1 藏在背后，请把数棒 2 放在膝盖上，请把数棒 1 举起来，提示的顺序为 AB—BA—AB，例如：数棒 1—数棒 2—数棒 1。也就是说，请学前儿童拿走数棒 1、2 后，再提示一次数棒 1，然后再换成数棒 2，这样的顺序有助于加深学前儿童的印象。

第三阶段，评估(发音)："这是什么？"

当你确定学前儿童能够正确地回答时，请指着第一个刺激物问学前儿童："这是什么？"然后指着另一个刺激物问学前儿童："这是什么？"万一学前儿童回答错误，请不要立即加以纠正，不妨等待更适当的时机(也许隔1～2天)，重新开始练习。

家长朋友们，蒙氏教育适合于幼儿园，也适用于家庭，当您教孩子认识某一物体或事物时，不妨采取蒙台梭利的三段式教学法试一试，也许会给您带来意想不到的效果。

下图为蒙氏数棒图片。

(资料来源：http://www.ssqyey.com/news/news.asp?id=458，蒙台梭利的三段式教学法——如何教学前儿童名称)

📖 阅读链接 2-5

教学案例：科学领域教学设计案例.docx 见右侧二维码。

📖 阅读链接 2-6

感官领域教学设计案例.docx 见右侧二维码。

阅读链接 2-5

📖 阅读链接 2-7

数学领域教学设计案例.docx 见右侧二维码。

阅读链接 2-6　　阅读链接 2-7

三、对蒙台梭利课程模式的评价

在世界教育史上，蒙台梭利是真正以优秀教师而闻名的罕见的教育家之一。蒙台梭利的长处可以粗略地归纳为对儿童的爱、信任和尊重，细致而有耐心的观察，机智及时的指导。蒙台梭利课程模式迄今为止仍在世界范围内有相当大的影响，说明该课程模式有其吸引人之处。例如，蒙台梭利课程模式强调了个别化的学习，特别是蒙台梭利设计的教具使个别化教学的实施成为行之有效的手段；又如，蒙台梭利课程模式强调儿童主动学习和自我纠正，能使儿童身心的内在潜能得到充分的发展。皮亚杰在评价蒙台梭利时曾经说过："蒙台梭利对于智力缺陷儿童心理机制细心的观察便成了一般方法的出发点，而这种方法对全世界的影响是无法估计的。"

蒙台梭利的教育体系决定了蒙台梭利教学法带有相当程度的机械的和形式化的色彩，该课程模式中教师的作用是比较被动的和消极的，这不利于发挥教师的主导作用。此外，还有人批评该课程模式偏重智力训练而忽视情感陶冶和社会化过程。

蒙台梭利教育方案不重视课程评价，也没有明确地对课程评价进行定义，这与蒙台梭利的教育方案的操作过程有一定的关系。在蒙台梭利教育方案中，儿童的学习主要是通过对"有准备的环境"中教具的操作进行的，而教具具有自我矫正的功能，儿童可以进行自我教育。教师的评价主要是为了鼓励和引导儿童的活动，并通过不断地调整教育材料，促进儿童的良好发展。

因此，蒙台梭利教育方案的评价是隐性的，是为发展服务的过程性评价。

在世界学前课程模式中，蒙台梭利教育方案占有重要的地位。美国学者珍尼特·沃斯(Jeanette Vos)和新西兰学者戈登·德莱顿(Dryden Gordon)在《学习与革命》一书中，称赞蒙台梭利教育方案是"世界上最好的教育思想"和"世界上一流的学前教育"。美国著名学前儿童教育家舍利·摩尔(Shirley Moore)与萨利·基尔默(Sally Kilmer)在《当代学前教育——一项学前教育计划》一书中明确指出："当代讨论学前教育的文章，如果没有论及蒙台梭利体系，便不能算作完全。"凯丁·麦克尼克尔斯(Chattin McNichols)在大量实验研究的基础上指出："毋庸置疑，蒙台梭利模式像一块性能优越的磁铁，它以自己在成就测验中的优秀成绩吸引了众多儿童进入。"但是，由于时代的局限，蒙台梭利教育方案也具有一定的局限性。例如，蒙台梭利教育方案强调孤立的感官训练，忽视对儿童创造力的培养，过于强调读、写、算，忽视儿童的生活经验，偏重智力训练而忽视情感陶冶和社会化过程。

针对上述问题，蒙台梭利教育思想的新一代追随者对此进行了改进和发展，其主要表现在：一是扩展了课程内容，将原有的五大领域扩展为十大领域，分别为日常生活训练、感觉教育、语言教育、数学教育、文化教育、体能(大肌肉活动)、音乐教育、美术教育、戏剧(角色扮演)、社会教育(包括社会交往技能的练习)；二是强调课程的实质，认为教师应该回应学习者，支持他们与环境的相互作用，不要过于拘泥于形式；三是关注儿童的现实生活和经验，将蒙台梭利教育方案与单元主题方案有机地结合起来，开展"蒙台梭利学前儿童单元活动"。这些改革促进了蒙台梭利教育方案在当代的发展。

第三节　瑞吉欧教育活动设计

一、瑞吉欧简介

瑞吉欧教育方案的发源地是意大利。瑞吉欧·艾米里亚(Reggio Emilia)是意大利东北部的一座小镇。第二次世界大战后，在1945年至1946年期间，意大利政权进行了重新改组，意大利民众也自力更生兴起了由家长团体自行运作的学校。瑞吉欧·艾米里亚学前学校即为其中的一例。当时在瑞吉欧学前儿童教育系统的创始人马拉古兹的带动下，民众在卖掉"二战"德军丢掉的破坦克车、卡车、马匹等军用设备以后，依靠自己的双手一砖一瓦地建立起一所新的民间学校。当时这所学校起名叫"鲁宾逊"，只有两个教师，最多只能容纳60位小朋友。到了1963年，意大利民众充分肯定了非宗教性学前儿童学校设立的权利，从而打破了天主教会垄断幼教的局面，因此自1963年起，艾米里亚开始设立自己的教育设施网络，创立一些最早叫学前学校的幼儿园，招收3~6岁的学前儿童。到了1967年，所有由家长经营的民间学校全部由瑞吉欧·艾米里亚镇政府收回管理。1960—1968年，经过8年的奋战，瑞吉欧·艾米里亚所倡导的3~6岁学前儿童学校的重大政策抗争活动已蔓延到整个意大利。瑞吉欧人很清楚民众所要求的学校是一种新形态的学校，要有更高的品质。他们明白自己所担负的责任。瑞吉欧人认为他们必须尽快找到属于他们的文化定位，让大家认识他们，从而赢得市民的信赖与尊重。为了把自己介绍给市民，让社会接受他们，瑞吉欧人进行了长时间的探索，结合自己的特定文化，尝试运用与借鉴了很多理论，尤其是杜威的进步主义教育理论、皮亚杰的建构主义心理学，从而形成了自己的教育特色，也成就了自己有史以来最成功的活动：他们每周一次把学校搬到镇上，用卡车拉着教师、学前儿童和道具到户外、广场、公园或在镇戏剧院的廊柱下举办教学与展览，学前儿童很开心，看到这一番情境的市民也都很惊讶，因为他们的教育打破了许多传统的做法，对意大利原有的学前儿童教育是一种全新的挑战。1971 年，瑞吉欧人为教师们策划了一个全国性的非宗教性会议——新儿童学校之经验，出版了第一本以幼教为主题的书《一个新学前儿童学校的经验》。几个月后，又出版了《社区式经营的学前学校》。在这两本书中，瑞吉欧人详细地介绍了瑞吉欧·艾米里亚学前学校教师的想法与经验，这些想法与经验冲击着传统和过时的教育理念，大胆提出与运用了一些创新的做法，而且在实践中取得了令人瞩目的成绩。瑞吉欧·艾米里亚学前学校很快为全国的民众所熟知。使意大利在举世闻名的蒙台梭利之后，又形成了一套"独特与革新的哲学和课程假设，学校组织方法以及环境设计的原则"，人们称这个综合体为"瑞吉欧·艾米里亚教育取向"，即瑞吉欧教育方案。

在瑞吉欧·艾米里亚这座小镇，学前教育专家洛利斯·马拉古齐和当地的幼教工作者一起兴办并发展了该地的学前教育。数十年的艰苦创业，管理机构的高效、诚实和富裕闻名于全国。最近 30 年来，该镇的教育工作者、家长和社区成员发展了独特而具有变革性的教育教学理论、学校组织的方法和环境设计的原则，共同建立了一套公立学前儿童教养体制，并在全世界巡回展出。自 1981 年第一次出国到瑞典展出标题为"当眼睛越过围墙时"的展览以来，尤其是从 1987 年以来在美国的展出，更名为"儿童的一百种语言"以后，瑞吉欧已经成为欧洲的变革中心，也越来越被世界各地的教育者视为朝拜的圣地。当代教育心理学家吉罗姆·布鲁纳在参观之后说："最打动我的地方是他们如何培养孩子的想象力，同时在这一过程中他们如何强化孩子对'可能性'的认识和知觉……我参观时的第一个感受，那就是对人的尊重，无论是孩子、教师、家长还是学校的全体员工，都认真地看待每个人在世界中试图创造自身的价值所代表的意义。"这份想象力和尊重使瑞吉欧·艾米里亚的教师和教育工作者的工作与众不同……这些教育机构是一种正在学习、正在行动和想象的人所组成的团体。人人都致力于探索充满可能性的世界，都在建构充满可能性的世界，都在建构新的经验……

二、瑞吉欧教育思想与教育活动设计

(一)走进儿童心灵的儿童观

在《孩子的一百种语言》一书中，马拉古齐的一首诗《其实有一百》充分表达了这一思想。他说："孩子，是由一百组成的，孩子有一百种语言，一百只手，一百个念头，一百种思考方式、游戏方式及说话方式；还有一百种……孩子有一百种语言(一百一百再一百)，但被偷去九十九种……"在这首诗中，我们可以体会到他视儿童为一个自己能认识、思考、发现、发明、幻想和表达世界的栩栩如生的孩子；一个是自我成长中主角的孩子；一个富有巨大潜能的孩子。面对这样的孩子，成人应该如何应对？最重要的是首先要承认"其实有一百"；其次，要以孩子的思维、孩子的立场来看待一切；最后，千万不要压制孩子，应让孩子充分表现其潜能。瑞吉欧的教育成就应该归功于这种"走进儿童心灵"的儿童观。他们还提出：一方面，当前的背景是学前儿童的数量越来越少，几乎没有兄弟姐妹，又生活在充满新的需求、新的社会环境之中，过早地被卷入成人生活中，经常变成一个过度情感投资的对象，束缚了学前儿童的发展。另一方面，现代儿童更健康、更聪明、更具有潜力，更愿学习、更好奇、更敏感，更有随机应变的能力，他们对世界充满兴趣，渴望友谊。为此，瑞吉欧采用弹性课程，以儿童为中心，从儿童的兴趣和需要出发。不让孩子生活在成人的包围之中。在幼儿园中，教师必须尽可能减少介入，更不可过度介入，"与其牵着儿童的手，倒不如让他们靠自己的双脚站立着。"百种语言：他们把文字、动作、图像、绘画、建筑构造、雕塑、皮影戏、戏剧、音乐等都作为儿童语言，归纳为表达语言、沟通语言、符号语言(标记、文字)、认知语言、道德语言、象征语言、逻辑语言、想象语言和关系语言等。鼓励孩子通过表达性(动作、表情、语言、体态等)、沟通性及认知性语言来探索环境和表达自我，认为儿童的自我表达和相互交流特别重要，是儿童探索、研究、解决问题过程中的基本活动。瑞吉欧经验显示："学前儿童能够广泛运用各种不同的图像和媒介来表达，以及与他人沟通彼此的认知。""我就是我们，代表一种通过人与人之间的互相交流，达到超越个人成就的可能性。"以另一个方式来理解，学前儿童与成人共存于社会文化和社会现实之中，并通过每日的文化参与发展自我。将学前儿童的成长与发展置于整个社会背景之下，使个人与社会过程两者各自的作用以及两者之间的本质有更深切的理解；同时，这一理念还代表在共同分享中，每个人均可提出最好的想法，提升和加强团队成员间意见交流，并刺激新奇或出乎意料的事情发生，而这些是无法靠个人力量独自完成的。这种独特的看法虽然不是出于某些理论的指引，却是瑞吉欧教育取向在教育实践过程中对儿童的观察、了解及经验的总结，是与学前儿童发展相关的实实在在的事实，是一种新的理念。

(二)教育观

瑞吉欧学校的教育观是和他们的儿童观联系在一起的：其教育观直接来自杜威的进步主义教育思想，同时也吸收和借鉴了皮亚杰、维果斯基、加德纳等人的理论思想。瑞吉欧人认为：教育的目标就是要创造一个和谐的环境，发展学前儿童的创造力，使学前儿童形成完整的人格。在教学方法上，他们反对传统的单向灌输，反对把语言文字作为获取知识的捷径。教育就是要帮助儿童在与情境中的人、事、物相互作用的过程中主动建构知识的。教育应以儿童为中心，儿童在教育过程和课程决策上应有参与并发表意见的机会，当然，教师与家长在学前儿童教育上也起着重要的作用。

在对待"教"与"学"的关系上，瑞吉欧人更尊重学前儿童的"学"，一向是以学定教的。在其主题网络编制的过程中，尽管有教师预设的成分，但主题的开展往往是以学前儿童为中心的，学前儿童决定主题进行的空间与时间。正如马拉古奇所说的："站在旁边等一会儿，留出学习的空间，仔细地观察学前儿童在做什么，然后，假如你也能透彻地了解，你的教法也许与从前大不相同。"瑞吉欧的幼教工作者认为，对于儿童的正确理解是一切教育取得成功的关键因素，在儿童的探索活动中，教师应掌握正确的时机，找到正确的方法，适当地介入，协助儿童发现问题，帮助儿童提出问题。而不能过多地介入，正如瑞吉欧人所讲的："与其牵着儿童的手倒不如让他们靠自己的双脚站立着。"

环境是教育中的重要因子。用瑞吉欧人形象的说法即环境是第三位老师。把环境看作教师，把环境作为教育的"内容"，它包含着丰富的教育信息和资源，对学前儿童的学习起着促进、激发的作用。

凡是参观过瑞吉欧学校的人都有一个深刻的体会，即瑞吉欧的整体空间环境特别吸引人，处处都显示出一种舒适、温暖、愉悦的气氛以及令人感到快乐的情境。瑞吉欧人把环境作为课程设计与实施的要素，在创设的时候，他们遵循着"家庭社区的原则""文化折射的原则""年龄与发展的原则""时间和空间的原则""尊重使用者的原则""评估更新的原则"，充分地利用每一个空间，校园内没有一处无用的环境。如校门口"会说话"的长廊；分隔为两三个活动空间的教室；孩子们产生点子和想法的"广场"；"档案资料室"；学前儿童动手探索的"工作坊"等，校园内所有的墙壁都是会"说话"、可"记录"的，让学前儿童能以自己喜欢的形式与小伙伴表达自己的想法、提出自己的问题。

瑞吉欧教育主张儿童的学习不是独立建构的，而是在诸多条件下，主要是在与家长和教师、同伴的相互作用过程中建构的；是在特定的文化背景中建构知识、情感和人格。在互动过程中，儿童既是受益者，又是贡献者。互动存在于以下几个方面：①存在于发展和学习之间；②存在于环境和儿童之间；③发生在不同符号语言之间；④发生在思想和行为之间；⑤发生在个人与团体之间(最重要)。这种对家长、教师和儿童互动、合作关系的看法，不仅使儿童处于主动学习地位，同时还加强了儿童对家庭、团体的认同感，让每个学前儿童在参与活动时，能感受到归属感和自信心。瑞吉欧多年的教育经验，证实了社会文化环境、社会认知冲突和最近发展区等理论概念的重要性，同时也可看出从皮亚杰的建构主义到以维果斯基的社会文化发展论为基础的社会建构主义的发展过程。有人认为：瑞吉欧的课程取向是：人类发展理论与社会文化环境的价值观信念及目标之间密不可分的关系，是成人与学前儿童共建的深入主题项目活动的基础。

(三)瑞吉欧教育体系

1. 教师与学生

一提到瑞吉欧，在人们的脑海中总会勾画出这样一幅图景：活泼、可爱、健康、自由探索的孩子，认真、尽职、协同工作的教师，优美、独特的空间环境及家长、社区参与的学校管理。30 多年来，瑞吉欧人在教师、家长、市民的共同努力下，为学前儿童创建了一个能充分发挥其巨大潜能，能感受到其自身存在价值，能积极主动参与的创造性学习环境。在这个环境中，学前儿童们幸福地生活、工作和游戏着；在这个环境中，教师充分地尊重学前儿童的人格，充分地包容学前儿童各种非同寻常的"奇思怪想"；在这个环境中，教师扮演着各种支持性与引导性的角色——伙伴、向导与研究者；在这个环境中，学前儿童主动地参与各种主题的探索活动，充分地感受到了自己探索的乐趣，也从教师、家长、市民的眼中学会了肯定自我；在这个环境中，学前儿童大胆地想象，运用各种各样的材料，以多样化的方式尤其是视觉语言的方式表达自己对世界的独特认识，从而形成了孩子们的一百种语言。的确，瑞吉欧为世人创造了一个与众不同的教育构架，为世界的学前儿童教育提供了一个优秀的教育典范。正如著名的教育家、哈佛大学教育研究所加德纳教授所说的，"瑞吉欧成功地挑战了相对立的两极：艺术相对于科学；个人相对于团体；学前儿童相对于成人；玩乐相对于读书；小家庭相对于大家庭。进而在这些相对事物中，达到某种独特的和谐，并重新组合原本僵化的体系"。在我们探讨瑞吉欧为什么如此成功之前，我们有必要先审视一番其教育的文化背景。教师中心则赋予了教师在教育中不可抹杀的引导、组织、促进学生发展的重要作用，他们制订研究和观察计划，选择有利于儿童学习和成长的教学内容和方式，建立教学模式；家长成为中心是把过去被排除在学校教育之外的重要教育资源重新纳入教育体系，使家长有支持和参与子女在学校的成长和发展过程的权利。瑞吉欧学前儿童教育的有效开展正是立足于这三者中心地位的确保以及三者间所构成的融洽、参与、合作、研究的互动关系。

所以，在瑞吉欧学前儿童教育中，不仅充分尊重孩子的个性、爱好，促进其自主、自由地认识、探索和发展，而且也鲜明体现教师、家长的引导和支持价值；不仅关注孩子的成长，而且力图使教育过程也成为教师、家长自身的学习和发展过程。它是"一个由正在学习、行动和想象的人所组成的教育团体。人人都致力于探索充满可能性的世界，都在建构新的经验。不仅孩子和老师，就连家长和兴趣浓厚的参观者，都想出一分力，作一分贡献，创造一种意义"。这样的团体是在尊重的基础上构成的有机整体，是一个高效的团体。它不以牺牲部分人的利益为代价，而是寻求团体中各种关系的和谐融洽，彼此合作，让每一个人都能自由地发展，同时团体也在此互动模式中逐步壮大。

在瑞吉欧课程中，教师和学生都是整个教学过程的中心。孩子成为学习的主体，教师没有给孩子灌输现成的知识，而是提供足够的时间、空间和材料，使他们自主地创作和探索。同样教师也是中心，在这个过程中他作为局内人投入了极大的热情和孩子们一起工作、思考，但他又扮演一个局外人的角色，始终关注着孩子们的状态以及活动的进展情况，适时地、自然地根据孩子们的兴趣和发展要求为他们提供各种媒介和帮助，创设问题情境，引发思考，促进主题的深化。教师在局内人与局外人之间幻入幻出，潜移默化地起着他们的引导作用。所以，教育若没有孩子这个学习的主体，就会走上传统的老路，成为灌输式的教育；反之，缺少了教师的支撑、引导，学习过程就可能变成毫无目的、放任自流的玩耍。学前儿童的知识是在师生共创的宽松、自由、融洽的活动情境中，通过自身的积极探索和教师有效的指导逐渐建构起来的。

2. 瑞吉欧课程的组织结构

在瑞吉欧·艾米里亚的学前学校中，其课程的组织结构就是学前儿童参与的、范畴深入而广泛的方案探索活动，我们称之为方案教学。

所谓方案，是指一个或一群孩子针对某个主题所进行的探索活动。

方案与我们平常所称的自发性游戏不同。因为在方案里学前儿童不仅有机会亲自参与经过自己或自己与同伴、自己与教师周密计划的活动，而且学前儿童还必须不断地尝试进行各种探索活动，努力把自己平时所积累的生活经验及一些技能、技巧运用到方案活动中。而学前儿童的自发性游戏在持续性及一贯性上可能要比方案活动差，同时自发性游戏完全凭学前儿童的主观欲望。尽管它在学前儿童玩的过程中也能使学前儿童有所发展，但其偶发性比较大，更强调其愉悦性。

方案(设计)教学法主张由儿童自发地决定学习的目标和内容，在儿童自己设计、自己负责进行的单元活动中获得有关的知识和解决实际问题的能力。它主张废除班级授课制，打破学科界限，强调儿童在活动中的主动性，强调教师的任务在于利用环境来引起儿童的学习动机，帮助儿童选择活动的材料，教师是活动的提供者、参与者。

方案教学是以某一主题为核心向四周扩散编制主题网络、制作主题网络程序，然后根据儿童的兴趣、需要让儿童对主题网络中的不同小主题进行探索、研究的教学活动。就教的角度而言，方案教学强调要以合乎人性的方式，积极鼓励儿童与环境中的人、事、物产生有意义的互动；从学的角度来看，方案教学强调儿童主动参与他们的研究方案，以取得第一手资料。而方案的内容或主题，通常要取自儿童所熟悉的生活世界。

3. 瑞吉欧课程的实施特点

瑞吉欧的课程组织与实施也同样有着鲜明的特点，通过所谓的"项目活动"或者"项目工作"开展教育活动，学习课程内容，实现教育目标。项目活动是瑞吉欧的核心内容，通过项目活动可以展示出瑞吉欧的精神内涵、价值追求和教育理念。

项目活动是指这样一种课程组织形式：儿童在教师的支持、帮助和引导下，像研究人员一样，围绕大家感兴趣的生活中的"课题"（"主题"或"题目"）或认识中的"问题"进行研究、探讨，在共同的研究探讨中发现知识、理解意义、构建认识。项目活动主要采取小组活动的方式，有时也有个人或全班集体的活动。

瑞吉欧的课程组织与实施过程具有自己的特色和方法，包括以下几个方面。

1) 弹性计划

"弹性计划"即教师预先制定出总的教育目标，但并不为每一项目或每一活动事先制定具体目标，而是依靠他们对孩子的了解以及以前的经验，对将要发生的事情提出种种假设，依赖这些假设，他们形成灵活的、适宜这些孩子需要和兴趣的目标。孩子的需要和兴趣既包括在项目中孩子表现出来的，也包括那些在项目发展中由老师推断和引发出来的。

在瑞吉欧的课程中，并非放弃或忽略教育目标，目标当然是重要的(这里的目标指的是一般性的目标)，并且始终保持在教师的视野范围之内，但更重要的是为什么要有这些目标，以及怎样实现它们。教师只有真正理解、明白了这些，教学过程才能变得自然、流畅、有效，充满智慧和创造。

瑞吉欧不预先设定每一项目或每一活动的具体目标，并不意味着在活动开展之前教师毫无计划，只是这种计划不是针对活动的具体目标与程序，而是考虑到孩子可能的想法、假设和象征，以及他们可以引导的方向，对多种可能性的"假设"。瑞吉欧的教育者认为，如果教师有 1000 个假设，那么他就容易接受来自孩子的第 1001 个或 2000 个不同的反应。只有当教师自己设想过足够多的可能性时，才更容易接受未知，对新的想法更加开放。因此，瑞吉欧的课程计划是"外出旅行时的指南针，而不是有固定路线和时刻表的火车"。

"弹性计划"不仅使老师对活动接下来的发展阶段有了充分的准备，而且为儿童的参与、为课程的发展、为那些不期而至的教育契机留下了足够的空间。

在瑞吉欧，活动的进行在很大程度上并不依靠开始的计划(假设)，而是依靠孩子们的反应和教师灵活的策略。教师根据自己对学前儿童细致的观察，从他们的反应中敏感地捕捉蕴含其中的巨大的学习价值，给予及时而适当的引导。可以说，是学前儿童和教师一起，共同引导和促成课程的发生、进行和终结。这样，课程就寓于活动之中，寓于生成之中，寓于师生的互动之中。

2) 合作教学

在教学方面，瑞吉欧突出的特点在于强调师生合作对某一问题进行研究。瑞吉欧将教学的过程比作教师和儿童在进行乒乓球游戏，教师"必须接住儿童抛过来的球，并以某种形式推挡回给他们，使他们想同我们一起继续游戏，并且在一个更高的水平上继续游戏，或许还能发展出其他游戏"(Filippini, 1990)。这种游戏双方的经验水平不对等，但瑞吉欧的教师从不因此试图去控制、限制学前儿童的行为，代替学前儿童的研究探索；相反，他们非常强调学前儿童自己的主动探索和自由表达。因而，瑞吉欧的教师们更多的是通过一些试探性的提问或商谈式的建议，引发学前儿童自己的探索和表达动机。另外，在这种合作的过程中，作为对活动的结果有所期待，有更多自觉性的教师而言，其重要任务之一是将学前儿童的兴趣和努力聚集在一个主题之上，使孩子愿意继续下去，要做到这一点，如何把"球推挡回给孩子"就很重要了，瑞吉欧的教师不是借助于明确的控制和规范，而是通过教师对学前儿童活动的关心、支持、建议和帮助来实现活动的继续和延展。

当教师发现孩子的讲述和绘画出现不一致时，他不是以直接告诉学前儿童这种方式"推挡"回给学前儿童，而是思考能以什么样的方式让孩子自己意识到这种不一致。因此，他让孩子重听以前小组讨论的录音，再对照自己的绘画进行讨论。教师这种花更多的时间和精力使问题"复杂化"的做法的目的在于帮助儿童聚焦于某一个问题，探索、发现自己的问题所在，很快，孩子们发现了问题，同时找到了解决的方法：要学习如何从背面、侧面画人。这是一个很典型的师生合作研究的例子：孩子在认识的过程中出现了冲突，但却没有意识到，教师通过设计一定的情境让这一冲突明朗化的方式来支持学前儿童的研究，同时进一步激发学前儿童积极主动地探索、思考的热情，使学前儿童的研究活动的继续发展成为可能。这种师生合作研究的方式贯穿、渗透于瑞吉欧的这个教育教学活动之中，成为其教学的一个重要特点。

3）档案支持

瑞吉欧教师所说的档案有力地支持了项目活动的过程。档案指的是对教育过程及师生共同工作结果的系统记录，包括儿童自己的视觉表征活动作品，以及对儿童工作过程中具体实例的记录，如记录儿童在工作进程中的具体实例，正在工作的儿童的照片、教师写的旁注、誊写下来的儿童们的争论短评和对于活动意向的解释以及家长的评议等。这种档案并非简单的文字记载，而是以图画、实物、照片、录音、录像、幻灯、文字说明等多种形式表现出来，它贯穿于项目活动的始终，并在活动结束后延续。档案并不意味着一个最后的报告，文件夹中的作品收集，以及帮助记忆、评价或创造的一个文件；而是儿童、教师交互学习的过程，是他们共同工作的成果。

一种高质量的档案应该具有以下几个方面的作用。

（1）促进儿童的学习。档案为儿童提供了有关其言行举止的具体的可见的"回忆"。当"阅读""再阅读"已成为他们所理解的事物时，儿童会变得更加好奇、兴奋和自信；他们(也许是一种潜意识水平)总结自己获得的经验，感受到自己取得的进步，并以此为出发点，迈向下一步的学习。另外，这种档案的展出有利于儿童的互相影响和互相学习，鼓励别的孩子参与到一个对于他们来说是全新的主题中去，采纳其中可以为己所用的表征技术，并且在教师的帮助下儿童逐渐学会善于从过来人那里寻求建议。同时，成人这种认真对待工作的方式鼓舞着儿童，使他们对于自己的工作负责，积极投入，在整个工作中保持良好的情绪，并积极评价自己和别人的成果。

（2）支持教师的教学。在瑞吉欧，档案记录过程本身对于教师来说是一个极好的观察儿童、反思自身的机会。同时，记录的系统结果又可使教育过程超越时空的限制变得"可视化"，每个孩子的特征、态度、需要和兴趣、行为表现通过广泛的、详细的记录和文件材料加以呈现，这使教师可以重新听、重新看、重新理解和发现孩子；也可以冷静客观地反思自己的教育策略，捕捉即将到来的学习契机；还可以与同事交流、讨论、产生新的假设和下一步活动的计划。档案成为主要的教育资源。

(3) 刺激家长的参与。档案记录最直接的作用，便是它可使儿童的学习过程和成果变得清晰可见，并可为一切人所分享。家长借助于档案，认识到儿童学习的重要性以及他们取得的成果，可使家长与儿童一起分享他们学习的过程，而不仅仅是他们的作品。从而悄无声息却是实实在在地改变他们原来或高或低的期望，使他们重新审视其家长的职能和关于儿童生活经历的观念，进而对整个学校的经验采取一种更加积极的态度。

(4) 赢得社区的理解与支持。瑞吉欧还将这种档案阵势积极扩展到社区、公众中，以详细完备的方式将一种多层次、多风格的学习形态，展现在公众面前，让更多的人以新的眼光来认识、评价儿童的形象。同时，这种档案记录体现出一种民主的精神，将学校教育的内容向社会公开，有利于学校社会一体化进程。当然，这也为瑞吉欧教育方案自身提供了强有力的例证，赢得了社会公众更多的理解、支持和参与。

4) 小组工作

瑞吉欧的项目活动一般采取小组工作的方式，小组一般是 3～5 人，有时是两个人。瑞吉欧认为这种小组工作的方式有利于保证同伴间的合作研究。项目活动中的同伴合作体现在许多方面。比如，能力强的孩子可以向同伴提供经验或技能上的指导与支持等。但瑞吉欧更看重的是儿童在共同活动中彼此的调整适应：一方面，借助老师的帮助，一个或几个孩子的问题或观察可以引发其他孩子去探索其从未接触过、甚至从未怀疑过的领域；另一方面，孩子们在合作探索、交流的过程中可以获得自我认同或发现矛盾、冲突，进而重新评价或改变自己的认识，这就是瑞吉欧所说的儿童间真正的"合作活动"。这种同伴合作，为每个孩子提供了机会，使他们意识到自己的观点与其他人的观点是不同的，从而意识到自己的独特想法，产生自我认同感；同时在与同伴的交流、切磋中，也使孩子们发现了其他人的不同观点，意识到世界的多样性。在这个过程中他们获得的不仅仅是友谊和情感，还有认识上的满足。

瑞吉欧也认为小组内同伴间在发展水平上的差异也不应过大，应有一个适当的距离，既能因不同而产生观点的交换和切磋，又不要因差异过大而产生过度的不平衡。从瑞吉欧的经验来看，小组内同伴间的发展水平既要有所不同，同时这一不同又不能过大。

5) 深入研究

瑞吉欧的项目活动不是匆忙走过场，而是深入且富有时效的学习活动。瑞吉欧的项目活动是对某一个主题进行的深入研究，这种深入研究突出地体现在活动中学前儿童对同一现象、概念多角度全面认识以及对其在多种水平上不断提升的重复认识。可见，瑞吉欧的项目活动不是一条直线，而是存在大量的循环和反复，以使学前儿童的学习更加充分。同时，这种对特定的主题深入扩展的学习，又会逐渐发展起学前儿童深入广泛地探讨问题的倾向和能力，而这种极具迁移性的倾向和能力将使他们受益终身。

6) 图像语言

在学前儿童小组围绕着一个共同的"项目"研究的过程中，瑞吉欧鼓励儿童运用他们的自然语言和表达风格，自由地表达和相互交流——包括语词、动作、手势、姿态、表情、绘画、雕塑等，其中符号性的视觉表征活动(瑞吉欧称其为图像语言)尤其备受关注。在轰动西方的名为"儿童的一百种语言"的展览中，儿童用图像语言(包括素描、颜料画、纸工、泥工、拼贴画、雕塑等)所表达出来的对事物的认识和对世界的感受几乎感动并征服了所有的参观者。瑞吉欧孩子的工作表明孩子借助于图像语言进行表达、交流，并从中获得认识发展的能力，比我们假定的容易且完美得多，这使我们意识到在一定程度上我们低估了孩子们的图像表征能力，以及图像表征对孩子认知和身心发展的价值。

在瑞吉欧，孩子的图像语言不是被当作一门科目、学程或一套分离的技能来教授，而是与儿童的工作、学习融合在一起，作为还不善于读写孩子们的另一种语言渗透在项目活动的整个过程中。图像语言为学前儿童提供了一种他能够驾驭的表征手段，以记录且交流他们自己的想法、观察、记忆和感受，这不仅为教师了解儿童已有的知识经验打开了窗户；更为儿童探索知识、建构已有的认识以及与同伴共同建构认识提供了一种共通的、快捷有效的交流工具，从而有力地辅助、促进项目活动的开展。而儿童在自己感兴趣、有意义的主题探索过程中，主动地、积极地、自然地运用图像语言，反过来又可以极大地练习、提高自己的图像表现能力。

(四)瑞吉欧教育活动设计

1. 瑞吉欧学前儿童教育课程的设计理念

(1) 摒弃绝对以儿童为中心、忽略教师作用的放任自流式教育，强调团体中心、关系中心，构建孩子与教师、成人一起游戏、工作、说话、思考、发明的课程模式。

瑞吉欧学前儿童教育课程摒弃绝对的"教师中心说"和"儿童中心说"，他们明白"以儿童为中心"的真意，不是单纯地放任儿童，更不是极端的权威领导。孩子必须有空间，在成人的引导下，发展自己的处事步调。这正如瑞吉欧学前儿童教育的创始人马拉古奇所说："对学前儿童的称赞，并非企图回到 20 世纪 70 年代的天真行为，尤其当我们发现学前儿童在建构活动中采取主动的角色，加上学前儿童与成人互动过程的双向结果导致对成人角色的贬低时，我们更不希望过度强调学前儿童在互动过程中的主控能力。""孩子及其发展与学习的中心性，乃是自教师(即所有学校工作人员)与孩子共享的中心性中脱颖而出。"他们的教育体制是建立儿童、教师和家长的三主角中心，从过去的个体中心走向团体中心，从实体中心走向关系中心。儿童成为中心意味着儿童的兴趣和需要在教育中得到了充分的关注和尊重，他们的主体性地位在教育中得到了真正的确立和发展。

(2) 倡导儿童运用多种语言进行认知、表达和沟通，获得完整的感觉经验。瑞吉欧学前儿童教育的创办者为他们在世界各地的成果巡回展起了一个富有诗意的名字"儿童的一百种语言"，这里的语言泛指文字、动作、图形、绘画、建筑、雕塑、皮影戏、拼贴、戏剧或音乐等多种活动形式以及丰富的媒介材料。"儿童的一百种语言"意指儿童有权利也有能力运用除口头、文字语言外的诸多方式，用各种材料去认识他周围的世界，表达自己的思想、情感。这个标题饱含着瑞吉欧创办者对儿童无限潜能的尊重、赞赏和期待，同时也体现了瑞吉欧学前儿童教育的价值追求——发展儿童的一百种语言，让他们获得完整的生命经验。

在瑞吉欧的方案教学中，教师鼓励孩子用尽可能多的方式进行认识、表达和交流，并且非常重视让孩子用多种感官去发现和认识事物。受蒙台梭利、杜威等教育家的影响，他们认为学前儿童正处在各种感觉的敏感期，教育要不失时机地让儿童接受多方面的刺激，使感官得到最充分的发展，获得完整的感觉经验。因为"完整的感觉对儿童而言，是一种来自生理和文化的需求，是一种幸福的生命状态"。同时感官也是心灵的窗户，智力的发生、发展依赖于感觉经验的获得和丰富。因此，在每个活动的开始，教师必须给予孩子充分观察和感知的机会，让他们从不同的角度获得信息，加深对事物的认识和把握。

在感受和认识的基础上，瑞吉欧强调表达和沟通在儿童智力、个性成长中的重要作用。他们要求每个孩子用自己喜欢、擅长的方式，采用各种媒介向他人展示自己的所见、所闻、所想和独具匠心的创意，表达和交流自己的情绪和情感，从而加深对事物的理解，"体会到双手与心智之间强烈的友谊，领悟到改变事物或被事物改变的喜悦"，证明自我的存在和价值。

在动作、文字、绘画、雕塑等多种语言中，瑞吉欧尤其鼓励孩子运用图像创作等非文字语言。当学前儿童的语言、文字、逻辑尚待发展的时候，一些非常形象化的艺术方式成为他们表达交流的最好且最擅长的方式，比如绘画。这种艺术活动不仅是感官感受世界的活动，更是一种使人们对外界的印象、感情、思想有序化的活动。

(3) 创造一种儿童文化，为孩子提供自主、自由建构主客观经验的时空环境，同时也创造一种文化，使孩子在相互合作和社会化的气氛中不断地获得一百种主客观经验。

瑞吉欧学前儿童教育深受杜威的教育思想和皮亚杰认知主义理论的影响，认为儿童是通过自己主动地努力活动，与外界相互作用，不断获得经验的丰富和重组，从而实现自我建构和发展的，所以它注重给予每个学前儿童自主探索的空间和自由。但同时它也摒弃了这些理论中的某些观点，如低估成人提升儿童认知发展的作用、对社会互动的不重视、忽视儿童情感发展等，以维果斯基的文化—历史发展理论、社会建构理论等进一步补充和发展皮亚杰的思想，强调知识是与他人共同建构而成的，力求把儿童置于广阔的社会历史文化背景中，使其在与同伴、成人、自己的历史以及周围的社会文化环境的互动过程中获得知识、得到发展。所以，瑞吉欧学前儿童教育的特色在于建立一个以关系和参与为基础的教育模式，这种关系是一种朝着共同目标奋斗的力量与元素之间富有活力的连接。小组式工作即是社会建构理论在瑞吉欧学前学校课堂的具体体现。

瑞吉欧的小组工作模式既给予每个儿童充分的自主探索空间，同时又为他们营造了同伴间相互支持、相互学习、共同成长的团体文化氛围。这种课程设计超越了极端的个人主义和自由主义的发展原则，而是旨在养成既有个性又有合群性、社会性的儿童。

2. 环境是课程设计与实施的要素

瑞吉欧认为"环境生成课程，课程主题来源于学前儿童与环境的互动作用"。幼儿园环境已不再局限于幼儿园内，它还包括幼儿园外的一切自然环境和社会环境。学前儿童处于这个大的环境中，必然会对各种各样的新鲜事物产生疑问，这时教师应从与儿童的交谈中，及时捕捉儿童的这些疑问，从中提炼课程的主题。例如，"美丽的喷泉"这一教学活动可来源于刚建成的市民广场的音乐喷泉，孩子们在节假日和家长路过广场时，总能看见这个音乐喷泉。那么喷泉是如何形成的，音乐从哪儿来，为什么一有太阳喷泉上就会出现一道道彩虹……这些都会引起学前儿童的疑问，教师若能从与学前儿童的交谈中及时捕捉到这些信息，就是一个很好的科学教育活动。

瑞吉欧学前儿童教育创设者同时认为"课程创设环境"，眼下十分流行的方案教学是瑞吉欧教育系统的主要特征之一。在该方案教学中，环境布置是其成功与否的重要因素，因为它的主题选择也是来源于学前儿童与周围环境的互动中，它的进行需要特定环境的支持。儿童心理学指出：学前儿童的感知觉和思维都是建立在具体客观事物的基础上的，所以只有在特定的环境中，他们才能理解一些抽象概念。例如，小朋友在学习"火山"一课时，对泥土产生了兴趣，他们会提出"泥土里有什么？为什么泥土会长出东西？"对此，教师可以在花园的草坪上建造一个活动区，让孩子们有一个探索的环境，在这个区域内可放些植物种子、花盆、小铁锹、放大镜等。他们可以把种子放进花盆里或草坪上，也可以用放大镜看泥土里的小虫子，通过自己的活动和教师的讲解，使他们逐步明白为什么泥土里能长出花草来，蚯蚓是什么等知识。

1) 环境是最佳的"记录"之一

"我们的学前学校的墙壁会说话，也有记录的作用，利用墙壁的空间暂时或永久地展示学前儿童及成人的生活。"(马古拉兹)如果幼儿园的环境具有生机，学前儿童的生命也将富有活力。因为"环境对学前儿童的行为和发展之所以具有价值，不仅因为它是影响儿童发展的因素，而且是因为儿童在环境中通过自身的活动，就获得了应对环境变化的方式和能力，并对环境也起到了影响甚至改造作用"。学前儿童就是在与环境的互动中发展的。在瑞吉欧环境创设中，教师的做法是：幼儿园不能有一处无用的空间，校园环境要随着学前儿童的需要而变化，让学前儿童与环境"对话"。

减少无用的空间，尽可能利用所有的空间资源，大到活动区域、草坪，小到门厅、拐角、盥洗室的镜子、水龙头都能吸引学前儿童的注意力，孩子们走到哪里，哪里就成为激发他们潜力的资源。而有的幼儿园里，学前儿童可活动的空间仅限于活动室、走廊、草坪，近乎两点一线，儿童自由发展的空间很小，而且就这些可供儿童活动的空间的功能也十分单一。很多材料、玩具不是因为陈旧而闲置着，就是因为不适用而作为摆设，这一切都不能激发儿童与环境的互动。如何有效地利用幼儿园里的空间资源，使学前儿童更好地参与其中，也许能从瑞吉欧幼儿园环境理论中有所启发。

在瑞吉欧教师眼中，环境就像一个"会运动的生命体"，和学前儿童的身心发展一样，它也会随学前儿童的心智变化而改变。这就要求学前儿童能与环境材料进行"对话"。因此教师应努力创设不断地与学前儿童相互作用的物质环境，让学前儿童名副其实地成为环境设计的主动者。比如在创设"美丽的秋天"这一主题环境时，可以先让儿童自己去寻找秋天的特征：秋天到了，菊花开了，树叶变黄了，大雁南飞了……在搜集"秋天"的过程中，学前儿童通过各种感官的运用，充分感受到了什么是秋天。当他们带着落叶、照片、图画等材料回到教室后，由教师在一旁引导学前儿童用这些材料布置"美丽的秋天"这一环境。在布置过程中，教师应放手让学前儿童自己去讨论构思和布局，而不是代替学前儿童去布置。在学前儿童亲自参与环境布置的整个过程中，他们通过观察、构思、动手，不但获得了新知识，其动手能力和创造性也得到了很好的发展。同样，当春天、夏天、冬天来临时，教师也可以通过让学前儿童收集、交流、布置环境，随着不同季节的来临，教室的墙壁在孩子们手中不停地"说话"，而学前儿童在布置过程中也深刻体会到了四季的含义和特点。

2) 环境是学前儿童社会性发展的关键因素

社会性发展是儿童认知发展的重要方面，将空间作为一个可以支持社会交往的因素，让环境协助学前儿童之间的交流、谈话和互助，是瑞吉欧托幼机构的一大特点。儿童心理学表明，学龄前儿童处于自我中心阶段，正是社会化的起步，急需在与同伴的交往中学习理解他人，认识自我，把握自己在群体中的地位，摆脱自我中心。瑞吉欧的研究者们在进行环境布置时，充分保证了每一位学前儿童都能拥有团体的归属感，营造出人际交流的氛围。具体可从以下两方面看出。

(1) 空间的安排。空间没有区隔或区隔物太高，都会影响儿童的交流。因此，大小不同的空间间隔十分必要，可适合不同人数小组的活动。最小的空间是供个别学前儿童所设的安静区或隐蔽区；稍大一些的空间适合学前儿童在小组群中活动，通过在活动中协商、竞争等行为，学会和别人分享、保护自己等社会行为；最大的空间被称为"广场"，设在走廊或门厅，是幼儿园的中心地带，"广场"通向所有的教室，不同年龄、不同班级的学前儿童都可以在此碰面交流，游戏追逐，是一个很轻松很自由的地方。

(2) 材料的投放。在幼儿园环境创设中，材料的投放在提高学前儿童交往技能、增加他们的社会经验方面的作用也是不可忽视的。因为"儿童的社会交往是以玩具材料为媒介联结的，玩具加强了这种交往关系"。例如，在小班、小小班学前儿童活动中，投放数量较多、种类相同的玩具，刚开始，学前儿童玩玩具的方式各不相同，一段时间后，他们玩玩具的方式却几乎一样。这是因为在玩玩具的过程中，学前儿童看见别人的玩法挺新奇，于是便模仿别人，通过相互模仿，一个学一个，大家的玩法也就如出一辙。可见，在小班、小小班的平行游戏中，学前儿童的相互模仿是最常见的社会行为。同时，在玩玩具的过程中，学前儿童还学会了很多交往技能，如分享、谦让、轮流、交换等规则。正是在以玩具为媒介的交往中，学前儿童通过比较、验证、反省，不断地从与他人关系中认识自我。

(3) 环境是"第三位老师"。

首先，环境应具有教育的功能。环境可以启发学前儿童的智力，幼儿园的环境布置可以让儿童潜移默化地得到教育，同时儿童在参与布置的过程中，在很大程度上可获得认知的发展，激发其学习兴趣和求知欲望。环境还可以形成激励学前儿童奋发向上的氛围，因为大部分幼儿园在布置环境时，都或多或少地会选用儿童的绘画作品，在孩子们看到自己的作品被展出后，会增强对创作的兴趣和信心，这是对他们最好的表扬。

其次，环境具有相关性。它能把引起学前儿童相关经验的各种因素结合在一起，构筑新知识。在参观幼儿园的时候，笔者发现布置所选用的图片、剪纸都是儿童所熟悉的。例如，在"幼儿园的春天"这一墙饰中，所选用的图片是儿童常见的小花、小草、小燕子、柳树等。当学前儿童看见这一墙饰时，结合自己认识的花草、动物，也就能大致理解"春天"的含义。

最后，环境还具有弹性。它应根据学前儿童的需要不断变化，也就是前面所说的让学前儿童与环境"对话"。笔者见习时参观的幼儿园中，室内布置是变化的，可教室外的走廊、门厅的布置却几乎不变，无论春夏秋冬都是一个样。在瑞吉欧创设的环境中，春天的幼儿园是嫩绿色的，夏天的幼儿园是翠绿色的，秋天的幼儿园是金黄色的，而冬天的幼儿园则是雪白色的。学前儿童处于这样的环境中，时时刻刻都能感受到四季的交替，认识四季变化的规律和特征。所以，幼儿园不仅要着眼于室内环境对学前儿童的影响，还应注意户外环境也是影响学前儿童的一大因素。

从整个瑞吉欧的环境创设和布置中，可以看出它将学前儿童的主体地位放在首位，从学前儿童的认知发展和年龄特征出发，让课程的价值在学前儿童与环境的互动中得到体现，把环境设计作为一种教育理念和课程模式的建构性要素。作为未来的学前儿童教师，不仅要认真探索学习幼儿园的日常教育教学活动，同时也应把幼儿园环境创设作为一门重要的课程来学习研究。

例如，一名幼儿园英语教师在讲英语时发现，小朋友们刚刚接触英语时，往往不太感兴趣。尤其是不肯说话的孩子就更难开口了，教孩子们学习单词如"apple"(苹果)时，有的孩子从头到尾都是"听众"和"观众"，教师不管怎么鼓励都不张嘴，害怕自己说错了。学习单词"ball"时，教师改变了方法，教学时进行下面一段对话：

师："看，老师拿着什么东西？"

幼："球。"

师："老师是怎么拿的？"

幼："抱着的。"

师："你们知道外国小朋友怎么说球吗？"

师："他们把球说成'ball'(抱)。"

孩子很快掌握了这个单词的说法。然后，教师请孩子一边拍球一边说，每个孩子都非常踊跃，连最内向的孩子都开口说了。

"万事开头难"，让孩子开口以后，他们就会觉得说英语单词很简单，慢慢地克服了畏难情绪，为以后学好英语打下了基础。

再如，一位教师组织学前儿童游戏活动时，一位学前儿童家长请假说孩子的奶奶去世了，这几天不能上幼儿园。小朋友们听到了，纷纷问："'去世'什么意思？"教师告诉他们："'去世'就是人死了，因为是家里的亲人，说死了不好听，所以用'去世'这个词。"又有孩子问："高明明的奶奶是怎么去世的？"这一下，小朋友们议论开了，说个不停。看到孩子们这么感兴趣，教师决定就这一话题展开讨论。

教师首先向孩子们介绍：死亡是一种自然现象，生命发展都要经过出生、发育、成年、衰老、死亡的过程，每个人都会死亡，动植物都是这样。小朋友们又问："我们也会死吗？""会的，但那要很多年以后……"教师的话还没有说完，有一位小朋友就哭起来："我不想死！我不想死！"引的小朋友们都笑了。大家安慰他说："你现在不会死！你还要活一百岁呢！"他却说："活到一百岁我也不想死！"小朋友问："那你想活多少年？"他说："我想再活五百年！"小朋友一听也纷纷说："我也想活五百年！"教师很认真地说："这不是没有可能！"小朋友们立刻睁大了眼睛："啊？太好了！"教师又说："现在就有科学家在研究延缓人类衰老的基因，使我们人类能变得长寿！"孩子们有些将信将疑："真的有吗？"教师肯定地说："有啊！只要我们小朋友从小好好学习，掌握很多本领，长大也能发明许多长生不老的药，帮助我们都活到五百岁！"小朋友们激动了，胸脯挺得高高的，充满信心地表示："我要好好学习！""那我长大要当科学家！""我要发明一种药，让老师永远年轻！"学前儿童教育活动是一个既简单又复杂的过程，即使事先设计再周密，也会碰到许多新的非预期性的问题。因此，抓住偶然的教育契机，提高教育效能，是每个教师的必备技能。就像前面提到的那位教师，根据当时的教育情境，及时组织了讨论活动，激发了孩子们从小好好学习、长大后有所作为的欲望。这要比特地组织一个"认识生命现象"的活动自然得多，孩子们也更容易接受。

在幼儿园的教育活动中，环境作为一种"隐性课程"，在开发学前儿童智力、促进学前儿童个性方面，越来越引起人们的重视，环境创设已渐渐成为幼儿园工作的热点。在《纲要》中也明确提出："环境是重要的教育资源，应通过环境的创设和利用，有效促进学前儿童的发展。"那么，究竟什么是幼儿园环境呢？我国幼教先驱陈鹤琴先生曾提出幼儿园环境是"儿童所接触的，能给他以刺激的一切物质"。来自意大利北部小镇瑞吉欧·艾米里亚的学前教育研究者则对环境的创设与布置提出了要求，他们认为环境是一个"可以支持社会，探索与学习的容器"。正是由于环境是学前儿童每天所接触的，学前儿童的身心发展、社会化发展以及个性发展，无一不受到它的影响。因此，幼儿园环境对幼儿园的日常教育活动起着重要作用。

3. 瑞吉欧教育活动设计案例

恐 龙

1. 计划的展开

在意大利，正像在美国一样，到处都是恐龙的形象，孩子们通过书籍、电影、电视和玩具介入恐龙文化，他们经常为看到的恐龙的巨大、有力、攻击性形象所迷住、兴奋和害怕。

瑞吉欧的孩子，像别的地方的孩子一样，喜欢从家里往学校带东西，在安娜弗兰克学校，从 1989 年秋天开始，5~6 岁孩子的教师就注意到许多孩子带恐龙玩具到学校，而且他们的游戏经常与恐龙有关。因此，教师决定与孩子一起研究恐龙。教师作了记录，把对恐龙的兴趣看作更好地了解恐龙的机会。在保持互动原则的前提下，教师决定与孩子一起进行恐龙之行，深入地学习恐龙。这个方案的对象是 5~6 岁的孩子，活动主要以小组的形式进行，历时 4 个月。

2. 活动的过程、内容和形式

(1) 画出自己的恐龙。在绘画的过程中，孩子们相互交流，一些好的想法为大家所接受。有时，孩子会因为别人的意见而改变自己，如"那不是恐龙，恐龙应有四条腿"。

(2) 集体讨论。教师提出一些开放性的问题，启发孩子们讨论，如恐龙在哪里生活，它们吃什么等。

(3) 搜集资料。孩子们到图书馆找来了一些关于恐龙的书籍，并带回了幼儿园。他们将自己画的恐龙与书中的画做了比较，在产生问题的时候，他们会从书中去寻找答案。

(4) 发邀请函。孩子们邀请亲属和朋友来幼儿园分享他们的活动。信函的创作是由整个"恐龙"小组制作的，每个孩子都提出了自己的想法，而教师则是信函的书记员。孩子们按照教师所做的原型，写下定稿、写好信封和出了海报。

客人来到前，四个女孩合作做了一条霸王龙。四个男孩则用金属和金属丝合作做了一条恐龙。

(5) 做一条与真的恐龙一样大的恐龙。四个男孩子用黏土做了一条恐龙，这个活动使他们想要做一条和真的恐龙一样大的恐龙。

他们从书上找到，真的恐龙长 27 米、宽 9 米。他们从工作室里找来了米尺，但只有三把，他们没有想到连续用米尺 27 次，而是要找另外的 24 把米尺。孩子们找不到更多的米尺，教师提议是否可以用其他的东西来替代米尺。孩子在教室里找来了塑料棒，教师和他们测量了这些塑料棒，每根长 1 米！

孩子们发现这些塑料棒的数量超过了 27 根。他们把 27 根塑料棒排成一行，又尝试了两次分别用 9 根棒放在两侧，第四边已没有棒了，几分钟后，两个孩子找来了一卷卫生纸，并铺在地上，长方形做成了。有个儿童提议先在纸上画恐龙，再在地上画。三个女孩和一个男孩选择了方格纸。两个孩子在方格纸上粘上了一个剪下的恐龙，它的大小为 27 cm×9 cm，正好与方格(每格 1 cm×1 cm)相符。这样，孩子们可以通过数格子就知道恐龙的头、脖子、身子和尾巴有多大。六个孩子到户外，将画上的恐龙放大到草地上。男孩们铺垂直线，女孩们铺水平线。由于事先已量好恐龙各部位的长度，当他们用绳子把各个点连起来时，恐龙的轮廓就形成了。孩子们在探索多少个人的长度才与一条恐龙尾巴的长度是一样的。

(6) 举办展览。孩子们非常乐意将自己的学习心得与其他孩子一起分享，这一小组的孩子为幼儿园的其他孩子举办了展览会，向大家报告他们的活动过程。

他们为这个展览做了大量的准备工作，他们整理了图画和雕塑，也发了邀请函和海报，他们想了很多办法将自己的经验分享给别人。当然，最快乐的事是他们向别人介绍活动的过程。

从"恐龙"这个瑞吉欧方案活动案例中可以看到，与方案教学相比较，在瑞吉欧教育体系的方案活动中，教师预设的成分更少，学前儿童生成的成分更多。例如，"恐龙"这个活动起因于教师注意到许多孩子将恐龙玩具带到幼儿园来，因而教师决定与孩子一起研究恐龙。又如，制作恐龙的过程激发起学前儿童想要做一条和真的恐龙一样大的恐龙，因而教师就与孩子一起研究并动手制作这样的恐龙。这些都说明，瑞吉欧教育体系的方案活动是一类结构化程度相当低的教育活动。在活动过程中，教师提出一些开放性的问题，启发学前儿童的讨论；让学前儿童到图书馆收集关于恐龙的资料等，都是激发学前儿童生成活动所采用的方法。

在瑞吉欧的教育方案活动中，以学前儿童的兴趣为导向，由学前儿童发起深层次探索活动，这样做，并非为了让学前儿童获取教师给予的知识和技能，而是为了解决学前儿童自己所提出的问题。例如，有个学前儿童提议先在纸上画恐龙，这样可以通过数格子的方法知道恐龙的头、脖子、身子和尾巴有多大；又如，学前儿童探索有多少个人的长度才与一条恐龙尾巴的长度是一样的，等等。教师在活动过程中对学前儿童的探索活动始终采取支持和帮助的态度。

在瑞吉欧的方案活动中，教师与学前儿童之间、学前儿童与学前儿童之间的互动是一个积极的、合作的、共同建构知识、人格和文化的过程。例如，在绘画的过程中，学前儿童相互交流，一些好的想法为大家所接受；学前儿童发出邀请函，邀请亲属和朋友来幼儿园分享他们的活动；学前儿童自己举办展览会，并将自己的学习心得与其他孩子一起分享，等等。特别是教师在活动过程中对学前儿童始终起到了引领、帮助和推动的作用。

(资料来源：http://cs.gzedu.com/jiaoshijixu/2011/yeykc/c07/case/ch07case04.html)

阅读链接 2-8

瑞吉欧的经典案例——《小鸟的乐园》.docx 见右侧二维码。

在瑞吉欧，活动的进行在很大程度上并不依靠开始的计划(假设)，而是依靠孩子们的反应和教师灵活的策略。教师根据自己对学前儿童细

阅读链接 2-8

致的观察，从他们的反应中敏感地捕捉蕴含其中的巨大的学习价值，给予及时而适当的引导。可以说，是学前儿童和教师一起，共同引导和促成着课程的发生、进行和终结。这样，课程就寓于活动之中、寓于生成之中、寓于师生的互动之中。

在瑞吉欧，这类活动就是学前儿童学习的过程，这是一种师生共建的弹性课程与探索性教学，一般主题都是合乎儿童生活经验和兴趣的，并且孩子们都能进行操作，活动是有意义和价值的。在探索过程中，孩子们不断地把主题引向深入、展开广度，最后问题终于得到创造性的解决，学前儿童通过自己感兴趣的方式来表现和展示其成果，如绘画、卡通、泥塑、模型、连环画等。

在瑞吉欧，教师成了学前儿童的伙伴，他们倾听孩子的心声，并使孩子进入主动学习状态；同时也是向导，引导孩子们在学习中观察再观察、思考再思考，使孩子们各方面的能力得以发展；教师还是记录者，他们记录了大量的第一手资料，从而了解学前儿童是怎样思维的；教师还是研究者，研究如何发现既有挑战性又能使孩子得到满足的项目活动等。因此，在瑞吉欧有句名言：接过孩子抛来的球！

三、对瑞吉欧学前儿童教育课程的评价

瑞吉欧教育体系中的以社区为本的管理方法、开放而充满教育机会的环境、合作性的学习和研究方式、师幼同为课程和学习的主体、对记录的重视以及对学前儿童的多种学习和表达方式尤其是艺术形式的强调，为它赢得了很高的声誉。

(一)项目活动——学前儿童学习的过程

项目活动是一种既非预定的教学模式，也非一般的教学计划，而是师生共建的弹性课程与探索性教学。它的基本要素有三点：一是解决真实生活中的问题；二是以小组为单位共同进行较长期深入的主题探索；三是成人与学前儿童共同建构、共同表达、共同成长的学习过程。主题的选择是非预设的，主要来自学前儿童的真实生活经验、兴趣和问题，并在众多的问题中作出选择和判断，教师往往是决策者。

如瑞吉欧儿童探索的主题有"看见自己感觉自己""狮子的肖像""雨中城市""一片梧桐叶""孩子与电脑""人群""有关喷泉的讨论""椅子和桥的平衡"等种种自然现象和社会现象。决定主题的原则是合乎儿童生活经验和儿童感兴趣的；容易取得所需材料和设备，并运用学校和社区资源的；儿童能实际操作的；活动是有意义和价值的。探索的过程中，花许多精力思考并探索这些事物、主题和环境，思考在活动过程中出现的问题和观察到的现象，克服大量难以预计的偶然性和困难，不断地将主题引向深度和广度，将新发现作为以后数周探讨的问题。下周课程的主题，可能出自本周探索过程的结论、问题及难题，循环下去，学前儿童和教师一起不断地思考活动的意义，设想涉及的问题及解决方法等。主题探索的结果导致创造性问题的解决。学前儿童通过探索和发现，用"一百种语言"表达其成果，创造出他们最感兴趣的艺术作品，如图形、绘画、卡通、图表、泥塑、模型、生动的连环画等。最终展示作品，供其他孩子、家长和社区成人观赏。

(二)开放的、新形态的学习环境

首先,开放的环境是幼儿园的第三位教师。学前儿童具有拥有环境的权利,教育由复杂的互动关系构成,也只有"环境"中各个因素的参与,才是许多互动关系实现的关键。因此,学校的建筑结构、空间的配置、材料的丰富多样性,以及许多吸引学前儿童探索的物品和设备,都经过精心的挑选和摆放,以传达沟通的意图,激发人与人之间以及人与物之间的交流和互动。

其次,瑞吉欧的学前教育机构环境美丽宽敞、充满艺术气息,建筑物中心有一个广场,每个活动室的门都面向广场,以增加各班学前儿童间的互动机会。每间教室门口写上儿童的权利,挂上教师的照片,家长牌上介绍项目活动的主题,以便合作参与。教师还十分注意空间的安全和儿童认知、社会性发展的空间,有大片的镜子,供孩子们躺在其间,认识自我,发现自我。总之,经过细致规划和设计的空间及幼儿园周围的空间都应加以利用,因为环境是产生互动的容器,具有教育性价值。教室及工作坊的环境布置随着项目活动的发展而变化,不断地充实和调整。在空间的设置中,也关注给学前儿童自由活动的空间、小组活动及团体活动的空间,作为展示的空间乃至个人秘密的空间。

最后,记录的空间,充分利用墙面,把墙面作为记录儿童作品的场所,让墙面"说话"。小组每做一个主题都有师生共做的展示板,以充分利用视觉艺术的价值。

此外,空间设计还反映了意大利的文化特点。总的来说是"个性加美丽",墙壁的色彩、巨大的窗户、绿色的植物、有意义的摆设等,都显示出幼儿园"园本文化"的环境表达都努力做到美观而和谐。

(三)教师的角色——伙伴、园丁、向导、记录者、研究者

伙伴。在学前儿童的项目活动过程中,教师最重要的是倾听儿童的心声,使孩子进入主动学习的状态。作为伙伴,瑞吉欧有句名言:接过孩子抛来的球!

园丁。学前儿童的世界是一个充满可能性的世界,作为园丁,要知道在共同建构的过程中,何时提供材料?怎样变换空间?如何介入讨论?何时协助解决疑难?何时将孩子的表达方式总结出来从而成为孩子成长的有力支持者。

向导。不断地引导学前儿童深入某一领域或某一概念,适时、适度地鼓励和支持学前儿童对他们自己的问题及兴趣在深度和复杂性方面深入钻研,引导他们观察再观察、思考再思考、呈现再呈现,在各个方面得到发展。

记录者。教师走进学前儿童的心灵,知道他们是怎么思维,怎么操作的?如何互动、如何观察、如何想象、如何表达的?学前儿童通过记录看着自己完成的工作时,会更加好奇、感兴趣及有自信心,记录还可使家长了解学前儿童在学校获得经验的过程,分享孩子在学校的真实经验,密切亲子关系。最可贵的是,记录是教师研究的一种重要形式,看到师生关系,看到自己的作用、教学技巧的成长等。

研究者。怎样共同建构项目活动?怎样发现既有挑战性又能使孩子得到满足的项目活动?如何保持一定的开放程度?如何在遇到困难时与儿童、教师商量,如何倾听儿童的争论、化解他们的争论?怎样建立一种合作的、支持性的互动的师生、生生关系等,这些都

使教师成为一个研究者，成为一个终身学习者。

我国学者霍力岩对瑞吉欧课程进行了以下三个方面的评价。

1．重视在儿童的活动中自然而然地生成课程

在瑞吉欧的学校，儿童参与深度的、长期性的调查，这体现了进步主义教育的主要特点。他们没有固定的课程计划，有的只是灵活的、深入而富有成效的方案活动。他们允许儿童自己作决定和选择，采取合作解决问题的学习方法(一般是与同伴合作或向教师咨询)，并创造一种鼓励儿童追求自己的兴趣、开展长期的调查活动的环境。这种课程是在具体的情境中逐步生成的，是教师根据活动中学前儿童的反应以及活动的进程来确定活动发展方向的，可以说是教师和学生共同建构和协商的结果。在这种生成的课程中，儿童兴致盎然，内在的动机使他们有足够的兴趣、坚持力和成就意识，在众多的可能性中作出选择，并坚持到自己获得成功。

2．让教师成为学前儿童的合作研究者

瑞吉欧的教师与儿童是平等的，他们共同参与到活动中。教师认识到儿童是发展的主人，具有丰富的潜力，具有很强的可塑性和学习成长的欲望，同时儿童之间存在着差异，这种差异可以在有利的或不利的环境下扩大或缩小。因此瑞吉欧的教师就成了一个观察者和记录者，重视去探听儿童、发现和认识儿童，允许儿童自主、自由地探索，同时亲自参与到活动中，给儿童以反馈、建议和支持，引导孩子拓展自己的想法。在这种系统地观察、记录、说明和评价的过程中，教师成为儿童的合作研究者，"尊重儿童"和"发挥儿童的主体性"不再是抽象而空洞的概念，而成为促进学前儿童发展的重要动力。

3．促进学校、社会和家庭的合作

家校联合似乎已经成为世界的一种共识，美国 2000 年六大教育目标之一就是促进家庭纳入学校，以形成教育的合力。瑞吉欧的管理是一种民主而开放的方式，社区参与管理机制的建立，能够适应文化和社会的变迁，也能够促进教育者、儿童、家庭和社区的互动和交流。事实上，在个体的成长中，家庭、社会和学校是同样重要的。因为儿童是社会的人。儿童的教育需要多方面合作，这样才足以产生教育的一致性和一贯性效应。而学校的本质就是一个交流和参与的环境，所以家长和社会的参与也是学校教育存在的一个前提。家庭作为儿童成长的第一个并且是重要的环境，对儿童的发展有着重要而独特的功能。家长积极参与到学校教育中来，能够让儿童获得一种安全感，成为他个人成长的动力。最重要的是，家庭和社会的参与意味着教育环境的扩大和教育资源的丰富，意味着儿童处处受教育，时时在学习，反映出终身学习的时代特色。

方案教学法通常由教师选定一个主题，将各种教学内容有机地结合起来，新的教学内容以前面的教学为基础，循序渐进，孩子容易保持兴趣，接受新鲜内容。例如，以"春天"为主题时，可以组织孩子们观察种子发芽，在语言课上学习春天的诗，在美工活动中画春天的画，做花朵、昆虫纸工，还可以唱春天的歌，到公园观察春天的踪影。

第四节　陈鹤琴活教育思想与活动设计

一、陈鹤琴生平介绍

图 2-3　陈鹤琴

20 世纪三四十年代我国幼教界"南陈北张"之说中的"南陈"即陈鹤琴(1892—1982)，陈鹤琴(见图 2-3)是浙江省上虞市百官镇人。陈鹤琴先生在儿童心理、家庭教育、学前儿童教育、小学教育、特殊教育、师范教育等方面进行了长期的、开拓性的实验、实践和研究工作，建立并完善了中国化、科学化、大众化的儿童教育理论体系，构建了现代中国儿童教育新结构，是我国现代学前儿童教育的奠基人，被誉为"中国幼教之父""中国的福禄贝尔""儿童教育的圣人"。"活教育"思想是其教育思想体系的核心。

1914 年陈鹤琴清华毕业赴美留学，考取的是庚子赔款奖学金，留美毕业获得文学学士和教育硕士学位。1919 年夏回国在南京高等师范学校和东南大学任教授，开始了对儿童心理与教育的科学实验和研究。次年喜得长子陈一鸣，逐日对其身心发展进行周密的观察、实验和文字与摄影记录，连续 808 天，对孩子的身体、动作、模仿、暗示感受性、游戏、好奇心、惧怕、知识、言语、美感、思想等多方面进行了系统的研究，积累了丰富的资料，发表了一系列关于儿童心理及教育的论文。1925 年，陈鹤琴根据教学、研究、观察、实验中所积累的材料，写成《儿童心理之研究》(上、下册)和《家庭教育》两部著作。《儿童心理之研究》中第一章"照相中看一个儿童的发展"，描述的是他的儿子陈一鸣从一个半月到两岁零七个月的生活照片 86 幅，展示婴儿的发展进程，引起了读者极大的兴趣。这在当年可算是先进的研究方法。《家庭教育》一书论述了家庭教育的 101 条原则和教育孩子的具体方法，堪称一部影响了中国几代人的家教经典。陶行知先生发表书评《愿与天下父母共读之》，称著者"以科学的头脑、母亲的心肠作成此书，系近今中国出版教育专书中最有价值之著作"。

1923 年由东南大学教育科支持，陈鹤琴创办了南京鼓楼幼稚园，试验适合国情的中国化、科学化的幼稚教育，次年在《新教育》杂志上发表《现今幼稚教育之弊病》，指出中国普通幼稚园当时大概有四种弊病：一是与环境的接触太少，在游戏室的时间太多；二是功课太简单；三是团体动作太多；四是没有具体的目标。1925 年扩建鼓楼幼稚园园舍，邀请东南大学陆志韦等 10 人成立董事会，筹募资金，该园成为东南大学教育科实验幼稚园，派助教张宗麟协助研究工作，至此我国第一所幼稚教育实验中心诞生了。陈鹤琴先生主持实验幼稚园的课程、故事、读法、设备和幼稚生应有的习惯和技能等，并与张宗麟合写《一年来南京鼓楼幼稚园实验概要》一文，由《新教育评论》发表。是年夏，主办东南大学幼稚师范讲习所，编写的讲稿《幼稚教育》围绕"为什么办幼稚园""幼稚教育的目标、原则、课程"等问题，对办中国化、科学化的幼稚园作了全面论述。1927 年创办了我国最早的幼稚教育研究刊物《幼稚教育》，同时发表《我们的主张》一文，根据自己办幼稚园的理论和实验总结，提出适合我国国情和学前儿童发展特点的 15 条信条，其中涉及适应国情、家园共育、教育内容、幼稚园课程、教师素养、师幼关系、教法、设备、评价等方面的内容，这 15 条信条为当时中国的幼稚教育指明了道路，正如陈鹤琴所说："我们所主张的 15 条信条当然不是金科玉律、尽善尽美，但从现在中国幼稚教育的情形来看，这 15 条信条也许是治病良方呢！"是年，在《幼稚教育》上发表《幼稚教育之新趋势》，根据世界幼稚教育发展的情况，提出幼稚教育发展的六种新趋势，即注重自由活动、注重户外活动、规定标准、研究幼稚生心理、幼稚园与一年级应联络、蒙养园运动，种种新趋势对当时我国幼稚教育的发展都有指导价值和意义。1928 年，陈鹤琴负责全国幼稚园课程标准的草拟和制定工作，5 月与张宗麟合著《幼稚教育丛书》，出版《幼稚园的读法》《幼稚园的故事》《幼稚园的课程》和《幼稚园的设备》等著作。同时，陈鹤琴反对小学和幼稚园的分科教学法，提倡"整个教学法"，主张把儿童所应该学的东西整个地、有系统地教给儿童。次年 8 月，陈鹤琴负责编制的《幼稚园课程暂行标准》经中小学课程标准起草委员会审查通过，由教育部颁发，并在全国试行。该课程标准由三部分组成：第一部分为幼稚教育总目标；第二部分为课程范围，包括音乐、故事和儿歌、游戏、社会和自然、工作、静息、餐点七个方面的内容；第三部分是教育方法，提出了 17 种教育方法及要点。该标准成为指导我国当时幼稚教育的纲领性文件，使我国的幼稚教育不再盲目地仿效他人，它对推动我国幼稚教育的改革和发展具有划时代的意义。

1940 年，陈鹤琴创办江西省立幼稚师范学校，并任校长。新中国成立后陈鹤琴任南京师范学院院长、全国政协委员、中国人民保卫儿童全国委员会委员、全国文字改革委员会委员、中国教育学会和学前儿童教育研究会名誉理事长等职。

陈鹤琴热爱祖国、热爱儿童，毕生致力于儿童教育事业。陈鹤琴一生发表约 400 万字的作品，编写了多种儿童教育书籍、教材和读物，已收入《陈鹤琴教育文集》《陈鹤琴全集》。陈鹤琴还创制了许多教具、玩具和体育、游戏用品，开创了我国儿童心理和学前教育的科学研究工作。陈鹤琴的《家庭教育》一书，可以说是具有中国特色的儿童家庭教育的"百科全书"。他在鼓楼幼稚园的研究形成了"中心制课程"(即单元教学)，奠定了我国第一个《幼稚园课程标准》的基础。他结合实践研究，发起成立中国幼稚教育研究会，创办专门研究学前儿童教育月刊《幼稚教育》《儿童教育》《新儿童教育》等刊物，并促使家庭教育科学化和学前儿童师范教育系列化，是研究中国儿童心理的第一人。

陈鹤琴先生的教育思想之核心在于他创建的"活教育"理论体系。活教育理论体系中提出三大纲领：目的论——做人、做中国人、做现代中国人；课程论——大自然、人与社会都是活教材；方法论——做中教、做中学、做中求进步。他还提出"活教育"十七条教学原则、十三条训育原则、学习四步骤和五指教育活动等。

二、教育思想及教育活动设计

20 世纪 20 年代初，我国幼稚园课程主要抄袭外国，而本土化的幼稚园课程又像"幼稚监狱"。陈鹤琴针对当时学前儿童教育的状况，指出了幼稚园课程的五种弊端：与环境的接触太少，在游戏室内的时间太长，功课太简单，团体动作太多，没有具体的目标。此外还有儿童在一室内太多、教师少训练、设备太简陋等。在分析时弊的基础上，陈鹤琴提出了我国幼稚园发展的 15 条主张，系统地阐述了他关于幼稚园教育，特别是幼稚园课程的观点。他的 15 条主张如下所述。

(1) 幼稚园是要适合国情的。

(2) 儿童教育是幼稚园与家庭共同的责任。

(3) 凡儿童能够学的而又应当学的，我们都应当教他。

(4) 幼稚园的课程可以自然社会为中心。

(5) 幼稚园的课程须预先拟定，但临时可以变更的。

(6) 幼稚园第一要注意的是儿童的健康。

(7) 幼稚园是要使儿童养成良好习惯的。

(8) 幼稚园应当特别注重音乐。

(9) 幼稚园应当有充分而适当的设备。

(10) 幼稚园应当采用游戏式的教学去教导儿童。

(11) 幼稚园的户外活动要多。

(12) 幼稚园多采用小团体的教学法。

(13) 幼稚园的教师应当是儿童的朋友。

(14) 幼稚园的教师应当有充分的训练。

(15) 幼稚园应当有种种标准，可以随时考查儿童的成绩。

陈鹤琴对幼稚园教育的 15 条主张，概括了他对幼稚园课程的基本思想，体现了他重视生活和重视儿童的课程价值取向。特别是 20 世纪 40 年代末形成的"活教育"理论体系，成为陈鹤琴所谓的"五指活动课程"的理论基础。

(一)"活教育"是陈鹤琴教育思想的核心

1. 活动教育的目的在于"做人，做中国人，做现代中国人"

陈鹤琴有感于中国传统教育的弊病，以及当时我国所面临的民族生存危机，在其"活教育"的思想体系中，首先提出的是"活教育"的目的在于"做人，做中国人，做现代中国人"。其中，"做现代中国人"包含五方面的条件：第一，要有健全的身体；第二，要有建设的能力；第三，要有创造的能力；第四，要能够合作；第五，要乐于为社会服务、为人民服务。很显然，这五方面的条件，体现了德智体全面发展的要求。针对传统教育"把书本作为学校学习的唯一材料"，把读书和教书当成了学校教育活动内容的实际状况，陈鹤琴将"大自然、大社会都是活材料"概括为"活教育"的课程论。"活教材"并不是否定书本知识，而是强调儿童在与自然、社会的接触中，在亲身观察和活动中获得经验和知识的重要性，主张把书本知识与儿童的直接经验相结合。例如给儿童讲鱼，就要让他看到真正的鱼，观察鱼的呼吸、游动，甚至解剖鱼体，研究鱼的各部位。这样获得的知识真实、亲切，而且还能激发儿童的学习兴趣和研究精神。

陈鹤琴将幼稚园教育的目标归结为四个方面。在引导儿童做人方面，陈鹤琴强调要培养儿童具有合作服务的精神和同情心，以及诚实、礼貌等其他品质；在身体方面，陈鹤琴认为主要是训练儿童养成各种达成强健体格的习惯，培养儿童一定程度的运动技能；在智力方面，陈鹤琴主张应以丰富儿童的直接经验为主，让儿童充分接触自然和社会，引导儿童对日常事物产生好奇并作探究；在情绪方面，陈鹤琴指出，除了要让儿童养成乐于欣赏、快乐等积极情绪外，还要帮助儿童克服无端发脾气、惧怕等不良性格。

2．以大自然、大社会为中心选择和组织课程内容

陈鹤琴在其"活教育"的思想体系中提出了"大自然、大社会，是我们的活教材"的观点。他认为，书本上的知识是间接的、形式化的，只有大自然、大社会，才是知识的真正来源，是儿童学习的活教材。他认为，"活教育"要把儿童培养成"现代中国人"，因此必须以儿童现有的生活经验为依据，扩大和丰富儿童对自然和社会的认识和理解，而大自然、大社会提供给儿童的知识是最生动的、直观的和鲜明的，没有人为的扭曲，切合儿童的生活实际，能激发儿童的兴趣，容易被儿童接受和理解。当然，他并没有因此而否定书本在教育中的作用，他反对的只是将书本作为学习的唯一材料，主张书本应是现实生活的写照，即能够反映儿童的实际生活。随着课程内容的改变，其组织形式也随之变更。

"活教育"教学论的基本原则是"做中教，做中学，做中求进步"。"活教育"是一种有吸收、有改造、有创新、有中国特色的教育思想，曾在历史上产生过重要影响，对当前的教育改革依然富有启迪意义。

(二)五指活动课程

"五指活动课程"是陈鹤琴创编的。陈鹤琴打破了按学科编制幼稚园课程的传统方式，以"做人，做中国人，做现代中国人"为目标，以大自然、大社会为中心选择和组织课程内容，形成活动中心和活动单元的五个方面的活动，称为五指活动。所谓的"五指活动"的内容是指儿童健康活动(包括体育活动、个人卫生、公共卫生、心理卫生、安全教育等)，儿童社会活动(包括动物园、植物园、劳动工厂和科研机关等)，科学活动(包括栽培植物、饲养动物、研究自然认识环境等)，儿童艺术活动(包括音乐、美术、工艺、戏剧等)，儿童文学活动(包括童话、诗歌、谜语、故事、剧本、演说、辩论、书法等)。陈鹤琴以五个连为一体的人手五根手指比喻课程内容的五个方面，它们是相连的整体，虽有区分，却是整体的、连通的，以此说明他所谓的五指活动课程的特征。

五指活动课程对五种活动的强调有所侧重。例如，陈鹤琴认为健康活动是第一位重要的，因为强国需先强种，强种要先强身，强身要先重视儿童的身体健康。又如，陈鹤琴还认为幼稚园课程应特别重视音乐，因为音乐可以陶冶儿童的性情，鼓励儿童进取，发展儿童欣赏美和创造美的能力。此外，语言是人际沟通的工具，也是儿童学习的工具，所以也应给予重视。

陈鹤琴认为，虽然这五种活动是分离的，但是它们就像人的五个手指一样，构成了具有整体功能的手掌，幼稚园课程的全部内容都被包括在这五种活动之中。因为儿童的生活是整体的，因此，课程内容是互相连接为整体，而不是分裂的。正如陈鹤琴所言："五指是活的，可以伸缩，互相联系。""课程是整个的、连贯的。依据儿童身心的发展，五指活动在儿童生活中结成一个教育的网，有组织有系统，合理地编织在儿童的生活上。"

(三)以"做中教、做中学"为课程实施的基本原则

陈鹤琴在其"活教育"的思想体系中提出了"做中教、做中学、做中求进步"，以此作为其方法论的基本原则。

陈鹤琴强调"做"，为的是确立儿童在教学活动中的主体地位。陈鹤琴说，"凡是儿童自己能够做的，就应该让儿童自己做""凡是儿童自己能够想的，应该让儿童自己想"

"你要儿童怎样做，就应当教儿童怎样学"。

陈鹤琴强调"做"，为的是强调儿童的直接经验。陈鹤琴认为，活教育的教学研究对象，以书籍作辅佐参考，换言之，就是注重直接经验。

陈鹤琴具体指出了五指活动课程在实施过程中的问题。他提出，教师应拟定要做的活动，计划活动内容分几个步骤进行，但是不要强求预先地计划，要顺应儿童的兴趣，根据实施过程中的具体需要灵活地对计划加以调整和改变。陈鹤琴还主张运用游戏的方式实施课程，因为游戏是儿童天生喜欢的活动，在游戏中学习，儿童学得快，参与程度高，效果持久。

(四)课程实施应采用"整个教学法"、游戏式和小团体式

课程目标和课程内容确定之后，如何组织实施课程来实现教育目标就成为关键。怎样才能获得比较理想的教育效果呢？陈鹤琴先生在对学前儿童心理和教育长期研究的基础上，提出了适合学前儿童发展的课程组织法，这就是"整个教学法"。整个教学法就是把儿童所有该学的东西整个地、有系统地去教儿童学。这种教学法是把各科功课打成一片，所学的功课是无规定时间学的，所用的教材是以故事或社会和自然为中心的，或是作为出发点的，但是所有的故事或关于社会自然的材料，总是以儿童的生活、儿童的心理为根据的。

游戏法是整个教学法的具体化。游戏具有统整作用，在游戏中，学前儿童的身体能获得充分锻炼，展开丰富的想象，缓解紧张的情绪，体验活动的愉悦；游戏是学前儿童最喜欢的活动。游戏是学前儿童的重要生活。儿童在游戏中、在活动中学习，能收到事半功倍的效果。学前儿童的课程最容易游戏化，采用游戏化方式组织课程，有利于学前儿童健康发展。

由于学前儿童都是具有差异的不同个体，每个儿童都是相对独立的，他们的智力发展水平不一，兴趣不同，应采用小团体式的教学方式，使处在不同发展水平的儿童在相互作用中都获得成长。

陈鹤琴认为，幼儿园的课程不应该分科，应该把各科教法有机地联系起来，融为一体，以达到教育儿童的目的。

首先，要注意教育内容的整合，使各个领域、各科知识、各种技能互相渗透、有机融合。即使实行的是分科教学，教师之间也要尽量保持大主题一致，有分有合，分合相结合。如小班"认识雨"的活动，可以安排听雨、踩雨、看雨，学习有关小雨点的歌曲(或童谣)，举办雨伞、套靴展，和教师一起收集雨水，了解人们在雨天的活动，鼓励孩子下雨天仍坚持上幼儿园等。通过运用多种感官、多种形式以及多种途径帮助学前儿童形成关于雨的粗浅认识。中、大班则可增加对雨的形成、雨的危害的认识，教育孩子不怕风、不怕雨以及开展画雨、设计雨伞、编创儿歌、故事等活动，进一步形成学前儿童关于雨的较为整体的认识。

其次，要加强各种教育组织形式的整合，如集体活动、小组活动和自由活动的整合，室内与户外活动的整合，一日生活各个环节的整合。过去，我们比较重视上课、集体活动和室内活动的组织，而对其他教育形式认识不足或实施不到位，存在集体活动多、小组自由活动少，室内活动多、室外活动少，上课说教多、生活中随机教育少等方面的问题。尤其在有着几十个孩子一个班的幼儿园，更需要有其他组织形式的补充，因为一个教师是不可能在同一时间、同一地点，采用同样的教育方式来促进每一个孩子在原有水平上发展的。小组、自由活动却能较好地满足不同发展水平学前儿童的需求，能给学前儿童更多的自主学习、自主探索、自主活动的机会，为学前儿童自己建构知识经验体系提供帮助。

最后，要有效地形成幼儿园、家庭和社区资源的整合。过去，幼儿园主要是根据自身条件、现有资源开展各种教育活动，即便是"认识社会"这样的教育内容也主要通过教师讲、学前儿童听或看几张图片的方式来进行，学前儿童得到的只是一个概念的社会、空洞的社会、模糊的社会，仍然无法形成亲社会的情感。

如幼儿园大班孩子在玩"城市"结构游戏时，开始他们只会搭建一些比较简单的内容，如马路、汽车和房子，这说明学前儿童缺乏相应的生活经验。后来教师领着孩子到附近的小区去做了一次考察。回园后，再让学前儿童建构"美丽的城市"，学前儿童不但积极性非常高，而且建构的内容也十分丰富：有的修马路，有的建高楼、商店和学校，还有的在拼花草、砌路灯、搭凉亭、插喷泉，一片忙碌的景象。孩子们在游戏中既反映了参观所得，又对生活经验有所再造和加工，体现了学前儿童可贵的创造品质和协作精神。

阅读链接 2-9

陈鹤琴教育思想指导下的幼儿园区域性体育活动.docx 见右侧二维码。

阅读链接 2-9

三、对陈鹤琴五指活动课程的评价

陈鹤琴是我国现代著名教育家，是我国现代化、科学化学前儿童教育的奠基人，在哥伦比亚大学师范学院攻读心理学和教育的经历，使他对儿童心理发展规律有了深刻的认识，当时美国正兴起的以杜威为代表的进步教育运动，对他也产生了深刻的影响。回国之后，陈鹤琴立足于中国的国情和传统优秀文化，对早期教育理论和实践领域进行了探究，以独立思考的实践精神，批判和融合了东西方文化的精华，为寻找适合国情的本土化的幼稚教育做出了杰出的贡献。陈鹤琴的五指活动课程并非在当时西方进步主义教育影响下的课程的翻版，而是他自己对科学的理解，对儿童与教育的理解，对进步主义教育的批判和继承，特别是对我国社会文化的认识，为我国幼稚园教育创编的幼稚园课程。陈鹤琴五指活动课程，不仅在 20 世纪 50 年代前曾对幼稚园教育产生过重大影响，而且对于 20 世纪 80 年代以后的幼儿园课程改革也具有重要影响。

思考与练习

一、名词解释

恩物　游戏　作业　三段式教学法

二、简答题

1. 简述福禄贝尔的恩物。
2. 简述蒙台梭利教学法的内容。
3. 简述瑞吉欧教学法体系的特点。

三、论述题

1. 评述瑞吉欧课程。
2. 评述陈鹤琴五指活动课程。

要从小把自己锻炼得身强力壮，能吃苦耐劳，不要娇滴滴的，到大自然里去远走高攀吧！

——恩里科·费米

保持健康，这是对自己的义务，甚至也是对社会的义务。

——富兰克林

第三章　学前健康领域教育活动

本章学习目标

➤　了解健康的概念及内涵。
➤　掌握学前健康领域的基本内容。
➤　学会学前健康领域教育活动中活动内容的设计与指导。

核心概念

学前健康领域教育(pre-school health education)　心理健康教育(mental health education) 健康领域活动设计(activity design in the area of health)　讲解示范法(interpretation of the model law)　目标的种类(type of target)　指导策略(guidance strategy)

学前儿童心理健康

小a，女，5岁，是个胆小内向的孩子。每天早晨来幼儿园总是紧绷着脸，恋恋不舍地看着奶奶离去的背影，"老师早"的问候声小得几乎听不到，然后一言不发地坐到座位上。我鼓励她去参加孩子们的游戏，她总是固执地摇摇头，宁愿坐在座位上看着别的孩子们尽情地游戏，也不肯离开小椅子半步。在班级中她是个极安静的孩子，上课发言没有她，主动表演没有她，嬉戏打闹更是找不到她，也从不见她脸上露出笑容。应该说，她是个让人省心省力的好孩子。可是，我感到茫然，我们要教的不是一群小兔，也不是一群小羊，我们要教的是孩子。孩子的天性本应是天真的、活泼的，该让她在对世界的探索中慢慢成长，而不是长期蜷缩在自己的小角落里，否则会对她的心理健康成长极为不利。

（资料来源：https://www.91wenmi.com/wenmi/xinde/jiaoyujiaoxue/292212.html）

案例分析

《纲要》中提出：教师的任务并不仅仅是促进学前儿童智力的发展，还要促进学前儿童社会性和人格积极健康地发展，包括从小拥有积极的社会情感、态度，具有初步的社会交往能力，良好的同伴关系，活泼开朗、积极愉快的性格。学前儿童社会性、人格的发展是学前儿童全面、健康发展的重要组成部分，是学前儿童成长的核心内容，并且对促进学前儿童认知的发展至关重要。因此，积极促进每一个学前儿童全面健康地发展，是教师义不容辞的重要责任。

学习指导

《纲要》明确提出："幼儿园必须把保护学前儿童的生命和促进学前儿童的健康放在工作的首位。"0～6岁是人生命的初始时期，不论身体还是心理都处于发展的高峰期。保护生命、促进身心健康发展是学前儿童健康教育的根本目的。本章首先介绍关于学前健康领域教育活动设计的概述，然后，结合实际阐述健康领域活动的设计与指导原则，最后，根据实际教学活动提出可应用的健康领域教学活动组织方式。

第一节　学前健康领域教育活动设计概述

一、对学前健康领域教育活动的理解

(一)学前健康领域活动的含义

1. 学前健康领域教育活动的概念

学前健康领域教育活动是指在幼儿园中，根据学前儿童身心发展的特点，提高学前儿童对健康的认识，改善学前儿童的健康状态，培养学前儿童的健康行为，以维护和促进学前儿童健康为核心目标而开展的有组织、有计划、有目的的一系列教育活动，它的关键是促使学前儿童形成健康的行为。从内容上讲，它包括六点，即日常健康行为教育，饮食营养教育，身体生长教育，安全生活教育，体育锻炼教育，心理健康教育。

2. 学前健康领域教育活动的含义

《纲要》中明确指出，幼儿园教育活动，是教师以多种形式有目的、有计划地引导学前儿童生动、活泼、主动活动的教育过程。幼儿园教育活动不仅是幼儿园教育的基本形式，也是幼儿园课程的实施载体，它是以学前儿童为主体，在教师创设的以适合学前儿童身心发展需要和特点的多种形式的活动与环境材料的互动过程中，引发学前儿童积极参与、主动探索并大胆表现的教育活动系列，旨在促进学前儿童全面、健康、和谐、整体地发展。

幼儿园的教育活动是通过学前儿童学习活动的五个领域，即健康、社会、科学、语言、艺术的具体教育活动的实施而得以实现的。因此，学前健康领域教育活动是幼儿园教育活动的下位概念。

学前健康领域教育活动是指以保护和促进学前儿童的健康为主要目标，以身体锻炼和身体保健的有关知识、技能为主要内容而实施的多种形式的教育过程。它是幼儿园教育活动的重要组成部分。

(二)学前健康领域活动内容

1. 学前健康领域活动内容选择的依据

1) 活动内容要与学前儿童健康目标相统一

《纲要》中幼儿园健康领域总目标既表明了学前儿童健康领域的目标要求，又包含了学前儿童健康教育的内容要点。例如，针对目标中指出的"培养良好的生活卫生习惯，有基本的生活自理能力"，选择内容时就应选择洗手、洗脸、刷牙、睡眠、进餐、穿脱衣服等生活技能训练；再如，针对学前儿童的生活实际，在饮食与营养健康教育目标中提出"要培养学前儿童不偏食、不挑食的饮食习惯"，为此就要选择那些与认识、制作、品尝、分享各类食物有关的内容。

2) 活动内容要与学前儿童身心发展相关联

学前儿童身心发展的特点与规律是确定教育目标的根本依据。我们在选择具体的教育内容时，仍然要全面考虑学前儿童的身心健康状况，细致地剖析学前儿童已有的知识经验和行为习惯，科学地把握学前儿童健康的发展趋势。例如，针对小班学前儿童刚入园适应困难的现状，进行生活习惯培养、心理健康教育等内容，基本上能够使学前儿童高高兴兴上幼儿园。再如，针对学前儿童中存在着肥胖、蔬菜摄入量不足、喜欢吃零食和冷饮等现象而选择的饮食与营养教育内容；针对中大班学前儿童出现的换牙现象，特别是在已有学前儿童换牙而大多数学前儿童即将换牙时，开展以"换牙期的牙齿保护"为内容的健康教育，就是符合学前儿童身心发展要求的实时教育。

3) 活动内容与学前儿童的接受能力相符合

一般来说，学前儿童健康活动内容的深浅、难易程度应符合学前儿童自身的接受能力。在实施过程中，将必要的内容以学前儿童可接受的方式呈现出来显得十分重要。例如"培养学前儿童不偏食、不挑食的良好习惯"实际上就是"让学前儿童懂得全面合理营养的重要，并努力获得平衡膳食"，但是，"平衡膳食"这一专业术语不容易被学前儿童理解，不如具体化、生活化为"不偏食、不挑食"。例如开展"身体的秘密"活动时，学前儿童特别对看不见、摸不着的内部器官的认知和保护感到很困难，如果教师安排学前儿童"量身高""比照片""触摸心跳"等，通过亲身感受、动手操作等认识身体外在的秘密，同样可以丰富学前儿童的感知经验，更加激发其探索身体秘密的积极性，而且会使深奥、抽象的问题变得比较通俗易懂。

4) 活动内容要与学前儿童所受的社会影响同步

学前儿童生活在现实社会中，迅速发展的社会、层出不穷的新生事物都会对他们产生一定的影响。我们在选择和安排健康教育内容时，要紧密联系当前实际，努力做到与时俱进。近年来，我国学前儿童教育中学前儿童人身伤害的恶性事件屡见报端，且最近几年有矛盾激化的趋势，已经成为幼教事业发展的一大热点和难点问题。各地幼儿园在进一步完善制度建设、加强内容内部管理、建立应急预案的同时，纷纷对学前儿童的自我保护教育与锻炼开始给予足够的重视，与家庭联手广泛开展相关的"防拐骗""防中毒""防走失"等安全教育。随着家庭现代化水平的提高，计算机、电视等家用电器非常普及，"如何讲究用眼卫生""如何保护学前儿童视力"等问题也引起了全社会的普遍关注。由此可见，选择学前儿童教育内容时也应该与时俱进。

2. 总体内容

学前健康领域教育活动的内容是学前健康领域教育活动目标的反映。我国 2001 年教育部颁布的《纲要》明确指出学前健康领域教育活动的内容与要求包括以下七个方面。

(1) 建立良好的师生、同伴关系，让学前儿童在集体生活中感到温暖，心情愉快，形成安全感、信赖感。

(2) 与家长配合，根据学前儿童的需要建立科学的生活常规，培养学前儿童良好的饮食、睡眠、盥洗、排泄等生活习惯和生活自理能力。

(3) 教育学前儿童爱清洁、讲卫生，注意保持个人和生活场所的整洁和卫生。

(4) 密切结合学前儿童的生活进行安全、营养和保健教育，提高学前儿童的自我保护意识和能力。

(5) 开展丰富多彩的户外游戏和体育活动，培养学前儿童参加体育活动的兴趣和习惯，增强学前儿童体质，提高学前儿童对环境的适应能力。

(6) 用学前儿童感兴趣的方式发展基本动作，提高其动作的协调性、灵活性。

(7) 在体育活动中，培养学前儿童坚强、勇敢、不怕困难的意志品质和主动、乐观、合作的态度。

3. 具体内容

在现代的"生理—心理—社会"模式的指导下，学前健康领域教育活动的内容可以概括为身体健康和心理健康两大方面。

1) 身体健康方面

➢ 生活常规教育

学习有规律的生活的基本常识，能自觉遵守作息时间和生活制度。

学习生活的基本技能，培养生活自理能力，包括吃饭、穿衣、刷牙、洗脸、收拾玩具和书本、铺床等生活技能。

培养良好的生活卫生习惯，卫生习惯包括饭前便后洗手、勤洗手脸、定时排便、不乱扔垃圾、爱护公共卫生等，生活习惯包括讲文明、讲礼貌、不玩水、不浪费水等，形成规范的生活行为和习惯。

➢ 生长发育教育

认识人体主要器官的形态、结构特点。欣赏健康人体的外部特征，如器官的数量、身体的高矮、结构的对称性等。

探索身体的奥妙。开展如心跳的感觉、换牙的感受等活动，探索身体的秘密。

学习保护身体、维护健康的方法与技能。进行异物入体的预防方法、视力保护的要求等的学习。

观察身体由小到大的变化。

体验身体功能的完善。

接受健康的早期性启蒙教育。

➢ 饮食与营养教育

情绪愉快，愿意独立进餐。

认识常见的食物，平衡和合理膳食，知道应该食用的各种食物，不偏食、不挑食、不过食，尤其要知道多吃富有粗纤维的蔬菜等食物；少吃零食，主动饮水。

进餐习惯良好(饭前洗手、进食定时定量、正确使用餐具、保持桌面和地面清洁、不乱吃零食和过多饮用冷饮，进餐时细嚼慢咽、不边吃边说笑等)。

➢ 安全生活教育

日常生活中安全常识与规则的了解及遵守，过马路、乘坐交通工具、玩大型运动器械时能注意安全。

认识有关的安全标志，遵守交通规则，初步形成自我保护意识。

了解应对意外事故和伤害(如火灾、雷击、地震、台风、异物入体、走失等)的常识，具有基本的求生技能，知道初步的自救和向成人求救的方法。

有积极探索生命现象的兴趣，认识身体外形和人体的一些主要器官及其功能，保护五官，爱牙、护牙，注意用眼卫生，不将异物塞入耳鼻内等；初步了解身心疾病和缺陷的预防知识，能愉快地接受身体健康检查和预防接种，积极配合疾病预防与治疗，知道快乐有益健康。

➢ 体育锻炼教育

基本动作和游戏：基本动作包括走、跑、跳跃、投掷、攀登、钻爬等基本动作练习；游戏包括走、跑、跳、投掷和钻爬游戏、力量的游戏、灵敏性游戏、速度游戏和平衡力游戏等。

基本体操和队列队形，包括徒手体操、器械体操、队列队形练习以及表演性基本体操。

器械类活动和游戏，包括大中型固定性运动器械与游戏，如用滑梯、攀登架、游泳池进行的游戏；中小型可移动运动器械和游戏，如用轮子、垫子、小车进行的游戏；手持的小型运动器械和游戏，如用球、沙袋进行的游戏等。

2) 心理健康教育

概括起来，学前儿童心理健康教育的内容有学习表达和调节自己情绪的方法、培养社会交往能力、锻炼独立生活和学习的能力、养成良好的习惯，包括良好的生活习惯、卫生习惯和品德行为习惯等。具体表现为下述各点。

➢ 爱的教育

爱的教育是学前儿童心理健康教育的基本内容。具体包括让学前儿童获得安全感、满足感和幸福感，让学前儿童体验得到爱的满足和爱别人的快乐，逐步懂得去关心和爱护周围的人。

➢ 探索周围世界的教育

学前儿童是在与周围的世界不断交互作用中逐步获得丰富的情感体验的，因此，幼儿园可以通过多角度、多方位环境的设立，让学前儿童从观察中接触、了解自己与世界的关系，促进学前儿童多种经验的获得，发展学前儿童的探索精神，从而形成健康的心理素质。

➢ 积极自我意识的教育

积极的自我意识是学前儿童健康心理教育的核心内容。学前儿童对自己积极的认识最早来源于成人的尊重、认可和夸奖。因此，在日常生活中，教师要学会寻找每个学前儿童的闪光点，恰如其分地以肯定的语气鼓励孩子的进步，让学前儿童体验成功，形成良好的自我价值感。

> 自主自理的教育

自理能力和自主意识也是学前儿童心理健康教育的重要内容。在日常生活管理中，包括吃饭、穿衣、睡觉等，学前儿童教师要帮助、鼓励学前儿童自己克服困难，学会自理；在教育活动中，要鼓励学前儿童独立思考，敢于发表自己的意见和想法，注意引导学前儿童让他自己得出结论。

> 人际交往的教育

人际交往的教育对于学前儿童健康心理的培养起着举足轻重的作用。其具体内容包括：让学前儿童学习一些语言或非语言的交往方法，丰富学前儿童交往策略；为学前儿童创设交往环境，提供交往机会；以开放式教育拓宽交往空间，将人际环境延伸到家庭和幼儿园外的社区等，以巩固学前儿童的交往技巧，发展学前儿童礼貌待人、主动交往、友好协商、谦让合作的技能。

> 习惯养成的教育

学前儿童的心理健康与良好行为习惯密切相关。习惯养成教育内容具体包括：科学、规律的日常生活习惯；良好的个人卫生习惯；必要的安全、营养和保健教育；丰富多彩的户外游戏和体育活动等。

> 性的教育

研究表明，3～6岁是学前儿童性别意识发生、发展的关键期。学前儿童早期形成的性概念和性准则，将影响其成年后的性观念和性行为的形成，从而影响其心理健康。因此，从小进行性教育，使学前儿童懂得性别差异和性角色，知道一些简单的性知识，纠正不良的性行为习惯是非常必要的。

(三)学前健康领域活动与儿童发展

1. 健康领域的意义

《纲要》明确指出："幼儿园必须把保护学前儿童的生命和促进学前儿童健康放在工作的首位。"因此，我们必须高度重视将促进学前儿童的健康视为直接目的的学前儿童健康教育，切实贯彻《纲要》的学前儿童健康教育方针。

1) 学前儿童期是人身心发展的关键时期，对学前儿童进行健康教育十分必要

学前儿童身体各器官、系统的发育和功能尚不完善，自我保护的意识和对疾病的抵抗能力较弱，对环境的变化非常敏感，容易受到各种伤害。因此，他们不仅需要成人的精心照料，同时也需要主动参与一些力所能及的健康活动。一个健康的儿童应该是一个能够积极参与有利于自己健康活动的儿童。在接受健康教育的过程中，学前儿童能够学到许多健康知识，改变自己对健康的态度，形成有利于自身和他人健康的行为。

2) 学前健康领域教育活动将为学前儿童一生的健康和生活奠定良好的基础

健全的心智寓于健全的身体。学前儿童健康教育是终身健康教育的基础阶段，学前儿童时期的健康不仅能提高学前儿童期的生命质量，而且为他们一生的健康赢得了时间。所以说，对学前儿童进行健康教育，培养其健康的生活理念和生活方式，对提高他们一生的

生活质量和生命质量是十分必要的。

3) 学前儿童健康教育是对学前儿童进行全面素质教育的重要组成部分

学前儿童的身心健康是其全面和谐发展的基本条件，是智能素质、品德素质和审美素质的基础。健康既是学前儿童身心和谐发展的结果，也是学前儿童身心充分发展的前提。健康的身体是个体求得生存并获得良好的社会化发展的必要条件。学前儿童健康教育在促进学前儿童身体健康发育的同时，对学前儿童道德的发展也有着积极影响。丰富多彩的健康教育活动不仅能够满足学前儿童活泼好动的心理需要，同时也能改变学前儿童的某些不良习惯。

4) 学前儿童的身心健康是国家、民族发展的需要

《中共中央、国务院关于深化教育改革全面推进素质教育的决定》指出："健康的体魄是青少年为祖国和人民服务的基本前提，是中华民族旺盛生命力的体现。"陈鹤琴认为，"健全的身体是一个人做人、做事、做学问的基础""强国必先强种，强种必先强身，要强身先要注意幼年的儿童"。一个国家的未来是由他们下一代人的素质和竞争实力决定的，因此，学前儿童的健康是提高人口素质、民族素质的重要保证。只有个体的身心健康，才能促进整个社会的健康发展，才能建设强大而繁荣的国家。

2. 健康领域的特点

1) 注重情感教育和养成教育

学前儿童健康教育活动的养成教育要注重养成学前儿童良好的生活习惯、卫生习惯和行为习惯；情感教育要萌发学前儿童爱祖国、爱集体、爱同伴、爱卫生等情感，从而培养学前儿童对健康和卫生知识学习的兴趣和求知欲。

2) 学前儿童健康教育活动的内容是周围环境中的生活常识

学前健康领域教育活动的内容具有启蒙性、科普性的特点，是身边的科学。而且在引导学前儿童学习时，要防止过多的心理压力和行为约束，引导学前儿童在无意识中产生学习兴趣，逐渐产生学习愿望，在快乐中学习。引导学前儿童认识周围的物体，认识这些物体之间最简单的联系和相互关系，认识被观察对象产生的最直接原因，不仅授予学前儿童知识和技能，而且还要求授予学前儿童掌握知识和技能的方法，学前儿童的教学活动是口头传授的教学。

3) 采取多种形式的教育活动

学前健康领域教育活动的形式应该是多种多样的，教师应根据不同的教学内容，充分利用周围环境的有利条件，以积极运用感官为原则，灵活运用集体、小组和个别活动的形式，为学前儿童提供充分活动的机会，促进每个学前儿童在不同水平上的发展，特别是各种各样的游戏活动。采用多种教育形式的主要目的，是为了促进全体学前儿童在原有水平上得到发展。采用集体教学形式有其优点，可以对全班统一提要求，学前儿童在集体中还可以培养集体精神。然而集体活动也有缺点，即往往会影响个别差异的不同要求。因此，可用小组和个别教育的形式来弥补集体教育形式的不足，从而做到因人施教，使每个学前儿童在原有水平上都得到提高。

4) 充分调动学前儿童主动活动的积极性

学前儿童健康教育活动的方法有其特点，主要运用直观的方法，使教学游戏和各种游戏方式得到广泛应用。教学内容主要通过积极的活动，让学前儿童主动参与，提高积极性。

二、《3～6 岁儿童学习与发展指南》中关于健康领域活动目标解读

健康是指人在身体、心理和社会适应方面的良好状态。学前儿童阶段是儿童身体发育和机能发展极其迅速的时期，也是形成安全感和乐观态度的重要阶段。发育良好的身体、愉快的情绪、强健的体质、协调的动作、良好的生活习惯和基本生活能力是学前儿童身心健康的重要标志，也是其他领域学习与发展的基础。

为有效地促进学前儿童身心健康发展，成人应为学前儿童提供合理均衡的营养，保证充足的睡眠和适宜的锻炼，满足学前儿童生长发育的需要；创设温馨的人际环境，让学前儿童充分感受到亲情和关爱，形成积极稳定的情绪情感；帮助学前儿童养成良好的生活与卫生习惯，提高自我保护能力，形成使其终身受益的生活能力和文明生活方式。

学前儿童身心发育尚未成熟，需要成人的精心呵护和照顾，但不宜过度保护和包办代替，以免剥夺学前儿童自主学习的机会，养成过于依赖的不良习惯，影响其主动性、独立性的发展。

《3～6 岁儿童学习与发展指南》中健康领域的具体内容可以扫码查看。

阅读链接 3-1

阅读链接 3-1

《3～6 岁儿童学习与发展指南》中关于健康领域的解读.docx 见右侧二维码。

第二节　学前健康领域活动的设计与指导

一、对学前健康领域活动设计的理解

(一)设计的含义

"设计"一词的原意是指在正式做某项工作之前，根据一定的目的和要求，预先制定规划、方法、图样等。虽然它已被广泛运用于众多领域之中，且在特定领域的范围内，其含义有不同的界定，但一般来说，"设计"是指在创造某种具有实际效用的新事物或者解决新问题之前所进行的探究式的系统计划过程，是一个分析与综合的深思熟虑的精心规划的过程。它注重的是规划和组织，也就是说，设计的过程是独立于实施过程之前的，它着重于对计划对象进行安排和规划，找出相关因素和可能影响的条件，并对其进行控制。

(二)学前健康领域教育活动设计的含义

健康教育活动的设计是对一次健康活动的具体行动规划，是教师进行教学的蓝图，也是教师取得良好教育效果十分必要的准备工作，它是构成教师教学准备策略的重要内容。学前健康领域教育活动设计得好坏，是健康教育活动是否有成效的关键。

学前健康领域教育活动设计就是教师为了完成一定的健康教育任务，在进行了一定的

活动背景分析之后，创造性地对学前健康领域教育活动的目标、内容、实施策略、评价方法进行思考和构建的一个完整的过程。它是在一定的学习理论和教学理论指导下对健康教育活动的系统规划过程。

在学前健康领域教育活动设计过程中，设计的主体是学前儿童教师，设计的目的是为了完成健康教育任务，即创造性地对学前健康领域教育活动的目标、内容、实施策略、评价方法进行思考和构建，而这种思考和规划的基本支撑依据就是涉及儿童发展和教育教学的有关学习理论和教学理论。

从根本上来说，学前健康领域教育活动设计是实施学前健康领域教育活动的前提条件，它是依据学前健康领域教育活动的目标，选择合适的教育内容，在一定的时空内对学前儿童施加影响的方案。它不仅可以帮助学前儿童学习，促进学前儿童的发展，还可以引发教师思考，选择合适的行为策略，从而优化活动过程、提高活动效果。

二、学前健康领域活动课常用方法

学前儿童随着年龄的不同，其身心发育水平有所变化，与之相适应的教育目标和内容需要不断地更新，健康教育所采取的方法应注重针对性、多样性和趣味性。幼儿园开展健康教育常用的方法有以下七种。

(一)讲解示范法

讲解示范法是组织、实施幼儿园健康活动最常用的方法。讲解法是指教师用语言向学前儿童传授健康知识、技能、组织教学和进行思想教育的一种方法。示范法是指教师以个体(教师或学前儿童)的动作为范例，使学前儿童看到所要练习和掌握的动作或技能的具体形象、结构和完成的先后顺序等。对于学前儿童不容易理解的健康教育内容、不便于掌握或者需要经过系统练习的行为技能等，就要通过讲解示范法来实现。例如，讲解刷牙的重要性，以及正确的刷牙方法，身体生长发育教育中的"人体认知和保护"等常常借助模型、挂图等进行讲解，帮助学前儿童理解粗浅的健康知识。另外，讲解示范时应注意形式灵活多样，生动有趣，如可借助儿歌、谜语、故事等形式进行，讲解说理要贴近儿童的实际生活，要适合其年龄和发展水平。

(二)行为实践法

行为实践法是指让学前儿童将获得的知识和形成的态度在具体实践中加深对它们的理解和掌握并转化为稳定的、良好的健康行为习惯的一种方法。教育实践正如穿脱衣服、鞋袜、盥洗等生活技能的掌握都离不开动作与行为练习，健康教育也需要家长和教师的具体指导，需要家庭和幼儿园的紧密配合，最终帮助学前儿童形成健康的行为习惯。

(三)感知体验法

感知体验法是指学前儿童凭借自身的感觉器官和实际行动来认识、判别事物，进而加深对事物的印象并逐渐形成正确的健康态度及良好的健康行为的一种方法。这种"凭亲身体验、让事实说话"的学习方法受到学前儿童的普遍欢迎。这种方法不仅能激发学前儿童的兴趣，还能引起学前儿童的注意。例如：在介绍各种有营养的食物时，如果学前儿童亲眼看一看、亲手摸一摸、亲口尝一尝，学前儿童往往非常感兴趣。另外，对学前儿童进行身体生长发育与保护教育时，如果教师安排学前儿童"量身高""比照片""触摸心跳"等，通过亲身感受、动手操作等丰富学前儿童的感知经验，会更加激发其探索身体奥秘的积极性，而且会使深奥、抽象的问题变得通俗易懂，更让学前儿童体验到探索的乐趣。

(四)情境表演法

情境表演法是指让学前儿童就特定的生活情境加以表演，体验和体会生活中的不同角色在一定情境中遇到的问题和冲突，并让学前儿童做出合乎社会规范的行为反应，使之形成健康态度及行为的方法。在运用这一方法时要注意选择符合生活实际的情境，及时对学前儿童的反应和感受进行引导。例如，幼儿园中经常开展的"不跟陌生人走"的活动，教师设计"陌生人"和"走失的小孩"，通过扣人心弦、惊心动魄的情节，给学前儿童留下深刻的印象，并在活动中自然地掌握了求助技巧。再如，教师可以就多吃冷饮的害处借助儿歌进行表演，通过教师惟妙惟肖的表演，使学前儿童懂得日常生活中要少吃冷饮才有利于健康的道理。

(五)讨论评议法

讨论评议法是指在幼儿园教育实践中，对部分不便于操作或演示的教育内容进行分析、讨论、评议，为学前儿童提出问题、发表意见以及与他人交流思想和情感提供机会，使学前儿童积极地参与健康教育的过程，感知他人的处境和内心体验，让学前儿童自觉地产生相应的健康行为方式的一种方法。例如，小班的《认识常见、常吃的干果》以及大班的《初步了解干果的营养价值高》，开展这些营养教育活动，可以先借助故事导入活动内容，然后组织学前儿童分小组讨论，鼓励学前儿童发表不同的意见，并对他人的想法发表评议，然后由教师对学前儿童的讨论进行评价，进行正确的引导。

(六)游戏法

游戏是学前儿童健康教育的一种重要活动方式，它强调的是过程和儿童自主的活动。通过做各种游戏，使学前儿童在没有负担、没有压力、轻松愉快的气氛中自然地获得健康教育的基础知识，促进学前儿童身体、个性及智力的全面发展。例如，通过开展"鼻子出血了怎么办""生病了怎么办"等生动的游戏活动，使学前儿童知道自己感觉发热、呕吐、腹痛、腹泻、眼内不舒适时，或者发现同伴出现上述情况时，这是身体不舒适的表现，必须及时告诉大人，而不要独自忍着疼痛，以至于错过诊断和治疗的大好时机。

(七)参观访问法

参观访问法是指通过有计划、有组织地带领学前儿童到农作物园、食品加工厂、农贸市场、水族馆等与健康有关的部门参观访问，使学前儿童得到启发，巩固所学的健康知识和技能，丰富学前儿童实际生活的经验，使教育活动变得生动有趣的一种方法。例如，带领学前儿童参观访问水族馆或海底世界的教育活动：让学前儿童边看边给他们介绍鱼、虾、螃蟹、海带等水产品，让学前儿童仔细观察并说出这些水产品的形状及简单特点，使学前儿童了解水产品的种类有很多，它们都生长在海里或湖泊里，它们是我们的好朋友。

三、学前健康领域活动的设计与指导

(一)学前健康领域活动目标的设计与拟定

学前健康领域教育活动目标是幼儿园教育目标和学前健康领域教育活动目标的下位概念。我国幼儿园的教育目标具体体现在《纲要》和《幼儿园工作规程》中。

幼儿园教育目标需要通过具体的教育活动的展开才能得以逐步完成。《纲要》中把学前儿童学习活动的范畴划分为健康、社会、科学、语言、艺术五个领域。所以，这五个领域的目标就成为幼儿园教育目标的下位概念。健康、社会、科学、语言、艺术五个领域是对幼儿园保教并重、全面发展的教育目标的具体化，也就是说，幼儿园教育目标在教育实践中具体是通过这五个领域的目标逐步落实而得以实现的。

学前健康领域教育活动目标是通过某一次或某几次健康教育活动，期望学前儿童获得某些发展。它是最具体的目标，也是教师在教育活动中最常设定的目标。它具体指导着健康教育活动的进行，并通过健康教育活动效果的反馈不断地得以调整和完善。

1. 确定学前健康领域教育活动目标的依据

1) 学前儿童身心发展特点是确定学前健康领域教育活动目标的根本依据

学前健康领域教育活动目标的确定应该依据学前儿童群体发展的一般规律及个体发展的特殊规律。教育者必须明确不同年龄阶段学前儿童身心发展的特点以及同一年龄阶段学前儿童身心发展的特点及其差异性；同时也应明确，即使是同一学前儿童，其不同时期的生长发育速度也是不一致的。

2) 学前儿童教育和健康教育的总目标是确定学前健康领域教育活动目标的直接依据

学前健康领域教育活动的对象是学前儿童，其涉足的领域主要是学前儿童的健康发展，因此学前健康领域教育活动的目标必须遵循学前儿童教育的总目标和健康教育领域目标。

3) 社会发展与要求是确定学前健康领域教育活动目标的重要依据

教育总是受制于一定的社会文化历史背景，一个国家的政治、经济、科学文化等因素构成了影响教育目标制定的客观依据。任何社会都会将造就合乎社会需要的主体作为培养人才的教育目标。当代社会，不仅要求劳动者具有良好的身体素质，而且要求劳动者具有健全的心理素质，这些要求都及时地反映到健康教育的目标中，即关注主体的身体健康和心理健康两个方面。因此，社会发展与要求是确定学前儿童健康教育活动的重要依据。

2. 学前健康领域教育活动目标的种类

在学前健康领域教育活动目标的设计中，依据目标取向的不同，活动目标概括起来主要有三种，即行为目标、生成性目标和表现性目标。

1) 行为目标

行为目标是以学前儿童具体的、可被观察的行为表现来设计的，它指向的是通过健康教育活动儿童所发生的行为变化，目标设计中关注的是可观察到的行为结果。

行为目标强调的是目标的客观性、可理解性、可把握性和可操作性，能够使教师更加清楚教学任务，更容易准确判断目标是否达成。行为目标的表述一般有"领会……""理解……""学会……""能够说出……"等。

虽然行为目标对于健康教育活动具有指导作用，但应注意，并不是行为目标越具体越好，应在目标的概括化与具体化之间寻求一个合适的"度"。有时儿童对于健康的态度和情感很难在短时内以可观察的行为预先确定，所以还需要考虑其他方面，对行为目标予以补充。

2）　生成性目标

生成性目标是以学前儿童在活动中的表现为基础，在活动过程中生成的目标。目标设计关注的是活动过程，所以，生成性目标也被称为过程目标、展开性目标。

生成性目标强调学前儿童、教师与教育情境交互作用的过程，注重学前儿童在活动中主体性的体现及经验的获得，关注教师创造性地为学前儿童提供有助于个体自由发展的学习经验。生成目标的表述一般有"满足……""让学前儿童具有……""培养……"等。

与行为目标的具体明确相比，生成性目标在实践中是较难确定的，在一定程度上具有模糊性和不确定性，所以，对教师的专业素养和能力提出了较高要求。

3）　表现性目标

表现性目标是以学前儿童在活动中的个性化和创造性的表现来设计的目标，目标设计关注的是学前儿童表现的多元化，而不是同质性。

表现性目标强调每一个学前儿童在活动中所具有的个性化的表现，它对学前儿童个性的充分展示和发展是非常有益的。表现性目标在一些欣赏活动、艺术创编活动或复杂的智力活动中体现得比较多。目标的表述一般有"讨论……""表达对……"等。

另外，表现性目标对学前儿童活动及结果的评价是一种鉴赏式的评议，无法追求结果与预期目标的一一对应关系，因此，它对教师专业素质和能力也有比较高的要求。

总之，在健康教育活动设计中，教师可以有行为目标、生成性目标和表现性目标等不同的取向设计目标。从上述分析可知，不同取向的目标只是从某一特定的角度把握健康教育活动的目标，都有其存在的价值，它们之间并不是相互排斥或对立的，而是相互补充和联系的。在健康教育活动的设计和实施中，从行为目标取向发展到生成性目标取向，再发展到表现性目标取向，体现了对学前儿童的主体价值和个性培养的追求，弥补了单纯地强调行为目标的缺失。因此，我们应全面辩证地看待行为目标、生成性目标和表现性目标的关系，科学合理地设计健康教育活动目标，从而促进学前儿童在健康知识、态度和行为等各方面和谐整体地发展。

3. 学前健康领域教育活动目标的设置策略

学前健康领域教育活动目标的设置依据是学前健康领域教育活动的性质。学前健康领域教育活动的结构化程度，是反映学前健康领域教育活动性质的一个重要指标。

幼儿园的健康教育活动更多的是游戏活动和教学活动不同程度的结合，兼有游戏和教学的成分。低结构化的健康教育活动更多地具有游戏的性质，活动主要由学前儿童发起；高结构化的健康教育活动更多地具有教学的性质，活动主要由教师发起。

1）　高结构化程度学前健康领域教育活动目标的设置

在设计高结构化程度的学前健康领域教育活动时，活动设计者往往会采取行为目标取向。由于相对强调教师的作用，强调让学前儿童获得知识和技能，强调教育活动的结果，因此，行为目标表述往往比较明确、比较细化，即通过这个教育活动，学前儿童在其行为中反映出的、可被觉察的变化。

确定活动目标为行为目标的做法，是一个"自上而下"的过程，是一个先目标后内容的过程(即先确定目标，后选择和组织内容)。运用这种方式设置学前健康领域教育活动目标时，首先需要将健康教育分成若干个方面，例如，根据学前儿童的年龄，将健康教育分成大、中、小班的学习，然后再制定健康教育各个年龄阶段的目标，接着再将健康教育每一年龄阶段的活动分解为每月、每星期或每日的健康教育活动，并为这些教育活动确定活动目标。

2) 低结构化程度学前健康领域教育活动目标的设置

在设计低结构化的教育活动时，活动设计者往往会采取生成性目标取向或表现性目标取向。由于低结构化相对强调学前儿童的作用，强调学前儿童自身的发展，强调教育活动的过程，因此目标的表述往往比较宽泛，活动目标倾向于允许每个学前儿童在不同水平上进行学习，也要求教师充分顾及学前儿童之间存在的差异。

确定活动目标为生成性或表现性目标的过程，是一个先内容、后目标的过程(即先有活动内容，后确定活动目标；或者先大致确定活动内容，再根据活动过程调整活动目标)。运用这种方式设置健康教育活动目标，课程编制者首先要罗列与健康教育活动相关的一些学在经验，或设置若干个比较宽泛又具有一定可操作性的活动目标，而将其主要关注点放置于活动内容是否与学前儿童的发展特点相符合，是否与学前儿童的生活经验相一致，是否能激发起学前儿童的兴趣，等等。

(二)学前健康领域教育活动中活动内容的设计与指导

1. 学前健康领域教育活动内容的含义

学前健康领域教育活动内容是指为实现健康教育活动目标，要求学前儿童学习知识、技能和行为经验的总和。对于学前健康领域教育活动内容的理解，可以从两方面来把握。首先，内容是为目标服务的，学前健康领域教育活动目标是选择健康教育活动内容的依据，内容的选择和编排应以实现目标为原则，与目标保持一致性。其次，学前健康领域教育活动的内容不仅包括学科的知识和技能，还包括学前儿童在学习过程中所形成的态度、价值观以及相应的行为，以保证儿童身心的全面发展。

2. 学前健康领域教育活动内容的特点

1) 学前健康领域教育活动内容具有广泛性和启蒙性

学前健康领域教育活动的内容是广泛的，涉及学前儿童所接触的自然环境、社会环境、自身等方方面面。但从学前儿童的认识水平和学前儿童阶段的教育任务来看，这些健康教育内容又是粗浅的，具有启蒙性。因此，教师要根据学前健康领域教育活动的任务和学前儿童的年龄特点，选择适合于学前儿童身心发展特点的教育活动内容，为进一步发展打下坚实的基础。

2) 学前健康领域教育活动内容具有综合性和整体性

通过学前健康领域教育活动，学前儿童不仅学会了有关健康的知识，而且在技能、情感、社会性等各方面都得到了和谐发展。例如，以健康教育领域中的安全教育为例，它包括帮助学前儿童树立有关安全的意识，引导学前儿童学习必要的安全常识，培养学前儿童良好的行为习惯和激发学前儿童参加体育活动的兴趣。

3) 学前健康领域教育活动内容具有生活性和生成性

在学前健康领域教育活动中，学前儿童通过游戏、观察、操作，在形成既有经验的基础上，不断拓展其认识范围，生成新的、超出原有教育内容的知识经验，因而活动内容具有突出的生成性。同时，学前健康领域教育活动内容来源于日常生活，随着学前儿童日常生活的丰富，学前儿童获得的健康生活经验也在随之丰富和更新。所以，学前健康领域教育活动内容具有鲜明的生活性。

3. 学前健康领域教育活动内容的类别

学前健康领域教育活动的内容，根据布卢姆教育活动目标分类系统，可将其分为三种，即认知的学习、动作技能的学习和情感态度的学习。

1) 认知学习类

教育心理学家加涅在《学习的条件》一书中将认知的学习分为三大类，即言语信息、智力技能和认知策略。

首先是言语信息。言语信息是指儿童通过学习，能记忆事物的名称、符号、地点、时间、定义，以及对事物的描述等具体事实，能够用语言将这些事实表述出来。

关于言语信息的教学，教师应注意对各种信息知识加以分类和组织，有顺序、有条理地传授，以便于儿童的学习和记忆。

其次是智力技能。智力技能是指儿童通过学习获得使用符号与环境相互作用的能力。这种能力也可以细分为较简单的辨别技能、形成概念、学会使用规则、高级规则的获得等。

智力技能的发展则需经过从简单到复杂、从低级到高级的过程。教学中，教师应循序渐进，帮助儿童从最简单的辨别技能开始，逐步获得其他更高级的智力技能。

最后是认知策略。认知策略是指儿童调节自己的注意、学习、记忆和思维等内部过程的技能。通过认知策略，可以对自己已掌握言语信息和智力技能加以综合思考和运用，从而提出解决问题的高级规则。

教师在教学中，应注重创设问题情境，使儿童在具体的解决问题的过程中，学会反思、调控自己解决问题的方式，逐步获得认知策略。

在幼儿园健康领域的教育活动中，基本都涵盖认知类的教学内容，如《学剔鱼刺》活动。在活动中教师应要求儿童知道"鱼是有刺的"这一言语信息，另外，还应通过要求儿童自己动手尝试的方法，帮助儿童掌握必要的有关身体保护的智力技能。

2) 动作技能学习类

动作技能的学习是以认知学习为基础的，不仅要获得一些简单的外显反应，而且还要掌握关于某一动作技能的相关知识，如动作要领、注意事项等，并在此基础上，不断地由简单到复杂加以训练协调。

动作技能的学习在幼儿园的体育活动和韵律(或舞蹈)活动中表现得最充分。例如，为发展儿童的平衡能力，学习两臂侧平举闭目自转和单脚站立的动作，教师设计《小小飞行员》这一活动，在"学做小小飞行员""驾驶飞机"的过程中练习这些基本的动作技能。

3) 情感态度学习类

情感态度的学习多是以认知学习和动作技能的学习为基础的，为激发学前儿童形成某种情感态度，也需要他们理解其意义和作用，表现出相适应的行为。

总之，认知学习、动作技能的学习和情感态度的学习并不是孤立的，而是相互联系、相辅相成的。在学前健康领域教育活动中，教师要学会分析不同的学习内容的特点，还要明确它们之间的关系，以全面完成各项教学任务，使儿童在知识、技能、情感、态度等各方面都能获得发展。

4. 学前健康领域教育活动内容的设置策略

1) 高结构化程度的学前健康领域教育活动内容的设置

高结构化程度的学前健康领域教育活动内容设置，强调教育活动内容主要由教材而来。教材是教师选定教育活动内容的主要依据之一。学前健康领域教育活动教材虽然种类不同，无论何种教材，一般都能够为教师提供不同的主题素材和活动提示，但教师要把它们真正变为适合学前儿童需要、促进学前儿童身心健康发展的活动内容，还需要教师的再次筛选、加工和设计。

教师从教材入手进行健康教育活动内容的选择和设定时，应注意以下四方面：第一点要尽量从不同的层面对健康教育活动内容或作品素材进行挖掘和设计；第二点要从学前儿童的视角出发，分析教材内容所蕴含的核心经验，从而设计出为学前儿童所需要的健康教育活动内容；第三点要从学前儿童既有经验基础以及学前儿童如何与周围环境中的人、事、物交流的特点出发选定健康教育活动内容；第四点要根据特定的情况、背景、资源，以及特定的学前儿童和教师做特定的设计。

2) 低结构化程度的学前健康领域教育活动内容的设置

低结构化程度的学前健康领域教育活动内容的设置，强调教育活动内容从学前儿童的兴趣出发。健康教育活动内容设计和编选应当以学前儿童的兴趣为活动生成的出发点，以学前儿童感兴趣的活动主题带动和引导学前儿童的发展。这种对"兴趣"的认知应当在活动设计之初就已经深思熟虑，不仅包括活动内容，也包括活动过程中应能维持学前儿童的兴趣，而兴趣的出发点和立足点都应当是儿童自身的发展。

(三)学前健康领域教育活动中活动导入的设计与指导

1. 学前健康领域教育活动中活动导入的设计

1) 导入的含义

所谓导入，是指引起学生注意、激发学习兴趣、调动学习动机、明确学习目的和建立知识间相互联系的教学活动方式。它能将学生的注意力吸引到特定的教学任务和程序之中，所以又称为定向导入。导入应用于上课或活动之始或开讲新课程、进入新单元、新段落的教学过程之中。

课堂教学中的导入，犹如乐曲中的"引子"和戏剧中"序幕"，起着酝酿情绪、集中注意力、渗透主题和带入情境的作用。精心设计导入，能抓住学生的心弦，立疑激趣，促成学生的情绪高涨，步入智力振奋的状态，有助于学生获得良好的学习成果。

2) 导入方式

在幼儿园进行健康教育活动时，如果导入方式设计得巧妙而精当，就能在顷刻间引起学前儿童的兴趣，使学前儿童迅速步入精神兴奋状态，并在好奇心的驱使下产生强烈的探究欲望，从而为新的探索活动做好心理准备。如何设计妙趣横生又服务于活动目标的导入方式呢？从大量成功的教学艺术实践中，可以归纳出以下几种实用的方法。

(1) 教具导入。这种方法以实物、科学教育活动图片、标本等教具引出课题，激发学前儿童的学习兴趣。

(2) 演示导入。这种方法以演示实验、操作教玩具的方式激发学前儿童的好奇心，使学前儿童产生要了解演示中出现的各种现象及其产生原因的强烈愿望。

(3) 悬念导入。这种方法是结合教育内容设计一些既符合学前儿童认知水平，又生动有趣、富有启发性的问题，以造成悬念，使学前儿童产生探求事物奥秘的心理。如科学教育活动《食物哪去了》可以这样导入："我们每天都要吃很多东西，可是这些食物都到哪儿去了呢？"短短的一句话便能引发学前儿童强烈的好奇心和探索欲望。

(4) 作品导入。故事、儿歌、谜语等文学作品对学前儿童具有特别的吸引力。根据活动的内容和需要，选读与活动内容联系紧密的故事、儿歌、谜语等，可以激发学前儿童的兴趣，引发联想。如在开展体育游戏《小蝌蚪找妈妈》之前，教师可让学前儿童猜："大脑袋，长尾巴，全身黑溜溜，生在春天里，长在池塘中。"然后教师给学前儿童戴上小蝌蚪头饰，说："小蝌蚪生下来还没有见过妈妈，你们现在很想妈妈，是吗？好，我们就去找妈妈。"

(5) 游戏导入。游戏是学前儿童最喜爱的活动，因此在活动开始时，教师不妨用游戏的方式或游戏的口吻创设游戏情境，激发学前儿童的活动兴趣。

(6) 歌曲导入。选取与活动内容有密切联系的歌曲或童谣，让学前儿童在活动开始时吟唱，也不失为一种好的导入方法。如引导学前儿童养成良好的卫生习惯，可以用一个短小的儿歌导入："莲蓬头，哗啦啦。肥皂泡，白花花。洗呀洗呀，洗出一个胖娃娃。"

(7) 经验导入。这种方法是指教师在了解学前儿童原有知识水平的基础上，提供新旧知识的连接点，调动学前儿童运用已有的知识和经验去进行新的探索。如在《噪声污染》活动中，教师首先问学前儿童："小朋友每天都要听到各种声音，请你们说一说听到过哪些声音？在你听到过的声音中，哪些是好听的声音，哪些是不好听的声音？"学前儿童在教师的启发下，联系已有的经验，很自然地就进入活动之中。

(8) 直接导入。这种方法是直接运用简洁明快的语言阐明活动的目的和要求，使学前儿童明确活动的主要任务；或简要介绍活动中的主要角色、材料，以引起学前儿童的注意。如在《我长高了》活动开始，教师可以说："小朋友，你们想不想知道自己今年又长高了多少呀？好，老师今天就来教你们测量身高。"

2．学前健康领域教育活动中活动导入的指导

尽管导入方式因活动内容和活动目标的不同而不可能有一个固定的模式，但是各种不同的导入类型在设计和实施中只有遵循下列原则，才能导之有方。

1) 精练

导入本身不是活动的主体，更不是活动的重点，因此时间不宜过长，以1～2分钟为宜。导语应力求精练简洁、集中概括，不说空话、废话，不作毫无意义的重复，点到为止，切不可喧宾夺主。

2) 巧妙

导入重在激发学前儿童的兴趣，有效地调动其活动的积极性，因此导语要依据活动内

容力求巧妙、有趣，既能造成悬念，又富有吸引力和艺术感染力。这种魅力在很大程度上依赖于教师生动的语言和炽热的情感。

3) 准确

要针对活动的内容、特点和学前儿童的实际，巧妙地设计导入方法和导语，且语言准确鲜明。概括地讲，导入的基本技巧就是贵在方法之妙，妙在语言之精，精在时间之少。

(四)学前健康领域教育活动中活动过程的设计与指导

1. 学前健康领域教育活动中活动过程的设计

1) 确定健康教育的活动目标

学前健康领域教育活动目标是指通过一次具体活动期望学前儿童获得的知识技能和受到某些方面的教育，或者说是一次活动所要取得的成效。活动目标应包括认知识、技能、情感三个方面。

活动目标的确定应注意以下两个方面：首先，活动目标应具体、明确、便于操作。不能太笼统、太抽象，以免在操作过程中及检查活动效果时产生困难。其次，活动目标的表述应突出重点。每一次教育活动都有可能促进学前儿童多方面的发展，我们只需要选择其中能代表知识技能和能力发展重点的一两个最重要的方面，在目标中加以表述，以避免主次不分。

2) 分析健康教育的活动内容

学前健康领域教育的活动内容是指为实现健康教育活动目标，要求学前儿童学习知识、技能和行为经验的总和。根据布卢姆教育活动目标分类系统，教育目标可分为"认知学习领域""动作技能领域"和"情感态度领域"三个系统。相应地，学前健康领域教育活动的内容也可分为认知的学习、动作技能的学习和情感态度的学习三种。

分析活动内容应注意以下两个方面：首先，应把握健康教育内容中的重难点，真正做到重点突出、难点突破；其次，要挖掘健康教育内容中有利于促进学前儿童发展的因素，保证目标的顺利实现。

3) 确定健康教育活动组织形式

活动组织形式应根据不同的教育内容，针对学前儿童的不同特点，采用灵活多样的形式，为学前儿童提供充分的主动活动的机会，促进每个学前儿童在不同程度上的发展。活动组织形式主要包括集体活动、小组活动、个别活动、混合班活动。

确定活动组织形式应注意以下两个方面：首先，应注重每一种组织形式与日常生活中的随机教育相结合，与家庭教育相结合；其次，这些组织形式既可以在一个健康教育活动中综合使用，也可以独立使用。

4) 选择健康教育的方法和途径

健康教育方法可分为七种，即讲解示范法、行为实践法、感知体验法、情境表演法、讨论评议法、游戏法、参观访问法。

健康教育的途径可分为四种，即幼儿园的健康教育活动、健康教育与幼儿园其他教育领域的融合、家庭的健康教育活动、社会的健康教育活动。

选择和使用健康教育方法与途径时应注意以下几个方面。第一，应根据教育目标选择方法与途径；第二，应根据教育内容选择方法与途径；第三，应根据学前儿童年龄特点选择方法与途径；第四，应注重多种方法与途径配合使用；第五，选用任何一种方法或途径时，都要注意教师语言的配合。

2. 学前健康领域教育活动中活动过程的指导策略

在学前儿童教师指导健康教育活动的过程中，提问和回应是教师最常见的教学方法和指导策略。

1) 提问策略

提问是通过师幼的相互作用，检查学习、促进思维、巩固知识、运用知识、实现教学目标的一种主要方式。在学前健康领域教育活动的过程中，不时地运用提问策略，能随时了解学前儿童的反应，与学前儿童进行知识和情感的沟通，较好地解决集体讲授与个别指导之间的矛盾。

在健康教育活动的不同情境中，教师应当根据学前儿童的实际情况，灵活地调整提问策略，多提启发性、开放性的问题，在层层深入式的问题情境中不断推进学前儿童的学习和活动。教师的提问策略主要包括以下三种。

(1) 启发式提问。在组织学前健康领域教育活动时，教师的启发性问题通常表现在以下的两种不同情境中。首先，当教师发现学前儿童对某些现象或材料产生兴趣，而这种兴趣对于生成一个新的主题活动极有价值的时候，教师可以通过启发式提问将学前儿童引入活动或探究的主题。

其次，当教师发现学前儿童的自主学习和探究面临困难而可能止步不前的时候，可以通过启发式提问去引发学前儿童进一步的讨论和探究。

(2) 发散式提问。发散性问题即开放性问题。教师的发散式提问通常表现在以下的两种不同情境中。首先，当学前儿童在自己的努力下完成了自己的"作品"时，教师可以通过发散式提问，引导学前儿童对自己的"创作"进行表达，可以是语言上的解释，也可以是其他非语言方式的说明。

其次，当学前儿童的思维或想象由于年龄所限比较单一狭窄时，教师可以通过发散式提问，引导学前儿童转变问题思考的方向，在新旧经验建立联系的基础上进行概念的再建构。

(3) 层叠式提问。层叠式提问是指能够将探究内容的前后关系连成一条推进线索的提问，在层层深入式的问题链中，不断推动学前儿童的探索和思考活动的进行，引导学前儿童自己去尝试解决问题。层叠式提问能够为学前儿童提供了一个深入探究与讨论思考的有效平台。

2) 回应策略

所谓回应，是指教师在与学前儿童的"对话"与互动中的一种作为教育者的态度和策略，是教师敏锐地意识到学前儿童的需要而及时给予的引导和帮助。一般来说，教师在健康教育活动的组织与指导中，应根据不同的教育活动情境，灵活运用不同的回应策略。

(1) 重复。在健康教育活动的指导中，重复并不是一种简单意义上的语义重述，而是教师教育机制和策略的具体体现。首先，教师通过重复个别学前儿童的问题或回答，可以向全体学前儿童反馈有价值的信息，并且通过语气上的加重和提醒，帮助学前儿童在分享中获得他人的经验。其次，教师通过重复学前儿童的话语，可以婉转地表达对学前儿童的提醒与暗示，以刺激学前儿童进一步的思维和质疑。

(2) 反问。反问是指在指导健康教育活动中，教师有意识地创设问题情境，引发学前儿童主动发问，而教师则可以通过"反问"，将学前儿童在一定情境中的问题再抛给学前儿童。

当学前儿童自发提问时，教师适时反问，把问题再抛给学前儿童，或是以疑问的口气给出不确定的答案时，能够引发学前儿童进一步的思考，并在矛盾冲突中自觉地重新思考问题。另外，当学前儿童之间在对话互动中产生问题时，教师适时地予以反问，可以将学前儿童之间的讨论和交流引向深入。

(3) 提炼。在开展学前健康领域教育的活动中，学前儿童新的经验和概念的获得离不开对环境材料的感知和体验，也离不开教师的概括和归纳、提炼。也就是说，学前儿童的学习和探究往往需要教师的帮助指导和归纳提升。

教师在对学前儿童作出积极回应时，通过归纳提炼式的回应，不仅能够使学前儿童在感性体验的基础上将零碎的感受和体验上升为系统的知识和概念，还能引导学前儿童在同化和顺应的基础上使其原有的认知结构得到重组。

(五)学前健康领域教育活动结束的设计与指导

1. 学前健康领域教育活动结束的设计

1) 结束的含义

结束是教师结束教学任务或教学活动的方式，即通过归纳总结、实践活动、转化升华等教学活动，对所学的知识和技能进行及时的系统化，并加以巩固和运用，使新知识有效地纳入学生原有的认知结构中。

活动中的结束，具有重申所学知识，强调重要事实、概念和理论的作用。精心设计活动的结束，能引导学生分析自己的思维过程和方法，检查或自我检测学习效果。另外，布置思考题和练习题，能够促进学生对所学知识进行及时复习、巩固和运用，有助于学生获得良好的学习成果。

2) 活动结束的方式

在幼儿园进行健康教育活动时，教师应该把握好活动的节奏，让学前儿童愉快地结束活动。活动结束得太早，学前儿童意犹未尽，无法进入下一环节；活动结束得太晚，学前儿童可能兴趣早已转移，对当前的活动内容心不在焉，影响教学效果。如何巧妙设计活动的结束方式呢？从大量成功的教学艺术实践中，可以归纳出以下几种实用的方法。

(1) 回应法。这是指结尾与开头相呼应，使整个活动前后一贯，首尾相接，获得完整、圆满的效果。

(2) 归纳法。这是指教师指导学前儿童动手动脑，对活动所获得的知识或技能进行归纳、小结，概括活动的主要内容，以强化重点，加深记忆，便于巩固和运用。

(3) 发散法。这是指就活动的内容、主题或在活动中得出的结论提出问题，鼓励学前儿童继续探索，运用发散思维，让学前儿童依据想象推断另外的结局，培养丰富的想象力及创造力，还可以提出问题让学前儿童进行讨论等。

(4) 练习法。练习在活动中往往必不可少，方法多种多样，可以让学前儿童完成具体的操作任务，也可以让学前儿童进行创造性活动。

（5）游戏法。把学前儿童在活动中获得的印象融入游戏之中，使之在学前儿童愉快的活动中得以进一步深化、巩固。

（6）延伸法。这是指在活动结束时，教师有意识地留有一定余地，让学前儿童对活动内容继续思考和探索，或使现有的活动内容与下一个活动内容发生联系。

2. 学前健康领域教育活动结束的指导

不同的健康教育活动，可能结束的方式不一样。但不管采用哪种结束方式，教师都应该让学前儿童愉快地参与活动，完成教学任务，画上圆满的句号。完整的教育活动离不开巧妙的结束设计，结束设计应注意以下几个方面：

1）明确目的

紧扣活动内容，根据活动目标、活动情境及学前儿童的认知特点采用恰当的结束方式，使之真正达到目的。

2）把握时间

把握好活动节奏，让学前儿童愉快地结束活动，既不拖延时间，也不草率结束。

3）留有余兴

要能引导学前儿童回味，激发学前儿童对下一次活动的强烈愿望。

4）评价中肯

评价包括教师对全班学前儿童的集体评价、对某个学前儿童的个别评价以及学前儿童自我评价和互评；对学前儿童的绘画等作品及活动表现进行积极中肯的评价，能够引发学前儿童的积极思考，提高教学效果。

四、学前健康领域活动设计课例

小班健康活动——刷牙

【设计意图】

我国学前儿童的龋齿发病率很高，而龋齿的发生与家长对学前儿童牙齿的保护意识淡漠及方法不当密不可分，所以教师有责任及时教会小班学前儿童掌握正确的刷牙方法。其实，宝宝们对刷牙这个动作很感兴趣，读《刷牙》儿歌时，每当念到"牙齿刷得白花花"时都要笑上好一会儿。学前儿童有了刷牙的兴趣，教师应及时教会正确的方法并使学前儿童养成良好的刷牙习惯。

【活动目标】

(1) 帮助学前儿童认识到吃完东西会有食物残留在牙齿上，而这些残留食物对牙齿有损害。

(2) 认识刷牙用品，学习正确的刷牙方法。

(3) 让学前儿童养成早晚刷牙、漱口的良好卫生习惯。

【活动准备】

材料准备：每人一只漱口杯，一把一次性牙刷，一条毛巾，黑芝麻糖若干，白色脸盆若干，牙齿模型(一个完好的，一个龋齿的)，《刷牙》儿歌磁带，录音机。

经验准备：向家长了解本班学前儿童的龋齿及刷牙情况，一些学前儿童已经对刷牙、漱口有了简单认识。

【活动过程】

一、活动导入

品尝芝麻糖：芝麻糖香不香？牙齿上黑乎乎的颗粒是什么？引导学前儿童自由交流讨论。

二、正式活动阶段

(一)发现问题

引导学前儿童观察同伴的牙齿，发现芝麻糖粘在牙齿上的现象。

教师：牙齿脏了，会有什么害处呢？

学前儿童：嘴里有味，不好闻；牙齿会变黑，不好看；会生蛀牙等。

教师小结：残留在牙齿上的食物时间长了就会变质，把我们又白又坚硬的牙齿腐蚀坏(出示龋齿模型)，不仅使我们牙疼，而且会影响吃东西。

教师：牙齿脏了真可怕！怎样才能把牙齿上的食物清除掉，让牙齿变干净呢？

(二)尝试解决问题

1. 教师示范漱口，学前儿童一起看漱口水，利用脸盆中黑乎乎的残渣激起学前儿童漱口的愿望。

2. 漱口后相互观察牙齿，发现牙齿上还有一些没有清除的残渣，该怎么办呢？

3. 认识牙具，学习正确的刷牙方法。

(1) 教师利用牙齿模型讲解刷牙的正确方法。

(2) 教师示范正确的刷牙方法。

(3) 学前儿童学习刷牙。

学前儿童每人一把一次性牙刷，学习正确的刷牙方法。教师个别辅导。用饮用水漱口刷牙。同时播放《刷牙》儿歌：小牙刷手中拿，上牙从上往下刷，下牙从下往上刷，咀嚼面来回刷，里里外外都要刷，牙齿刷得白花花。

教师小结：从今天开始，小朋友每天晚上睡觉前和早晨起床后都要刷牙，饭后漱口，少吃糖果和零食，比一比哪位小朋友牙齿保护得好。

【活动结束和延伸】

活动结束：儿童露出自己的牙齿，比一比谁的牙齿更漂亮，并随歌曲《刷牙》做刷牙律动。

活动延伸：

(1) 到社区医院牙科参观。

(2) 娃娃家——游戏：牙科医院。

学前儿童进行角色游戏，表演《牙科医院》，请小医生帮助检查牙齿。

(3) 操作区：学前儿童利用牙齿模型练习刷牙。

【设计评析和具体指导】

一、活动目标分析

学习刷牙是幼儿园小班生长发育的一项重要目标，为什么要刷牙对学前儿童来说是一个陌生的话题，所以教师通过牙齿上的黑芝麻自然导入到第一个目标，并由此过渡到第二个目标——刷牙。刷牙的方法既是重点也是难点，所以教师首先应利用牙齿模型，形象地讲解刷牙的方法，使学前儿童对刷牙的方法有一个初步的感性认识。再通过教师直观而真实地演示，使学前儿童进一步学习、掌握刷牙的方法。最后再让学前儿童亲自操练，以期准确地学会刷牙。学前儿童刷牙时教师要辅导，但教师不可能辅导每一个学前儿童，所以，教师在辅导过程中播放《刷牙》儿歌，既可以调节学习氛围，又能起到提示学前儿童的作用。最后伴随着《刷牙》儿歌进行刷牙律动，使学前儿童在轻松的情境中再一次巩固与复习刷牙要领，通过多种有效形式的变换圆满地实现活动目标。

二、活动准备分析

活动以小班学前儿童品尝黑芝麻糖为开端，瞬间就将学前儿童的注意力吸引到活动内容上来，尤其是黑芝麻与洁白的牙齿的颜色反差较大，为下面的活动内容做了很好的铺垫。白色的脸盆、清洁的水与含有黑芝麻的漱口水又形成了强烈的颜色反差，使小班学前儿童一目了然。由此可见，教师精心准备的活动材料或创设的环境对活动的完成起到了事半功倍的作用。无论是牙齿模型的使用，还是学前儿童每人一套刷牙工具的准备，均有利于小班学前儿童对刷牙方法的准确掌握。因为是小班学前儿童的活动，所以教师特意准备了能喝的水漱口及刷牙水，防止学前儿童将生水喝进身体而带来不良影响。儿歌音乐的使用既可以发挥提示作用，又能使学前儿童在轻松的氛围中学习。

三、活动过程分析

整个活动过程始终以学前儿童为主体，无论是品尝、相互观察牙齿、漱口，还是自己刷牙等诸多环节均为全员参与。每人一块芝麻糖吸引了所有学前儿童的注意力，观察别人的牙齿及水盆中水的变化进一步激发了学前儿童的学习兴趣及探索欲望，芝麻糖粘牙的特性促使学前儿童产生了刷牙的需要，至此，学前儿童自己刷牙将本次活动推向高潮，最后在音乐的伴随下做刷牙律动，既能使本次活动的知识与技能得到巩固，又能使学前儿童的身心逐渐得以放松。

四、活动结束与延伸分析

去社区医院参观，可以使学前儿童真实地感受到牙病给人带来的伤害与痛苦，对于没有龋齿的小班学前儿童来说记忆将尤为深刻。角色游戏是学前儿童喜欢的活动形式，在角色的扮演与观察中，学前儿童会加深对活动内容的理解与记忆，印象会更深刻。为模型刷牙可能是更多学前儿童喜欢做的一项活动，因为模型对于学前儿童来说比较有吸引力，学前儿童常常将它当作一件玩具，所以为模型刷牙既满足了学前儿童的好奇心，又进一步练习、巩固了刷牙的正确方法。

(该活动案例与分析选自《学前儿童健康教育》，高庆春　梁周全主编，高等教育出版社，2011 年，有部分修改)

阅读链接 3-2

0～3 岁婴学前儿童发展水平"观察要点".docx 见右侧二维码。

阅读链接 3-2

本 章 小 结

幼儿园健康教育是幼儿园对学前儿童实施素质教育的一个十分重要的组成部分，随着新课标的颁布，幼儿园健康教育作为课程领域之一已提升到很高的地位。在新的教育理念中，"健康"包括两个方面的内容——身体健康和心理健康。生理的健康发育和心理的健康发展是有机结合的，更应贯穿于幼儿园的日常教学活动中。

《纲要》明确要求："教育活动内容的组织应充分考虑学前儿童的学习特点和认识规律，各领域的内容要有机联系，相互渗透，注重综合性、趣味性、活动性，寓教育于生活、游戏之中。"学前儿童健康的价值和学前儿童成长的特点决定了幼儿园在进行任何领域的教育活动时都必须将维护和促进学前儿童的健康放在首位，故健康领域与其他领域的融合是最必要的；如果学前儿童教师真正持有健康第一的教育观念，那么健康领域与其他领域的融合也是最本质的，比如，在画画、看图书时提醒孩子坐姿端正、握笔正确、手眼保持一定距离等；由于"幼儿园的教育是为所有在园学前儿童的健康成长服务的"，那么各领域的目标实质上是协调统一的，差异仅仅是侧重点的不同，因此健康领域与其他领域的融合是最可行的。一方面，各领域教育可以帮助实现学前儿童健康教育的某些目标。比如，通过语言活动，发展学前儿童的人际交往能力；通过社会学习活动，培养融洽的人际关系，使其乐意与人交往，并增强自尊心和自信心；通过艺术活动，抒发内心的情感，促进健全人格的形成；通过科学活动，满足学前儿童的好奇心，培养初步的环保意识；通过数学活动，了解学前儿童身体形态的变化，等等；另一方面，学前儿童健康知识的学习过程、健康态度的转变过程以及健康行为的形成过程都离不开各领域特有的教育形式的密切配合，如以朗朗上口的儿歌、形象有趣的谜语、声情并茂的故事、栩栩如生的画面、引人入胜的探究等，唤起学前儿童对自己身体的了解欲望、对健康食品的兴趣、对健康行为的向往。

思考与练习

一、名词解释

学前健康领域教育活动　　学前健康领域教育活动设计　　行为实践法

二、简答题

1. 学前健康领域教育活动的内容与要求包括哪些？

2. 健康领域的意义有哪些？

3. 健康领域的特点有哪些？

三、论述题

1. 结合实际谈一谈健康领域活动课常用方法有哪些？

2. 如何对学前健康领域教育活动中的活动结束进行设计与指导？

【实践课堂】

体会学前儿童教师在健康领域课程设计时出现的问题，并提出解决策略。

大班健康活动——保护牙齿

在国家教育部颁布的《纲要》中明确指出，学前儿童在园的一日活动中，要"尊重学前儿童身心发展的规律和学习的特点""促进每个学前儿童富有个性的发展"。在日常工作中，我深刻体会到要实现这些教育要求，就必须正确处理好学前儿童学习活动中师幼互动关系，使学前儿童的学习更有价值，使学前儿童的发展更有意义。在"保护牙齿"的主题活动前，根据学前儿童以往生活经验，我觉得我班学前儿童对如何保护牙齿这一内容十分感兴趣，但对于"牙齿怎么会变黑变坏""龋齿是怎样形成的"这些与活动相关的知识却知之甚少。如何在学前儿童较为陌生的知识领域中很快地激起学前儿童学习的兴趣，在活动中产生强烈的师生互动是我在活动组织前反复思考的问题。

(资料来源：http://m.youjiao.com/e/20180705/5b3dcd6e9f49c.shtml)

随着一种观念的流行，言语创新的程度丝毫不亚于习惯改变的程度。

——塞·约翰逊

语言是科学的唯一工具，词汇只是思想的符号。

——塞·约翰逊

第四章　学前语言领域教育活动

本章学习目标

➤ 掌握学前语言领域教育活动的含义。
➤ 了解学前语言领域教育活动的内容。
➤ 学会学前语言领域教育活动的设计与指导。

核心概念

学前语言领域教育活动(activities in the field of preschool languages)　渗透语言教育活动(infiltration language education activities)　学前语言领域教育活动设计(design of educational activities in the field of preschool languages)　学前语言领域教育活动课常用方法(common methods of educational activities course in the field of preschool languages)

引导案例

小名是个 3 岁零 3 个月的孩子，十分活泼可爱，父母很喜欢他，可令父母不理解的是小名无论做什么事情之前从不爱多思考。比如，玩插塑时让他想好了再去插，而他却拿起插塑就开始随便地插，插出什么样就说插的是什么，在绘画或要解决别的问题时也是如此。小名父母认为这样不好，便总是要求孩子想好了再去行动，可小名却常常做不到。小名父母时常为此而烦恼。试问小名父母的态度和行动对吗？请从儿童思维发展的角度分析小名的这一类行为，并为小名的父母提出科学的教育建议。

(资料来源：https://www.kaobei173.com/tiku/shiti/5105865.html)

 案例分析

3 岁零 3 个月的孩子处于直觉行动性思维阶段。

这时候学前儿童的语言能力还很低，所以他们进行的思维总是与对事物的感知及自身的行动分不开的。也就是说，他们的思维是在动作中进行的，离开所接触的事物，离开动作就没有了思维，所以称之为直觉行动性思维。如孩子画画时，他不可能先想好要画什么，而是拿起笔就画，画出来像什么他就说是什么。

也就像案例中描述的"玩插塑时，让他想好了再去插，而他却拿起插塑就开始随便地插，插出什么样就说插的是什么"。

小名的家长很关注孩子的发展，注意观察孩子的行为表现，这些做得很好，值得肯定！但要清楚：思维要借助于词来实现，与语言的功能是不可分割的。此时发展孩子思维能力的关键是学前儿童语言水平的培养，通过培养学前儿童的语言能力可以促进其思维的发展。

平时父母要多教、多和孩子说话，说话时大人要使用正规的语言，要丰富孩子的词汇，多提供一些概括性的词汇，如动物、家具、交通工具等，多讲故事。游戏是孩子喜欢的一种活动，在游戏中父母可以用自问自答的形式来给孩子讲解一些有比较性、概括性的概念，如大、小、多、少、上、下，也可以让孩子在游戏中找出相同的东西，借以培养孩子善于区别事物不同点的能力。在日常生活中，当孩子遇到困难时，不要立即去帮助解决，而要留点时间和机会让他自己想办法解决，例如东西拿不到怎么办？皮球滚到哪里去呢？培养孩子自己动脑筋解决问题的能力。提供一些玩具给孩子，如积木、拼图、组装玩具等，让他自己摆弄玩具，可以使他在玩中认识一些事物之间的联系，积累丰富的经验，这些都是提高小名思维水平的有效方法。

 学习指导

语言是人类拥有的一种非常神奇的能力。当婴儿在会说话之前，用哭声与世界交流时，这种非语言的方式所代表的意义，完全凭成人的经验推测，不准确甚至完全背道而驰，这是非语言的局限性。当婴儿学会说出自己的需要或感受时，他们和周围人的交往便进入了一个新的境界，彼此的交流沟通变成了一件极容易的事情。因此，语言交流在人类社会生活中，扮演着极重要的角色。随着经济的发展和人际交往的日益频繁，语言交际能力更凸显其重要性，要求社会成员有比较高的语言表达能力，能用清晰的、简洁的语言表达自己的观点和见解，能够适应语言传递技术现代化的要求。而这些能力必须从小培养。学前儿童只有学好语言，才有可能运用语言工具进行心智的操作和精神的创造，充分实现其智慧潜能。另外，学前儿童的教育活动，更依赖语言。它既是教师教学前儿童的工具，也是学前儿童学习的工具。

幼儿园语言教育是研究学前儿童的所有获得和学习现象及其训练与教育。这一阶段的学前儿童除了有严重的学习语言的障碍外，都能成功地学习母语的口语。语言活动是学前儿童最重要、最频繁的一种活动，正确地表达与接受语言，直接关系到学前儿童各个领域的实践活动。语言在个体发展尤其是智力发展中起着重要作用，学前儿童经验的积累、

意识与自我意识的发展、认知能力的发展、逻辑思维能力的发展，都和语言能力的发展分不开。

第一节 学前语言领域教育活动设计概述

一、对学前语言领域的理解

3~6 岁年龄段，是学前儿童语言飞速发展的时期，是培养学前儿童语言表达能力的重要时期。学前儿童在运用语言进行交流时，也在发展着人际交往能力、判断能力等。学前期的学前儿童利用语言进行交互活动，可以促进学前儿童认知与个性的发展。近年来，受到诸多原因的影响，学前儿童的语言能力逐步下降，词语贫乏，语言的完整性、连贯性、流畅性不足，这与学前儿童缺乏与同龄伙伴语言交往的环境和机会有着莫大的关系。

所以，我们应为学前儿童创设自由宽松的语言交往环境，鼓励和支持学前儿童与成人、同伴进行交流，让学前儿童想说、敢说、喜欢说并能得到积极的回应。同时，我们还要为学前儿童提供适合的读物，经常和学前儿童一起看看书、讲讲故事等，以此培养他们的阅读兴趣。

(一)学前语言领域教育活动含义

语言是一个复杂的符号系统，有自身的结构要素和结构规则。学前儿童除了通过活动和交往，在不知不觉中获得有关知识外，还需要有专门组织的语言学习活动，让学前儿童有集中学习语言知识和发展语言能力的机会。比如词、句、语法的适当运用；会话和连贯讲述能力的训练；创造性讲述能力的培养等，都需要在教师的指导下有组织地进行。另外，有组织的教育活动，还可以使学前儿童相互交流自己已经获得的语言经验，锻炼学前儿童在众多的同伴或成人面前说话的勇气和自信心。活动中愉快情绪的相互感染，也有助于提高学前儿童学习语言的兴趣和敏感性。学前儿童语言教育就是有目的地引导学前儿童学习语言，进而促进学前儿童心理发展的过程。

(二)学前语言领域教育活动内容

教育部颁布的《纲要》中对语言领域提出了以下目标。

第一，乐意与人交谈，讲话礼貌。

第二，注意倾听对方讲话，能理解日常用语。

第三，能清楚地说出自己想说的事。

第四，喜欢听故事、看图书。

第五，能听懂和会说普通话。

《纲要》中对学前儿童语言的学习所提出的目标，无一不是以学前儿童的发展，以使学前儿童能够在社会多元化的社会竞争中，熟练使用这个交际工具为基础，也为学前儿童顺利完成幼小衔接及下一步学习书面语言打下良好基础。所以，学前儿童在语言的学习中感知语言的行为表现，也是重要的理解语言的途径。只有懂得倾听、乐于倾听并且善于倾听的人，才能真正理解语言的内容。知道在别人对自己讲话的时候，要注意倾听，眼睛要看着对方。积极理解别人说话的意思，恰当地给予反馈，在别人讲话时，要保持安静。能准确地识别语音、声调。能听懂普通话，理解词汇的正确用法，理解简单书面语的含义。知道本民族或方言与普通话的区别。能听懂别人对自己提出的指令或者要求。学前儿童还要能够主动用语言提出要求，会用恰当的语言表达自己的身体状况与内心感受。乐于在集体中发言，态度大方，声音洪亮。能适时适当地主动与别人交谈，热情有礼貌地与人打招呼。在语言的学习中，还要使学前儿童喜欢欣赏各类文学作品，能与别人分享阅读的快乐。注意倾听成人讲述或朗读图书，掌握正确的阅读方法，了解不同类型的文学作品，有初步的阅读理解能力。懂得汉字与其他文字的区别，会用常用的书写工具，知道书写的重要性，养成正确的书写习惯。

基于以上目标，幼儿园语言教育领域的活动内容包含了以下各点。

1．专门的语言教育活动

这种活动包括讲述活动、谈话活动、语言游戏活动、文学作品活动和早期阅读活动。

1）讲述活动

讲述是培养学前儿童独立表达能力的一种教学活动。培养学前儿童用比较完整的、连贯的语言表达自己的思想，讲述自己经历过或听到过的事情。

讲述活动包括看图讲述、排图讲述、情境讲述、记忆讲述、经验讲述、想象讲述、复述故事、续编故事等。

讲述活动不仅要求学前儿童能讲出事物的主要特点及事物间的联系，还要求发挥学前儿童的想象，为学前儿童创造性地使用语言提供条件。

2）谈话活动

谈话活动是培养学前儿童对话能力的教学形式之一，教师以一定的题目为中心，这个题目可以是教师设定的，也可以是学前儿童感兴趣并提出来的。

谈话活动包括以下内容：对话活动、主题谈话活动、信息交流活动、分享经验谈话活动、讨论或者辩论活动。

3）语言游戏活动

语言游戏活动是将学前儿童的发音、听、说、读、写等能力的培养融于游戏之中，使学前儿童听、说普通话，在玩中学，在快乐中发展。

语言游戏活动包括发音训练游戏、词汇游戏、句子游戏、故事表演游戏、阅读游戏及综合型语言游戏。

4）文学作品活动

文学作品活动是指依托各类文学作品开展的教育活动，包括聆听与感受文学作品、朗读与表现文学作品、仿编与创作文学作品。

聆听与感受文学作品：让学前儿童集中注意力倾听、感受文学作品的语言、情节、动作、人物对话等，理解作品所表达的内容，感受文字的韵律美。

朗读与表现文学作品：让学前儿童独立或跟随成人一起朗诵文学作品，扮演角色，学习、模仿、表演作品内容，丰富学前儿童对语言的感受。

仿编与创作文学作品：让学前儿童根据对熟悉的文学作品的理解，模仿相关的题材，进行仿编，提高学前儿童语言的表现力，发展学前儿童的想象力与创造力。仿编的题材包括儿歌、学前儿童诗、散文、谜语等。

5) 早期阅读活动

早期阅读主要用来丰富学前儿童前阅读、前识字和前书写。《纲要》指出：要培养学前儿童对生活中创建的简单标记和文字符号的兴趣，利用图书和绘画，激发学前儿童对阅读和书写的兴趣，培养学前儿童前阅读和前书写技能。

前阅读。阅读是指从书面材料中获得信息的过程。阅读可分为非文字阅读和文字阅读两种。非文字阅读包括看图画书、听故事等，目的是将口语与书面语言对应起来。文字阅读是结合学前儿童的生活经验，把生活中、游戏中的文字随机、随时进行学习，使学前儿童对文字符号产生兴趣。通过阅读活动，帮助学前儿童获取翻阅图书的经验，掌握正确的阅读方法，获取图书内容的经验。理解图书画面、文字与口语有相对应的关系，了解图书的制作过程。

前识字。通过阅读图画、文字，获取书面语言所要传递的信息，然后达到对书面材料的理解，并使用口语及其他各种方式表达出来。知道文字有具体的意义，可以念出来，可以把文字、口语与概念对应起来。简单了解文字的演变，理解文字的作用。知道文字是一种符号并可以与其他符号系统转换。知道文字与语言的多样性，认识到世界上有各种各样的语言和文字。

前书写。《指南》中提出了对早书写行为的要求，通过阅读活动，鼓励学前儿童积极地与文字互动，丰富学前儿童的前书写经验：了解汉字的独特书写风格，乐于模仿方块字的简单特点，知道书写的工具，帮助学前儿童建立和巩固纸笔互动的经验，学会用正确的书写姿势写字，包括坐姿与握笔姿势。

2. 渗透语言教育的活动

渗透语言教育的活动包括日常生活、人际交往、游戏活动、学习活动。

1) 日常生活中的语言教育活动内容

认真倾听、理解教师所讲的内容，并以此指导自己的行为；学习用语言评价自己和同伴；在教师和同伴面前讲述自己的见闻。

2) 人际交往中的语言教育活动内容

学习使用礼貌用语；会用语言向老师或同伴提出请求或表达愿望；用适当的词、句或语气与同伴开展讨论。

3) 游戏活动中的语言教育活动内容

游戏是与同伴自由交谈；同伴间会用语言协商、讨论与合作；学习评价游戏活动中同伴和自己的表现，表达感受。

4) 学习活动中的语言教育活动内容

提出问题和解答问题；能完整连贯地讲述所观察到的事物和现象；能用不同的符号来记录和表达感受。

(三)学前语言领域教育活动与学前儿童发展

1. 学前语言领域教育活动促进学前儿童语言和行为的社会化进程

学前儿童个体社会化是在与人交往的过程中实现的，而交往离不开语言。学前儿童语言教育的根本任务就是促进学前儿童语言运用能力的发展，这种能力主要表现为学前儿童如何运用适当的形式表达自己的交往倾向，如何运用适当的策略与他人交谈，如何根据不同情境的需要运用适当的方法组织语言表达自己的想法。语言教育就是要引导学前儿童"乐意与人交谈，讲话有礼貌；注意倾听对方讲话，能理解日常用语；能清楚地说出自己想说的事，喜欢听故事、看图书；能听懂和会说普通话"。(《纲要》)

学前儿童天生具有语言发展的潜力，但语言能力却不是生来就有的，而是"在运用的过程中发展起来的"。学前儿童获得语言之后，就能用语言与周围人交换信息。在语言交流中经常互换角色，学前儿童有许多机会观察对方的行为、表情及处事的方式，并获得许多体验和感受。这种交流有助于克服自我中心的言行，使他能够主动适应他人的行为调节，在此基础上又逐渐形成语言自我调节能力，使自己的情感、态度、习惯、行为等与社会规范逐渐靠近。如"不随便拿别人的东西""自己能做的事情自己做"，都是社会对学前儿童的行为要求，先是成人用语言调节，以后学前儿童就能自我约束，并养成习惯。学前儿童社会化行为的发展也使社会交往的精神需要得到满足并获得交往的成就感。这种成就感鼓舞着学前儿童去争取更多的交际机会，语言能力和社会行为的发展便处在了良性循环之中。

而语言教育活动，为学前儿童提供了各种各样的可以学习和运用语言的范例(包括日常对话、故事、诗歌、游戏等)，让学前儿童感知、体会、理解和记忆。语言范例应该表现为发音正确，坚持讲普通话；词汇丰富，用词确切；口语清楚明确，文理通顺，有文学修养，富有表现力。在表达方法上要适应学前儿童的接受水平；讲话的语调要使学前儿童感到亲切，讲话的速度和声音大小，以学前儿童能听清为准。在此过程中，学前儿童就能够不断积累新的语音和词汇，不断吸收新的句式和表达方法，然后逐渐把他人的语言转化为自己的语言，用来表达自己的思想和情感，对他人的行为施加影响，完成各种交往任务，从而加速学前儿童语言和行为的社会化进程。

2. 学前语言领域教育活动促进学前儿童学习能力和认知能力的发展

在近年的研究中，国际学前儿童语言界将学前儿童语言的发展与学前儿童语音、语法和语义的发展并列，成为学前儿童语言发展的四个重要范畴。学前儿童吸收加工语言，与其他认知加工有许多共同之处：语音需要感知，词汇需要记忆，语义需要理解，语法规则需要抽象和概括。学前儿童加工语言可使认知能力得到锻炼。但是语言加工不等同于其他认知加工，语言通过词语、概念向学前儿童传递间接经验，有助于扩大眼界，提高思维和想象能力，有助于学习能力的发展。

在语言输出的过程中，学前儿童要把话语表达得正确、清楚、完整和连贯，也需要有感知、记忆、思维、想象过程的积极参与。随着学前儿童语言水平的提高，语言和认知能力的结合也渐趋密切。我国心理学家朱智贤教授认为，学前儿童语言连贯性的发展是学前儿童语言能力和逻辑思维能力发展的重要环节。心理学家们普遍认为，学前儿童早期语言能力的发展是他们认知发展的重要标志。文学语言的早期输入，对语言艺术的兴趣和敏感性、文学语言模式的储存、早期"创作欲"的激发、艺术思维的萌发都有积极作用。

3. 学前语言领域教育活动促进学前儿童学习和运用语言兴趣的提高

随着语言的不断丰富、语言交往技能的不断提高，学前儿童学习和运用语言的兴趣也会越来越高。听和说的兴趣，自信和主动精神都有助于语言听说能力的提高，而学前儿童一旦产生学习语言的兴趣，就会主动寻找学习语言的机会，学习和尝试更新的言语技巧，语言的潜能就能得到尽情发挥。这种兴趣不仅对学前儿童当前的语言学习活动有积极影响，而且可能影响到他们入学乃至成年后学习和运用语言的兴趣，还有可能影响他未来去选择一些与语言有密切关系的职业，如政治家、外交官员、教师、律师、管理人员、公关人员、销售人员、文学艺术创作者等。社会历史上，个人兴趣与从事的职业要求相投而做出杰出贡献的事例不胜枚举。据说，我国女作家谢冰心的成长三部曲是迷听(故事)、迷讲(故事)、迷写(小说)。很多文学创作工作者可能都有这样的经历。

需要说明的是，只有语言天赋，但没有后天语言环境的刺激，再好的天赋也会被埋没。经验告诉我们，在一个班级里，总有个别学前儿童表现出非同一般的语言记忆能力和表现能力，他们能绘声绘色地面向全班小朋友编讲故事，有的竟成了故事大王，这是与早期音乐能力、早期绘画能力有同等价值的早期特殊的语言能力，万万不可忽视。

4．学前语言领域教育活动为学前儿童今后学习书面语言打下良好的基础

学前儿童语言的学习是一个连续的过程，这个过程以新生儿哭声为起点，经历三个阶段：①非语言交际阶段；②口头语言的使用阶段；③书面语言的使用阶段。前一个阶段往往是后一个阶段发展的基础和条件。对学前儿童来说，正处在"口头语言的使用"阶段，主要是听、说、读。我国中小学语文教学研究成果证明，一些学生写作能力低，其原因之一是独白能力差、不怎么会说话，写起文章来杂乱无章。而独白能力强、比较会说的学生，说起话来有条有理，生动自然，写出的文章一般都不错。这是因为书面语是以口头语为基础，口语发展不好就会严重影响书面语言的掌握和运用。在儿童入学之前，如果能学会普通话的准确语音，掌握和理解大量的词汇，有一定的口语表达能力，那么入学后学习认字、读书和作文时，就可以把主要精力放在字形和相应的语音联系上，这样理解文字内容和用文字表达意思就比较容易了。学前阶段，成人如能有意识地训练学前儿童口头组词、造句和口语表达能力，进行一些非正规的阅读准备，就可以促进学前儿童思维的敏捷性、灵活性和逻辑性的发展，为学前儿童入学后学习书面语打下良好的基础。

二、《3～6岁学前儿童学习与发展指南》中关于语言领域的解读

语言是交流和思维的工具。学前儿童期是语言发展，特别是口语发展的重要时期。学前儿童语言的发展贯穿于各个领域，也对其他领域的学习与发展有着重要影响：学前儿童在运用语言进行交流的同时，也在发展着人际交往能力、理解他人和判断交往情境的能力、组织自己思想的能力。

学前儿童的语言能力是在交流和运用的过程中发展起来的，应为学前儿童创设自由、宽松的语言交往环境，鼓励和支持学前儿童与成人、同伴交流，让学前儿童想说、敢说、喜欢说并能得到积极回应。全社会都应为学前儿童提供丰富、适宜的低幼读物，经常和学前儿童一起看图书、讲故事，丰富其语言表达能力，培养阅读兴趣和良好的阅读习惯，进一步拓展学习经验。应在生活情境和阅读活动中引导学前儿童自然而然地产生对文字的兴趣，用机械记忆和强化训练的方式让学前儿童过早识字不符合其学习特点和接受能力。

《3～6岁学前儿童学习与发展指南》中关于语言领域的解读.docx见右侧二维码。

第二节 学前语言领域教育活动的设计与指导

一、对学前语言领域教育活动设计的理解

学前儿童语言教育活动，是指为发展学前儿童语言而组织、实施的一种有目的、有计划的形式多样的教育活动，目的是使学前儿童在教师的支持和帮助下，能积极主动地与人交往，不断地与周围的语言环境相互作用，促进语言能力获得发展和提高。学前儿童语言能力的获得和发展，不是自然形成的，离开了有目的、有计划的教育活动，学前儿童不可能迅速掌握复杂而又系统的语言符号，学前儿童的语言潜能也不可能获得最大可能的发展。学前语言教育作为教育的一个主要领域，有着活动的共性，也有着其自身特殊的规律和特性。所以，语言教育活动的设计与组织在遵循教育活动原则和规律的基础上，也应符合语言教育活动的特点和要求，这样才能最大限度地促进学前儿童语言的发展。

幼儿园语言教育活动贯穿于学前儿童一日生活，具有目的性、计划性，同时还具有随机性，是教师在整合的教育过程及生活中，引导学前儿童主动参与，获得丰富的语言经验，促进学前儿童语言能力的全面发展。

(一)幼儿园语言教育活动的目的性、计划性和随机性，有利于促进学前儿童语言能力的全面发展

每一次或每一阶段语言教育活动的目标，都是根据学前儿童语言教育的年龄阶段目标而提出的。其中，既有倾听、表述方面使用语言的能力目标，又有欣赏文学作品和早期阅读方面的水平目标。所以，通过有目的的语言教育活动，可以全面地发展学前儿童的语言能力。学前儿童语言教育活动又是一项有计划的活动，根据学前儿童语言教育的目标、学前儿童语言发展的实际状况和发展趋势，有计划地安排具体的教育活动，有顺序、有步骤地训练学前儿童的语言能力，或提供语言知识作为学习的对象，可以保证学前儿童语言教育目标的全面实施。 同时，学前儿童语言教育也是随机教育的一种具体体现。在一日生活中随时都有意想不到的事情发生，教师在这种随机教育的过程中，无形地进行了学前儿童语言教育。

(二)教师在整合的教育过程中，引导学前儿童主动参与，获得丰富的语言经验

幼儿园语言教育活动是学前儿童置身于语言环境或语言信息中主动学习的过程。教师应把学前儿童的语言学习过程看作一个整合的过程，与幼儿园其他领域的教育活动密切结合，引导学前儿童积极地参与，从而获得大量的、丰富的语言经验。学前儿童的语言发展正是通过在日常的语言交往和有组织的语言教学活动中所获得的语言经验而实现的。

(三)幼儿园语言教育活动是一项专门的语言学习过程

语言是一个复杂的符号系统，有其自身的结构要素和结构规则。学前儿童除了通过活动和交往，在不知不觉中获得有关知识外，还需要有专门组织的语言学习活动，让学前儿童有集中学习语言知识和发展语言能力的机会。例如：对学前儿童文学作品体裁，以及构成因素

的初步了解和每篇作品中心思想的归纳；词、句、语法的适当运用；会话和连贯讲述能力的训练；创造性讲述能力的培养等，都需要在教师的指导下有组织地进行。另外，有组织的教育活动，还可以使学前儿童相互交流自己已经获得的语言经验，锻炼学前儿童在众多同伴或成人面前说话的勇气和自信心。活动中愉快情绪的相互感染，也有助于提高学前儿童学习语言的兴趣和敏感性。

二、学前语言领域教育活动常用方法

根据学前儿童的年龄特点及个性发展规律，学前儿童语言发展理论，学前儿童语言教育及多年来学前儿童教育的实践经验，归纳出语言教育领域教育实践的一些基本方法。

(一)示范模仿法

示范模仿法是指教师通过自身规范化的语言，为学前儿童树立语言学习模仿的榜样，让学前儿童始终在良好的语言环境中自然地模仿学习。学前儿童是通过模仿来学习语言的，因此教师要为学前儿童提供正确的模仿榜样。教师的语言质量在一定程度上决定了学前儿童的语言发展水平，教师要注意自身语言的规范化，发音要清楚准确，文理通顺，为学前儿童起到良好的示范作用。示范要做到"正确、生动、适时"。教师在采取这种方法时要注意以下几点。

1. 教师的言语示范要规范到位

教师正确的言语示范是学前儿童进行模仿的榜样。教师的一言一行，学前儿童都会听在耳中，记在心里，运用到语言交际中。教师的用词造句、表达方式、行为态度、表情甚至姿态以及对别人说话的反应方式都是学前儿童模仿的对象，教师的言语示范对学前儿童来说，就是标准和样板。因此，教师在进行语言活动时，要面向全体学前儿童，用词造句准确，发音正确，清晰响亮，富有表现力，保证被学前儿童看到并听清楚，有时也可以辅以自然的表情和恰当的手势，帮助学前儿童掌握和理解。此外，教师要注意使用简单易懂的句式，要求具体明确，便于学前儿童从语言形式、语言内容和语言运用三个方面进行模仿和迁移，要求教师无论何时何地都要运用规范的语言，为学前儿童创设良好的语言环境，为学前儿童模仿学习创造条件。

2. 教师的语言示范要适时

在学前儿童语言教育活动中，教师的言语示范一般在儿童的语言活动之前进行。在活动过程中，如发现儿童有些语言知识难以掌握或缺乏表现力时，教师可反复、重点示范，让学前儿童有意识地模仿学习。

3. 教师要灵活地运用"显性示范"和"隐性示范"方式

教师在进行示范时，可以明确提出要求让学前儿童模仿，运用显性的方式，这主要针对一些难点和重点。对于一般的语言知识，教师可以采用隐性示范的方式，让学前儿童在不知不觉中得到暗示，进行模仿。具体采用何种方式，取决于学前儿童语言发展的水平和特点以及教学活动的实际。

4. 教师要依据学前儿童自身的水平，妥善运用强化原则

在语言教育活动过程中，教师要注意观察每个学前儿童的语言表现，依据每个学前儿童发展的差异因材施教，及时对学前儿童语言的进步给予鼓励强化。并且，可以让发展较好的学前儿童做示范者，及时发现和纠正学前儿童的语言错误；要以正确引导为主，避免过于挑剔，使学前儿童得不到成功的体验，降低学前儿童模仿和学习的积极性。

另外，教师还可以通过情境、动作、图片等辅助学前儿童进行词语的学习，这样对学前儿童掌握新词、理解词义都有很大的帮助。

(二)提问法

提问时教师应引导学前儿童有序地观察事物，启发学前儿童有目的地进行积极思维。在语言教学中，教师可根据教学目标，采用不同性质的提问方式。提出的问题要有启发性，引导学前儿童理解感受文学作品的内容。提问根据内容可分为再现性提问(如是什么、什么样、做什么等)、探索性提问(如为什么、什么原因、有什么区别等)。

提问根据表达方式的不同可分为直述式提问(如你看到了什么、有什么)、启发性提问(你为什么……)、暗示性提问(如树叶落下来，是什么季节)。

(三)练习法

教师可以将试、听、讲、做、练等方法相结合，利用学前儿童的多种感官，通过多种途径达到学习的目的。这也是学前儿童语言活动中大量应用的方法。教师在指导学前儿童进行口头练习时，要让学前儿童明确练习的要求，练习的方式也要生动活泼、形式多样，以增加学前儿童练习的兴趣。同时，练习的要求也要随着学前儿童能力的发展不断提高，避免简单机械地重复。

练习法不只存在于语言教育中，还可以与其他领域的活动有机结合，同时在日常生活活动中随机练习，才能使学前儿童的语言得到全方位的练习与发展。

(四)游戏法

游戏法是学前儿童语言教学中常见的活动方式之一。学前儿童在教师的组织下，开展以发展语言能力为主要目的的有规则的游戏活动，将教学目标与游戏相结合，寓语言训练于游戏之中。目的在于提高学前儿童的学习兴趣，集中学前儿童注意力，促进学前儿童各种感官及大脑的积极运动，使学前儿童在轻松愉快的气氛中进行学习。

发展学前儿童语言的教学游戏，有的是运用直观材料进行的，如表演游戏；有的是纯语言游戏，如猜字谜、练习反义词等。在组织教学时，可以依据具体的内容和学前儿童发展的水平，灵活运用各种游戏。无论采用哪种游戏方式，都要有明确的目标、具体的规则，保证学前儿童顺利地参加游戏，达到语言训练的目的。在不同年龄班运用游戏法时，语言训练常常各有所侧重，小班语言教育活动中常采用直观材料的游戏。随着学前儿童年龄增长及语言知识和智力水平的不断提高，纯语言游戏逐渐增多，但对于学习有困难的学前儿童还要辅之以直观材料进行游戏，使他们在轻松愉快、富有情趣的游戏活动中进行强化训练。

(五)表演法

表演法是指为学前儿童提供一定的道具，并让学前儿童了解一个特定的故事情节，在教师的指导下，根据情节的发展，通过对话、动作、表情等创造性地再现文学作品，并通过扮演其中的角色来体会角色的语言，学会有语调的对话、有表情的朗诵和连贯的表述，达到丰富自己语言的目的，使语言表达更具连贯性、完整性和逻辑性。教师运用这种方法时，必须建立在学前儿童理解文学作品内容的基础上，并能熟练地朗诵或讲述，深刻领会作品的思想内涵，把握人物的情感和角色特点，然后正确地运用声调、韵律、节奏、速度等进行学前儿童诗歌的朗诵和表演；运用语言、动作、表情等扮演角色，再现故事情节，进行故事表演，鼓励学前儿童在进行故事表演时，在不影响故事内容的基础上进行创编，增加或删减情节与对话，大胆地表现故事情节。

三、学前语言领域教育活动的设计与指导

(一)制定活动目标

制定语言教育活动的目标，是语言教育活动设计中最重要的一环。语言领域教育活动的目标要依据语言领域教育活动的总目标和儿童年龄阶段目标以及本班学前儿童语言发展水平来制定，然后再依据目标去确定语言教育内容。要改变过去那种只有内容没有目标或者先有内容后制定目标的做法，避免教育活动的盲目性。

1. 活动目标应着眼于学前儿童语言的发展

学前儿童语言活动目标的制定要适应学前儿童已有的发展水平，要符合当前学前儿童语言发展的水平。教师在设计当前儿童语言领域教育活动时，内容和形式的选择都是为目标服务的，就是要以促进学前语言的发展为最根本目标，离开了这个根本目标，学前儿童语言教育活动也就发生了变异，失去了自身的价值。

2. 活动目标在内容和要求方向上要与总目标和年龄阶段目标相一致

教师在制定当前儿童语言活动目标时，必须依据语言教育的总目标和年龄阶段目标，总目标是语言教育的最终目标，而年龄阶段目标是总目标在各年龄阶段的体现，因此，教师在制定目标时，应依据本班儿童语言发展的水平和特征，循序渐进，由浅入深地设计活动目标，使其不断地接近阶段目标和总目标。

3. 活动目标的内容应包括情感、态度、能力、知识、技能五个方面的内容

学前儿童语言教育活动目标，要体现能力的培养，包括语言理解能力和实际运用语言的能力。要体现语言知识概念的学习，包含要求儿童获得知识的种类和数量以及运用这些知识的技能和能力。

4. 活动目标的表述应具体明确，便于操作

语言教育活动的目标应是具体行为变化的描述，便于教师进行活动的操作，也易于为别人所理解和接受，便于活动后对儿童的学习结果进行评价。

(二)语言活动准备

1. 物质准备

教师要根据活动目标、内容、环节的需要做必要的物质准备，如图片、实物、电化教学设备等，这些物质的准备不但能与教学内容相呼应，还能调动学前儿童学习的积极性。

2. 学前儿童经验的准备

学前儿童原有经验是实现教育活动目标的基础，忽视学前儿童的原有经验，容易造成教师的主观臆断，使教育活动达不到预期的效果。在学前儿童经验准备方面，一方面教师要了解学前儿童已有的经验、能力，以便做到因材施教；另一方面也可根据学前儿童的现有经验、能力，通过一日活动中的各个环节为学前儿童提供准备的机会。

3. 环境气氛的准备

许多教育事实都证明了环境对学前儿童具有很强的影响作用，充分利用环境可提高教育的效率。

4. 充分利用家长资源参与活动准备

充分发挥家长的教育力量，不但能使家园教育同步，还能使教育收到事半功倍的效果。教师在进行教育活动的准备时，要充分利用这一教育资源，扩大教育空间，丰富教育资源。

(三)确定活动内容

语言教育活动的内容是实施教育目标的载体，也是设计活动、组织实施的主要依据。因此，在语言教育活动中，教师要选择好活动的内容，促进学前儿童的语言的发展。选择适宜的语言活动内容，应遵循以下原则。

1. 依据语言教育活动的目标确定活动内容

语言教育活动内容是为活动目标服务的，它的确定要直接依据活动目标来进行，但并不是说内容与目标必须一一对应。实际上，同一目标往往需要通过多个内容来实现，而一个活动内容有时又可以同时实现多个目标。

2. 依据学前儿童自身的特点来确定活动内容

学前儿童天生好奇，情绪波动比较大，兴趣广泛，并能集中注意力于某一活动。因此，教师在选择活动内容时，要注意内容的新颖性和特殊性，要在儿童的生活经验范围内，符合儿童的水平，以提高学前儿童学习的兴趣和效果。同时，学前儿童爱好模仿，具有丰富的想象力，教师在确定内容时，要考虑为儿童提供大量的规范语言，让儿童在不知不觉中进行模仿，还要为儿童留出想象的空间，鼓励儿童进行创造性表述。

3. 确定的活动内容要与儿童已有的经验建立联系

学前儿童语言学习是不断为学前儿童提供各种语言经验的过程。要使提供的各种新经验为儿童所理解、纳入已有的语言知识体系，就要在确定活动内容时，考虑新旧经验之间的联系，利用已有的经验帮助儿童获得新经验。教师在确定活动内容时，要注意活动内容的连续性，从整体上进行构思和设计。

四、学前儿童语言领域教育活动的具体开展

(一)学前儿童谈话活动设计、组织与实施的基本步骤

1. 做好谈话前的准备工作

谈话活动的主体必须为儿童所熟悉,特别是共同经验谈话活动,要求主题为所有参与谈话的儿童所共同掌握,教师在组织谈话前要了解儿童掌握相关知识的情况,然后,根据需要作出相应安排。

2. 创设谈话情境,引出话题

创设谈话情境是组织谈话活动的第一步,目的在于引出谈话的话题,激发儿童谈话的兴趣,调动儿童相关的知识储备,把儿童的注意力吸引到谈话的主题上来,为谈话活动做好准备。谈话活动中情境的创设,主要有下述三种形式。

1) 用实物及图片等创设谈话情境

教师利用形象生动的实物、玩具、图片、模型等为儿童提供一个感知的对象,启发学前儿童的兴趣和思路,从而引出谈话话题。例如:谈话活动"我喜欢的一本书",教师可以在谈话前与家长沟通,把儿童最喜欢的书带到幼儿园,摆放到图书角,然后组织儿童选取自己最喜欢的书,在观看中开始谈话活动。

2) 用语言创设谈话情境

教师用一段简短的开场白,设计一些问题,唤起儿童对谈话主题的回忆,调动相关经验,引起相应的体验,自然地切入话题。同样,在设计"我最喜欢的一本书"的活动时,教师可以用语言创设谈话活动的情境,如老师曾经看过一本书,很有意思,老师可喜欢看了。然后向儿童提出一些问题:"小朋友们一定都看书,你们都看过什么啊?现在爸爸、妈妈和幼儿园为小朋友在图书角准备了很多书,看看有没有你最喜欢的?"用这样的方式帮助儿童进入谈话主题,也为下一步活动奠定了良好的基础。

3) 用游戏或表演的形式创设谈话情境

教师通过做游戏或表演模拟一个与谈话主题有关的真实环境,激发学前儿童真实的感受,从而产生强烈的表达愿望,引出主题,例如:中班"交朋友"活动中,在设计谈话活动时,教师请两个小朋友表演两个小熊先闹翻又和好的游戏(提前排练好),用这种形式调动儿童的积极性,引起思考,利于创设谈话情境,展开谈话。

在确定谈话话题,做好谈话活动准备后,创设情境就成为谈话活动的首要问题,适宜的谈话情境不仅能自然而然地引起话题,还可为谈话活动顺利展开奠定基础。教师在创设谈话情境时,要注意以下几个问题。

(1) 要短而精,3~5分钟即可。

(2) 无论采取何种情境方式,都要服务于谈话活动的内容,紧扣主题。

(3) 谈话情境要为儿童所接受,适合儿童的认知水平和特点。

3. 引导儿童围绕主题自由交谈

教师创设谈话活动的情境,引出谈话的话题后,首要的任务是为学前儿童提供围绕话

题自由谈话的机会，目的在于调动儿童对谈话话题的已有经验，相互交流个人的看法。因此，要做到以下几点。

(1) 为儿童创设一种真正自由宽松的谈话氛围。

(2) 注重个别差异，支持和帮助每位儿童参与到谈话中。

(3) 教师要掌握整个说话活动的节奏。

4. 围绕主题不断拓展谈话思路

在儿童围绕主题充分自由交谈后，教师要自然而然地逐步拓展谈话的思路，引导儿童扩大谈话的范围，启发、帮助儿童把新经验运用到谈话活动中，不断提高儿童的谈话水平。谈话思路的拓展要逐步而自然，不能让参与谈话的儿童感到意外或者突然，使活动进行得不顺畅。话题拓展的一般步骤是先描述谈话的对象—说一说对谈话对象的态度—为什么会有这种态度—对谈话对象以后的打算或想法。例如，在《我的爸爸》谈话活动中，教师可以设计这样四个问题：请儿童说一说自己爸爸所做的工作，讲一讲爸爸的外貌特征及自己对爸爸的态度，谈一谈为什么对爸爸这种态度，讲一讲以后要为爸爸做些什么。用这样四个问题引导儿童拓展思路，逐步深入，唤起儿童关于话题的更多回忆和感受。要注意每个问题提出后都要围绕它展开充分的谈话，自然过渡到下一个问题。

(二)讲述活动的设计、组织与实施

在设计讲述活动的过程中，活动的目标、内容、形式都是首先必须考虑的问题，讲述类型的多样，决定了讲述思路的不同，但由于各类讲述活动拥有一个基本相同的特点，因此在设计和组织时必然存在一个相对固定的基本思路和步骤，遵循一个稳定的规律。

1. 活动目标的确立

目标的确立是活动设计与实施的关键，讲述活动作为具体的语言教育活动，其目标的确立应注意以下几点。

1) 目标定位准确、具体

在设计讲述活动时，教师要制定的目标一定要与该活动的主要内容密切相关，与本班学前儿童的实际情况相符。而且讲述的目标要具体，不能失之过宽。

2) 目标内容全面、重点突出

学前儿童的身心发展特点和学习特点决定了学前儿童教育必须是整体性的教育，在确立讲述活动的目标时，不仅要考虑语言方面的目标，还要顾及其他方面的目标，如情感目标、能力目标、知识目标等。讲述活动的目标主要是表述方面的内容，因此在确立目标时，要突出"表述目标"。一次活动的目标不宜过多，2~3 个即可，但要突出重点、难点内容，并将其放在前面，相对次要的内容则应放在其后。

2. 活动内容的选择

1) 内容选择的整合性

学前儿童教育活动的整合性，不仅是教育目标的整合，在教育内容方面也要体现整合的特点。有关研究表明，"教育内容正在由单一性知识向跨学科性知识，由学问性知识向体验性知识，由内容性知识向方法性知识转化。"新的发展分段研究表明，低幼阶段儿童

应当学习体验性知识、生活性知识，教育应当贴近生活，综合化、多样化、具体化。《纲要》指出，学前儿童教育"各领域的内容要有机联系，相互渗透，注重综合性、趣味性、活动性，寓教育于生活、游戏之中"，营造一个与学前儿童生活本身一致的高度综合的课程形态，与现代教育的发展趋势相符合。讲述活动的内容选择更是如此。从生活中，从学前儿童喜闻乐见的事情中汲取有用的部分作为讲述活动的内容。例如：中班活动《到水族馆去》，就是在参观欣赏的过程中培养学前儿童流畅有序的讲述能力的。

2） 内容选择要符合讲述活动的要求

讲述活动旨在锻炼学前儿童的独白言语能力，要求有相对正式的语言环境。学前儿童独白言语发展的水平较低，所以，教师在选择教育内容时要考虑所选内容的科学合理性，能够创设相对正式的语言环境，从而促进学前儿童独白言语的发展。

3） 内容选择应符合儿童的发展水平

讲述活动的内容选择应与儿童的身心发展水平相符合，使之保持在"最近发展区"之内，达到一种比较理想的状态。这里所说的身心发展水平，是指儿童的年龄特点、知识经验水平、兴趣和能力等。所选择的内容与儿童的发展特征相一致，使内容能够通过儿童与环境气氛的互动，促进他们个体的全面发展。

3. 讲述活动的组织与实施

讲述活动虽然类型多样，但在组织和实施时却有着相对固定的结构，它由下述四个步骤组成。

1） 感知理解讲述对象

在设计组织讲述活动时，首先要帮助学前儿童感知理解讲述对象，主要是通过观察的途径进行。因而要让学前儿童充分而全面地感知和理解讲述对象，教师应充分调动学前儿童的多种感官，帮助他们增加对讲述对象的理解和认识。这里所说的感知，大部分是通过视觉汲取信息，但也不排除通过其他感觉通道去获得认识。不同的讲述活动感知理解讲述对象的方式也不相同。在一些看图讲述、实物讲述、情境表演讲述中，应先让学前儿童通过仔细看图、观察实物、欣赏表演等来理解讲述对象。如中班活动"小鸭小鸡"是通过多媒体课件让学前儿童观察欣赏之后再进行讲述的；而触摸实物讲述则需学前儿童通过触觉来感知物体的特征、猜出物体名称并讲述物体。如中班讲述活动"和谁在一起"是通过让学前儿童动手操作来感知实物的具体特点和它们之间的联系；听音讲述，就是让学前儿童先通过听觉器官倾听一段声音，分辨各种声响，然后将声音联系起来，想象出事件所处的环境以及发生发展过程，这是从听觉途径去感知理解讲述对象的。

2） 运用已有经验讲述

在前面感知理解讲述对象的基础上，教师应引导儿童运用自己的已有经验进行语言讲述。这个过程的组织形式应灵活运用，教师要营造良好的气氛，给予学前儿童较充分的表现自我的机会，鼓励他们大胆地运用自己的已有经验进行讲述。组织的方式主要有集体讲述、分组讲述和个别交流等。一般以集体教学为主，这样有利于指导。而在集体讲述时，发言机会有限，能在集体面前发言的学前儿童只是少部分，同时，学前儿童也很难展开独立的思考。学前儿童间的分组讲述和个别交流可为每个孩子提供讲述的机会，尤其是人手一份的操作材料，更是能调动学前儿童想和说的积极性。而且，个别交流还可为胆小、不够自信的学前儿童提供自我表现的机会，学前儿童间的相互交流是促进学前儿童语言发展的有效途径。但也要注意，要提醒学前儿童有目的地去讲，事先的要求必不可少，避免学前儿童盲目讲述和出现用词的错误。这就要求教师指导学前儿童学会讲述的方法，提醒学前儿童有重点地讲述，逻辑清晰，并帮助学前儿童整理语句，掌握正确用词。

3) 引进并学习新的讲述经验

新的学习经验主要包括讲述的思路、讲述的全面性、讲述的基本方法。引进并学习新的讲述经验，应为讲述活动的重点。前面所提到的感知理解讲述对象和运用已有经验讲述，是这一阶段的基础。教师在设计本次讲述活动目标时，首先应考虑该活动的重点，即如何引入新的讲述经验，并使学前儿童学懂会用。通过前两个层次的铺垫，教师可以根据本次活动的目标要求，帮助学前儿童学习新的讲述经验。有了开始的鼓励，学前儿童可以信心百倍地自由讲述。最初，可以让学前儿童随意讲述，不必注重主题，让学前儿童按照他的想象组织语言，任意述说。最终引导学前儿童注意讲述主题，围绕主题进行想象。

4) 巩固迁移新的讲述经验

在教师用隐性或显性的示范、归纳方法向学前儿童展示了新的讲述经验之后，可以让学前儿童用同种思路方法说一说别的内容，进一步巩固迁移所学的讲述经验。

以上四个步骤在讲述活动的组织实施中，有一个内在的、完整的程序，可以说，每一次学前儿童学习新的讲述经验，都要在每次活动中得到实践、巩固，并在以后的活动中再次得以运用。

(三)听说游戏活动的设计、组织与实施

听说游戏具有游戏和活动的双重性质，所以它的设计、组织与实施具有独特的规律。按照一定的思路设计组织活动，可以产生更好的教育效果。因此总结归纳出下列四个活动步骤。

1. 教师设置游戏情境，引发儿童兴趣

任何一次教学活动，在其开始部分都需要以调动儿童的学习积极性为主要目的。在听说游戏开始时，教师也需要运用一些手段设置游戏的情境，如用手偶等物品或者教师的动作、语言等，其目的在于向儿童展示听说游戏的氛围，引发儿童参与游戏的兴趣。例如，在大班《接车厢》游戏中，教师通过语言激发儿童参与游戏活动的兴趣。教师这样提问：小朋友你们见过火车吗？火车是什么样子的？它是由哪几部分组成的？出示模型或图片，让学前儿童知道火车是由火车头和一节节的车厢组成的。告诉学前儿童：今天我们大家一起来玩一个游戏，叫"接车厢"。教师的语言和教具使学前儿童将火车与游戏联系在一起，因而吸引了学前儿童的注意力，使他们产生好奇心，愿意进一步探讨游戏的玩法。教师设置游戏情境，以引发儿童参与兴趣的方式，可以归纳出以下三种。

1) 借用教具创设游戏情境

儿童的具体形象思维决定了教师使用与听说游戏活动有关的教具物品来布置游戏的环境，营造游戏的氛围，可以较好地获得引发儿童愿意参与游戏的效果。如在小班《可爱的小动物》游戏中，教师就为儿童准备了玩具小鸽子，还有小鸭子、小鸡、小花猫、小黄狗、小白兔等木偶。这些生动形象的教具的出现，激起了儿童的学习兴趣。

2)　借用动作表情创设游戏情境

有时候，教师不一定使用实物，而是借用自身的动作、表情甚至语调的变化，让学前儿童想象出游戏的角色或场所，进而营造游戏情境。

3)　借用语言创设游戏情境

教师可以直接描述或指出游戏中的角色以及所处的环境。比如在小班的游戏《水果在哪里》中，教师在儿童戴上动物头饰后，直接对儿童说：“秋天里，水果丰收了，我们小动物们一起到果园里摘水果吧！”教师用语言引导儿童进入角色，营造游戏氛围，同样可以达到创设游戏情境的目的。当然，教师语气、语调的处理是非常重要的。

以上三种创设游戏情境的方式并不是截然分开的，教师在创设游戏情境时，应当注意，无论采用何种方式，都应该把握适时、适度的原则。

(1)　适时。适时指要注意把握适当的时间，以1~2分钟为宜。学前儿童的注意力容易分散，时间过长就会影响儿童对后面游戏规则掌握的积极性和稳定性。

(2)　适度。适度指教师为学前儿童创设的游戏情境并不是越新奇、越好玩就越好。根据学前儿童的年龄不同、班级不同，教师采用物品、动作或语言来创设游戏情境的方式应该有所侧重。对年龄较小的孩子，因其思维更加具体、形象，所以教师应尽量使用语言、动作或物品直接将儿童“拉进”游戏场景，使儿童想象自己所扮演的角色，将自己想象成游戏活动的一个部分，使他们的活动具有半真实的特点，更有利于掌握下面教师要交代的游戏规则。而对于中班后期和大班的孩子应该更多地采用以语言介绍为主的方式，让儿童有更多观察分析教师展示的游戏情境的机会。

2. 交代游戏规则，明确游戏玩法

在创设游戏情境之后，教师接着要向儿童交代游戏的规则，这一步骤实际上就是教师向学前儿童布置任务，讲解要求的过程。教师可以通过讲解和示范相结合的方式，使学前儿童明确游戏的基本规则、步骤和要求。教师在交代游戏规则时，必须注意以下几个方面。

1)　注意使用简洁明了的语言讲解

教师在交代游戏规则时，切忌啰唆、重复，以免学前儿童无法抓住要领，不能及时领悟理解游戏的规则，影响游戏的进程。

2)　注意讲清楚游戏的规则要点和开展顺序

要把游戏的规则要点和开展顺序讲明白。游戏的规则要点一般都是在游戏中要求学前儿童按照规范说出的话，教师应当让学前儿童基本明白说什么、怎么说，以便在游戏时付诸实践。同时帮助学前儿童清楚地理解游戏的开展顺序，即先做什么、后做什么，什么角色做什么。

3)　注意用较慢的语速进行讲解和示范

教师在交代游戏规则或者示范游戏的玩法时，所使用语言的速度应当是相对缓慢的，尤其是带有示范性质的语言。实际上，教师减慢速度说话的行为本身，就是在暗示学前儿童这部分信息的重要性，因此，用较慢的语速进行讲解和示范能够有效地帮助学前儿童理解游戏规则。

3. 教师引导儿童游戏

教师带领儿童开展游戏，是一个以教师为主导，引导儿童游戏的过程。在这段时间内，教师在游戏中扮演着重要的角色，示范性地主导着游戏的进程。此时，儿童可以部分地参与游戏，即一部分儿童参加到游戏中，另一部分观察熟悉游戏进程，然后实行轮换；还有一种方式是全体儿童参加游戏的一部分活动，待熟悉游戏的规则和玩法后再参加全部游戏的过程。

教师引导儿童参加游戏，有利于儿童在活动过程中较快地明确游戏规则、掌握游戏的玩法，熟悉在游戏中运用语言交往的基本思路，从而为独立开展听说游戏做好充分的准备。

4. 儿童自主游戏

通过前面三个步骤的活动，学前儿童已经基本具备了独立开展活动的能力。在儿童自主游戏的阶段，教师可以放手让儿童自己开展活动。此时，教师游戏领导者的身份已经基本消失，只是处于旁观者的地位。在儿童自主游戏的过程中教师应注意以下几点。

(1) 及时指导个别不熟悉规则和玩法的学前儿童，帮助他们更快地加入到游戏中。

(2) 及时解决游戏中可能出现的矛盾和纠纷，避免因角色分配不当或其他问题影响游戏的顺利进行。

(3) 及时评价儿童参与游戏的行为表现，促使儿童更加主动、积极地活动，圆满地完成听说游戏的任务。

儿童自主游戏的开展形式，可以根据每一个听说游戏的具体要求来考虑。可以参考下面几种形式。

(1) 以集体活动的形式进行游戏，全班儿童均可参加。这种形式游戏的氛围会比较浓厚，但是往往会导致部分儿童等待时间过长，使真正参与游戏的儿童的概率降低。

(2) 以小组的形式开展游戏，教师可以让儿童自由结合，选择适当的场地进行活动。这种形式增加了学前儿童参与游戏的机会，但是由于小组过于分散，教师观察、评价学前儿童活动情况的难度也就随之加大了。

总之，采用何种活动形式，取决于儿童参与活动的最佳效果。哪种方式更有利于儿童进行口语练习，教师在设计活动时都应该给予充分考虑，进行周到的策划。

(四)学前儿童文学活动设计、组织与实施的基本思路

学前儿童文学活动的主旨在于引导儿童积极主动地学习学前儿童语言文学作品，感知文学作品，并能创造性地运用语言。教师在设计、组织与实施文学活动时，必须贯彻文学活动的教育理念，组织好活动的过程，设计好规范性的活动结构。学前儿童文学活动是系统化、多方位的活动，它的设计、组织与实施需按下列四个层次进行。

1. 感知理解文学作品的主要内容

让儿童感知理解文学作品的内容，是任何文学作品教学活动的首要环节，教师要充分考虑作品的难易程度与儿童的实际水平以及可利用的材料和活动环境，采用比较直观具体的实物、玩具、模型、挂图等辅助手段呈现作品的内容，也可采用游戏、观看动画、情节表演等形式，帮助儿童理解作品内容。若作品内容较浅显易懂，又与儿童生活经验比较接近，教师可通过给儿童阅读作品让儿童直接感知、理解作品内容。

在这个层次的活动中，教师应将重点放在儿童的理解上，儿童能否感知理解作品，决定了整个文学活动过程是否能够顺利进行，儿童能否真正获得与作品相关的认识、语言和

社会知识，从而达到教学活动的目的。在这一环节教学中，教师应注意三点，首先，在儿童第一次接触作品时不要过分地进行重复，最好不要进行重复，以免破坏文学作品的完整性，让儿童从整体上感知文学作品的基本内容，否则会降低儿童对文学作品的兴趣，也不利于儿童对作品整体的认识。其次，不要强调让儿童机械记忆文学作品的内容，而应引导儿童把精力集中在对作品的理解和思考上，儿童的注意力分配水平较低，在同一时间内不能将注意力集中在一定的对象上，并且在儿童对文学作品内容还没有理解的情况下，要求儿童对作品内容进行记忆只能停留在表面上，是一种机械的、短暂的记忆，这样做只能是"喧宾夺主""适得其反"。最后，要用提问的方式，组织儿童进行讨论，帮助儿童理解作品的情节、人物形象和主题思想，尤其是应注意通过提问引导儿童运用自己的知识经验，进行想象和推理，加深对文学作品的理解。例如：学习文学作品《没有牙齿的大老虎》时，教师不仅让学前儿童讨论"故事中老虎的牙齿锋利吗？狐狸怎样让老虎的牙齿变坏的？最后狐狸怎样把老虎的牙齿拔掉的？老虎为什么让狐狸拔牙？"而且还要引导儿童谈论"如果你是故事中的老虎你会怎么做？如果你是小狐狸你还能用什么方法把老虎的牙齿拔掉？"这些问题都有助于儿童对文学作品的理解，有利于拓展儿童的思路，发挥儿童的创造性。

2. 理解、体验作品的思想情感

文学作品的特殊作用在于其艺术感染力，它能反映现实生活的真实情感给人以影响，深深地打动读者，在情感上引起共鸣。在感知学习文学作品内容的基础上，教师要进一步组织和引导学前儿童，围绕作品内容展开相关活动，帮助儿童体验作品所隐含的思想和情感，理解作品的内涵，这是文学作品活动的又一个重要环节。

在帮助儿童理解体验作品的内涵时，要紧紧围绕活动内容展开，通过创设环境，支持和帮助儿童对作品内容进行认识和理解，从而亲身感受、体验作品的思想情感，例如：在学习故事《三只蝴蝶》内容的基础上，教师可组织儿童表演故事，边看边画故事，观看相关的动画片。通过表演故事，根据故事内容绘画和观看动画、图片等，用直观材料和游戏活动为儿童创设情境，激发儿童的想象，以加深对作品的理解。

在这一环节，教师可以设计和组织相关的活动，也可以延续上一环节继续展开，但无论采取何种方式都应从文学作品内容出发，以利于儿童理解体验文学作品的内涵。如观察走访、观看图片和动画片等，帮助儿童了解与作品有关的自然或生活情境；用表演游戏、绘画、手工等方式，引导儿童交流和表现文学作品；还可以组织专门的谈话活动，讨论文学作品，加深儿童对文学作品的理解。总之，要全方位地调动儿童动脑、动口、动手的能力，学会围绕作品来理解、体验作品。

3. 迁移作品经验

在帮助儿童深入理解作品的基础上，教师可以进一步引导儿童迁移作品的经验，与儿童的实际生活经验相联系。由于儿童文学作品向儿童展示的是建立在儿童现实生活经验基础之上的间接经验，这种间接经验既使儿童感到熟悉，又让儿童觉得新鲜有趣。但是仅仅让儿童的学习停留在理解间接经验这个层面上是不够的，它不能充分将这些间接经验与儿童的直接经验联系起来。因此，需要进一步组织与作品内容有关的操作、表演、游戏等活动，帮助儿童将文学作品中所提供的内容纳入自己的经验之中，并进行整合，使他们的直接经验与文学作品中的间接经验相互影响，实现双向迁移，这样既能使儿童进一步加深对作品的理解和体验，又能扩充儿童的生活经验。迁移作品经验的活动往往是围绕作品重点内容展开的操作或具有游戏性质的活动。例如：在"会唱歌的生日蛋糕"主题活动中，教师可以组织儿童为本班某些儿童开生日庆祝会，做使他高兴的事，并且每个儿童分组制作生日礼物，这样，不仅加深了儿童对作品的理解，也可为下一步扩展儿童想象和语言表达打下基础。

4．创造性想象和语言表达

创造性想象和语言表达活动仍然要围绕文学作品内容进行。在这一环节中，教师可以让儿童学习创编故事或让儿童仿编诗歌，还可以让儿童围绕文学作品内容展开创造性讲述，通过这些创造性的学习活动，培养儿童对艺术语言的感受力，促进儿童创造性思维能力和语言表达能力的发展。创造性想象和语言表达活动可以从以下几方面入手。

1）帮助儿童再现文学作品

在理解体验文学作品的基础上，教师可以通过引导儿童采用复述、表演、游戏音乐或美术等方式再现文学作品，如在儿童故事《拔萝卜》中，教师可以用教具为儿童创造一个故事情节，让儿童通过游戏，分角色表演，再现故事内容。然后，可以请不同的儿童复述故事给全班儿童听，也可以让儿童通过绘画来表现作品。

2）引导儿童仿编文学作品

要想进一步提高儿童创造性运用语言的能力，可以引导儿童对文学作品进行仿编，如儿歌《摇篮》："蓝天是摇篮，摇着星宝宝；白云轻轻飘，星宝宝睡着了。大海是摇篮，摇着鱼宝宝；浪花轻轻翻，鱼宝宝睡着了。花园是摇篮，摇着花宝宝；风儿轻轻吹，花宝宝睡着了。妈妈的手是摇篮，摇着小宝宝；歌儿轻轻唱，小宝宝睡着了。"教师可以引导儿童利用原有句式，改换部分词汇，仿编成"大地是摇篮，摇着草宝宝，风儿轻轻吹，草宝宝睡着了"。有的儿童仿编充满了想象力，如"袋鼠妈妈的袋子是摇篮，摇着鼠宝宝，鼠妈妈轻轻跳，鼠宝宝睡着了"。通过仿编活动，儿童可以大胆想象，创造性地对词语进行组合搭配，表达丰富多彩的思想内容；同时，儿童可以在仿编的过程中，体验成功的快乐，增强自信心，也大大增强了学习语言的兴趣。

3）鼓励儿童创编文学作品

在理解、掌握文学作品以及仿编文学作品的基础上，教师可以鼓励儿童进行文学作品创编活动。教师可以让儿童根据故事开头提供的线索创编故事，也可以鼓励儿童用故事结尾提供的线索创编故事，创编出与故事原文内容不同的情节。如《狼和小羊》的故事，在结尾处教师可以提出问题："狼扑向小羊结果会怎么样？"也可以让儿童根据文学作品内容续编，如《龟兔赛跑》的故事，故事结局兔子因骄傲自满输了比赛，这时，教师可以设计这样一些问题，"兔子输了它服气吗？如果再进行一次比赛结果会怎么样？"让儿童续编故事。在指导儿童创编文学作品时，既可以让儿童编一个小情节，也可以鼓励他们创编完整的文学作品，不作具体规定。

(五)早期阅读活动的设计、组织与实施

如前所述，学前儿童的早期阅读与传统意义上的阅读相比，其概念要宽泛得多。但幼儿园的早期阅读活动更强调集体性和计划性。只有合理地组织和设计学前儿童早期阅读活

动，才能更快更好地发展儿童阅读能力，培养儿童良好的阅读习惯和阅读态度。因此应探讨在幼儿园班级集体教育范围内，早期阅读活动的设计、组织与实施问题。目前的幼儿园早期阅读活动可以从以下几个方面进行设计和组织。

1. 阅读前的准备

学前儿童所积累的知识经验是极其有限的，当儿童对图书的情节不够熟悉或难以理解时，就无法积极主动地与阅读材料发生交互作用，往往导致教师在阅读活动中将指导的重点放在反复帮助学前儿童掌握有关的背景知识上，从而影响阅读活动的顺利进行。因此，在阅读活动前一两周，如果阅读的内容是儿童不熟悉的，教师就有必要让儿童先读一下图书，为正式阅读活动的开展打好基础。

教师在指导这个阶段活动时应注意：第一，阅读前准备性活动只是为正式阅读做好铺垫，不是正式的阅读活动。因此，只要求儿童对阅读内容有一个大概的了解，不要让他们对图书的内容过于熟悉，否则会影响儿童正式阅读时的兴趣和质量。第二，准备活动中教师指导的重点不是阅读讲述的内容是否准确，而是阅读的方法是否正确、阅读习惯是否良好。要让儿童充分地按照自己的理解将图书内容讲述出来。第三，对儿童理解不正确的地方，教师可以给予提示，如"小兔正在招手，它为什么要招手呢？"提示后教师要提供给他们思考的机会，并将儿童共同的无法理解的画面记录下来，作为正式活动时的重点、难点问题加以解决。

2. 学前儿童自己阅读

学前儿童早期阅读源于学前儿童对未知世界的探索。阅读的最终目的就是能够通过适当的方式和策略掌握书本的内容，将有效的信息运用到自己的生活中去，和自己的经验建立一种联系，实现自主阅读。但自主阅读能力不是天生就具备的，而是后天培养和训练的结果。因此，要让学前儿童最终成为自主阅读者，就要从培养学前儿童自己阅读开始。

(1) 教师创设让学前儿童自己阅读的机会。

儿童对书面语言的兴趣和知识，是通过自身的经验建立起来的。教师在简单地介绍完图书的名称及封面内容后，就要让儿童自由阅读，使他们能回忆曾经看过的重要情节，在此基础上再对同一内容进行理解。儿童可以小声地边翻阅图书边讲述，也可以在翻阅完后讲述，这时儿童主要是独自讲述，一般不与同伴发生语言交往。

(2) 教师应适时地对学前儿童进行阅读指导。

教师应采用提问方式，向学前儿童提一些具有启发性问题，使他们带着问题边思考边阅读，帮助学前儿童理解或解决图书内容中的重点和难点问题；教师要注意观察每个儿童的表现，对那些阅读速度快的儿童，要鼓励他们仔细阅读图书中的细节部分，以了解其内容的发展线索，更好地掌握故事情节。而对那些阅读速度较慢的儿童，则要分析原因，采取相应的解决策略。尤其要关注"阅读困难儿童"。一般而言，存在阅读困难的儿童最有可能出现三个问题：无法了解或使用书面语言的组成规则；无法获得并使用理解策略来解读书面语言的含义；阅读缺乏流畅性。教师和家长可以为这些儿童制订比较特殊的个别教学计划，针对他们在阅读活动中出现的问题给予特别的帮助。

3. 师幼共同阅读

教师与学前儿童共同阅读，源于分享阅读理论。在 20 世纪 70 年代末 80 年代初，Holdaway 以实践经验为出发点，对家庭中亲子阅读行为进行了改进移植，发展形成了一种用于引导学龄前儿童从事阅读活动的理论，即分享阅读理论。分享阅读理论是一种强调成人与学前儿童共同享受读书乐趣的早期阅读理论。

4. 学前儿童讲述阅读内容

这个阶段要求儿童将所理解的图书内容(故事、图片等)以口头语言的形式表达出来，它是阅读活动中不可缺少的重要环节。教师在指导这个阶段时应注意下述几个问题。

(1) 讲述的内容必须是儿童所理解的。

只有当儿童经过思维加工后所理解的图书内容，在其讲述时思路才会清晰、语言才会流畅、内容才会准确。倘若儿童对所讲述的内容不理解，其讲述时的语言必然是断断续续的，甚至是语无伦次的，那样就会造成儿童心理紧张，从而影响口语表达能力的发展，甚至还会造成学前儿童口吃。所以，教师在组织学前儿童讲述时，一定要做好充分的准备工作，以免造成不良的后果。

(2) 讲述的内容仅限于图书的主要内容，而不是所有的细节。

学前儿童语言的发展是一个渐进的过程，不可能一蹴而就。因此，只要他们将图书的主要内容讲述出来就可以了，而不必把每个画面进行反复的斟酌、认知，也不必把每个画面的意思彻底讲清楚，否则会降低儿童对阅读的兴趣。同时，教师还要鼓励儿童凭借现有的生活经验和语言水平，大胆地展开想象，将与情节有关的人物、动作、对话和内心体验讲述出来，当然这并不是要求儿童用规范的语言而是培养儿童围绕图书重点，将主要情节尽可能讲得生动、详细。教师在指导时，应将这两种讲述区分开，前一种讲述的要求相对低一些，更多的是带有复述性，而后一种讲述的要求相对高一些，带有加工创造的成分。而这两种讲述是促使儿童语言从低向高发展的必经之路。

(3) 在讲述时教师要注意儿童的个别差异，有针对性地进行指导。

当儿童在集体面前独白或与小组合作讲述时，教师一定要注意兼顾语言能力强弱不等的儿童的学习和指导。教师可以让语言能力较弱的儿童选择较简单的阅读内容进行讲述，从而使这部分儿童也能从讲述中获取乐趣、提高自信。

五、学前语言领域教育活动设计课例

(一)讲述活动

幼儿园的讲述活动，是一种有目的、有计划地培养学前儿童语言表述能力的语言教育活动。讲述活动为学前儿童提供的是一种相对正式规范的语言运用场合，要求学前儿童不但能表述自己的见解与观点，还能在集体面前用规范的语言大胆地表达。通过讲述活动，可以培养学前儿童感知理解讲述对象的能力，独立构思与清楚完整地表述的意识、情感和能力，掌握对语言交流信息清晰度的调节能力。

从讲述内容来分，讲述活动有叙事性讲述活动、描述性讲述活动、说明性讲述活动和议论性讲述活动。

从凭借物来分，讲述活动有看图讲述活动、实物讲述活动、情境讲述活动和创造性讲述活动。

阅读链接 4-1

小班看图讲述《我爱幼儿园》.docx 见右侧二维码。

阅读链接 4-1

(二)谈话活动

谈话活动是以一定教育主题为目的的特殊对话，根据教师事先确定的题目，进行有目的的谈话。幼儿园经常组织的谈话活动，主要是运用回忆性和概括性的谈话，如参观后(观察后)的谈话，总结性谈话和主题谈话，一般在中、大班进行。

阅读链接 4-2

大班谈话活动《我长大了》.docx 见右侧二维码。

阅读链接 4-2

(三)听说游戏

听说游戏是为了培养学前儿童倾听和表达能力而设计的，用游戏的形式组织的语言活动，帮助学前儿童按一定的规则进行口语表达练习，提高学前儿童积极倾听的水平，培养学前儿童在语言交往中的机智性和灵活性。

阅读链接 4-3

小班听说游戏《猜猜在哪头》.docx 见右侧二维码。

阅读链接 4-3

(四)文学活动

幼儿园的文学活动是指与3～6岁学前儿童发展水平及接受能力、阅读能力相适应的各类文学作品阅读活动的总称。这些文学作品包括故事、儿歌、谜语、绕口令、散文等多种文学体裁。

阅读链接 4-4

小班故事活动《小蝌蚪找妈妈》.docx 见右侧二维码。

📖 拓展阅读

阅读链接 4-4

学前儿童期是语言发展的一个非常重要和关键的时期。只有学会了说话，学前儿童才能正确表达自己的愿望，才能自由交谈，才能更好地认知、感知、接受和再创造。因此，学前儿童的语言教育是一项艰巨的任务。教师必须丰富学前儿童的生活，为学前儿童创造良好的语言环境；必须掌握学前儿童学习语言的规律，有计划地进行培养和训练；创造机会让学前儿童多听、多看、多说、多练，培养学前儿童良好的语言习惯和语言兴趣。学前儿童期虽然具备了学习和掌握语言的基本潜能，但最终语言发展的水平却取决于周围环境的影响及后天的学习、锻炼和应用。"狼孩"的事例大家都知道，所以，为学前儿童创设一个能使他们想说、敢说、喜欢说、有机会说并能得到积极应答的环境，以及有计划、有目的的语言训练和语言学习方式方法是非常重要的。因此，在教育工作中，要给学前儿童创设丰富多彩的生活环境，开阔学前儿童视野，提供语言发展的条件，通过相互渗透的各领域的教育，促进学前儿童思维发展，培养学前儿童良好的语言表达能力，帮助学前儿童熟悉、听懂并学说普通话。

（资料来源：https://m.mianfeiwendang.com/doc/2bb5221be96bbe5ce304293a）

本 章 小 结

人类交际交往离不开语言，人类对世界的认识也离不开语言作为桥梁。一般来说，一个正常的人，出生后在正常的生活环境里，都能够自然而然地习得母语，为其入学后正规地学习书面语言打下基础。许多心理学家、语言学家都将儿童语言的发生发展作为重要的研究领域。一些研究成果表明：语言学习宜早不宜晚，12 岁以前是人类语言发展的重要时期，其中儿童对语音在学龄前期最敏感，其次是对语法的掌握，对词义和语言的理解则需要在社会生活中持续不断地发展。由此推论，学前期儿童语言教育对儿童的发展具有重大影响。

发展学前儿童运用语言交往的能力，是学前教育机构在语言领域的总目标。从 20 世纪 80 年代初国家教育部提出的"培养学前儿童口头语言表达的能力"到 90 年代初提出的"发展学前儿童运用语言交往的能力"反映出语言教育观的转变，即从原来语言教育的文学化、成人化、装饰化转变为工具化、实用化。因为语言不管有多少种功能，其最基本的功能是交际的工具。人的语言之所以会产生，儿童的语言之所以会获得、会发展，都离不开交际需要这一原动力。

思考与练习

一、名词解释

语言领域　　学前语言领域教育活动设计　　渗透语言教育

二、简答题

1. 简述学前语言领域教育活动内容有哪些？
2. 简述学前语言领域教育活动与学前儿童发展的联系。
3. 简述学前语言领域教育活动课常用方法有哪些？

三、论述题

结合实际谈一谈如何对学前语言领域教育活动进行设计与指导。

【实践课堂】

分析下面教案中存在的问题并且提出解决策略。

《春天在哪里》

活动目标：①初步感知夏天的季节特征。②萌发对儿歌的喜爱。③尝试仿编儿歌。

活动准备：学前儿童对夏天有了初步感受。教学挂图《夏天来了》。

活动指导：

(1) 谈论夏天①引导学前儿童谈论：现在是什么季节？夏天是什么样子的？从哪些地方看出夏天来了？②启发学前儿童结合自己的生活经验，与同伴交流对夏天的感受。

(2) 欣赏图片①出示教学挂图《夏天来了》，引导学前儿童过程、欣赏。②引发学前儿童讨论：夏天到了谁在树上叫？池塘里的什么花开了？人们的头上都戴上了什么？

(3) 学习儿歌。①教师朗诵儿歌《春天在哪里》，引导学前儿童边欣赏挂图边倾听。②引导学前儿童学说儿歌，提醒学前儿童注意语气和停顿。③启发学前儿童想一想，说一说：春天还在哪里？④鼓励学前儿童模仿唱《春天在哪里》的儿歌。

艺术并不超越大自然，不过会使大自然更美化。

——塞万提斯

艺术不是技艺，它是艺术家体验了的感情的传达。

——列夫·托尔斯泰

第五章　学前艺术领域教育活动

本章学习目标

➤ 了解学前艺术领域教育活动的内涵。

➤ 掌握学前艺术领域教育活动的内容。

➤ 学会学前艺术领域教育活动的设计与指导。

核心概念

学前艺术领域教育活动(pre-school educational activities in the field of art)　美术欣赏活动(art appreciation activities)　节奏乐(rhythm)　艺术领域互动课(interactive courses in the field of art)　图画教学法(drawing teaching method)

引导案例

一、案例背景

最近翁彩凤老师进行了一堂《漂亮妈妈》的课堂艺术展示活动。学前儿童美术教育活动是以培养学前儿童创造能力为核心的一种创造教育活动，每个学前儿童都有许多自己丰富的生活经验，具有很大的创造潜力，通过给自己妈妈画像，既能让学前儿童根据自己妈妈的特征进行创作，又可把自己已有的对外界感受到的信息转化成自己的心理意象，发展了学前儿童的手、眼、脑协调能力，并通过画妈妈表达了学前儿童对妈妈的爱，进一步激发了学前儿童对美术活动的兴趣。绘画中的人物——妈妈是学前儿童生活中接触最多、最熟悉，也是了解最深的人。但现在的孩子都是家里的小皇帝、小公主，很少有孩子会懂得去尊敬妈妈、真正地爱妈妈。所以翁彩凤老师就抓住了孩子这一薄弱点，教育引导学前儿童以绘画的方式表达爱妈妈的情感。

二、案例描述

(一)我爱妈妈

1. 出示两张照片，让学前儿童讲讲两位妈妈长得有什么不一样？

2. 学前儿童与同伴一起看妈妈的照片，互相说说自己的妈妈长什么样。每个小朋友都有自己的妈妈，看着妈妈的照片就像看见妈妈一样，心里特别高兴。

3. 说说对妈妈的爱。我们都是妈妈生的，是妈妈辛辛苦苦把我们养大的，我们都爱自己的妈妈。引导学前儿童对着妈妈的照片个别或集体地说一声"妈妈，我爱你""妈妈，您辛苦了"……

(二)妈妈的画像

1. 出示教师画好的妈妈头像。

老师也非常爱自己的妈妈，我还为她画了一张漂亮的画像。看！她虽然有点老了，但在我心里她是最漂亮的妈妈。

2. 教师讲解并示范画人物头像。

3. 出示另外特征的妈妈头像，让学前儿童欣赏。

(三)我为妈妈画像

1. 学前儿童为妈妈画像。

教师指导，提醒学前儿童画得大一些，能表现一两处主要特征。

2. 展示学前儿童作品，互相讲讲自己的妈妈是什么样子的、最喜欢妈妈的什么。

(资料来源：http://m.smtxjs.com/html/youjiaoziliao/anlifenxi/22977.html)

 案例分析

特级教师李慰宜老师说："学前儿童绘画并不是单纯的技巧训练，也不是孤立的艺术活动……这是一个塑造学前儿童美好心灵的活动。"艺术本身是来源于生活的体验，学前儿童的美术活动也不能离开儿童的生活体验，所以我们必须深入学前儿童的生活，去发掘他们关注的热点，在开展一系列活动中去寻找美术创作的题材，并将学前儿童美术创作放在一个不断探索、不断发现的过程中，使学前儿童不断地体验探究新知的乐趣。例如《漂亮妈妈》的题材就是来自学前儿童熟悉的生活，给学前儿童留下了深刻的印象。根据以上理论，本次活动在让学前儿童尽情创作的同时，我认为有几个亮点和不足。

亮点一：运用语言魅力，吸引学前儿童共同学习。虽然这是一个语言活动，但翁老师能用独特的语言魅力来引导学前儿童。例如我们经常能听到这样的话："我们来听一听你的想法吧。"或"说得真不错，能继续往下描述吗？""我们把机会留给某某小朋友吧！"这样宽松的语言环境，让孩子真正有话想说、敢说、会说和善说。也充分体现了我园的教育以语言教育为特色，将语言巧妙地结合到各个领域之中。

亮点二：帮助学前儿童回想妈妈的特征，并及时地给予正确引导。例如在绘画前翁老师及时地引导学前儿童回忆自己妈妈的特征。妈妈是学前儿童在生活中最熟悉、接触最多的人，他们对妈妈的了解也应该是最深的，所以小朋友们基本能将妈妈的特征如实地描述出来。有的小朋友们还谈到了妈妈在生活中的喜好，和妈妈在一起发生的事情等，为下一个环节做了铺垫。

亮点三：尊重学前儿童的个别差异，学前儿童随着年龄的增长，个体间的差异也越明显，教师单单出示一张范画，这样程度好的学前儿童就能发挥自己的想象力进行绘画，但程度稍微弱一点的学前儿童只能看着范画临摹。所以翁老师就给大家做示范，让学前儿童知道画人物头像的时候应该如何画，画人物的身体时要注意些什么等。最后翁老师也给大家一些想象的空间，让学前儿童自由发挥创作。

但是，在活动中翁老师也出现了一些小问题。在要求画妈妈时，出示了各自妈妈的照片，这一点似乎让学前儿童不能发挥想象力，只局限于一张照片。妈妈的形象应该是多面性的，如平时生活中的妈妈、在工作中的妈妈、在照顾孩子的妈妈等。如果翁老师可以让学前儿童想象一下平时生活中多面性的妈妈，学前儿童的画会更加丰富。

学习指导

幼儿园艺术领域课程是实现幼儿园艺术教育目标的手段，是帮助学前儿童获得有关美术和音乐的学习经验、审美经验，能够运用艺术手段表达自己的情感，促进学前儿童身心全面和谐发展的教育活动。本章的重点是了解学前艺术领域教学活动的相关概念，并且熟知《3～6岁儿童学习与发展指南》中关于学前艺术领域的教学活动。最后，要学会运用相关理论知识并组织开展学前艺术领域教育活动。

第一节　学前艺术领域教育活动设计概述

一、对学前艺术领域教育活动的理解

《纲要》中对艺术教育目标的表述是：能初步感受并喜爱环境、生活和艺术中的美；喜欢参加艺术活动，并能大胆地表现自己的情感和体验；能用自己喜欢的方式进行艺术表现活动。

学前艺术领域教育活动是学前儿童艺术教育的载体，是为了实现学前儿童艺术教育目标而设计的活动。艺术教育目标的实现与学前艺术领域教育活动的设计密切相关。学前艺术领域教育活动设计主要包含两个方面：一是选择学前艺术领域教育活动内容；二是设计活动的实施方案。本节关注的重点是学前艺术领域教育活动的内容选择。

(一)学前艺术领域教育活动的含义

学前艺术领域教育活动是学前儿童五大领域教学中重要的组成部分，是从学前儿童的兴趣、需要、愿望及长远发展出发，通过美的形象和令人愉悦的艺术审美教育形式，培养学前儿童感受、理解、表现、鉴赏、创造美的能力，陶冶学前儿童情操，发展学前儿童智力，促进其自身各种因素平衡发展的教育形式。

学前艺术领域教育活动是以学前儿童为主体，以适合学前儿童的艺术内容为客体，通过教师有目的、有计划、创造性地利用幼儿园所提供的环境和材料，使主客体相互作用，培养和发展学前儿童感受美、表现美、创造美的能力，促进学前儿童身心全面发展的教育活动。

学前艺术领域教育活动应从以下几个方面理解。

(1) 学前儿童是学前艺术领域教育活动的主体，学前艺术领域教育活动围绕着学前儿童展开。

在学前艺术领域教育活动中，学前儿童通过不断的学习、模仿与感受，可以增强表现与创造等方面的能力。作为独立发展的个体，学前儿童参与学前艺术领域教育活动，实际上是他们与教师以及周围环境互动的过程；教师必须精心挑选活动内容，让学前儿童感受到艺术活动的乐趣，使他们更想要主动地参与、表现与创造。

(2) 教师是学前艺术领域教育活动设计的主体。

学前艺术领域教育活动的设计，是教师为了支持和促进学前儿童内部的学习和发展，对一系列学前艺术领域教育活动进行精心设计和整合的过程。教师应根据学前儿童特定年纪生长发育特征，选择适合学前儿童艺术教育的艺术活动；根据学前儿童可以接受的程度，将选定的艺术活动进行精心组织和安排；通过互动环节的设计，将活动有机地组织起来，形成艺术教育活动的整体。幼儿园学前艺术领域教育活动要求内容丰富、形式多样，因此教师在设计的过程中，要充分利用幼儿园的环境和设施，在生活中就地取材，创造出活动所需的环境氛围和活动道具。学前艺术领域教育活动，事实上是教师为促进学前儿童艺术教育而对教育过程和资源所做的系统安排。

(3) 教师是学前艺术领域教育活动过程的引导者和组织实施者，同样是学前艺术领域教育活动的重要参与者。

学前艺术领域教育活动的实施有赖于教师和学前儿童之间的互动和引导。在这个过程中，既体现出教师的"教"，又体现出学前儿童的"学"，这是双向互动的过程。学前儿童是需要被引导的主体；教师是推动主体向前，实现教育目标的推动者和引导者。作为学前艺术领域教育活动的关键因素，教师的引导和组织会直接影响到学前儿童在活动中的地位和参与效果，学前儿童是否发挥了主动性、学前儿童艺术教育目标是否实现，都有赖于整个活动的组织实施。

(二)学前艺术领域教育活动内容

按照艺术的类别，学前艺术领域教育活动可以分为音乐活动和美术活动两种。音乐活动是声音、表情、肢体动作的艺术活动，可以分为歌唱活动、韵律活动、节奏乐活动和音乐欣赏活动；美术是线条、色彩、塑造形象的视觉艺术活动，可以分为绘画活动、手工活动和美术欣赏活动。

1. 音乐活动内容

1) 歌唱活动

歌唱是学前儿童表达自己思想感情最自然的一种方式，是学前儿童童年生活中不可缺少的活动。歌唱不仅能给学前儿童带来欢乐，还能够潜移默化地陶冶情操、启迪心智、完善品格，因此歌唱活动是幼儿园音乐教育活动中的一种基本活动。

歌唱活动按照歌唱者的人数、合作、表演方式的不同，可以分为独唱、齐唱、接唱、对唱、领唱、轮唱、合唱。歌唱的基本技能包括正确的姿势，自然的发声、呼吸，准确的咬字、音准，与他人协调，以及嗓音的保护等。

2）　韵律活动

韵律活动是指幼儿园所有伴随音乐进行的身体艺术表现活动。其作用是发展学前儿童的节奏感和动作的协调优美，帮助学前儿童更好地感受、理解、表达音乐美。其中律动、舞蹈、音乐游戏为主要内容。

（1）律动。律动是指在音乐伴奏下的韵律动作，这种动作常常是没有情节内容的舞蹈练习和模仿动作等。律动动作要求合乎音乐的节拍、节奏和艺术的美感，并能表达出音乐的情绪特点。律动在幼儿园中常作为一种基本训练，为舞蹈或音乐游戏中的某些新动作做准备，也经常作为一种组织教学活动的手段。律动的内容可分为基本动作、模仿动作和基本舞步。

（2）舞蹈。舞蹈是人体动作的艺术，是使用人体动作塑造艺术形象，反映社会生活、抒发感情的一种视觉表演艺术。舞蹈具有节奏性、连贯性、造型性等特点。由于学前儿童活泼好动、好模仿，所以舞蹈是学前儿童喜闻乐见的一种艺术形式。舞蹈的主要形式有集体舞、邀请舞、自编舞、小歌舞或小话剧。

（3）音乐游戏。音乐游戏是在音乐伴随下进行的游戏活动，它是一种比较特殊的音乐活动。其特殊性主要表现在音乐与游戏的相互关系上，在音乐游戏中，音乐和游戏是相互促进、相辅相成的。音乐指挥、促进和制约着游戏活动，而游戏动作又能帮助学前儿童更具体、更形象地感受和了解音乐，从而获得一定的情绪情感体验，因此，音乐游戏是深受学前儿童喜爱的一种音乐活动。从其内容和主题来分，音乐游戏可以分为有主题的音乐游戏和无主题的音乐游戏。

3）　节奏乐活动

节奏乐是组织学前儿童运用各种打击乐器，配合歌曲、乐曲的旋律进行演奏的一种器乐演奏形式。由于乐器种类多样，音响丰富，形式生动活泼，所以深受学前儿童欢迎。它能有效地培养学前儿童的节奏感和听辨乐器音色的能力，提高学前儿童与群体合作的协调能力，发展学前儿童的探索精神和创造力，体验欢乐与成功。

4）　音乐欣赏活动

音乐欣赏是学前儿童通过倾听音乐作品对作品进行感受、理解和初步鉴赏的一种审美活动。音乐欣赏对促进学前儿童心理健康发展有着其他活动所无法替代的功效，它不仅可使学前儿童接触更多优秀的音乐作品，开阔眼界、丰富经验，发展想象、记忆和思维能力，而且还能在音乐欣赏的过程中提升学前儿童听觉的敏感性和对音乐的理解力及审美情趣。因此，音乐欣赏是与其他各种音乐活动紧密联系的一个极富有教育价值的重要内容和领域。幼儿园的音乐欣赏活动主要包括以下内容。

（1）音乐欣赏的简单知识和技能。音乐欣赏是人们感受、理解、鉴赏和品评音乐艺术作品的一种审美活动，是通过音乐来了解世界的一种认识和思维活动。对学前儿童来说，音乐欣赏活动的基本知识和技能主要包括倾听、理解音乐作品的内容和基本表现手段，根据音乐作品展开想象和联想，分析对比音乐作品的性质风格，以及与欣赏过的音乐作品进行比较。

（2）歌曲欣赏内容：音乐作品，如中外优秀的少年儿童歌曲，包括创作歌曲和广泛流传的民歌、童谣；欣赏的简单知识和技能，包括歌唱的表情及情感表达、歌曲的演唱形式、歌曲的性质特点、歌曲的表现手段、分辨不同的人声。

(3) 舞蹈欣赏内容：舞蹈作品，如中外优秀的少儿舞蹈、民间舞、芭蕾舞及现代舞等；舞蹈知识与技能包括舞蹈的性质与特点、舞蹈的动作与队形、舞蹈的表现形式、舞蹈的服装和道具。

2. 美术活动内容

1) 绘画活动

幼儿园的绘画活动是指教师引导学前儿童学习简单的绘画工具和材料的使用方法，运用线条、形状、色彩、构图等造型要素及变化、平衡、强调等造型原理，创造出可视的平面形象，表达学前儿童的审美感受的教育过程。幼儿园绘画教育的一般分类如下所述。

(1) 从工具材料和表现技法上区分，绘画可分为蜡笔画、彩笔画、棉签画、印章画、拓印画、手画、蜡笔水彩画、吹画、滚画、喷洒画、泡泡画、线画。

(2) 从内容上区分，绘画可分为物体画、情节画和装饰画。物体画是以单一物体为主要描绘对象，培养学前儿童的造型能力；情节画是以一件事情为主要描绘对象，反映一定的主题，表达某种思想感情，培养学前儿童的构思能力以及处理物体间相互关系的能力；装饰画是引导学前儿童利用各种纹样和色彩在不同的纸上进行和谐有规律的装饰和美化。

(3) 从教师是否命题上区分，绘画可分为命题画和意愿画。命题画是指教师确定绘画的主题，明确要完成的某种技巧任务和教育要求，学前儿童按指定主题绘画的方式；意愿画是指由自己命题，按照自己的意愿构思、创作的绘画方式。

2) 手工活动

幼儿园手工教育活动是教师引导学前儿童学习贴、撕、剪、折、塑等方法，使用各种工具和材料进行加工、改造，制作出不同形态的平面或立体的形象，培养学前儿童审美创造和动手能力的一种教育活动。

幼儿园手工活动包括纸工、泥工和废旧物(自然材料)制作。

纸工就是利用蜡光纸、彩色纸和吸水性比较强的纸，用手和剪刀、糨糊等简单的工具，运用撕、折、贴、剪、染等方法，制作出各种图样和形象。纸工包括折纸、剪纸、撕纸、粘贴和染纸等。纸工对发展学前儿童的动手能力，培养其形象思维能力和形成立体观念有着重要的作用。

泥工是以黏土(黄泥、白泥、橡皮泥和面团等)为主要原料，用手和一些简单的工具捏塑成各种物体、动物、人物形象等。泥工对于训练和培养学前儿童通过视觉、触觉、运动觉之间的配合，发展手部小肌肉动作的协调性、灵活性具有一定的作用。

废旧物(自然材料)制作的材料大多是日常生活中的物品，如纸盒、瓶罐、碎布片、毛线头、包装纸、旧挂历等，以及自然材料如松塔儿、蛋壳、羽毛、干草、贝壳、小石子等，设计制作成玩具、学具、装饰品。

3) 美术欣赏活动

幼儿园美术欣赏教育活动是教师引导学前儿童欣赏和认识美术作品、自然景物及周围环境，了解对称、均衡、变化等形式美的原理，感受造型、色彩、构图等艺术手法及其情感表现，体验美术欣赏的快乐，从而丰富美感经验，培养审美情感和审美评价能力的一种教育活动。

幼儿园欣赏教育的内容主要有绘画、雕塑、建筑艺术、民间艺术、工艺美术、自然景物及环境布置的欣赏。

绘画是利用线条、形体、色彩和构图等艺术手法在平面材料上描绘视觉的、占有空间的、静态形象的形体和神韵，来反映自然和社会生活，表达人们的思想感情、审美意识和社会理想的一种艺术。绘画欣赏主要有水墨画、油画、水粉画、版画、素描、儿童画等类型的欣赏。

雕塑是造型艺术中极重要的一个种类，是使用可塑性材料或可刻可塑的材料为视觉和触觉提供实体造型的艺术，它用雕、塑、刻、镂、琢、磨、铸、焊等人工手段把质材纳入审美活动。依据材质的不同，雕塑有石雕、玉雕、牙雕、木雕、泥塑、面塑、陶塑。依据制作形式的不同，雕塑又可分为圆雕、浮雕和透雕。依据雕塑表现的题材内容性质的不同，雕塑可分为纪念性雕塑与装饰性雕塑，现在还出现了城市环境雕塑。

建筑是为了满足人类的物质生活需要而出现的，建筑艺术是指除了功能方面能满足人的实际生活以外，重要的是它还能满足人的精神生活的需求。建筑以其功能特点来分，可分为纪念性建筑、宫殿陵墓建筑、园林建筑、住宅建筑、生产建筑等各种类别。

民间美术是由劳动人民创造的艺术形象，用以美化环境，丰富民间风俗活动和在日常生活中应用及流行的美术。其类型多种多样，其中主要有年画、剪纸、民间服饰、面具与脸谱、风筝、民间泥塑、织绣、陶瓷、布老虎等。

工艺美术是一种美化生活用品和生活环境的艺术。通常可分为两大类，一是日用工艺，即经过装饰加工的生活日用品，二是陈设工艺，即专供欣赏的工艺品。从工艺美术的历史、工作特点和艺术形态来看，工艺美术又可分为传统手工艺、现代工业美术、装潢美术、民间工艺四大类。

学前儿童环境欣赏主要是指对人工创设的环境的欣赏。

(三)学前艺术领域教育活动与儿童发展

学前儿童时期是儿童快速生长发育的时期，艺术活动的安排与设计，只有符合学前儿童生长发育的客观规律，才能使学前儿童艺术教育真正地发挥作用。了解不同学前儿童发展时期的特点，有助于设定学前儿童艺术教育活动的阶段性目标。

1. 音乐活动

1)　歌唱

0～3 岁。一两个月大的婴儿已经能跟随音乐发出简单的语音和调子，婴儿最早能在 6 个月大的时候咿呀学语，模仿音乐发出有节奏的声音，1 岁大的婴儿能模仿简单的乐音；2 岁时，大多数婴儿能唱出比较长的简单旋律；2 岁以后，学前儿童开始逐步完整地唱一些短小的歌曲或片段；到了 3 岁，学前儿童会唱童谣和儿歌，并能区分高低音，快慢和升降等。针对这一时期学前儿童的发育特点，一定要让学前儿童多听，听一些节奏明快的儿歌或童谣，有利于学前儿童神经系统对乐音、歌声的感知能力的发展。这一阶段最重要的是培养学前儿童对声音的感知力和基本的表现能力。

3～4 岁。学前儿童容易被自然界中风声、雨声、鸟鸣等声音吸引，也能模仿各种自然界的声音。这一年龄段的学前儿童喜欢听欢快、节奏感强的音乐，能模仿儿歌、电视节目里演员的演唱，表情和声调也能做到相像，但在旋律方面还不是很精确，会出现走调的情况。这个阶段是节奏感知能力发展的重要时期，可以让孩子进行由简单到复杂的节奏练习，并由节奏练习向旋律、音准方面过渡。

4～5岁。学前儿童神经系统进一步发展，对节奏、声音高低、长短和强弱等感知能力明显提高，可以尝试教学前儿童一些简单的歌唱技巧、演唱和表演的基本方法。这一时期音域可以达到 c1～b1；一般旋律不是很复杂的歌曲都能唱好，可以掌握四分音符和八分音符节奏，以及二分音符和切分音符；对气息控制能力也有了进一步的提高，能够在教师的指导下按乐句情绪的要求换气，对前奏、间奏已有所注意。

5～6岁。能记忆比较完整和相对准确的歌词，对歌词的理解能力也进一步提高，发音吐字表现得比较完善；音域可以达到 c1～c2；旋律方面，可以准确地唱出音高递进，对级进音、三级跳音或音域范围内四五度跳音也不会感到很难，能够演唱旋律和节奏更为复杂的歌曲，能准确地表现 2/4 和 4/4 拍的歌曲节奏，同时对三拍子歌曲的节奏和弱起节奏有一定的理解和掌握，能很好地掌握带附点音和切分音节奏歌曲的演唱。能够按照乐曲的情绪要求较自然地换气。在集体歌唱时也能很好地把握节奏、音高、音色等。

2）韵律活动

儿童的韵律活动能力的发展有一个渐进的过程，体现出一定的年龄阶段特点。

3～4岁儿童在韵律活动中的动作表现往往是以自我为中心的，他们还不善于运用动作与同伴配合、交流、共享，但他们在动作的创造性表现方面有了初步的意识和发展。他们能根据音乐性质的变化，用相应的动作来表达自己的感觉。同时，他们还能用自己想出来的动作来模仿、表现日常生活中所熟悉的具体事物，来表现自己的情感体验。

4～5岁儿童的动作发展有了明显的进步，身体大动作及手臂动作得到了很好的发展，且走跑跳的下肢动作也逐步得到提高。能够比较自由地做一些连续的移动动作，而且平衡能力及动作的控制能力也有所加强，对于上下肢联合的复合动作也得到逐步发展。

5～6岁儿童在韵律活动中的合作协调意识越来越明确，合作协调的技能也越来越强，并开始主动与同伴一起参与韵律活动。他们能够用动作、表情和眼神与同伴交流、合作，同时更多地发挥出自身用动作语汇创造性地表现音乐的积极性。同样的音乐，同样的主题内容，他们会努力地用已有的表达经验创造尽可能与别人不同的动作。

3）节奏乐

儿童从很小就已接触拨浪鼓等能发出声音的玩具，他们对这些声音很感兴趣，随着年龄的增长会发现更多能发出声响的器皿。3岁前和小班初期的学前儿童，仅能注意手或脚的外部动作，大家动作虽然同时开始，但声音此起彼伏，属于不合拍阶段。如果教师演奏的乐曲有意识地迁就儿童拍击的节拍，则儿童有可能做到节拍一致。对于从小就经过节奏训练的儿童来说，3岁已经基本上能合上音乐的节拍敲打了。

随着年龄增长和活动经验的积累，儿童到四五岁，由于中枢神经系统对动作的控制能力有所增强，动作方面的协调性有了很大的提高。他们在教师的提示下逐渐知道要听着音乐做动作，他们动作合拍，虽然动作有些生硬、态度有些紧张，但是他们在感受音乐上有了很高的注意力参与。注意音乐形象、音乐内容与器乐音色、节奏之间的关系，学前儿童开始有"音乐耳朵"。

从研究材料来看，3岁儿童敲击乐器能与音乐节拍吻合的占 60%，4岁儿童占 80%，5

岁儿童可达 100%，所以儿童到 5 岁时，只要有基本音乐活动基础，他们已能按音乐节拍敲打，要学习节奏乐已具备足够的条件。

学前儿童进入大班后，对节奏乐活动产生极大的兴趣，对于小乐器的控制与演奏更加自如。在声部合作中对各声部产生的音响效果十分敏感，愿意在老师的帮助下尝试创造性的节奏乐活动，并尝试指挥。在创编活动中，学前儿童对乐曲的段、句理解，段与段、句与句的联系变化了解更为深刻，特别是在乐曲的选择、节奏型的选择方面，学前儿童显得很有主见。这一时期，学前儿童的"音乐耳朵"已逐步形成。

4）　音乐欣赏

2 岁的儿童能够倾听音乐，也能感受简单的音乐作品。比如一些中外儿童艺术歌曲《我爱我的小动物》《哈巴狗》《小星星》《铃儿响叮当》等，还有形象的儿童器乐曲如《钢琴》《小鸟的歌》《小鸭的舞》，欣赏中外(古典、现代)各种性质各种风格的舞曲、进行曲、摇篮曲。

3 岁的儿童有更大的欣赏音乐的积极性，音乐能引起其情绪上的共鸣，但是他们对音乐作品的感情性质不易理解。他们听音乐最注重的往往是表现主题的特征性因素，如模拟性的前奏、尾声、形象的伴奏音型等。听进行曲、摇篮曲或欢乐的舞曲时能随音乐步走、抱布娃娃时兴奋得手舞足蹈等。3 岁能辨认速度的快慢，感知力度和音区还有困难，能记住与曲调紧密结合的歌词。

4～5 岁儿童能够欣赏内容广泛、性质风格多样的作品，能区分音乐中明显的力度和速度变化，尤其是鲜明对比的音乐，但是还不能感知力度和速度的细微变化。

6 岁儿童能够初步把握音乐表现手段，能辨认速度力度及音区的变化。他们辨认乐曲结构的能力加强了，已经能不感困难地感知二段体和三段体结构。6 岁学前儿童记忆能力提高了，审美能力也提高了，并能明确表示自己喜欢或不喜欢的音乐作品。

2. 美术活动

1）　绘画

学前儿童绘画的发展可分为四个时期，即涂鸦期、象征期、图式期和写实期。

(1)　涂鸦期(1.5～3.5 岁)。1 岁半左右的孩子，能独立行走，用手进行的探索更自由。这个时期"绘画"保持的时间很短，没有明确的表现意图，只是把涂鸦作为一种游戏活动，充分享受涂鸦动作给自己带来的主动的运动快感和视觉感官的满足。涂鸦期经历四个发展阶段，即未分化的涂鸦期(1.5～2 岁)、控制涂鸦期(2～2.5 岁)、圆形涂鸦期(2.5～3 岁)和命名涂鸦期(3～3.5 岁)。

(2)　象征期(3.5～5 岁)。这个时期是一个过渡时期，也是在涂鸦期基础上的进步时期。学前儿童绘画活动有目的、有意识，但构思极不稳定，"一形多义"是最突出的表现。造型上他们常用简单图像绘制物体的基本部分；色彩上可以达到 4 种以上，而且是纯度较高的颜色，渐渐从不均匀涂抹向均匀涂抹变化；空间构图上采用随机偶然的方式安排画面的物体，不注意大小比例，但开始试图表现物体的空间关系。象征期的绘画是儿童的一种积极创造，高度简略的图形表达着多样化的事物。

(3)　图式期(5～7 岁)。这个时期是学前儿童开始真正地用绘画的方法有目的、有意识再现周围事物和表现自己的经验的时期。构思上，学前儿童能清楚地意识到自己绘画的主题和对象，能有始有终地画自己的作品；造型上，能用较流畅、熟练的线条表现物体的整体形象，造型也趋于复杂化，各部分结构合理，各部分之间的关系基本确定；色彩上，选用自己喜欢的颜色，大班以后开始注意按照物体的固有颜色来着色，随着手部控制能力的提高，涂色均匀不涂出轮廓外；空间构图上，注意物体大小比例，但还把握不住分寸，有时会夸大感知印象较深的东西，这一阶段的后期少数学前儿童出现多层并列式和遮挡式构图。

学前儿童绘画的独特性，主要在象征期和图式期这两个阶段表现出来。

2）手工

学前儿童手工的发展经历无目的活动期、基本形状期和样式化期。

（1）无目的活动期（1.5～3岁）。这个时期的学前儿童手指小肌肉群发育得还不够成熟，认识能力、理解能力有限，他们只把手工当成一种玩耍活动，没有明确的目的，不理解工具的性质，不能正确使用。比如不知道剪刀的用途，喜欢把纸撕成块状、条状，搭积木随意堆放，不能组合成形。

（2）基本形状期（3～4岁、5岁）。这个时期学前儿童由无目的动作逐渐呈现有意图的尝试，就像绘画象征期一样，他们常常宣称自己要做什么，然后才开始着手制作，但构思仍然不够稳定。由于手部动作发展不够成熟，这个时期，他们制作的东西只具有物体的基本轮廓。

（3）样式化期（5～7岁）。随着学前儿童身体机能的发展，他们的手、眼协调性增强了，已掌握了一些基本的技能和方法，表现欲望很旺盛，能够绘制出各种形态的物体，并乐于将其组合成复杂的形象，会借用一些辅助物和工具来表现物体的细节特征。这一阶段的学前儿童手工活动，成人应注意为学前儿童提供多种工具和材料，并引导他们探索学习这些工具和材料的使用方法，鼓励和肯定他们用不同的方法来制作、表现。

3）学前儿童美术欣赏

学前儿童美术欣赏的发展可分为本能直觉期和感知形象期。

（1）本能直觉区（0～2岁）。这一时期的欣赏主要表现为对形式审美要素的知觉敏感性和注意的选择性，是纯表面的和本能直觉的，主要通过视、听、动的协调活动进行信息的相互交换。婴儿表现出更喜欢看立体的物品和某些高纯度的颜色。研究表明，婴儿在出生后较早时期就对美术两个基本要素——形与色有一定审美感和能力了。

成人在此阶段应依照儿童身心发展状况，给儿童以适当的视觉刺激，在其所处的环境里创设一些利于观察的视觉焦点，以便儿童产生视觉运动。

（2）感知形象期（2～7岁）。2～3岁以后的儿童，随着认识能力的发展，其美术欣赏能力的发展不仅与生理技能有关，而且受其社会认识的制约。在美术欣赏感知和理解方面表现出以下特点：第一，对作品内容的感知先于对作品形式的感知，儿童没有形成真正的审美观，而是保持了一种"求实"的态度；第二，在教育的干预下，儿童能感知美术作品的某些形式审美特征，这一阶段儿童对作品的造型、设色、构图及作品的情感表现与风格的感知、理解已有所表现；第三，儿童更喜欢感知描绘熟悉的物体和令人愉快的现实主义美术作品，以及色彩明快的美术作品。

二、《3～6岁儿童学习与发展指南》中关于艺术领域的解读

学前儿童艺术领域学习的关键在于充分创造条件和机会，在大自然和社会文化生活中萌发学前儿童对美的感受和体验，丰富其想象力和创造力，引导学前儿童学会用心灵去感

受和发现美，用自己的方式去表现和创造美。

学前儿童对事物的感受和理解不同于成人，他们表达自己认识和情感的方式也有别于成人。学前儿童独特的笔触、动作和语言往往蕴含着丰富的想象和情感，成人应对学前儿童的艺术表现给予充分的理解和尊重，不能用自己的审美标准去评判学前儿童的艺术创作，更不能为追求结果的"完美"而对学前儿童进行千篇一律的训练，以免扼杀其想象与创造的萌芽。

《3～6 岁儿童学习与发展指南》中关于艺术领域的解读.docx 见右侧二维码。

第二节　学前艺术领域教育活动的设计与指导

一、学前艺术领域教育活动的设计理解

《指南》指出："学前儿童艺术领域的学习关键在于充分创造条件和机会，在大自然和社会文化生活中萌发学前儿童对美的感受和体验，丰富其想象力和创造力，引导学前儿童学会用心灵去感受和发现美，用自己的方式去表现和创造美。"可见，艺术活动设计的关键在于教师要"充分创造条件和机会"，引导学前儿童"感受和欣赏美""表现和创造美"。

学前艺术领域教育活动的设计是对学前艺术领域教育活动的一种预先筹划，它是对一系列相关事件进行精心设计和安排的过程，其目的是为了引导学前儿童"感受美和欣赏美""表现美和创造美"。从另一个角度看，学前艺术领域教育活动设计是为了实现学前儿童艺术教育目标而对学前儿童学习过程和资源所做的系统安排。

学前艺术领域教育活动设计包括活动设计的目标、内容、实施和评价。在本章第一节中我们关注了学前艺术领域教育活动设计的内容和目标，这一节我们将活动设计的重点放在学前艺术领域教育活动的组织实施方面。

二、学前艺术领域互动课的常用方法

艺术领域互动课的常用方法包括活动导入方法和教学方法。活动导入一般运用于教学活动的起始阶段，是教学活动的前奏。成功的导入活动，能迅速地唤起学前儿童的兴趣和注意力，让学前儿童进入特定的艺术情境中。教学方法是为了实现艺术教育活动目标和完成教学活动任务所采用的方法，它包含了教师教的方法、学前儿童学的方法以及教师和学前儿童行为活动的顺序，幼儿园教育活动过程的进行、教育原则的贯彻、教育目标的实现都离不开教育的方法。下面从活动导入和教学方法两个方面对音乐和美术教育活动的方法进行介绍。

(一)音乐活动互动课的常用方法

1. 音乐活动的导入方法

(1) 故事导入模式。对于学龄前儿童来说，根据歌曲内容，用讲故事的方法进行导入，

学前儿童很容易兴趣盎然，学习积极性很容易被调动起来。故事导入一般在唱歌、音乐欣赏、音乐游戏、角色表演等活动中运用较多。

(2) 多媒体导入模式。多媒体教学是常用的导入方式，利用图形、图像、文本、声音、动画等多种媒体信息刺激儿童的感官，通过生动形象、色彩艳丽的情境画面以及悦耳动听的音乐等，全方位、多角度地激发学前儿童的好奇心与求知欲，使学前儿童身临其境，获得准确生动的艺术形象。

(3) 情境导入模式。在音乐教育教学活动中，创设情境导入新课是课堂设计和实施教学活动的重要环节。创设情境导入的方法主要包括多媒体画面创设情境导入，播放音乐创设情境导入，组织游戏创设情境导入，讲述故事创设情境导入，用角色扮演创设情境导入，结合实际生活情境导入，设置模拟生活情境导入，运用实物演示情境导入。

(4) 图画导入模式。通过图画导入，可以增强直观教学效果，引起学前儿童兴趣，增强其对学习内容的感受力和领悟力，培养其观察力和想象力。

(5) 谜语导入模式。有利于引发学前儿童兴趣，锻炼其思维能力，是一种喜闻乐见的形式。

(6) 节奏导入模式。有节奏练习导入的音乐活动包括以下几种：歌曲作品中的主要节奏练习，声势的节奏活动，把音乐欣赏作品中的特定节奏提出来进行节奏活动，词、词组、人名、童谣等节奏组合练习，用节奏训练热身、集中孩子注意力的练习。

(7) 歌词导入模式。适用于歌词比较复杂的歌曲作品。

(8) 动作创编导入模式。教师依据音乐作品的歌词、旋律、节奏、风格特点，提出某种或几种形象与动作设计，直到学前儿童运用动作模仿、律动、音乐游戏、歌表演、动作创编等进行表现。

(9) 律动导入模式。课前，老师带领学前儿童在音乐伴奏下，表演律动进入活动室，同时用语言、动作提示学前儿童随意坐下，为活动开展创设宽松自由的空间，把孩子引入浓郁的音乐氛围中。

(10) 歌词创编导入模式。教师选择简单、重复、富有游戏性的语言内容，或者提供某种情境，引导学前儿童用语言来描述这种情境，创编新歌词，形式有替换的、迁移的、联想的和创编的。

(11) 游戏导入模式。教学新歌之前用游戏导入，能激发学前儿童兴趣，重点应放在游戏方式、游戏规则和人际关系的培养等方面。

(12) 歌表演导入模式。一般使用在巩固复习活动内容方面。

2. 音乐活动的教学方法

(1) 图画教学法。在音乐教育活动中运用图片、文字、图标、符号等图式手段，把知识结构、知识之间的联系和关系、活动内容、参与方法，简单、清晰明了地表现出来，是有利于学前儿童理解、学习、参与，有利于记忆的一种教学方法。在使用该方法时应注意，图片不宜过多，时机应该恰当，要让所有孩子都能看清，特别是将有用的图片在教室里粘贴出来，平时要做好图片积累的工作。

(2) 讲授法。指教师通过语言描述、说明和解释，向学前儿童传递信息，从而使学前儿童获得音乐知识与技能的教学方法。讲授法，包括讲述和讲解。讲授法的要领是讲述时间不宜过长，内容要适合学前儿童的程度，注意动作、表情和语气，注意保持与学前儿童眼神交流，兼用图片、多媒体等方法。

(3)　演示法。指教师展示实物、图片、教具，示范性演唱、演奏、表演动作，或采用现代化视听手段，直到学前儿童获得知识的一种教学方法。演示法直观性比较强。

(4)　游戏教学法。指通过游戏活动对学前儿童进行相关教育，从而形成技能技巧，发展智力的方法。该方法运用得比较广泛。

(5)　探索教学法。是在教师指导下，学前儿童主动参与到发现问题、多方寻求答案的过程中，以培养孩子解决问题能力的教学方法。在音乐欣赏、表演动作设计、声音造型、音乐创造、节奏图谱设计中应用较多。

(6)　联想、想象教学法。利用联想思维进行创作的方法，即为联想法。联想法自由、灵活、多样，富有启发意义，对学前儿童认识问题、思考问题，特别是创造性地解决问题有着明显的积极作用。

(7)　表演教学法。是根据音乐教育活动的内容，通过表演手法，激发学前儿童的学习兴趣，调动他们的学习积极性，培养其团队合作精神，从而让孩子在愉快的情趣中学习，提高教学效率的一种教学方法。使用时应注意选择适合表演的主题内容；需要创设情境；分角色扮演；表演形式要多样；鼓励学前儿童进行表演动作的创编。

(8)　欣赏教学法。是让学前儿童通过对音乐作品、自然界好听的有特点的声音的欣赏，获得美的感受，提高音乐表现能力和审美能力的一种教学方法。欣赏教学法的注意要点是让学前儿童多接触大自然，感受和欣赏美丽的景色和好听的声音，尊重学前儿童对音乐作品的感受与反应，鼓励学前儿童用多种方式大胆地表达自己对作品的感受，可以与律动和节奏乐活动相结合。

(9)　创造性教学法。是指运用科学的教学方法和通过多种教学途径，在传授知识、发展智能的同时，训练学前儿童的创造性思维能力，发展创造个性，培养创造精神的教学方法。创造性教学主要包括创造性演唱演奏活动，节奏创编活动，音响探索活动，韵律、舞蹈活动、音乐欣赏中的活动。

(10)　情境教学法。教师根据教学内容的要求，创设生动形象的场景，使学前儿童如身临其境一般，受到情绪的感染，引起感情上的共鸣，达到以情入理、情理交融的境界，从而促进与加深学前儿童对学习内容理解的一种教学方法。

(11)　多媒体教学法。根据教学内容和教学对象的特点，通过整体设计，以多种媒体信息作用于学前儿童，形成合理的教学过程结构，达到最优化的教学效果的一种教学方法。

(12)　图谱教学法。用学前儿童最容易明白，最简单的图画、图形、符号、线条等方式来记录音乐、表现音乐的一种教学方法。

(13)　节奏教学法。以引导的方式，激发学前儿童的节奏本能，运用身体动作、声音、节奏乐器去感知节奏、表现节奏、创造节奏的一种教学方法。

(14)　小组合作学习教学法。是以学前儿童之间、师幼之间的互动合作为特征，以小组为主，围绕教学目标共同开展的协作学习活动的教学方法。它能培养学前儿童的合作意识和集体观念，提升学前儿童的竞争意识，形成新型的师幼关系。

(15)　听音乐说话教学法。是引导学前儿童将聆听的音乐引发的联想与想象，用语言描述出来的一种教学方法。这种方法的价值在于帮助孩子对音乐的理解，促进形象思维能力和语言表达能力的发展。

(16) 讨论教学法。是指学前儿童在教师的指导下，为认识、解决、探究某个问题而进行的师幼之间或学前儿童之间的讨论、分析与交流，通过讨论获得知识的教学方法。这一教学方法适合在大班学前儿童中使用。

(17) 听音乐作画教学法。教师引导学前儿童把对音乐的感受与想象，用绘画的方式表现出来的教学方法。它对拓展学前儿童的视觉空间智能、自然观察智能、逻辑数学智能，以及想象能力和创造能力的培养均有一定的帮助。

(18) 声势教学法。是指用身体作为乐器，通过身体动作发出声响进行节奏训练，培养儿童的节奏感、听辨能力、反应能力、记忆能力以及创造能力的教学方法。基本形式有拍手、跺脚、拍腿、捻指等。其主要内容包括节奏模仿，节奏接龙，节奏造句，固定音型的节奏伴奏。

(19) 快乐教学法。是教师针对小朋友天真活泼、好唱好跳的特点，注重挖掘教材蕴含的快乐元素，把教学内容进一步生活化、游戏化、情境化，通过有趣的语言、动作手势、示范表演以及图画等形式，为儿童创设轻松愉快的学习气氛，使他们获得快乐的感情体验，从而乐于学习、乐于联系、乐于记忆的一种教学方法。

(二)美术活动互动课的常用方法

1. 美术活动的导入方法

(1) 猜谜语、儿歌导入法。用猜谜语、念儿歌的方法来揭示新的活动内容的情趣，这种具有趣味性的导入可以激发学前儿童的学习兴趣，调节美术教育活动课堂的气氛和节奏。

(2) 游戏导入法。根据幼儿园美术教育活动内容的特点与需要，采用游戏活动导入新课是一种有效的导入方法，它能增强美术教育活动课堂的趣味性，吸引学前儿童。让学前儿童在教师的指导下，积极主动地参与美术活动，完成学习任务，获得艺术审美的愉悦体验。

(3) 故事导入法。故事导入新课让美术活动能够生动形象、深入浅出，是学前儿童喜闻乐见的导课形式。这一阶段的学前儿童以形象思维为主，故事情节可以引导学前儿童进入到情境当中，唤起学前儿童的情感，使其在头脑中浮现图像，激发学前儿童的思维想象。

(4) 提问导入法。提问的方式能使学前儿童的求知欲由潜伏状态转入活跃状态，有力地调动学前儿童思维的积极性和主动性。有经验的教师都很注意设疑提问这种导课方式，通过精心设计，调动学前儿童的积极思维。

(5) 复习导入法。一种传统的导课方法，从复习前一课的知识入手，利用知识的连续关系引出新课的学习，自然过渡，导入新课。这种方法适用于知识技能性较强的课。它从学前儿童接受能力及水平出发，循序渐进。

(6) 实验操作导入法。特别适用于有色彩调和、变化的美术活动，也适用于幼儿园的国画教学，学前儿童通过实验、探索，寻找和发现色彩调配的规律，可以直观感受色彩相互渗透、晕染的变化效果，激发学前儿童对美术活动的兴趣和爱好。

(7) 唱歌导入法。是根据教材特点，利用唱歌这一形式来创设一定的情境，渲染课堂气氛，让学前儿童置身于特定的情境之中，深入体验教材内涵的教学方法。

(8) 多媒体导入法。使用多媒体导入课程的方法。

教师在运用活动导入法时应注意：活动导入的目的是为教授新课做好铺垫，因此要针对不同的教学内容和教学对象，确定不同的导入方法。活动导入要做到内容精练，讲解精彩，抓住重点，点到为止，时间以 3～5 分钟为宜。

2. 美术活动的教学方法

(1) 观察欣赏法。是在教师的指引下，学前儿童有意识、有目的地感知和欣赏周围生活、美术作品和大自然中美的人、物、事，并用头脑进行思考和比较的方法。教师在运用观察欣赏法时要注意三点：一是在过程中要培养学前儿童观察欣赏的兴趣，养成观察欣赏的习惯；二是在观察欣赏中要利用巧妙提问开展活动；三是观察时要注意观察顺序。

(2) 讲解演示法。实际示范与语言解释的有机结合，即把事物的发展变化进行演示，使学前儿童了解与掌握物体的形状、颜色、结构、特征以及操作过程和方法。在教学中主要有三种方式：结合实物讲解、结合范例讲解以及启发性讲解。范例讲解中范例的使用要恰到好处，要与讲解和演示有机结合。演示画法包括归类法、分解法和添加法。

(3) 游戏练习法。是在娱乐和玩耍中进行美术活动，使学前儿童在自然、轻松、愉快的环境中饶有兴致地学习相关知识，在获得情感体验的同时获取知识技能。美术活动是学前儿童手眼脑并用，自我构建知识的实践操作活动。游戏练习法可以分为四种，即添加游戏练习、涂色颜色练习、构图游戏练习和智力游戏练习。

(4) 启发探索法。是教师在活动中依靠学前儿童已有的知识经验，启发他们去探索并获得新的知识和操作经验的方法。启发探索法最大的优点是能激发学前儿童操作的主动性，独立探索并获得成功体验。运用启发探索法需要创设"待解决问题"的情境，需要一定启发探索的提问技巧。

(5) 图示预知法。是通过各种方法和手段，帮助学前儿童在头脑里形成鲜明的、深刻的图示，以便引导学前儿童在创作中获得对图示的分化能力、联想能力，以及对图示的组合能力，为学前儿童的创作积累经验。运用图示预知法应注意：图示预知可以通过美术操作前的感知、观察、欣赏来获得。教师主要应在平时的活动和日常生活中引导学前儿童去感知、体会、理解生活中美的人、事、物，以积累图示，产生经验的迁移、激活、联想和想象。

(6) 情境激励法。是教师为学前儿童精心选择和设计充满情感色彩的情境或者环境，以及鼓励学前儿童操作、表现和创造的方法。情境激励主要包括情感激励和语言激励。情感激励可以采用循环激励、交互激励和递进激励的手段。语言激励的语言是指形象化的文学语言，文学语言与画面形象具有互通性，它们拥有共同的情感特质，能相互融合，相互激发，能唤起学前儿童鲜明的表象和丰富的情感。教师运用情境激励法的基本要求是：第一，创设的情境要符合学前儿童的生活经验；第二，教师在活动过程中不能游离于情境之外。

(7) 丰富联想法。是教师在学前儿童的美术活动中引导他们以感知事物为基础，根据自己的所见、所闻、所想，围绕着活动主题回忆、联想与之有关的人、事、物，不断丰富自己作品内容的方法。该方法能启发学前儿童的发散思维能力，引导学前儿童多联想，对学前儿童的美术构思、构图，不断丰富作品内容具有重要作用。

三、学前艺术领域教育活动的设计与指导

(一)音乐教育活动设计

1. 音乐教育活动目标的设定

活动目标是实施音乐教育活动的出发点和学前儿童发展的新的出发点。目标的确定要考虑《纲要》和《指南》对学前儿童音乐教育活动的总目标，兼顾学前儿童的兴趣爱好。既要考虑学前儿童现阶段的发展水平，使音乐活动真正能够成为促进学前儿童全面和谐发展的媒介；又要兼顾学前儿童的情感、态度、价值观，以培养学前儿童感受美、表现美、创造美的能力为出发点和落脚点。相对于幼儿园音乐教育的总目标、年龄阶段目标而言，前者更具体，更具有可操作性。

1) 情感目标

引导学前儿童感受和体验生活环境和音乐中的美，提高审美情趣。以游戏为手段的愉悦性学前儿童音乐教育，可以让学前儿童在快乐游戏中自主探索音乐的奥秘，尝试用个人喜爱的方式来抒发和交流自己的思想感情。以学前儿童作为教育主体的学前儿童音乐教育，能够激发学前儿童的智慧与灵感，让学前儿童全面发展健全人格。

2) 认知目标

学前儿童的认知发展主要从记忆和思维等方面进行。认知可分为六个层次，即知道、理解、运用、分析、综合、评价。认知目标的制定，可以帮助学前儿童认识自然的美、音乐作品中的美；了解音乐活动的种类与形式；在音乐活动过程中可运用多种表现手段产生美的艺术效果；丰富学前儿童的审美体验。

3) 技能目标

学习与掌握音乐知识与技能，可以帮助学前儿童更好地感受、表现、创造音乐美。

4) 创造目标

在音乐教育活动中，尝试对学前儿童进行创造能力的培养。通过歌唱、欣赏、乐器演奏、韵律活动、音乐游戏、歌词创编、表演动作创编等音乐活动，可培养学前儿童的思维能力、想象力和创造力。

教师在制定学前儿童音乐教育活动的具体目标时，可以从以上四个方面考虑。根据音乐活动内容以及活动班级学前儿童的发展水平和发展需要，选择2～3个方面进行制定。活动目标的制定要做到目标明确、表达清晰、细致具体、可操作性强。

2. 音乐教育活动材料的准备

不同的活动类型，对活动的材料有独特要求。

1) 歌唱活动材料的选择要求

歌唱的材料主要是歌曲，主要应考虑歌曲本身三个方面：歌曲，选择的歌曲应符合学前儿童年龄特点，集思想性、艺术性、丰富性、多样性于一体；歌词，歌词内容应集爱、美、想象、教育于一体，具有童趣并易于记忆和理解，并适于用动作来表现；曲调，曲调要选择音域较狭窄的作品，各年龄阶段的合适音域为：2～3岁，$c_1 \sim g_1$；3～4岁，$d_1 \sim a_1$；4～5岁，$c_1 \sim a_1$；5～6岁，$c_1 \sim c_2$。

2) 韵律活动材料的选择要求

韵律活动材料主要应考虑三个方面，即动作、音乐、道具。

动作，主要应考虑学前儿童的兴趣和能力。韵律动作有基本动作、模仿动作和舞蹈动作。一般小班为基本的模仿动作；中、大班学前儿童选择韵律动作时，可以逐步增加舞蹈基本动作的内容。设计学前儿童的动作时应注意三点要求，即从大的整体动作到小的精细动作；从单纯动作到复合动作；从不移动动作到移动动作。

音乐，韵律活动的音乐要节奏清晰、结构工整；旋律优美、形象鲜明。在实际的韵律活动中，要十分注意音乐速度的选择。

道具，在需要使用道具的情况下，所选道具应能增加学前儿童活动的趣味性，提高动作的表现力，既不妨碍学前儿童做动作，又不会使学前儿童因过度兴奋而游离于活动之外，也不存在潜在的人身伤害的危险；能增强学前儿童的美感，能引发和丰富学前儿童的想象、联想。在经济和精力上不宜投入过多。

3) 节奏乐游戏材料的选择要求

学前儿童选择打击乐器演奏材料时，也要分别从乐器、音乐、配器方案三个方面来考虑。

乐器，一般应考虑以下两点：一是音色要好，大小及重量须适合学前儿童；二是演奏方法要适用于不同年龄学前儿童运动能力的发展。

音乐，为学前儿童选择打击乐配合演奏的音乐时，除了应注意节奏清晰、结构工整和旋律优美、形象鲜明外，还要选择学前儿童比较熟悉的歌曲或韵律活动。音乐的节奏最好比较简单，结构工整。

配器方案，为学前儿童选择配器方案时，既要考虑适合学前儿童的实际能力，还要有一定的艺术性。

3. 音乐教育活动的开展途径

幼儿园音乐教育活动开展的途径，一般可分为专门的音乐教育活动、渗透性的音乐教育活动和学前儿童自发的音乐教育活动三类。

1) 专门性的音乐教育活动

专门性的音乐教育活动是指由教师根据学前儿童音乐教育的目标有目的、有计划地设计和组织的音乐教育活动。按照音乐教育内容的不同，音乐活动可以分为倾听声音及音乐欣赏活动、歌唱活动、韵律活动、节奏活动、音乐游戏活动等。这类音乐活动的价值主要在于向学前儿童提供比较系统的音乐教育并为学前儿童提供机会，对他们在日常音乐活动中获得的音乐经验进行提炼和深化。通过专门性音乐活动，学前儿童不但能够掌握歌曲的节奏、旋律和歌词，还能学会运用歌声中明显的强弱、快慢及音色变化，用带有创造性的韵律动作表演以及打击乐器演奏等手段来表现他们对各种事物的认识和情感体验。此类活动可以是单独的音乐教育活动，也可以是围绕某一个主题而展开的系列音乐教育活动。

2) 渗透性的音乐教育活动

所谓渗透性音乐教育活动，是指其他教育活动当中所包含的音乐教育活动，在这类活动中，音乐教育活动不是主要的教育内容，是除了专门的音乐教育活动以外，渗透在学前儿童一日生活及其他教育活动之中的隐性教育活动。

渗透的音乐教育活动大致可以分为几类：一是日常生活中的音乐活动，如进餐、睡眠、盥洗、如厕、散步、早操等，可以在早操中使用音乐伴奏、散步时唱歌、进餐及午睡前后播放背景音乐等；二是其他领域活动中的音乐活动，比如语言教育融合了对节奏、重音、重复及音韵的教育，在美术、体育活动中，为了增强学前儿童参与活动的兴趣及积极性，也会使用音乐参与教学；三是游戏活动中的音乐活动，幼儿园的游戏形式多种多样，在各类游戏中可以相机地渗透音乐教育内容；四是节日活动中的音乐活动，在幼儿园，这类活动很多，学前儿童通过进行音乐演出或联欢活动，体验音乐带来的快乐，从而增强对音乐的兴趣和爱好。

从以上分析可以看出，幼儿园专门的音乐教育活动比较侧重于音乐的掌握，渗透性音乐教育活动可以说比较侧重于音乐的应用，二者对学前儿童的发展发挥着不同作用。在现实教育实践中，专门的音乐教育活动在幼儿园一直普遍受到重视，而渗透性音乐教育活动由于其隐性原因而很容易被大家忽视。因此，教师需要转变观念，充分发挥渗透性音乐教育活动对学前儿童的影响作用。

3) 学前儿童自发的音乐教育活动

学前儿童自发的音乐教育活动包括一切由学前儿童主动发起的与音乐有关的活动。其中也包括有教师通过环境、气氛设计而引发的活动或者先由学前儿童发起后又由教师直接或间接参与指导的活动。在这种活动中，活动目标、内容、方式、时间等，基本上由学前儿童掌握。有经验的教师会十分珍惜这种自发音乐活动的特殊教育价值，因此，也会十分谨慎地维护活动中产生的学前儿童自主性，而且尽量避免干扰学前儿童的活动。

4. 学前儿童音乐教育活动的指导

音乐教育是美育教育的重要组成部分，在学前儿童音乐教育活动中，首先，要在活动层面体现音乐之美，提高学前儿童的审美情趣，教师应以美的形式和方法，带领学前儿童体验美的内容，收获美的感受，表达美的情感，赋予学前儿童审美的态度、眼光和情怀。

其次，要建立合理的活动常规。集体教学中的活动如果没有规则，学前儿童可能是一片散沙，音乐活动更是如此。所以要建立音乐活动的规则。这种规则不是为了控制学前儿童，而是为了保障音乐活动的有序进行。

再次，要促使学前儿童全员参与，关注个体差异。全体学前儿童均有兴致参与活动是活动组织过程中重要的评价指标，而学前儿童个体之间的兴趣与能力水平有着很大的差异，所以教师要善于发现每个孩子的闪光点并加以鼓励，使所有的学前儿童都能参与到活动当中来。

此外，要注重学前儿童的音乐体验，启发学前儿童主动表现与创造。因为个体差异，学前儿童音乐活动放开了容易发生混乱，严格要求活动又容易机械呆板，所以组织活动的度确实不好把握。因此应重视学前儿童在活动中的主动性参与，为学前儿童提供亲身经历的音乐体验机会，引发学前儿童进行基于兴趣和快乐的表达和表现。

然后，要把握活动节奏，活动环节要步步深入。活动节奏是指活动过程中的轻重缓急，重点、难点的缓解要做细做透，复习或唤醒、过渡环节不拖沓，整个活动张弛有度，使孩子始终保持饱满的情绪参与活动。

最后，要随时观察学前儿童在活动中的表现，随时调整预先设定的计划。事前的活动计划是组织音乐活动的基本要求，实际活动实施过程中出现的临时性和突发性的问题均需要现场灵活调整，这当然也有赖于教师的日常教学经验、组织水平和教育智慧。

(二)美术教育活动设计

1. 美术教育活动目标的设定

幼儿园美术教育目标是对幼儿园美术教育的目的和要求的归纳，是幼儿园美术教育的具体标准和要求，它是指导幼儿园美术活动设计与实施的准则。制定幼儿园美术教育的目标，可以使学前儿童先天的音乐潜能和后天的教育达到平衡，使其既有对美丰富而敏锐的直觉感受力，又具有美术表现力和创造力。

结合布卢姆的教育目标分类学理论、《纲要》中对艺术教育的目标定位和要求，以及我国幼儿园美术教育的实践，我们可把学前儿童美术教育的目标分为情感目标、认知目标、技能目标和创造目标。

1) 情感目标

情感目标是使学前儿童能将自己喜爱并能理解的美好的人和事，通过绘画和手工活动的形式表达出来，并在表达的过程中融入自己的情感和体验，同时体会各种美术作品和美术工艺品中的形状、线条、色彩所表达的思想和情感。情感目标的制定与实施，可以帮助学前儿童提高审美欣赏能力，丰富学前儿童的审美体验，引导学前儿童形成健康的审美标准，完善学前儿童审美心理结构，从而逐步培养学前儿童完善的人格。

2) 认知目标

认知目标是为了帮助学前儿童认识自然、社会和美术作品中的美。认知目标包括了解美术活动的种类、名称、操作方法和活动的艺术效果，包括在美术活动中的操作经验和审美经验。通过美术目标活动，要让学前儿童了解美的规则、审美和创造美的技能，并逐步自觉地遵守美的规则，学习和掌握表现美和创造美的初步的知识和技能，能对美与丑作出知觉或直觉上的判断。

3) 技能目标

学前儿童美术的表现需要技能技巧支撑。技能目标应结合学前儿童身心发展的实际情况，使学前儿童认识并会使用美术操作工具和材料，以正确的方法进行绘画和手工活动，初步感受和欣赏作品的造型特征、色彩表现、画面布局。

4) 创造目标

创造目标应考虑学前儿童已有的艺术水平、技能水平和创造水平，具体表现为学前儿童根据某作品的内容进行添加、扩充、变化、重构、组合等，创造出自己过去没有过的、与同伴不一样的新的形象。在欣赏和评价他人的美术行为和美术作品时，能表达出自己的独特观点。

教师在制定学前儿童美术教育活动的具体目标时，可以从以上四个方面考虑，但每个活动的目标不用面面俱到，而应根据不同的美术活动内容以及本班学前儿童的发展水平和发展需要，重点选择两三个方面进行设定。活动目标的制定一定要具体、细化、可操作。

2. 学前儿童美术教育活动的准备

美术活动中，绘画与手工、欣赏的活动准备相近，我们以绘画的准备活动为例。活动准备，是指绘画活动开始前，教师、学前儿童、家长所做的准备工作。准备工作包含以下几个方面。

(1) 分析和理解活动目标，具体确定活动内容。分析和理解活动目标可以使我们清楚为什么要进行本次活动，本次活动要获得什么样的效果，以及要获得这样的效果需要选择什么样的活动内容。这一过程必须运用理论、智慧和经验，选择合适的教学手段和教学内容。

(2) 准备绘画活动所需的工具材料与辅助物品。为儿童提供丰富多样的绘画工具和材料，除日常使用的彩色油画棒、水粉笔与粉画笔、彩色粉笔、棉签以外，教师还要根据实际情况，鼓励家长收集一些身边的物品，因地制宜地创造性地使用工具、材料，开展丰富多彩的绘画活动。

(3) 经验准备。学前儿童年纪小，生活经验较贫乏，通过主动观察形成的认知经验还比较有限，很少能抽象地从色彩、线条、形态等角度去理解，所以教师除了在活动前帮助学前儿童做必需知识准备外，在平时也要利用各种机会，引导学前儿童观察欣赏，在头脑中形成物态的丰富表象，随机地帮助学前儿童积累艺术经验。

3．学前儿童美术活动的指导

1) 绘画活动的指导

幼儿园的绘画教育活动一般可以分为创作引导、作品辅导、作品欣赏和活动延伸等。

(1) 创作引导。创作引导是绘画开始前为绘画活动做好铺垫，要求教师在活动方式、语言、动作等方面仔细推敲，让学前儿童在最短的时间内燃起创作激情，明确活动要求，调动已有经验和相关技能进行绘画创作。

创作引导主要包括引导学前儿童回忆、提取与本次活动相关的经验；引导学前儿童学习本次绘画活动的重点和难点；交代本次绘画活动的具体要求。

创作引导活动需注意：要根据本班学前儿童的特点和活动内容的特点设计导入活动；要对绘画活动的重点难点进行必要的讲解示范，要精心设计，语言简练，示范清楚，让学前儿童掌握基本技能，同时避免简单模仿；要根据活动的特点、工具材料以及学前儿童实际水平有侧重点地提出绘画程序、技能要求和习惯要求等。

(2) 作品辅导。教师作品辅导可以从以下几个角度进行。

辅导学前儿童构思。构思决定着一幅作品的主题内容与情节。教师在辅导学前儿童构思时，应注意把重点放在帮助学前儿童明确自己所要画的内容上。在引导构思过程中，教师要充分尊重学前儿童，不要随意打断或否定学前儿童的构思，要以观察为主，当学前儿童遇到障碍需要帮助时，再予以指导。在集体讲解时，教师可恰当地使用提示作为与学前儿童之间沟通创造的中介。

辅导学前儿童造型。绘画造型主要是通过线条、形状来进行的。线条的平稳、力度、准确性受到小肌肉发展和手眼协调能力的限制，教师在辅导学前儿童进行造型时，应注意帮助学前儿童选择最合适自身水平的造型方法。对小班后期的学前儿童，可引导他们把简单的几何图形结合起来表现物体的基本特征。对于中班学前儿童，可在原基础上分析较复杂的物体，掌握物体每一部分的形状，再组合成一个整体。对于大班学前儿童应注意引导他们观察物体的细节、大小比例关系、不同侧面、不同角度的变化，学会较清楚地画出结构较为复杂的物体。在辅导学前儿童造型时，教师不能根据成人的标准片面要求孩子画得像不像，尤其年龄小的学前儿童，他们对物体虽已有了清晰的表象，但受手眼协调和技能的局限，很难完整地表达自己的认识。

辅导学前儿童使用色彩。色彩的主要作用是表现情感。教师在辅导学前儿童使用色彩时，除了要教会学前儿童认识色彩，调配色彩外，还要启发、引导学前儿童使用色彩来表现自己的情感，不要一味只用物体的固有色来限制学前儿童。另外，教师还可以带领学前儿童玩一些色彩游戏，增强其色彩感受力。

辅导学前儿童构图。构图是相对高级的绘画技能。学前儿童的画面起初是杂乱的，常常是一些无方向的不相关的物体，而绘画中物体之间的联系是随着学前儿童感知能力提高而出现的。小班应采取添画的形式，学前儿童在规定的地方添画，提醒其保持画面的完整性，明确绘画的位置。中班应提醒学前儿童把画面的主体物画在画纸的主要部分，要更大更突出，辅助物画在次要的部分。教师应特别注意思维活跃的学前儿童，抓住主题不要让画面过于拥挤。大班应辅导他们摒弃直线构图的方法，尝试在画纸上均匀平衡地布置画面。可以辅导他们先画出完整的构图，再描绘物体的细节。学前儿童初步明白近大远小、重叠等的关系，掌握合理布局。

上述构思、造型、色彩、构图四个方面，教师要根据学前儿童绘画特点，有针对性地进行辅导，让每个孩子在原有的水平上富有个性地向前发展。

(3) 作品欣赏。教师对学前儿童作品的态度、标准，直接影响着学前儿童参与美术活动的兴趣和积极性，也影响着学前儿童对作品的态度，对美的鉴赏能力。绘画是学前儿童自我表达的主要方法，教师要尊重学前儿童的想法，尊重个体能力差异，接纳不同水平的学前儿童，要以真诚喜悦之心去发现、去接纳、去欣赏。教师还要营造宽松和谐、充满爱、充满鼓励的环境，引导学前儿童相互欣赏、分享。

作品赏析的方式包括作品展览、美化环境、作品展示等形式，对一般水平的学前儿童要予以特别关注，要有针对性地进行个别教育。

(4) 活动延伸。所谓美术活动的延伸，是指围绕一次专题活动的主题、目标，在课后游戏或美工角中，适当开展一些相关的活动来巩固学前儿童初学的新经验、新技能，丰富日常美术活动的内容，更便于教师针对个别学前儿童一对一地进行辅导。

活动延伸的设计，教师也可提供手工制作材料。在美工区域活动里，可让学前儿童通过动手制作来反映对绘画主题的感受；除此之外，在活动延伸中，还可以把美术活动与其他领域的活动结合起来，教师可有意识地安排专门的交流时间，让学前儿童把自己的画编成故事讲给同伴或爸妈听等，以促进学前儿童能力的全面发展。

2) 手工制作的指导

手工制作包括折纸、粘贴、撕纸、剪纸和染纸等。

(1) 折纸。折纸活动要遵循由浅入深的规律，由易到难地安排。小班可选择折法简单的物体，训练手指的灵活性和准确性，比如对边折、对角折；到中班时引导学前儿童学习看图示进行折纸，可以先出示一个样品，使学前儿童有整体的概念，然后边教学前儿童识图边折纸，让学前儿童理解按照步骤图上的符号折。演示时纸要大一些，动作要明确，语言要简洁，待学前儿童有一定基础后，可过渡到仅演示难点重点，剩余部分可以让学前儿童自己看图折纸；大班折纸要增加一些组合折叠，教师指导的重点在各个部分的插接上，引导学前儿童思考如何不松散、一样大，折时要仔细对齐，部位要准确。

(2) 粘贴。粘贴活动，对小班学前儿童只要求表现某个物体，教师活动前应准备好学前儿童粘贴的图形，教学前儿童把图形放在纸上适当的位置，再将图形取下，在反面涂上糨糊，贴在原摆放的位置；中班学前儿童的粘贴主要包括自然物和各色彩纸的粘贴，有时与剪贴结合在一起，教师准备的材料每一类型以 3～5 个为宜，并尽量注意色彩的搭配，引导学前儿童涂抹糨糊时要稀薄、均匀；大班的粘贴材料更丰富，其手眼协调能力和手指小肌肉的发育更好，粘贴活动通常与剪贴废旧物结合在一起，在指导时注意引导学前儿童临摹、仿制与独创相结合，给学前儿童提供充分的探索空间。

(3) 撕纸。撕纸是一种平面造型的训练，可以锻炼学前儿童手对形的控制能力。撕纸的材料不宜太韧、太厚。一般来说，要求学前儿童所撕的对象应该是特征明显、外形简略的。撕纸和绘画、粘贴等活动相结合，会增强活动的趣味性和整合性。

(4) 剪纸。从小班下学期开始，学前儿童可以学用剪刀。剪纸的方法有三种，即目测剪、按轮廓线剪、折叠剪。在小班和中班初期以学剪直线和曲线为主。轮廓线可由教师画，也可由学前儿童自己画，物象应该大一些，凹凸不能太多。折叠剪法可以分为对折剪和重叠剪，折叠次数不宜太多，否则学前儿童会剪不动。

(5) 染纸。染纸是学前儿童喜爱的操作活动。通过将具有吸水性的纸张折叠、浸染，呈现色彩的奇妙变化。操作中注意浸染的时间要短，浸染后打开的动作要轻，以免将纸拉破，打开后将染纸放在毛毡或旧报纸上吸水，晾干。

3) 泥工制作的指导

小班学前儿童开始接触泥工活动，要让学前儿童玩泥，使他们体验泥的性质，泥土是黏的、软的、可塑性大，能塑成各种形象。教师要引导学前儿童用搓、团、压的技能塑造一些学前儿童熟悉、外形简单、容易表现的物体，如棒棒糖、一盘点心等。

中班学前儿童在已学会搓、团的基础上可以进一步学习分泥、连接、捏边和在整体上捏出小物体的技能，以及塑造组合物体的技能，如池塘里的小鸭子、娃娃跳舞等。

大班学前儿童在技能上要学会砌合、伸拉和正确地使用辅助材料，并要求更细致、更牢固、更准确地塑造出物体的形象。

在泥塑制作活动中要注意培养学前儿童的卫生习惯，操作时要卷起长袖，随时将泥块放在泥工板上，以免弄脏桌子。

4) 废旧物再利用的指导

废旧物制作的材料大多是日常生活中的物品和自然物的废弃物。在制作过程中，除引导学前儿童学习必要的造型技能外，重点要引导学前儿童对材料进行想象，即启发学前儿童思考：这些材料可以制作什么形象，即因材施艺；或者引导学前儿童就自己的设想来选择合适的材料，即因意选材，培养儿童的想象力、创造力。

5) 美术欣赏的指导

学前儿童美术欣赏过程主要有作品描述阶段、形式分析阶段和作品评价阶段。每一个阶段的指导原则如下所述。

(1) 作品描述阶段的指导。这一阶段的指导就是要儿童说出美术作品外在的、可立即指出的视觉印象。教师要给儿童足够的观看欣赏时间，让他们用简洁的语言说出自己的真实感受。教师提出的主要问题是，"你看到了什么？"在一般性描述的基础上，要对作品的特征和要素的识别方面做进一步的观察，包括主题、形象、材料等方面作出较为详尽的描述。

(2) 形式分析阶段的指导。形式分析就是分析作品所表现的美的形式，如造型、色彩、构图等形式语言，以及对称、均衡、节奏、韵律、变化、统一等构成原理的应用。在分析作品时，需注意色彩和线条的相互关系，注意形体轮廓的大小、线条的粗细曲折变化、色彩的深浅明暗，它们之间的节奏与韵律、对称与均衡、多样与统一构成的形式美。在分析阶段，教师提出的主要问题是"你喜欢什么？为什么？"启发儿童对作品形式美的感觉，表达自己的感受。在此过程中，教师应引导儿童反复多次地深入感知、体验作品，让学前儿童理解这些艺术语言与形式美的原理。学前儿童的认识也可以经由美术创作来获得。例如，在欣赏艺术家作品时，可以让学前儿童尝试用艺术家大量使用的线条方式来绘画，让学前儿童反复体验其中的运动和变化。教师在这一阶段要对形式美进行小结，帮助学前儿童加深印象。

(3) 作品评价阶段的指导。作品评价是判断一件美术作品的价值。艺术品评价需要综合艺术创作、艺术背景知识、艺术欣赏和美学的各方面知识。对学前儿童来说，评价作品阶段不是重点。如果儿童能够说出自己的感受和理解，并能将基本的技能运用到自己的绘画当中，应该说就已经达到目的了。这一阶段教师的主要任务是引导儿童说出自己对作品的理解，帮助学前儿童厘清思路，提高其审美判断能力。

四、学前艺术领域教育活动设计课例

(一)歌唱活动《蚂蚁搬豆》(小班)

1. 设计思路

通过本次活动帮助学前儿童知道如何与同伴友好相处，初步理解一个人的力量太小，有困难要找同伴帮忙，用音乐培养学前儿童的道德品质。让学前儿童能在轻松愉快的氛围中体会到帮助别人的快乐，以此来促进学前儿童之间的友好交往。

2. 活动目标

(1) 知道歌曲的名称，理解歌曲内容，初步学唱歌曲。
(2) 愿意进行动作大胆的表演给同伴。
(3) 能体会到同伴之间互相帮助的快乐。

3. 活动准备

课件。

4. 活动过程

(1) 欣赏课件，感受歌曲，理解歌词的内容。
欣赏《蚂蚁搬豆》的课件。
① 出示第一幅图。
教师：一只蚂蚁在洞口眼睛瞪得好大，它发现了什么？
引出歌词(一只蚂蚁在洞口找到了一粒豆)。
② 出示第二幅图。
教师：小朋友看一看它自己能搬动吗？为什么？

引出歌词(用尽力气搬不动急得直摇头)。

③ 出示第三幅图。

教师: 小蚂蚁在做什么?

引出歌词(左思右想好一会儿想出好办法)。

④ 出示第四幅图。

教师: 让我们来看一看, 它想的什么好办法?

引出歌词(回洞请来好朋友, 合力抬着走, 最后蚂蚁终于把豆搬回家了)。

(2) 播放课件欣赏歌曲。

(3) 学前儿童学唱歌曲。

① 教师范唱, 学前儿童欣赏歌曲。

② 教师讲解歌词含义。

③ 引导学前儿童学唱歌曲。

④ 鼓励学前儿童根据歌词大胆创编动作。

师幼共同表演《蚂蚁搬豆》。

(4) 讨论: 懂得团结力量大的道理。

教师: 为什么一只蚂蚁搬不动豆子呢?

(5) 活动延伸。

户外活动时, 做游戏《蚂蚁搬豆》, 进一步体会团结起来力量大的道理。

5. 教学反思

在活动中, 教师应根据小班学前儿童的年龄特点, 以故事、图片、动作表演、音乐游戏等活动贯穿于始终。以故事的形式导入, 对歌词内容的理解和记忆都比较深刻, 学前儿童回答问题时也比较积极。在学唱歌曲环节, 学前儿童熟悉了歌曲的旋律之后, 注意力就有些分散了。在音乐游戏活动环节里, 孩子们对角色扮演的兴趣最高。

通过本次活动, 帮助学前儿童知道如何与同伴友好相处, 理解了一个人的力量小, 团结起来力量才会更大的道理, 学前儿童在轻松愉快的氛围中体验与同伴合作的乐趣。

(资料来源: 沈阳市大东区教育局小北幼儿园)

(二)打击乐演奏活动《喜洋洋》(大班)

1. 设计思路

新年就要到了, 孩子们在迎新年的活动中处处感受到节日的欢乐气氛。在活动区活动时, 孩子们听着《喜洋洋》的音乐跳起了舞, 一旁的孩子有的用表演角的乐器即兴为他们伴奏起来, 孩子们沉浸在表演的乐趣中。何不创造条件让孩子们在今年的新年联欢会上表演打击乐呢? 于是让孩子们自己尝试从动作表演到设计基本节奏型入手, 然后自主选择乐器、为乐曲配伴奏, 注重调动孩子们的原有经验去探索、尝试, 发展学前儿童用乐器演奏的方法去表现音乐的能力, 同时体验同伴之间协调合作的乐趣。

2. 活动设计

(1) 活动目标。

① 熟悉乐曲 ABA 结构, 感受乐曲欢快、喜庆的热闹气氛。

② 能够根据乐曲节奏特点，运用身体动作或乐器为乐曲伴奏。

(2) 活动准备。

① 音乐《喜洋洋》。

② 打击乐器：碰铃、圆舞板、铃鼓、双响筒、钹等。

③ 乐曲节奏谱。

(3) 活动过程。

① 欣赏乐曲《喜洋洋》。

引导学前儿童体验乐曲欢乐的风格，鼓励学前儿童随音乐的节奏做动作，体验乐曲 AB 两段表现的不同的音乐情绪。A 段敲锣打鼓，表现的动作为拍头拍肩拍手；B 段俏皮逗乐，表现的动作为拍左右腿，手腕抖动。

② 打击乐《喜洋洋》。

出示节奏谱，将学前儿童创编的身体动作记录下来，引导学前儿童参看图谱连贯地表演，与学前儿童开展讨论，探索乐曲的配器方案。

拍头—碰铃；拍肩—圆舞板；拍手—钹；拍左右腿—双响筒；手腕抖动 摇铃鼓。

引导学前儿童跟随乐曲练习打击乐器进行演奏练习。

教师指挥，学前儿童看指挥手势进行演奏。

看乐曲图谱演奏，进一步巩固了解 ABA 曲式。

(4) 拓展练习。

与学前儿童开展讨论，添加更多的乐器进行演奏。

与学前儿童讨论、设计新的节奏型伴奏方案。

学前儿童自由选择乐器进行演奏。

(5) 活动延伸。

在本次活动的基础上，增加乐器的种类，尝试用 6～8 种乐器为乐曲伴奏，并丰富乐曲的配器，使乐曲的配器更丰富，准备新年演出。

3. 活动反思

打击乐演奏是孩子们十分喜爱并乐于参与的音乐活动。大班的学前儿童有了一定的打击乐演奏基础，他们喜欢用碰铃、圆舞板、铃鼓等随着音乐的节奏敲击出好听的声音，同时在演奏中体验全班学前儿童合作演奏的快乐。这次活动师生都非常投入，气氛特别活跃，主要是教学中教师注意激发学前儿童主动学习的积极性，充分听取学前儿童的意见，组织学前儿童随乐表演，并将学前儿童的建议记录下来。节奏图谱的使用，让孩子们有了具体的感知对象，使原本抽象的乐曲具有了形象化的特点。

好的音乐活动应该是一种创造的、参与的、情境的、拓展的、艺术享受的活动，我会在以后的教学实践中，在新的教育理念下，和孩子们一起探索、一起成长。

(资料来源：沈阳市大东区教育局小北幼儿园)

(三)美术欣赏活动《星月夜》(大班)

1. 设计思路

大班学前儿童绘画不再是涂鸦阶段，而是要熟练运用形象、色彩、构图、笔触等知识技能，大胆表现，自由创造。为了让大班学前儿童掌握较好的绘画技能，培养自由想象画的能力，组织本次向大画家学习，选择热爱生活的梵·高及其《星月夜》作为欣赏课，引导学前儿童从画面的内容和色彩进行观察，引导学前儿童感受色彩、线条带来的情感冲击。

在欣赏线条时为了创造视觉、动作表现等多通道感知的条件，通过观察、示范、对比，让学前儿童体会到同样是星星月亮，因为画家的颜色和用笔方法不同，画面产生的效果也不同，带给人的体会更不同。让学前儿童学会体会这种不同之处，为后面的创作做准备。

2. 活动设计

(1) 活动目标。

① 欣赏梵·高的作品，感受画面中形象、笔触和色彩传递出来的强烈情感。

② 创作时尝试使用多种颜色来表达自己的情感。

③ 通过创作轻松快乐地表达自己的情感，表现出自己独特的个性，培养学前儿童审美和创造美的能力。

(2) 重点难点。

① 重点：欣赏梵·高的作品，感受画面中形象笔触和色彩传达出来的强烈情感。

② 难点：通过相同题材不同风格的画面对比，让学前儿童体会到画家的心情不同，颜色和用笔方法不同，画面产生的效果就会不同。

(3) 活动准备。

① 梵·高《星月夜》图片，梵·高《自画像》，儿童画《星月》各一幅。

② 绘画工具：油画棒、水彩笔、水粉工具、图画纸。

③ 经验准备：色彩、线条等美术方面的经验。

(4) 活动过程。

① 认识梵·高。

出示梵·高的《自画像》，并引导学前儿童初步观察《自画像》的笔触和色彩。

教师小结：梵·高生活很苦，但是热爱生活，热爱画画，画了很多作品，他的作品笔触线条和颜色都很有特点。

② 出示作品，引导学前儿童欣赏。

今天老师带来一副梵·高的风景作品，请你们仔细看看，画面中表现了什么？

出示《星月夜》，由浅入深引导学前儿童观察、描述画面，感受画面色彩的情感。

提问：请你仔细观察，画面上画了什么？画中用了哪几种颜色？哪种颜色用得最多？这些颜色相同吗？什么地方用了深蓝，什么地方用了浅蓝？用深浅不同的蓝色画出的月亮是什么样的？画面上还有哪些颜色？这些颜色是鲜艳的还是灰暗的？它们在一起对比强烈吗？你有什么感觉？

教师小结：画家用各种深浅不同的蓝色画出了夜晚的天空，用明亮的黄刷出了星星和月亮，蓝色和黄色对比很强烈，画出的夜空很美。所以，我们一下子就被吸引了。画家用蓝色、紫色和黄色，色彩很鲜明，对比非常强烈，给人一种激动不已的感觉。

引导学前儿童观察、感受线条的特点。

提问：看看画中的树木、星星、月亮，你有什么样的感觉？请大家学一学这棵树是怎样生长的。用肢体语言表现出来，再用小手来试一试梵·高那短促而快速的用笔方法，感受笔触和线条运动。

讨论：画家把星星、月亮、树木画成什么样子？画家是怎样用笔的？像什么？

教师小结：这幅画中充满了波浪形和螺旋形的长线、短而有力的短线，明亮的星星和月亮好像被旋涡一样的云朵包围着，大树像火苗一样扭曲着旋转往上长，而房子是用整齐的短线排列而成的。

③ 梵·高这样画，想要我们感受什么呢？

教师小结：梵·高作品中强烈的色彩和动感的笔触让我们感到很紧张、心情很忧郁难过。

④ 学前儿童创作，教师辅导。

尝试用不同方法表达自己的情感。

现在，我们也来试试用像画家一样的方法画一幅有星星有月亮的夜景，好吗？你们抬头看过星星月亮么？你当时的心情怎样？可以用什么颜色来表达你的感受？仔细想想，想好了再画。

学前儿童作画，引导学前儿童大胆运用不同材料、不同颜色和线条进行表现。

⑤ 学前儿童相互欣赏点评作品。

请小朋友们评评谁画的夜空最美。

猜猜同伴们所表达的情感。

3. 活动反思

为学前儿童创造宽松的欣赏环境，有利于将学前儿童的积极性和创造性发挥出来。在这次活动中，学前儿童的情绪始终是积极的。在欣赏颜色时有的学前儿童说颜色在跳舞，看到星星的感觉像转圈圈转晕了；在认识线条表现扭曲的树时，有的学前儿童扭动着身子，说扭曲的树枝像蛇一样灵活。美术欣赏没有完全正确的答案，个体差异是每个人都有不同的体验。在欣赏作品时，一是教师不要把自己的看法强加给学前儿童；二是要充分肯定每个学前儿童的感受和理解的方式，用讨论的方法对学前儿童进行引导。梵·高作品在色彩和笔触线条方面表现突出，学前儿童在颜色和线条方面也都是高手，加上教师适时地加以启发和引导，学前儿童就能较清晰地分析和理解作品创作意图。

创作时，教师作为活动的支持者，应准备多种绘画工具，以大大激发学前儿童的创作欲，使学前儿童的想法不受材料的限制，让学前儿童自由选择，尽情发挥。创作阶段，学前儿童的创作作品都很有线条感，油画棒和水分结合的效果使画面效果极其丰富。

不足之处，学前儿童在欣赏过程中，过多注意某个细节的观察，没有给孩子留下充分观察表现的时间，限制了学前儿童的主动探索求知。

(资料来源：https://www.youshibaodian.com/a/0e94d8c85ac34b47b7a558ddbc6b0c2c.html)

(四)手工活动《蛋壳贴画》(中班)

1. 设计思路

在我们的生活中，废旧物随处可见。蛋壳无毒无害，又随手可得。通过蛋壳贴画手工活动，让中班学前儿童充分认识废旧材料的特性，培养学前儿童的手指灵活能力、独立操作能力和技能技巧，培养学前儿童的创作精神和克服困难的意志品质；同时启迪学前儿童，平时要做个有心人，主动收集废旧物品，变废为宝。

2. 活动设计

(1) 活动目标。

① 尝试用废弃的蛋壳进行拼贴，并且用排刷均匀涂色，学习印画的技能。

② 感受蛋壳粘贴画特殊的花纹，欣赏生活中无处不在的美。

③ 锻炼学前儿童手指的灵活性，感受变废为宝的快乐。

(2) 重点难点。

① 重点：引导学前儿童了解蛋壳贴画、印画的制作方法和过程。

② 难点：掌握贴画的拼贴技巧，能运用排刷均匀涂色、配色。

(3) 活动准备。

蛋壳、水粉颜料、双面胶带、抹布、画好的各种图案(蝴蝶、蜗牛、苹果等)。

(4) 活动过程。

① 出示材料，激发学前儿童兴趣。

讨论：这是早晨小朋友吃鸡蛋剩下的鸡蛋壳，可以用来做什么呢？

小结：小朋友们的想法都很好，今天我们就用蛋壳来装饰画吧。

② 出示范例，师幼一起欣赏。

请学前儿童观察，用蛋壳装饰了什么画？(小兔子)

在小兔的图上刷好颜色，把另一边白纸对印好打开，请学前儿童观察，并发表自己的看法。

A. 一只兔子变成了两只兔子，这只兔子是怎么变上去的呢？(学前儿童自由发挥)

B. 这个蛋壳印的画和我们平时印的画是不是一样呢？(出示平时的印画进行比较)

小结：蛋壳印的画花纹很特殊，是一块一块的，有空隙。

③ 引导学前儿童了解蛋壳贴画的制作方法和过程。

示范蛋壳画，讲解要求并配儿歌。

儿歌：找到一幅画，撕去双面胶。拿块大蛋壳，用力压一压。一块又一块，贴满这幅画。

第一步：先找到一幅画，撕去上面双面胶(在画好的物体上贴上双面胶)。

第二步：拿大块蛋壳，将蛋壳里面的膜贴在双面胶上，用手压一压，蛋壳贴满这幅画，这一步需要有耐心。注意蛋壳只能贴在画的轮廓里，不能叠在一起，画面上没有贴住的请抖一抖放进箩筐里。

第三步：完成后，还可以涂刷颜料，让蛋壳画更加漂亮。

④ 引导学前儿童了解蛋壳印画的制作方法和过程。

蛋壳画做好了，用排刷刷上颜料，颜料刷均匀，最后白纸对折(角对角)，用手掌抹平，这样一幅画变成了两幅画。

⑤ 学前儿童操作，教师巡回指导。

提醒学前儿童蛋壳粘贴在轮廓线里，但不能叠在一起，刷颜料要少一点且要均匀。

⑥ 展示学前儿童作品。

对学前儿童的作品进行集中展示，学前儿童相互交流，教师多给学前儿童一些赞扬和鼓励，让学前儿童为自己的成就感到高兴。

⑦ 活动延伸。

请小朋友们回家去收集其他材料，比如开心果壳、瓜子皮等，尝试做出更多美丽的贴画。

3. 活动反思

由于材料源自生活，激发了学前儿童的兴趣和想象力。范例的欣赏及印画的变化带给了学前儿童神奇的美感。儿歌设计不仅营造出活泼、有趣的制作氛围，还直接告示了蛋壳贴画的技巧和过程。通过蛋壳贴画的手工活动，使中班学前儿童充分认识了废旧材料的特性，培养了学前儿童手指的灵活能力、独立操作能力和技能技巧，发展了学前儿童的创造精神和克服困难的意志品质。活动延伸部分，启迪学前儿童平时要做个有心人，主动收集废旧物品，运用自己的智慧变废为宝。

(资料来源：沈阳市大东区教育局小北幼儿园)

本 章 小 结

艺术是人类感受美、表现美和创造美的重要形式，也是表达自己对周围世界的认识和情绪态度的独特方式。每个学前儿童心里都有一颗美的种子。学前儿童艺术领域教育的关键在于充分创造条件和机会，在大自然和社会文化生活中萌发学前儿童对美的感受和体验，丰富其想象力和创造力，引导学前儿童学会用心灵去感受和发现美，用自己的方式去表现和创造美。

思考与练习

一、名词解释

学前艺术领域教育活动　　图式期　　学前艺术领域教育活动设计

二、简答题

1. 简述音乐活动的内容。

2. 如何理解学前艺术领域教育活动？

3. 简述学前艺术领域教育活动内容。

三、论述题

1. 结合实际谈一谈音乐活动互动课常用的方法有哪些？

2. 如何进行学前艺术领域教育活动的设计与指导？

【实践课堂】

在艺术领域中，如果教师很少提供范画，孩子表现的作品在家长眼里会不堪入目，针对这些家长的观念，结合工作实际谈谈除了开展讲座以外，还有什么办法能让他们认同我们的观点？

在科学上没有平坦的大道，只有不畏艰险沿着陡峭山路攀登的人，才有希望达到光辉的顶点。

——马克思

科学就是整理事实，以便从中得出普遍的规律或结论。

——达尔文

第六章　学前科学领域教育活动

本章学习目标

➢ 掌握学前科学领域教育活动的相关概念。
➢ 了解学前科学领域教育活动的内容。
➢ 学会对学前科学领域教育活动进行教学活动设计。

核心概念

学前科学领域教育活动(activities in the field of preschool science)　观察类科学教育活动(observed science education activities)　实验操作类科学教育活动(experimental operation science education activities)　数学教育活动设计(design of mathematics education activities)

引导案例

幼儿园小班科学主题活动"有趣的糖"

为了学前儿童的需要，我们请家长一起帮助孩子收集各种糖果。小朋友们特来劲，一到班上就叽叽喳喳地聊开了。看到学前儿童自然形成的谈话气氛，我及时地改变了以往的教学模式，揣上一包糖，参与到孩子的谈话中："这么多的糖果宝宝真好看，它们是从哪里来的？"夏儿急忙说："这是我阿姨结婚的喜糖，里面有好多不一样的糖呢。"叶晨宇说："妈妈昨天带我去超市，超市的糖真多，我挑选了玉米糖、棉花糖。"这下，班上可开了锅，大家都跟着嚷了起来："我也去了超市，我有大白兔奶糖、棒棒糖""我的是巧克力……"看见孩子们十分兴奋，他们在家中已建构了对糖初步的认知。为了把孩子这些零散的糖的概念清晰化，我提出了要求："我们也来开个卖糖的超市，好吗？"孩子们立刻兴奋起来，我与他们忙碌着给糖分类摆放整齐，开始了角色游戏——"糖果超市"。在游戏中，学前儿童可凭小票买两颗糖，老师鼓励他们自己剥开糖纸，看一看，闻一闻，尝一尝，孩子们开始交流起来。"我的是橘子口味的，你的糖是什么口味的？""我的是红色的，草莓味。""我的是绿色的，是苹果味的。""我有巧克力，是咖啡色的……"我插空说："哦，原来，糖的颜色可以告诉我们糖的味道，是吗？""是的。"正当孩子们齐声响应我的时候，我却不经意地发现了随地乱扔的糖纸。

（资料来源：http://www.docin.com/p-1438115800.html）

在这个案例中，教师是具有教育机制的，能以学前儿童为活动之本，灵活地运用教学方式，及时梳理提升学前儿童已有的经验，抓住学前儿童的兴趣点。但是教师忽略了卫生环保教育。为了提高学前儿童的环保意识，挖掘糖纸中的科学知识，"有趣的糖纸"就是在教师的随意一瞥中应运而生的。在活动中，教师身穿贴满糖纸的围裙，变成了"糖纸姐姐"，教师问："糖纸姐姐漂亮吗，哪里最漂亮？"学前儿童兴奋地回答："漂亮，裙子漂亮，上面有各种颜色的糖纸。"教师问："你们知道这些糖纸是从哪来的吗？"亮亮回答："糖纸是糖宝宝的衣服，是从糖身上剥下来的。"夏儿说："妈妈带了很多糖纸来。"黄栎萌说："昨天，我请全家人吃糖，糖纸收好，交给老师了。"教师神秘地说："你们说得都对，不过糖纸姐姐身上的糖纸不是你们带来的，是老师昨天在教室的地上捡的。小朋友们昨天开糖果超市时，把这么多好看的糖纸都扔在地上，是不是很可惜啊？""是。"教师继续说："糖纸乱扔在地上，教室看上去怎样？""不干净。""不卫生。""乱七八糟……"学前儿童答。教师问："以后，小朋友有了糖纸后，还会乱扔吗？""不会了。"接着，教师与学前儿童一起欣赏收集来的糖纸，孩子们发现糖纸的颜色可真多；孩子们发现糖纸上面有字，有图，它们能告诉我们糖的名字；孩子们还讨论了如果糖外面不穿糖纸，糖就会脏，就会黏手，就不能吃了。终于，孩子们明白了糖纸的作用真大。

在幼儿园课程中，学前科学领域教育旨在组织儿童开展有计划的科学教育活动，激发学前儿童对周边事物的好奇心，提高学前儿童探索事物的兴趣，获取与生活经验相贴切的科学知识，为学龄期科学概念的教育打下基础。本章的重点是掌握学前科学领域教育活动的相关概念，了解《3～6岁儿童学习与发展指南》中关于社会领域活动目标解读。最后，学会设计学前科学领域教育活动。

第一节　学前科学领域教育活动设计概述

一、对学前科学领域教育活动的理解

(一)学前科学领域教育活动的含义

1. 科学的概念

"科学"一词源于拉丁文"scientia"，本意为"学问、知识"。但至今还没有一个被世人公认的定义。一些科学家认为，科学在不同的场合、不同的时期有不同的意义。但迄今为止，多数人认为科学是人们对客观世界的认识，是反映客观事实和规律的一种知识体系。科学是一种知识，但并不意味着任何一种知识都是科学，只有反映客观事实和规律的知识才是科学。

科学至少有广义和狭义之分。广义的科学是关于自然、社会和思维的知识体系。狭义的科学是揭示自然的本质和规律的知识体系，即自然科学。我们平常所说的"科学家""科学宫""科学现象"等词中的科学都是狭义的科学。我们要研究的科学就是狭义的科学，即自然科学和数学。

2. 学前科学领域教育活动的内涵

对学前科学领域教育活动的内涵，不同学者有着不同的表述：学前科学领域教育活动是指"教师引发、支持和引导学前儿童对周围物质世界进行主动探究，以帮助他们形成科学情感和态度，掌握科学方法，获得有关周围物质世界及其关系的科学经验的活动[1]""是教师引导儿童主动对周围物质世界进行探究，帮助他们形成科学素养为目的的探究"[2]"是学前儿童在教师的指导下，通过自身的活动，对周围的自然界(包括人造自然)进行感知、观察、操作、发现，以及提出问题、寻找答案的探索过程"[3]……可见，学前科学领域教育活动的内涵主要包括几个重要的方面。

(1) 教师引发、支持和引导学前儿童对周围的动物、植物、自然现象等进行主动探究。

(2) 发展学前儿童好奇心，使学前儿童形成科学情感和科学态度这种有利于终身发展的素质。

(3) 使学前儿童学会如何获取知识、如何学习，逐渐学会科学的方法。

(4) 使学前儿童获得有关周围物质世界及其关系的科学经验，掌握一些初步的技能。

(二)学前科学领域教育活动的特点

学前科学领域教育活动内涵的实现需要学前科学领域教育活动具有以下特性。

(1) 教育内容生活化。

(2) 教育内容的启蒙性。

(3) 教育过程的探究性。

(4) 教育活动的结果要引导学前儿童获得广泛的科学经验。

(5) 教育组织方式的多样性和灵活性。

学前科学领域教育
活动的特点.docx

(三)学前科学领域教育活动的内容

1. 《纲要》提出了幼儿园科学教育的内容

(1) 引导学前儿童对身边常见事物和现象的特点、变化规律产生兴趣和探究的欲望。

(2) 为学前儿童的探究活动创造宽松的环境，让每个学前儿童都有机会参与尝试，支持、鼓励他们大胆提出问题，发表不同意见，学会尊重别人的观点和经验。

① 刘占兰. 学前科学领域教育活动[M]. 北京：北京师范大学出版社，2001.

② 夏力. 学前科学教育活动指导[M]. 上海：复旦大学出版社，2009.

③ 施燕. 学前儿童科学教育[M]. 上海：华东师范大学出版社，2006.

(3) 提供丰富的可操作的材料，为每个学前儿童都能运用多种感官、多种方式进行探索提供活动的条件。

(4) 通过引导学前儿童积极参加小组讨论、探索等方式，培养学前儿童合作学习的意识和能力，学习用多种方式表现、交流、分享探索的过程和结果。

(5) 引导学前儿童对周围环境中的数、量、形、时间和空间等现象产生兴趣，建构初步的数概念，并学习用简单的数学方法解决生活和游戏中出现的某些简单的问题。

(6) 从生活或媒体中学前儿童熟悉的科技成果入手，引导学前儿童感受科学技术对生活的影响，培养他们对科学的兴趣和对科学家的崇敬。

(7) 在学前儿童生活经验的基础上，帮助学前儿童了解自然、环境与人类生活的关系。从身边的小事入手，培养初步的环保意识和行为。

根据《纲要》的精神和学前科学领域教育活动的目标，我们将其具体范围大致划定为两个年龄阶段(0～3 岁学前儿童和 3～6 岁学前儿童)。

2．0～3 岁学前科学领域教育活动的内容范围

0～3 岁的学前儿童刚刚来到这个世界上，对于他们生活周围的各种事物既感到陌生又充满好奇，所以应该先从认识和熟悉最常见的人和物，从最简单最基本的方面入手。

(1) 学习辨认亲近人的声音，能转向发出(叫他名字)声音的方向。

(2) 能注视或会指认周围生活环境中熟悉的人、物；能叫出周围生活中熟悉的人、物的称呼或名称。

(3) 观察人主要的感觉器官：视觉(眼)、听觉(耳)、嗅觉(鼻)、味觉(舌头)、触摸觉(手、脚)，能指认五官、能用手做简单的模仿动作；能尝试探索、感受其各自的功能。

(4) 尝试用动作、表情或简单的语言来表达自己的愿望、要求。

(5) 在成人的带领下愿意接触大自然。

(6) 知道自己的姓名、性别、年龄。

(7) 通过视觉、触摸觉等辨别他们周围生活环境中常见物体的形状、大小、颜色、冷热、软硬等差别明显的特征。

(8) 通过玩水使宝宝感受水、喜欢水。知道渴了的时候喝水，水能解渴。

(9) 根据 3 岁以前学前儿童的生活经验要感知最简单的数 1、2、3 等，结合最熟悉的物体能进行简单数的点数。觉察指认形状(如能认出特征明显的三角形、方形等，注意方形是正方形、长方形的统称)、时间(昼夜)、空间(上下、内外)等明显的不同，能初步了解人、物、事之间的简单关系。

(10) 让他们接触、观察并笼统比较物体的数量；能按顺序有节奏地念数词；能在 1～3 个物体的范围内进行按物点数。

3．3～6 岁学前科学领域教育活动的内容范围

3～6 岁学前儿童活动的范围增大了，他们接触周围的人、物等比 3 岁以下的学前儿童增加了很多，学前儿童的认知能力大大提高，这一阶段学前科学领域教育活动的内容主要体现在自然科学和数学两个方面。

1) 自然科学教育的内容

(1) 接触自然环境，认识自然，感受自然界的美好与奥妙。比如观察常见动植物的生

长及特征，探索动植物的多样性，植物的组成部分(根、茎、叶、花、果实、种子)各个部分的特征、功用。知道植物有不同的生长方式；了解植物生长的必要条件是阳光、空气、水、温度以及植物生长与环境的关系；观察植物的季节变化，了解植物与季节变化的关系；观察生长在不同环境中的植物的形态特征，了解植物形态特征与所处地理环境的关系。知道动物有很多种，如家禽、家畜、野兽、鸟、鱼、昆虫等。各种动物有不同的外部特征和生活习性。知道动物是有生命的，需要水、空气和食物维持生命。了解动物生活在不同的地方，有不同的行为方式、不同的繁殖方式、不同的食性。比如了解气候和季节是人类、动植物生存的重要环境因素。观察晴天、多云、阴天、雨天等现象，并学会记录。观察各种天气现象，如雨、雪、风、冰、闪电、雾、冰雹、霜等。知道四季的变化及其规律，了解不同季节的特征。知道地球存在于宇宙中，有地球、太阳、月亮和星星。知道太阳是恒星，是一个发光、发热、燃烧着的巨大火球。知道月球是地球的卫星，它不会发光。

(2) 探索身边常见的科学现象，感受科学技术给生活带来的便利。了解光和人类生活的密切关系，探索光和影子的关系。探索光学仪器，了解简单的光学现象。了解颜色是由光的反射造成的，探索物体的颜色现象。

探索声音的产生，知道不同物体会发出不同的声音。知道声音有乐音、噪声之分。

了解摩擦产生的静电、电线输送来的电和干电池里的电都是电。了解干电池的用途，理解电的用途及优越性。使学前儿童懂得安全用电，避免发生安全事故。

热：知道任何物体都有温度，有的温度高，有的温度低。传热现象，有的传热快，有的传热慢。

观察各种形状、大小的磁铁，探索磁铁的性质。了解磁的作用和物体运动之间的关系。

知道力和运动是生活中最常见的现象，初步了解力的大小、方向。知道力有很多种，如地球的吸引力、推力、拉力、压力、浮力、摩擦力以及风力、水力、电力等，感受力的作用。探索力的平衡。探索省力的方法，如使用轮子、滑轮、杠杆、斜面、机械等。

了解周围物质世界和日常生活中存在的简单化学现象。如大米经过烧煮变成米饭，面粉发酵做成馒头等。知道食物的霉变现象，初步了解食物为什么会霉变。

(3) 了解身边的物品和材料，发现物品和材料的多种特性和功能。比如利用各种废旧物品制作玩教具。

2) 数学教育的内容

(1) 集合概念学习，从大小、形状、颜色、用途等各角度对物品进行分类，比较多少。

(2) 数概念主要认识 10 以内的数，包括数的感知、认读、书写、形成等。

(3) 空间感知平面图形、立体图形、方位、时间等。

二、《3～6 岁儿童学习与发展指南》中关于科学领域活动目标解读

学前儿童的科学学习是在探究具体事物和解决实际问题中，尝试发现事物间的异同和联系的过程。学前儿童在对自然事物的探究和运用数学解决实际生活问题的过程中，不仅可以获得丰富的感性经验，充分发展形象思维，而且可以初步尝试归类、排序、判断、推理，逐步发展逻辑思维能力，为其他领域的深入学习奠定基础。

学前儿童科学学习的核心是激发探究兴趣，体验探究过程，发展初步的探究能力。成

人要善于发现和保护学前儿童的好奇心，充分利用自然和实际生活机会，引导学前儿童通过观察、比较、操作、实验等方法，学习发现问题、分析问题和解决问题；帮助学前儿童不断积累经验，并运用于新的学习活动，形成受益终身的学习态度和能力。

学前儿童的思维特点是以具体形象思维为主，应注重引导学前儿童通过直接感知、亲身体验和实际操作进行科学学习，不应为追求知识和技能的掌握，对学前儿童进行灌输和强化训练。

《3～6岁儿童学习与发展指南》中关于科学领域活动目标解读.docx见右侧二维码。

第二节　学前科学领域活动的设计与指导

一、学前科学领域不同类型活动的设计

学前科学领域教育活动的内容非常广泛，对于不同的内容有着不同学习对象和学习方法。为了区分不同类型活动的特点，我们区分了四种类型的学前科学领域教育活动，即观察类科学教育活动、实验操作类科学教育活动、技术制作类科学教育活动、科学讨论类科学教育活动。

(一)观察类科学教育活动

1. 定义

在教师的指导下，学前儿童通过有目的地观察实物，了解物体的各种特征和物体之间的区别，获得对事物的感性认识和观察技能。

在观察活动中主要是运用观察的方法，学前儿童在直接接触事物的过程中运用多种感官直观、生动、具体地认识事物，是最基本和最重要的学习科学的方法。

📎 案例链接 6-1

糖怎么不见了(小班).docx见右侧二维码。

案例链接 6-1

2. 观察的类型

1) 对个别物体的观察

对个别物体的观察是指对单个物体(或一类物体)、现象的观察，是最基本的观察类型。

特点：重在把握观察对象的外形特征，如形状、颜色以及光滑粗糙、软硬、气味等特性，生活、生长习性和特点，物体的静态与动态，物体存在与环境的关系等。通过这类观察积累大量感性经验，学习和掌握基本的观察方法和技能。学会从不同角度观察物体。

2) 比较性观察

比较性观察是指同时观察两种或两种以上的物体并进行比较，以找出物体间的异同点。这种观察方法能帮助学前儿童较快发现事物的特征，利于学前儿童分类能力的发展和概念

的形成。比较性观察要求选择同类物体进行比较，既找出物体的不同点也要找出相同点。观察时先选择一些差异比较明显的物体给学前儿童观察，逐步发展到差异较小或差异细微的物体。

3) 长期系统性观察

长期系统性观察是指在一段时间内，持续不断地观察某种物体或现象在质和量两个方面的变化和发展并形成完整认识。

长期系统性观察主要用于观察动植物的生长过程，以及天气变化、季节更替。如蝌蚪变青蛙，蚕子变成蚕，再变成蛹，最后变成蛾等；种子发芽生长的过程等。

学前儿童的观察活动与操作活动是结合在一起的，如物理化学现象中的有趣的声音、奇妙的磁铁等都要用到观察方法。

3. 幼儿园观察活动设计

1) 观察活动目标的设计

主要包括观察技能、表达技能、有关观察对象的科学知识。每个年龄班有不同的要求，如表 6-1 所示。

表 6-1　观察活动目标设计

教学目标		适用年龄段	举　例
观察技能	运用多种感官感知事物特征	小班或以上	运用多种感官——看、摸、听、闻、尝等感知西瓜的特征(小班认识"西瓜")
	对不同的对象进行比较观察	中班或以上	通过观察、比较自行车和摩托车的不同(中班认识"自行车和摩托车")
	有顺序地观察事物的特征	中班或以上	观察梧桐树的各个部分及其特征(中班观察"梧桐树")
观察技能	对事物进行系统长期的观察	中班或以上	学习观察并记录小蝌蚪身体的变化(大班"观察小蝌蚪")
	观察事物的变化和现象的发生	小班或以上	观察糖放入水中的变化(小班"糖怎么不见了")　观察并比较不同的纸船放入水中后发生的变化(中班"纸船会沉吗")
表达技能	运用语言大胆讲述自己在观察中的发现	小班	通过目测区分物体间的大小差异，并愿意表达观察过程(小班"常见的工具")
	运用完整的语言讲述并交流自己在观察中的发现	中班或以上	通过观察，比较自行车和摩托车的不同(中班认识"自行车和摩托车")
有关观察对象的科学知识	用图画、数字等多种方式记录自己观察的结果	中班或以上	观察梧桐树的各个部分及其特征(中班观察"梧桐树")

续表

教学目标		适用年龄段	举　例
有关观察对象的科学知识	认识观察对象的明显特征	小班	观察迎春花的颜色、花瓣、枝条等明显特征(小班"观察迎春花")
	认识观察对象的多样性	小班或以上	在观察的基础上知道水果是各种各样的(中班"各种各样的水果")
	认识到各个观察对象的不同点和相同点	中班或以上	观察各种水生动物的特点，知道它们都是生活在水里的(大班"各种各样的水生动物")
	探寻观察对象的变化规律	大班	在观察的基础上探寻种子发芽和水分的关系(大班"种子发芽的条件")

2) 活动过程的设计

(1) 设计引出观察对象的方式。直接呈现、提出问题、利用儿歌、游戏等。

(2) 教师提问的设计。围绕活动目标、重点内容和核心内容来设计提问，考虑活动内容的类型及特点、学前儿童的年龄特点和经验水平，具有启发性、顺序性、趣味性、可接受性等，如表 6-2 所示。

表 6-2　教师提问设计要点

	设计要点	设计思路	活动举例
物体观察活动	物体观察活动包括单个物体观察、同类物体观察以及比较观察。教师可引导学前儿童在观察的基础上进行表达和交流，并通过指向性问题引导其认识物体的显著特征，或比较两个物体间的异同，或总结同类物体的共同特征	出示观察对象—学前儿童自由观察—表达交流—教师引导观察—表达交流—教师总结	小班《水果里的种子》
	教师可引导学前儿童在观察的基础上进行表达和交流，并通过指向性问题引导其认识物体的显著特征，或比较两个物体间的异同	收集物体—布置展览—共同参观—表达交流—教师总结(或开放性结束)	中班《各种各样的纸制品》
现象观察活动	现象观察活动的重点在于观察变化的发生。因此教师可将观察、指导和交流相结合。根据实际情况，可在观察之后引导学前儿童对观察到的现象加以讨论	引出对象或问题—观察现象—观察中的交流与个别指导—教师组织讨论与交流—教师总结	小班《糖怎么不见了》
户外观察活动	户外观察活动既有物体观察也有现象观察。其特点在于户外活动人员分散、难以组织，可采用分组进行的方式以提高师生比例，在活动设计的环节上应尽量减少集中指导，注重个别指导和个人体验	激发兴趣—提出问题—个别观察(个别指导)—分享和表达交流	中班《草长在哪里》

4. 观察活动的组织与指导

1) 准备工作

(1) 确定观察内容，选择观察对象。对于观察对象，最好给学前儿童提供实物进行观察，只有让学前儿童置身于自然环境中，其所获得的认识才会更具体、真实。

(2) 熟悉观察对象，确定观察地点。根据观察内容特点和资源条件来确定是在室内还是室外进行观察，教师要掌握相关的知识与技能，最好是在活动前让学前儿童熟悉观察对象。

(3) 制订观察计划。

2) 观察活动的指导要点

(1) 交代观察任务和要求，激发学前儿童的观察兴趣。在学前儿童开始观察前，教师要明确观察的任务和要求，对学前儿童进行有目的的指导，讲清楚观察的内容。

(2) 教给学前儿童相适应的观察方法。①有序观察法(顺序观察法)；②比较观察法；③典型特征观察法。

(3) 提出问题，引导学前儿童观察。问题要有启发性、具体明确、有层次性等。

(4) 鼓励学前儿童运用多种感官参与活动。充分调动学前儿童的视觉、触摸觉、听觉、味觉、嗅觉感官去获取有关观察对象的经验。

(5) 鼓励学前儿童用自己喜欢的方式表达观察结果。

(6) 观察活动可与其他活动形式相结合。

案例链接 6-2

叶子的秘密——中班科学活动.docx 见右侧二维码。

案例链接 6-2

(二)实验操作类科学教育活动

1. 定义

实验操作类科学教育活动是指教师根据预想的目的或设计，利用一些材料，通过简单的操作或演示，对周围常见的科学现象加以验证的一种活动。

2. 幼儿园实验操作类科学教育活动的设计

1) 活动目标的设计

(1) 根据下面三方面内容来设计具体的活动目标。

情感态度——有好奇心和探究热情，有初步的科学精神和态度。

科学方法——获得探究解决问题的策略的感性认识。

知识经验——获得有关周围事物及其关系的经验，并有使用的倾向。

(2) 活动目标设计的要求。

① 分析内容，明确科学实验活动内容的关键概念或经验，设计有针对性的目标。

观察科学现象的活动，重点培养学前儿童观察现象和变化的能力，以及对科学现象的好奇心和探求欲望等。

② 结合学前儿童的发展水平和具体特点，设计有层次性的目标。

③ 目标要有灵活性，以适应活动过程中出现的变化。如因学前儿童兴趣而即时生成的活动，需要教师灵活确定当时的活动目标。

2) 活动内容的设计

分析内容，教师明确内容的关键概念或者经验有哪些，这些概念或经验学前儿童已经具有哪些认识？这些内容将以何种形式让学前儿童去探究了解？

3. 活动环境、材料的准备

考虑材料和活动目标的关系、材料的结构性、材料的数量等；要考虑知识的准备、情感的准备、空间环境。

4. 活动过程的设计的步骤

(1) 教师根据课题内容及目标，从学前儿童经验出发，或从提供给学前儿童的探索材料或环境出发，提出问题或简短的指令，引起学前儿童的好奇，激发学前儿童参与实验探索活动的兴趣和积极性。

(2) 教师提出启发性问题，引导学前儿童从多方面、使用多种方法和探索对象相互作用，去感知、操作、发现和思考。

(3) 设计学前儿童进行实验探索活动的形式及教师的指导方式，如集体活动、小组活动、个别活动等。

5. 幼儿园实验活动的组织与指导

1) 做好充分的准备工作

教师首先应该根据学前儿童已有的经验，确定实验内容，选择程序简单、容易操作、结果明显、趣味性强的内容。其次，进行预备性实验，熟悉有关的知识和操作步骤。最后要准备足够的实验材料。其中，根据实验内容选择适宜的材料，材料必须为实现活动目标而服务，材料可以分为探究材料、科技活动材料两种类型，如木工活动材料、编织活动材料、建筑活动材料，还有科学工具，如测量、观察用的放大镜、显微镜等。材料可以是成品的也可以是半成品的或者是自然材料。

2) 实验活动过程的指导要点

(1) 介绍材料，交代要求，激发学前儿童探究兴趣。

(2) 提出思考问题，让学前儿童尝试、操作和发现。

(3) 观察学前儿童，适时指导学前儿童使用材料和工具。

(4) 鼓励学前儿童进行多种方法的尝试，允许学前儿童出错。

(5) 注重操作与讨论、交流相结合。

🌐 案例链接 6-3

有趣的转动——大班科学活动.docx 见右侧二维码。

🌐 案例链接 6-4

沉浮——大班科学活动.docx 见右侧二维码。

案例链接 6-3　　　　案例链接 6-4

(三)技术制作类科学教育活动

1. 定义

技术制作类科学教育活动是指学习制作产品、使用科学技术产品或掌握某些工具的操作方法、技能的科学活动。通过这种活动，学前儿童能获得对技术的直接体验；加深对有关科学现象的理解；获得一些具体的制作技能技巧，养成动手操作的习惯。

2. 技术制作类科学教育活动设计

1) 活动目标的设计

根据感受正确操作科技产品，并掌握工具使用的方法的能力；能根据自行动手设计和进行科技小制作的能力等设计活动目标。

2) 活动过程的设计

首先要进行学习使用科技产品和工具的活动(设计思路：观察—尝试操作—交流讨论—正确操作)其次，可以进行科技小制作活动(设计思路：演示—操作—交流讨论—分享)。

3. 技术制作类科学教育活动的指导

1) 活动前的准备

为学前儿童提供适宜的材料或工具。

2) 活动过程的指导

教师首先要通过演示材料或演示操作或简短指令引起学前儿童兴趣。其次，交代清楚操作的要求、方法和注意问题。再次，教师有针对性地指导学前儿童，鼓励学前儿童按自己的想法操作。最后要引导学前儿童进行交流、讨论和分享以及教师进行总结。

🌐 案例链接 6-5

自制小沙锤——中班科学活动.docx 见右侧二维码。

案例链接 6-5

(四)交流讨论型科学教育活动

1. 定义

交流讨论型科学教育活动是指在学前儿童亲自收集资料、整理资料的基础上，通过集体交流讨论等手段获得科学知识的一种活动。活动中信息量大，可以满足学前儿童的求知欲；可以培养学前儿童收集信息整理信息获取见解经验的能力；同时还可以培养学前儿童的语言表达能力。

2. 交流讨论型科学教育活动的设计

1) 活动目标的设计

围绕表达交流技能、资料收集与整理技能、科学知识经验三方面来设计。

2) 活动过程的设计

活动过程的设计有三种模式：一是参观调查—汇报交流式；二是收集资料—共同分享式；三是个别探究—集中研讨式。

3) 活动过程的指导

首先，可以创设情境，提出问题，引起学前儿童的兴趣。其次，教师可以呈现资料信息，交流讨论。最后，引导学前儿童获得结论。

案例

我们需要干净的河水①(大班)

【活动目标】

1. 交流调查的结果，讨论水污染的原因及解决的办法。
2. 进一步激发保护水资源的意识，并采取力所能及的行动。
3. 大胆地讲述自己所知道的河水污染现象，同时养成倾听他人讲话的习惯。

【活动准备】

1. 学前儿童观察记录图若干。
2. 供学前儿童欣赏的清洁的水资源照片若干。

【活动过程】

1. 和学前儿童讨论河水污染的问题。

前几天，我们当小记者去采访了一条小河，发现了一些问题，现在请你们相互谈谈发现的问题，可以看看你们的图画记录。

教师把学前儿童的记录图画贴在绒板上，让学前儿童边看边讲述自己的发现和感受。看到什么、闻到什么、水面漂浮着什么？为什么？

2. 和学前儿童讨论解决河水污染问题的办法，引导学前儿童用自己的方法解决问题。

小朋友快想想办法，怎样才能使河水变干净呢？

如果大家都不乱扔垃圾到河里，而是把垃圾扔进垃圾箱里，不把脏水、污水直接排入河里，那河水就会很干净了。

3. 和学前儿童一起欣赏清洁的水资源的照片(如九寨沟等)，总结保护水的重要性，并启发学前儿童采取力所能及的行动，如在被污染的河边竖立警示标志，给政府有关部门写信等。

(资料来源：南京师范大学紫金幼儿园　宣钗洪，有改动)

二、学前科学领域数学教育活动的设计

优秀的数学教学活动设计能调动学前儿童的学习兴趣，促进学前儿童数概念的主动建构及其思维的发展。数学教育活动设计包括两方面的内容(一是数学操作活动的设计，二是数学教学活动的设计)，三个阶段(教学活动的准备阶段，教学活动的实施阶段，教学活动的评价阶段)。当前幼儿园数学教学活动通常将"集体教学活动"和"小组操作活动"整合在一个活动过程之中。

(一)教学活动准备阶段

数学教学准备要解决以下的问题：教学目标的确定与叙写；教学材料的处理和准备；教学行为的选择；教学组织形式的编制和教案形成等。

---

① 张俊. 幼儿园科学教育.人民教育出版社，2004.

1. 确定科学合理的教育目标

教育目标的确定要注意教学活动的主体是学前儿童，不是教师；从学前儿童身心发展出发，可涵盖情感、态度、能力等多角度。学习目标要稍高于孩子现有的水平，通过"最近发展区"效应，使学前儿童通过努力达到目标，而不是最高要求。

2. 选择适宜的操作材料

操作材料的提供要注意以下几点。

1) 提供的材料应充分，以满足学前儿童反复摆弄练习的需要

学前儿童在学习一项新的内容或技能时，常需要反复地尝试和练习，因此充足的材料会使学前儿童的学习需要得到满足。

2) 提供的同一类活动的材料应有实物、图片、符号三个层次

这既可以满足和适应不同发展水平学前儿童的学习需要，同时又可引导学前儿童的思维从直观行动思维向具体形象思维再向抽象逻辑思维发展。

在学习同一概念或同一关系时，所提供的材料应多样化。这样可让学前儿童从运用多样材料的操作活动中，积累丰富的感性经验，使学前儿童对数学概念的本质属性有更多的认识，这有利于学前儿童初级数学概念的建构。

例如，在"认识梯形"的活动中，活动的目标是感知梯形的基本特征。根据这一目标，我们提供了以下几种材料：①火柴棍(用来拼梯形，帮助学前儿童体验梯形的外形特征)；②三角形、长方形、正方形的纸和剪刀(用来变梯形，帮助学前儿童进一步感知梯形的基本特征，并体验变梯形的多种途径)；③由各种几何图形组成的形象(给其中的梯形涂色，帮助学前儿童感知梯形的多种变化)。

虽然这三种材料各不相同，操作方法及作用也不完全一样，但都是紧紧扣住活动目标的。这种丰富多彩的材料，既可以激发学前儿童的学习兴趣，又可以用不同的形式来巩固学前儿童的习得。

3. 选择适宜的教学方式和组织形式

教学方式和组织形式的选择可以直接影响教学效果。所以要做到以下几点。

(1) 教学方法多样化。近年来，广大教师积极改革数学教育方法，探索和总结了许多有效的、促进学前儿童思维发展的经验。有的教师重视学前儿童的感知、操作，坚持在数学活动中引导学前儿童分析、比较、归纳、推理、概括形成概念，指导学前儿童迁移运用数学知识、规律。要避免两种极端教学：被迫的接受和来自教师的灌输，可多采用游戏法、实物教学法等教学方法。遵循学前儿童思维发展的规律(具体形象思维—表象思维—抽象思维)。

(2) 组织形式生活化、情境化。现实生活是学前儿童数学概念的源泉，学前儿童的数学知识和他们的现实生活有着密切的联系。教师要善于创设生活情境游戏让学前儿童在轻松、愉快的环境中学习，感受到数学作为一种工具在实际生活中的作用和应用。

情境创设要生动有趣，与学习内容密切相关。教师要巧妙地将所要学习的内容融合到具体的生活、游戏情境之中。

情境创设要富有挑战性，能激励学前儿童积极参与。比如在大班"认识人民币"活动

中，可以创设这样的情境：小红的妈妈正准备晚餐呢，却发现盐罐里没盐了，怎么办呢？只能让小红去小店买。小红要妈妈给钱，妈妈说盐 1 元钱一袋，你就从储蓄罐里拿吧！小朋友请你想一想，小红可以怎样拿钱？学前儿童通过合作、交流、体验、学习到了人民币的兑换知识。

情境创设要富有启发性，能拓宽学前儿童解决问题的思路。比如大班在"认识球体和圆柱体"的活动中，为了让学前儿童能主动构建球体和圆柱体的概念，教师可以设计"圆圆游乐场"的教学情境，在游乐场中布置各种圆的物品，可以是球体、圆柱体、圆形等。在游乐园中玩，请学前儿童充分感受具有圆的特征的物品的异同点，在观察、比较的过程中，区分不同的概念，进行分类并寻找其他同类的物品。这样的教学情境可以启发学前儿童敏锐地感知到不同图形、不同形体之间的差异，能够帮助他们打开思路，进行思考和判断。

(3) 教学手段的现代化。现代化的教学手段为学前儿童提供了大量生动的音像素材，符合学前儿童的认知特点，把呆板的数学变得更加生动活泼且充满童趣。

是不是电化教具能创造更好的教育效果，就可以放弃其他的实物、图片教学？非也。因为电教是通过人的视觉、听觉来接受信息的，它可代替图片，但物体的立体感是要用触觉来体验的，如"自然测量""感知容器的容积"等，就不能用课件，而只有学前儿童亲身实地操作感知、练习，才能有效地实现教学目标。所以说我们要积极运用电教手段，但绝不能忽略其他教学手段。只有互补长短，了解教学任务的特点，有的放矢地确定教学手段，才能全面提高学前儿童的感知能力。

(二)教学活动实施过程

教学过程一般要教师解决两个行为问题，一是管理行为，二是教学行为。

课堂的管理行为是为使教学顺利进行创造条件确保单位时间内教学活动的行为方式。教学行为有两种：一种是直接指向教学目标和内容，可事先准备的行为，如引导，提问等；另一种是直接指向教学目标和内容，无法事先准备的行为，如不会表达，不会操作等。

良好的开端是成功的一半，数学活动导入得好，就能很快激发学前儿童的学习兴趣，使他们注意力集中，能调动起学前儿童发现问题、解决问题的强烈愿望。在组织数学活动时，可以运用多种不同的导入方式。

1. 从生活经验引发思考

数学知识的系统性很强，因此，要注意数学活动必须建立在学前儿童的认知发展水平和已有的知识经验基础之上，注意把学前儿童在日常生活中的生活经验有效地调动起来，使新学旧知有效衔接，让学前儿童顺利打开思维之门。

如：学习圆柱体和球体时，可以让学前儿童思考，生活中哪些东西可以滚动呢？这些可以滚动的东西里究竟藏着什么秘密呢？采用问题设疑的方法导入，学前儿童会产生疑问，进而进行积极的思考，顺利过渡到新知识的学习中。

2. 巧妙运用生活情境

如在学习数的加减时，我们可以创设一个商店的情境，吸引学前儿童参与有趣的加减游戏；也可以把数学内容编成有趣的故事，通过语言的渲染，使学前儿童愉快地进入情境。

如：《学习 5 的加减——小兔的萝卜》，教师以小故事导入：小白兔从野外采来 5 个萝卜，被猪小弟看见了，猪小弟想和小兔开个玩笑，就偷偷地藏起几个萝卜。小兔回家一看，只剩下两个萝卜了，那么小猪藏起了几个萝卜呢？有什么办法可以知道呢？

又如：《学习二等分》，老师讲述《两只笨狗熊》的故事，然后设问："如果请你帮两只狗熊分面包，你觉得怎样分才公平？"通过创设情境，引发学前儿童思考，能很快激发学前儿童尝试操作的欲望和兴趣。

3. 给予挑战性的任务

比如在进行 5 的分合时，可以在活动前给学前儿童提出一个挑战性的任务：用什么办法可以把 5 的所有分法都记录下来呢？看看谁能发现这个好办法！这样，学前儿童带着任务进行探究活动，会更积极认真地进行思考。

4. 积极运用游戏

游戏是学前儿童喜爱的活动形式。根据学前儿童活泼好动、好奇心强的特点，教师可以通过组织学前儿童做多种新颖有趣的游戏导入学习内容。如：《碰球游戏》《拼图游戏》《猜想游戏》等都是能激发学前儿童兴趣、乐于积极参与的游戏。这些游戏有助于集中学前儿童的注意力，顺利导入新的学习内容。总之，导入的方法有很多，但目标却是一致的。通过导入环节，可以激发学前儿童的学习兴趣，启迪思维，调动学习的积极性，让学前儿童进入愉快的数学学习活动。

5. 精心设计教学语言

在数学活动中，教师的教学语言起着十分重要的作用。教师必须事先精心设计教学语言，不能临阵磨枪，更不能凭感觉临时发挥。

1) 讲解

教师的讲解是帮助学前儿童理解数学知识，掌握活动规则所必需的。我们在设计讲解语时，一般应注意以下四个问题。

① 清楚明确。教师的讲解语应该很明确，让学前儿童一听就知道要做什么，怎么去做。

如：中班活动《拼图》游戏，我们的讲解语是这样设计的：今天我们玩拼图游戏，这是底板，底板上有数字 1~5，他们有的是红色的，有的是蓝色的；这是拼图卡，上面有用几何图形拼成的各种图案，有的是红色的，有的是蓝色的(这几句话是向学前儿童介绍游戏名称和材料)。数一数，这些图案是由几个什么颜色的图形拼成的？在底板上找到和它们颜色、数量一样的数字，让它们面对面贴在一起。教师在关键的地方应放慢语速，配合动作进行演示，清楚明确，学前儿童很快就能掌握拼图方法，顺利完成任务。

又如，我们为"看数拍手"活动设计的讲解语——下面，我们玩"看数拍手"的游戏。老师拿出的数字是几，你就拍几下手。拍完后就说几，我拍了几下。这段讲解语只有三句话，第一句介绍游戏名称，第二句交代游戏方法，第三句教学前儿童正确表达自己的操作结果。

② 要言不烦。在设计讲解语时，教师必须清楚地知道哪些应该先说，哪些应该后说；哪些应该详细地说，哪些应该简略地说。例如，"认识数字 5"这一活动的重点是认识数字

5 及其所代表的量。为此，教师应该首先引导学前儿童确定数量，再引导学前儿童仔细辨认字形并理解这一数字所代表的量。至于绒贴板上有哪些小动物，它们有什么不同则无须多说，因为这都不是这一活动的重点。

③ 有条有理。教师应从操作的实际顺序和学前儿童的思维(或者行动)习惯这两者的结合上作综合考虑，使语言具有条理性。例如，在"按数串木珠"的活动中，教师应有条不紊地交代：理出同色木珠—认清木棒上标示的数字—把与木棒上数字一样多的木珠串在木棒上。如果教师只是笼统地交代：数字是几，就串几颗木珠，而且所串木珠的颜色要一样。那么，学前儿童很可能只考虑数量的要求，而忽略所串木珠在颜色上的要求。

④ 科学严谨。学前儿童掌握数概念的过程是实物—表象—数词的过程，教师在借助实物、图片让学前儿童感知抽象数概念时，讲解、提问的措辞要尽量注意一致、准确。如 5 朵花中的量词"朵"不能与"支"或"束"混用；倒数和倒着数不同；量的多少和数的大小不同；再如，"什么颜色的纸长？""三角形有角，圆形没有角"，等等。这样的表达是错误的，正确的表达应该是"什么颜色的纸条长？""三角形有三个尖尖角，圆形是圆溜溜的图形"。

2) 提问

提问的目的是为了帮助学前儿童思考，让他们运用已有的知识、经验去探索新问题，解决新问题。为此，在以下三个方面应特别注意。

① 围绕目标，紧扣主题。教师要善于抓住每个活动的目标，清晰有序地设计提问。

比如：中班活动《学习 10 以内环形计数》，老师先出示一串花，引导学前儿童从左到右点数，一共有 10 朵，然后把一串花围成圈变成了花环。这时的提问应该直接指向数数的方法——现在怎样数才能数正确？

② 由浅入深，分出层次。例如，在"用一个数字表示相等量"的活动中，我们提供了 4 张动物卡片，其中 3 张卡片上的动物数量相等。如果教师直接提问：用哪个数字来表示卡片上一样多的动物？和这一数字不一样多的动物怎么办？学前儿童就会难以回答，束手无策，从而使自信心和积极性大受挫伤。我们可以将上述问题分解成由浅到深的一系列小问题逐个提出，比如：卡片上有什么？它们每样各有多少？哪些动物一样多？它们各是多少只？用哪个数字来表示一样多的动物？哪种动物同这几种动物的数量不一样？它可以用什么数字来表示？这样的提问就会大大降低问题的难度，使学前儿童进入顺畅的思维轨道。

③ 正逆设问，拓展思维广度。例如，在"使两组物体数量相等"的活动中，我们在绒贴板上出示 5 只小猫，4 只小狗。首先提问：用什么方法让小猫和小狗一样多？当学前儿童回答出用添加的方法时，我们再进一步启发学前儿童还可以用什么方法，从而引导学前儿童从不同的角度去思考问题，培养他们思维的灵活性，拓宽他们的思维广度。

为了上好一堂课，我们应当精心设计好每个环节的教学语言，力求使我们的导入语言生动有新奇性、衔接语言科学有启发性、教学过程语言严谨有逻辑性、结束语言简洁有激励性、评价语言自然有亲和力；肢体语言适度有亲切感。

此外，在活动实施过程中，教师还要注意以下几个方面。

1. 营造轻松愉快的气氛

和谐的学习氛围，良好的师幼互动，本身也是一种教育。有心理学研究表明，在轻松愉快的氛围中，更能使学前儿童产生活跃的思维。

2. 教师以同伴的形式和身份去参加学前儿童的活动

如"开商店"游戏，教师可扮演其中一个角色去参加，当学前儿童碰到困难时，教师以"大朋友"身份成为合作伙伴。

3. 适时适度对一些问题进行指导

如在有些操作活动中，有的学前儿童会遇到困难，可能产生不愉快的情绪，教师这时应主动关心和细心指导，帮助他们树立自信心。

4. 关注个别差异

总之，在活动过程中，教师要始终以积极的心态面对学前儿童，教师要给学前儿童更多的时间去操作，去摆弄，从而建构自己新的认知体系。教师要始终保持一种轻松愉快、积极平静、宽容和谐的心态，只有这样，才能使孩子在心理上产生安全感与自由感，激发孩子的好奇心和创造灵感，使学前儿童潜心探索、乐于表达、积极分享。

(三)教学活动的评价

教师不仅要扮演教的角色，同时也要扮演评价者的角色，教学的过程同时也应该成为评价的过程。如何科学有效地评价学前儿童的学习活动，对一线的教师来说，这是一个难题和一种挑战，但我们还是要努力尝试。

1. 评价要有科学合理性

教师要考虑到个别差异，每个学前儿童都希望得到认可、赞扬，但有的教师往往采用统一标准，评价不同学前儿童的发展。如教师请一位学前儿童回答提问，你们说对吗？而集体回答是否定。面对这一全部的否定，学前儿童的自信心、自尊心就会受到挫伤，严重的还会产生心理障碍。

2. 评价要有针对性

有的教师的评价语言贫乏，用"不错、很好或真会动脑筋"等，这一类言语比较缺乏指导性。

3. 评价要指向教学活动的全过程

教师在对学前儿童评价的活动过程中往往忽略对学前儿童赞扬和鼓励，注重活动结束时对操作材料的整理，而对活动的状况不作评价。这样不利于对教学过程的调节、控制和反馈。

教学活动的设计是复杂综合的工作，教育改革日益推进，新的教育理念也对教师提出更高的设计要求，作为学前儿童教师要不断提高教学能力和理论水平，不断在实践中积累经验，理论和实践相结合，设计更好的活动，适应新时期素质教育下对新型教师的需要。

三、学前科学领域活动设计课例

【课例一】

大班科学活动《有趣的树叶》案例与反思.docx 见右侧二维码。

课例一

【课例二】

小班主题活动《变了变了》.docx 见右侧二维码。

【课例三】

中班科学活动《影子》.docx 见右侧二维码。

课例二　　　　课例三

📖 拓展阅读

《纲要》中数学领域与科学领域的整合

(1) 全面地理解和认识数学。数学是从普通的人类实践活动中产生的，促进数学发展的一个重要推动力是各种实际需要。学习数学必须学会应用数学的观点和方法去发现和解决身边出现的实际问题，而不是把它们作为一种知识储备或是教条。

(2) 数学学习应扎根于儿童的生活与经验，在探索中发现数学和学习数学。儿童应更多地通过真实的问题情境产生运用数学来解决问题的需要，并且亲自实践，在探索中发现数学和学习数学，使数学实践活动成为数学认识发生与发展的基础。

(3) 数学教育的新价值。数学教育的主要目标和价值取向是使儿童体会数学与大自然及人类社会的密切联系；体会数学的价值，增进对数学的理解和应用数学的信心；学会运用数学的思维方式去观察、分析现实社会，去解决日常生活中的问题，进而形成勇于探索、勇于创新的科学精神；获得适应未来社会生活和进一步发展所必需的数学活动经验、数学事实和必要的应用技能。

(4) 新《纲要》中数学教育的新目标和教育价值："能从生活和游戏中感受事物的数关系并体验到数学的重要和有趣。"

（资料来源：改编自教育部基础教育司组织编写，幼儿园教育指导纲要(试行)[M].
南京：江苏教育出版社，2020：157-158.）

本 章 小 结

学前儿童天性喜好探究他们所处的世界，从出生的那一刻起，他们就开始通过运用各种感官，获取有关客观世界的各种信息。然而，科学进入幼儿园课程的领域较晚。在最初的学前儿童教育机构里，教师让学前儿童培育植物，饲养动物，为学前儿童讲述有关自然的故事，组织这些与自然现象有关的活动，其目的只是为了欣赏，而不是要求学前儿童去理解这些现象发生的原因。新《纲要》指出儿童是主动的学习者，在科学教育活动中，他们是主动的探索者、研究者和发现者，知识经验的主动建构者。教师是儿童的探究活动的支持者和引导者。教师要尽量创造条件让儿童实际参加探究活动，"亲身经历真实的研究过程"，要让儿童真正地"做科学"。教师要引导学前儿童在做的过程中感受科学探究的过程和方法。孩子们首先要通过感知、熟悉、提问、回忆来明晰自己的研究对象，提出自己真正关心的或有疑问的问题；然后分析自己面临的问题；充分运用已有经验作出猜想和假设；再带着问题通过亲自动手做来验证自己的想法；依据观察到的事实得出自己的结论，并在同伴间表现、交流、分享探索的过程和结果。

思考与练习

一、名词解释

科学　　学前科学领域教育活动　　科学领域活动设计

二、简答题

1. 学前科学领域教育活动的特点有哪些？

2. 数学教育的内容包括哪些？

3. 自然科学教育的内容包括哪些？

三、论述题

1. 3～6岁学前科学领域教育活动的内容和范围包括哪些？

2. 学前科学领域教育活动的内容有哪些？

【实践课堂】

结合案例谈一谈如何选择适宜的科学课

一堂成功的科学活动课，选课是很重要的。科学活动课在选课时，一定要符合学前儿童的年龄特点，适合学前儿童探究，一定是学前儿童喜欢的、感兴趣的，一定要贴近学前儿童的生活，是学前儿童身边的现象，是学前儿童生活中能见到的，千万不要脱离学前儿童的生活环境和生活范畴。

例如：在《小动物过冬》活动中，如何才能选择适宜的科学课。

一个人在童年时代就应该接受爱、善心、热忱等品德教育。培养善心，像识字一样需要有人教导，生活本身即环境是进行这种教学的课堂。一个人的善心是由人培养起来的，人也可以培养自己的善心。每当一个新人诞生时，就要培养他的善心。

——苏霍姆林斯基

要解放孩子的头脑、双手、脚、空间、时间，使他们充分地得到自由的生活，从自由的生活中得到真正的教育。

——陶行知

第七章　学前社会领域教育活动

本章学习目标

➢　了解学前社会领域教育活动的相关概念。
➢　掌握《3~6岁儿童发展指南》中关于学前社会领域教育活动的解读。
➢　知道如何设计学前社会领域教育活动。

核心概念

学前社会领域教育(pre-school social education)　社会领域(social sphere)　人际关系(interpersonal relationship)　社会行为规范(social norms of conduct)　社会文化(social and cultural)　情感激发(emotional stimulation)　情绪追忆(emotional memories)

引导案例

我们班有一位小朋友名字叫赵英哲，说话细声细语，不爱参加集体活动。区角活动时，其他小朋友都选择了自己喜欢的区角，他就站在那里不动，我过去问他：你想进哪个区角？他说他想玩按数取物，后来我陪他进入区角，他才开始玩。

(资料来源: https://wenku.baidu.com/view/5e61fcb9c381e53a580216fc700abb68a982ad84.html)

案例分析

人际交往和社会适应是学前儿童社会学习的主要内容，也是其社会性发展的基本途径，学前儿童在与成人和同伴交往的过程中，不仅应学习如何与成人友好相处，也应学习如何看待自己、对待他人，不断发展适应社会生活的能力，建立良好的亲子关系、师生关系和同伴关系，让学前儿童在积极健康的人际关系中获得安全感。

学习指导

幼儿园社会领域的学习是幼儿社会性发展以及人格健全的重要途径，良好的社会性发展对学前儿童身心健康以及其他各方面发展都有着重要的作用。学前儿童通过学习历史，了解人类的发展背景；通过学习人类学与社会学，明白自己所属群体以及人际沟通的技术。本章的重点是掌握学前社会领域教育活动的相关内容，重点学会设计学前儿童社会领域的教育活动。

第一节　学前社会领域教育活动设计概述

一、对学前社会领域教育活动的理解

【情境导入】

在澳大利亚的许多公共场所，家长们对子女经常要做这个动作：将右手食指放在嘴上"嘘……"这时，哪怕最好动的孩子，也会立刻安静下来。其实，从孩子咿呀学语起，澳大利亚的家长便开始了"公众场合不能高声大噪、以免影响他人"的教育。但孩子有时高兴起来可能忘记这一训诫，这时，家长的提醒就显得十分必要。

在麦当劳餐厅里，只见一群孩子正举行生日聚会。温馨的祝福，美丽的蛋糕，摇曳的烛光，尖尖的生日礼帽，花朵般绽放的笑脸，都给人以强烈的视觉冲击。但有趣的是，联欢会没有"响"声，孩子们用手势和眼神"交谈"着，还不时以水代酒碰杯祝贺，偌大的餐桌上竟听不到什么声音，如果不是服务小姐邀请在场的顾客与他们同唱生日歌，祝贺"小寿星"的生日，你会误以为这是一群"聋哑"孩子呢。

"嘘……"虽然只是一个小动作，却折射出公众场合不干扰他人的家教理念，从大的方面说，它有利于社会生活的有序进行，从小的方面看，它是孩子们成长历程中的道德教化。尽管"国与国不同，花有几样红"，但我们的家长们是否也可以学学这种方法，以养成孩子们在公众场合不干扰他人的良好习惯呢？

上述几个情境描述了儿童拥有的良好的社会行为和习惯。幼儿园学前社会领域教育活动的主要目的是培养学前儿童良好的社会认知、社会情感和社会行为。社会认知主要是指学前儿童对自己、对他人、对社会环境和社会活动的认知，以及对社会行为规范和社会文化的认知；社会情感主要是指学前儿童在进行社会活动时表现出来的依恋感、自尊感、同情心、羞愧感、是非感、爱憎感等；社会行为主要是指交往、分享、合作、谦让、助人等方面的技能。

(一)社会领域的含义

《幼儿园教育指导纲要(试行)解读(2001)》中指出："幼儿园社会领域教育是指幼儿园

专门以发展学前儿童的社会性为目标，以增进学前儿童的社会认知，激发学前儿童的社会情感，引导学前儿童的社会行为为主要内容的教育，社会教育是学前儿童全面发展的重要组成部分，是由社会认知、社会情感及社会行为技能三方面构成的有机整体。"

(二)社会领域的内容

1. 人际关系

人际关系指学前儿童在与周围环境中人(家长、教师、小朋友等)的交往过程中形成的相互关系。人际关系方面的教育内容，主要包括交往态度、交往规则、交往技能，以及交往中形成的自我意识、他人意识及其相互关系。学前儿童期是社会交往态度与社会交往能力形成的重要时期，教师和家长都应创设条件，积极培养学前儿童人际能力并建立良好的人际关系。

案例

幼儿园中班社会活动《我会交新朋友》，教师请小朋友每人自备一份食品和玩具，请来了小班的弟弟妹妹和大班的哥哥姐姐，在班里开办一场"交友会"，小朋友把带来的食品和玩具与哥哥姐姐、弟弟妹妹一起分享，并和他们一起玩。小朋友们在实践活动中掌握了交朋友的方法和技巧。体验了朋友多的乐趣，培养了喜欢与人交往的情感。

(资料来源：https://wenku.baidu.com/view/415f9fda3a3567ec102de2bd960590c69ec3d8cd.html)

2. 社会环境

社会环境指学前儿童生活中经常接触的一些社会组织形态、社会机构和其中的社会角色。如家庭和家庭成员，幼儿园和幼儿园教工人员、小朋友，商店和售货员，医院和医生、病人，以及家乡(城市、农村)，祖国和它的建设者、保卫者等。幼儿园等对儿童进行学前教育的教育场所要为儿童提供有利于他们身心发展、满足儿童娱乐和学习需要的拥有多彩的学前儿童生活的社会环境。

3. 社会行为规范

社会行为规范指学前儿童在社会生活和社会交往中需要了解和掌握的各种行为准则。如遵守公共秩序，爱护环境，不损害他人的利益，待人有礼貌，诚实、守信等。在日常生活中，学前儿童经常表现出一些违反规则的现象，例如在本该安静的场所大声讲话、争抢玩具、使用完图书或玩具不能放回原处，等等。事实上，这些现象主要是因为学前儿童没有规则意识或规则意识较弱所致。因此，我们必须通过多种途径和方法积极引导学前儿童提升规则意识，养成良好的社会行为规范。

4. 社会文化

社会文化是由社会意识形态构成的，是以社会意识形态为主要内容的观念体系的基本结构，与基层广大群众生产和生活实际紧密相连，由基层群众创造，具有地域民族或群体特征。我们要将社会文化与学前儿童教育相结合，将爱祖国，爱家乡，为国争光的美好生活内容贯彻到社会领域的活动中去，螺旋式上升，沁入学前儿童的心田，在学前儿童心灵深处打下烙印。

案例

幼儿园大班社会活动《中秋家家乐》，教师通过准备月饼和各种中秋节的故事挂图，让学前儿童知道每年农历八月十五是中国传统节日中秋节，结合图片和视频生动讲述有关中秋节的神话传说——嫦娥奔月。在这一天月亮是最圆的，一家人会团聚起来一起吃月饼。通过生动展示和讲述，使学前儿童了解中秋节的来历和有关习俗，激发学前儿童对民族文化的兴趣。

(资料来源：https://wenku.baidu.com/view/74cdabb659fafab069dc5022aaea998fcd2240fa.html)

(三)学前社会领域教育活动与儿童发展

1. 幼儿园学前社会领域教育活动是幼儿园教育的重要组成部分

社会对人的生存和发展有着极其重要的意义。学前儿童教育的目的是培养身心和谐、全面发展的社会主义建设者。学前儿童的身心和谐、全面发展，是指学前儿童在身体、认知、社会性等方面的和谐发展。因此，社会性发展是学前儿童全面发展的重要组成部分；以促进学前儿童社会性发展为主要目标的学前社会领域教育活动，也必然成为学前儿童全面发展教育的重要组成部分。

2. 影响儿童身心健康发展

人的大脑时刻在接受着来自外界的信息，这些信息会对人的情绪和情感产生影响。愉悦、积极的情绪和情感体验能使儿童的内分泌系统处于平衡状态，全身的腺体正常工作，有利于他们的生长和发育。心平气和的孩子比生气、烦躁的孩子免疫力更强，更不易患传染病。

社会性发展还会影响儿童的心智发展。社会性发展较好的孩子，其适应能力和自制能力都比较强，易与人合作相处，心态积极、情绪稳定、自信心强，相比其他儿童表现出更有毅力，耐受性好；面对挫折和困难，能够努力克服，不轻言放弃。

3. 促进学前儿童认知能力和人格的全面发展

我国著名的教育学家陶行知早在 20 世纪初就指出："6 岁以前是人格培养最重要的时期。这个时期培养得好，以后只需顺其自然，自然成为社会的优良分子。如果培养得不好，那么，倾向定了不易移，态度决了不易变。"良好的个性品质以及积极的人格素养是儿童适应社会发展的必然要求，通过幼儿园学前社会领域教育活动的开展，儿童学会了合作，学会怎样生存，怎样与人相处，怎样爱别人，怎样接受别人的爱，从而能够适应社会的要求。

案例

晨晨小班的时候，话很少，老师跟他说话，他也就会简单地答你几句，也不会跟你多说什么；中午睡觉，总是第一个睡着；上课也就是认真听，基本上不会主动来回答老师的问题；做操作练习的时候，也能自己完成，总不需要老师或者其他小朋友去帮忙。可见，他应该是一个比较内向的孩子。中班一个多月过去了，感觉他变了一个人似的，早上总能主动跟老师阿姨打招呼，上课的时候总是大胆举手回答问题，在户外游戏活动的时候，一直缠着老师跟他一起游戏，脸上总能洋溢着开心的笑容，回到教室，也能主动帮老师做一些力所能及的事情，在课间休息的时候，总喜欢跟老师来讲话，总有说不完的话。一下子变得特别会说，也特别讨人喜欢。

所以说孩子们的内向不是一直存在的，而会随着自己的长大而有所改变，那就要看家长和教师如何引导。每一个孩子都是很天真、很活泼的，再内向的人也会与人交流，在与同伴接触的同时感到快乐的话，相信他会更加出色。我们都要给予他一定的肯定，那么他才有信心去与人相处，他的信心有了，那么他的交往能力也会越来越好。

阅读链接 7-1

📑 阅读链接 7-1

日本幼儿园安全教育指导计划的简介及其启示.docx(节选)见右侧二维码。

二、《3～6岁儿童学习与发展指南》中关于社会领域的解读

学前儿童社会领域的学习与发展过程是其社会性不断完善并奠定健全人格基础的过程。人际交往和社会适应是学前儿童社会学习的主要内容，也是其社会性发展的基本途径。学前儿童在与成人和同伴交往的过程中，不仅学习如何与人友好相处，也在学习如何看待自己、对待他人，不断发展适应社会生活的能力。良好的社会性发展对学前儿童身心健康和其他各方面的发展都具有重要影响。

家庭、幼儿园和社会应共同努力，为学前儿童创设温暖、关爱、平等的家庭和集体生活氛围，建立良好的亲子关系、师生关系和同伴关系，让学前儿童在积极健康的人际关系中获得安全感和信任感，发展自信和自尊，在良好的社会环境及文化的熏陶中学会遵守规则，形成基本的认同感和归属感。

学前儿童的社会性主要是在日常生活和游戏中通过观察和模仿潜移默化地发展起来的。成人应注重自己言行的榜样作用，避免简单生硬的说教。

阅读链接 7-2

📑 阅读链接 7-2

《3～6岁儿童学习与发展指南》中关于社会领域的解读.docx见右侧二维码。

第二节　学前社会领域教育活动的设计与指导

一、对学前社会领域教育活动设计的理解

幼儿园学前社会领域教育活动设计的一般步骤，包括确定教育目标、选择活动内容、拟定活动目标及策划活动过程几个部分。设计则是将以上思考的过程文字化，即写成教案。

一份完整的社会教育活动教案，一般包括活动目标、活动准备、活动过程和活动延伸几个部分。

二、学前社会领域教育活动常用的方法

幼儿园学前社会领域教育活动的方法，包括一般的教育方法和特殊的教育方法。

(一)学前社会领域教育活动一般的教育方法

1. 讲解法

它是向学前儿童说明一些简单的道理、规则及其意义，使学前儿童明辨是非，懂得应该怎样做和为什么要这样做的方法。讲解法是社会教育活动中运用得非常普遍的方法，无论是学前儿童对人际关系的了解，对社会环境的认知，还是对社会行为规范的学习和社会文化的吸取，都需要教师用生动浅显、富有感染力的语言进行讲解、启发和引导。

2. 谈话法

就是教师与学前儿童相互提问、对答的教育方法。谈话法的运用可以使教师借助恰当的问题，帮助学前儿童分析、提炼原有的社会知识经验，使之系统化、明确化。具体操作时应注意以下几个方面。

(1) 教师提问的内容应以学前儿童熟悉的社会认识经验为主。

(2) 提出的问题应具体明确，富有启发性、发散性；提出问题后应给学前儿童足够的思考时间。

(3) 如果是集体谈话，教师的提问应面向全体，通过各种方式让每个学前儿童都有回答问题的机会。

3. 讨论法

它是教师指导学前儿童在教育活动中，对某些具有社会性的问题、观点及认识相互启发、相互学习、交流意见的教育方法。这种方法的运用，有利于学前儿童自由发表意见和感受，帮助学前儿童养成独立思考的习惯和能力，懂得不同的人对待问题的看法不同，有利于学前儿童摆脱自我中心。使用时应注意下述几个方面。

(1) 营造民主宽松的讨论氛围。在讨论中，教师要尊重学前儿童，了解学前儿童，为他们创造一个宽松和谐、无拘无束的自由交谈的氛围。

(2) 以鼓励的态度对待学前儿童的意见，教师要以倾听者、支持者、引导者的身份参与讨论，应尽量鼓励学前儿童对问题以及对其他学前儿童的意见发表自己的看法。

(3) 时刻关注，围绕目标讨论，教师要纵观全体学前儿童，发现有偏题的情况及时用提问、评价或体态语言等方式把扯偏的话题扭转过来，保证讨论的质量。

(4) 要把握好讨论时间。学前儿童讨论的时间可根据讨论问题的难易程度适度把握。

(5) 要注意个别帮助。讨论给每个学前儿童提供表现自己的机会，对能力强的学前儿童是锻炼，对能力弱的学前儿童更是个挑战。

(6) 讨论结束时，教师应简明阐述正确的观点，引导学前儿童对问题作出正确的小结。

(二)学前社会领域教育活动的特殊方法

1. 生活感知教学法

1) 教学目标

让学前儿童直接深入社会生活，扩大眼界，丰富感性经验，帮助学前儿童理解事物之间的联系；培养学前儿童热爱人民、热爱生活的情感；使学前儿童理解相关的社会行为规范，实践有关的社会行为。

2) 程序和策略

第一环节：激发兴趣。

参观散步出发之前，教师要以简短的谈话启发学前儿童活动的愿望，要告知学前儿童参观游览、散步的地点、内容和注意事项。

第二环节：实地观察。

教师可以带领学前儿童在村子里或小街上散步，观察人们的社会生活，有意识地提出问题引导学前儿童观看各行各业人们的劳动和交往。

第三环节：谈话小结。

参观、游览回园后，学前儿童对参观内容的印象还比较深，教师要及时地组织学前儿童进行一次谈话。这样做，一方面可以进一步整理、加深学前儿童对物的印象；另一方面，可以发展学前儿童的语言表达能力，培养学前儿童对待周围人们和事物的正确态度。组织这一环节应注意的问题有下述几个。

(1) 谈话时，教师可以图片、谜语或生动语言等引起学前儿童回忆参观的人和事，启发他们用自己的语言表达参观的内容和感受最深的、最喜欢的事和物。

(2) 教师要对这次参观、游览活动做一个小结和评价。

(3) 提供有关材料，以供学前儿童开展有关的游戏时用。

2. 情感陶冶教学法

1) 教学目标

通过创设情境，启发学前儿童联想，诱发新的情绪体验，使学前儿童与现实中、情境表演中或作品中的人物心心相印、情情相通，在心灵深处产生强烈的共鸣并作出反应，从而使学前儿童在遇到类似的真实情境时，更容易产生移情，作出亲社会行为。

2) 程序和策略

情感陶冶教学模式包括情感激发、情绪追忆、情感换位三个环节。

情感激发也叫认知提示，指通过成人的言语提示，组织学前儿童通过讨论、绘画、唱歌、游戏、表演等形式，帮助学前儿童辨别各种不同的情感及其面部表情，理解不同的人在不同的情境中的想法、观点和情感。

情绪追忆是运用言语提示唤醒学前儿童在过去生活经历中亲身感受到的最强烈的情绪体验，引起他们对情绪体验产生的情境、原因和事件的联想，加强情绪体验与特定社会情境之间的联系。

案例

在幼儿园大班社会活动《帮助别人真快乐》中，教师通过图片展示、做游戏等方式，让学前儿童了解到大人也需要帮助，在帮助别人以后，别人感到快乐我们自己也快乐。当别人遇到困难的时候，别人不说，我们也可以去主动发现，主动帮助他。通过这堂课学习，学前儿童学会了获取帮助和帮助别人的方法，学前儿童能够愿意帮助身边的人，体会到帮助别人的快乐。

（资料来源：https://www.f132.com/a/2599942.html）

情感换位是提供一系列由近及远的社会情境，让学前儿童分析讨论和扮演角色，从而使学前儿童转换角色去体验某种情绪、情感状态，并促进其角色转换能力的发展。通过情绪追忆和情感换位，学前儿童得以把过去的情绪、情感体验迁移到相应的社会情境之中，使自己置身其中，设身处地地为他人着想，体验或设想他人正在体验的情绪、情感，从而产生移情。

（1）应用性操练。教师根据活动前的预想提供学前儿童抒发感情、作出积极行为的情境，让学前儿童实际做一遍。

案例

在幼儿园中班社会活动《我们学剥豆》中，教师为每一位学前儿童准备一盒豆荚，两个托盘，并事先联系好厨房的叔叔、阿姨。请小朋友们自己动手操作为厨房叔叔、阿姨剥豆子，引导学前儿童自己发现问题，并找出解决问题的办法。通过剥豆子活动提升学前儿童的动手能力，促进学前儿童精细运动的发展。启发学前儿童懂得要帮助大人做一些力所能及的事情，引导学前儿童做事要细心，要有始有终。

（资料来源：https://youer.7139.com/2376/18/86740.html）

（2）表演性练习。表演性练习包括事例分析和行为练习，即先举出假设的各种典型的社会情境或事例，或通过欣赏、表演儿歌等，让学前儿童分析出在该种情形下怎样做才能给别人带来欢乐，并根据学前儿童的提议，让大家轮流扮演不同的角色进行表演，从中体验不同的情感。

3. 角色扮演教学方法

1）教学目标

帮助学前儿童了解人际关系及不同角色身份，学习以适当的行为方式进行沟通，从而掌握互助、合作等友好交往技能，发展语言交流能力和想象力，使学前儿童实践和尝试自己解决社交问题的办法。

2）创设情境

角色扮演法就是模仿现实社会中的某些情境，让学前儿童扮演一定的社会角色，使学前儿童表现出与这一角色一致的且符合这一角色规范的社会行为，并在此过程中感知角色间的关系，感知和理解他人的感受、行为经验，从而掌握自己承担的角色所应遵循的社会行为规范和道德要求。

3）表演

为了使全体学前儿童都看清楚表演内容，表演者要面向全体学前儿童，表演速度要适中；可以完整表演，也可以分段表演。

4) 讨论明理

观看表演后，教师应围绕活动目标有重点地提问，引导学前儿童讨论评价表演中人物的言行，激发某种情感，提出今后行为的选择建议，提高学前儿童的社会认知水平和判断能力。讨论时，教师要尊重学前儿童，让他们畅所欲言，提出不同看法。

5) 学习表演

学前儿童有模仿和表演的兴趣，在这一阶段中，教师要组织全班学前儿童分组、分角色进行表演，从而巩固在活动中获得的行为规范。学前儿童通过表演，进一步判断道德行为，在亲身参加表演中更好地掌握道德行为要求。

4. 实际练习教学法

1) 教学目标

让学前儿童在"做中学"，培养学前儿童良好的生活习惯及交往能力，帮助学前儿童内化道德规范、行为准则。

2) 程序和策略

(1) 激发愿望。活动开始，教师可出示实物、图片等直观教具，并以简短的语言激发学前儿童对某一问题的探讨兴趣，激起学前儿童参与实践练习的愿望。

案例

在幼儿园中班的社会活动《衣着要整洁》中，幼儿园教师通过带领学前儿童对孔夫子行三鞠躬礼引入本堂课，通过讲述故事《儒灵童》引发学前儿童思考，小兔子穿上洁白的衣服，干净又漂亮。可是它在画画时，结果变成了一只五颜六色的小花兔，衣服弄得脏脏的。小朋友们我们可不能学小白兔，我们要做爱干净的好孩子。最后教师通过带领学前儿童玩穿衣服比赛，比比谁穿衣服最快最整洁，通过反复练习让学前儿童掌握正确的穿衣方法。

(资料来源：https://wenku.baidu.com/view/f8e957e0bf23482fb4daa58da0116c175f0e1eba.html)

(2) 行为练习。获得一定方法后，即让学前儿童练习，教师巡回观察。可将学前儿童分成小组展开练习，互相观察，看行为是否合乎要求，教师应针对学前儿童练习中普遍存在的问题提出纠正方法，同时让行为准确无误的学前儿童上台示范，使学前儿童对行为要求有更明确的了解。

(3) 小结评价。教师要对活动的主要内容和学前儿童的练习情况进行小结评价，同时，向学前儿童提出活动后的练习要求，使教学延伸至课外、园外。

5. 艺术感染教学法

1) 教学目标

开阔学前儿童的眼界，丰富学前儿童的社会知识，提高学前儿童的语言理解能力，使学前儿童理解和掌握寓于艺术作品中的社会知识和行为要求。

2) 程序和策略

(1) 欣赏艺术作品。这里所说的艺术作品是指文学艺术作品，即诗歌、故事、散文等。教学一开始，教师给学前儿童生动流畅地讲述故事或有感情地朗诵散文、诗歌，使学前儿童在欣赏文学作品中受到感染。讲述故事或朗诵散文时，教师可配以挂图、幻灯、实物、图片及音乐等，帮助学前儿童理解文学作品内容。

(2) 讨论小结。在学前社会领域教育活动中让学前儿童欣赏文学艺术作品的目的是为了使学前儿童明理、激情，进而导行。因此，欣赏艺术作品后，教师应围绕教学要求提一些问题，让学前儿童围绕问题进行讨论，从而明白蕴藏在作品中的某个道理，激发良好的情感并影响其以后的行为。

(3) 联想深化。教师要适当地拓宽活动内容，引导学前儿童对作品中所学的知识(道理)从内容、形式、范围多角度进行认识、理解，达到开阔视野、发展思维、丰富知识、增强能力的目的。这一阶段可引导学前儿童结合自己的生活实际或对一些社会现象进行议论，以促进道德知识进一步内化。

案例

在大班社会活动《做个守信用的孩子》中，教师在学前儿童讨论《波波和乐乐》作品的基础上，开拓学前儿童的思路，让学前儿童分析另外两个事例，使学前儿童能进一步领悟蕴含在作品中的道德知识，明辨是非，并以此指导自己的道德行为。

(资料来源：https://youer.7139.com/2364/07/104160.html)

(4) 创作实践。学前儿童掌握了一定的道德知识后，教师可组织学前儿童开展一些力所能及的创作实践活动，让学前儿童把学到的知识加以运用，培养良好的行为习惯。

阅读链接 7-3

幼儿园学前儿童社会适应能力培养存在的问题及对策.docx(节选)见右侧二维码。

阅读链接 7-3

三、学前社会领域教育活动的设计与指导

(一)社会领域活动目标的设计与拟定

幼儿园社会领域教育活动目标设计，是指经过对社会教育目标和教育对象的分析后，依照教育活动目标设计的要求，对社会领域教育活动目标进行选择，并恰当地表述出来，形成可操作的活动目标。

1. 目标设计依据

一般来说，进行幼儿园教育活动目标设定时，其依据主要有社会需要、儿童发展需要、国家教育目标和学科领域的目标及学前儿童年龄阶段目标要求。

首先，社会健康、和谐发展，国家进行人才强国发展战略，都离不开教育。社会和国家对教育的期望，社会为学前儿童社会领域教育提供支持，但同时教育也受到社会因素的影响和制约，学前儿童教育具有社会属性，社会领域教育是为了让学前儿童社会性得到良好发展，因此需要学前儿童社会领域教育适应社会发展的要求，这样学前儿童社会领域教育才不脱离现实。

其次，学前儿童有身心发展的需要，学前儿童教育的任务是要促进学前儿童的身心和

谐发展。学前儿童身心是一个有机的整体，需要按照学前儿童身心发展规律来引导、教育，促进学前儿童健康发展。学前儿童发展具有连续性和阶段性，也就意味着社会领域教育活动的开展既要看到学前儿童发展的连续性，按照目标层次逐渐深入开展活动。还要看到学前儿童发展的阶段性，即社会领域教育活动目标设计不能过低或过高，必须符合学前儿童发展需要水平。

最后，《纲要》中也明确规定了社会领域的总目标，要求社会领域教育从社会认知、社会情感和社会行为技能方面全面促进学前儿童发展，这是我们进行社会教育活动目标设计的依据。

2. 目标设计的原则

(1) 整体性原则。幼儿园学前社会领域教育活动目标设计是一个整体性的活动。具体表现在设计目标时首先需考虑社会领域教育活动目标系统的连续性和完整性，逐渐具体化，使目标系统成为有机联系的完整体系。其次，要综合考虑和分析目标系统和教育活动各要素。

(2) 灵活性原则。根据学前儿童的个体差异，设计社会领域教育活动目标时，要注意目标的灵活性的和弹性。社会领域教育既要循序渐进，要求幼儿园社会教育的目标层次要与学前儿童发展水平相适应，考虑到学前儿童的兴趣和需要，同时也要认识到学前儿童"最近发展区"，让教育走在学前儿童发展的前面，促进学前儿童更好的发展。

(3) 可操作性原则。教师设计的目标表述应该是清晰明了的，特别是行为目标应该是易于实现和观察的。可操作性原则要求学前儿童教师在表述目标时应该明确和具体，避免空、大、泛的现象。

(4) 生活化原则。幼儿园社会教育活动目标设计的生活化，要求选择贴近学前儿童已有生活经验。教育活动目标设计的生活化，不是把教育和生活混同起来，而是要加强教育与生活的联系，选择符合学前儿童认知水平和经验的内容，帮助学前儿童在自我意识、社会生活经验等方面得到发展。

3. 活动目标的设计

依据学前儿童年龄阶段目标，可把幼儿园社会领域教育活动目标细化为人与自己、人与社会、人与环境三个方面，其中每个方面又可按照社会领域教育活动目标分类分为认知目标、情感态度目标和技能(心智过程、动作技能)目标进行分类表述。

1) 人与自己

自我认知。认知领域目标：社会自我认知，认知自我身份；生理自我认知，认知自我外显特征；心理自我认知，认知自我情绪情感状态。

情感领域目标：自信、自立、自主、自尊、自觉、自律、乐观、积极主动、有责任感；诚实、守信、分享、移情和利他；自由大胆表达自我；有自我权利意识，自我生存意义的意识。

技能(心智过程、动作技能)目标：自我管理能力——生活自理能力、自我控制能力；自我保护能力；独立能力——自己解决问题和寻求帮助能力；抗挫力和坚持性；自我反思、自我角色认同。

案例

幼儿园小班社会活动《当我不快乐》

目标：认识不快乐的表情；学会表达自己不快乐的情绪，了解用恰当的方法排解自己不快乐的情绪；能识别他人不快乐的表情。该案例主要目标是培养学前儿童认识自己的情绪，并能用正确的方式宣泄不快乐情绪的能力。这个活动目标设计偏向于学前儿童技能的培养。

(资料来源：https://wenku.baidu.com/view/97164ef859fafab069dc5022aaea998fcc2240cf.html)

2) 人与社会

(1) 幼儿园。认知目标。初步认识幼儿园的地理位置和教师的位置方向；知道幼儿园的规则和本班的规则；知道幼儿园的各种设施，包括安全设施；了解幼儿园的系统和历史传统，如重要事件。

案例

幼儿园小班社会活动《认识火》

目标：知道火在人们日常生活方面的用处，初步了解火的起源；体验火的便宜性，产生对火的喜爱感；了解产生火灾常见的原因，知道正确用火方法以及火灾中的自救办法。

案例中主要是让学前儿童了解火的作用，对我们生活的重要性，还要让学前儿童产生安全用火的意识。这个案例中偏向于学前儿童认知方面的目标。

(资料来源：https://www.taodocs.com/p-112045137.html)

情感态度目标。尊重师长和伙伴；喜欢幼儿园；乐于与同伴交流、分享、合作；初步感受探索、创作活动的乐趣；积极参加幼儿园组织的活动。

技能(心智过程、动作技能)目标。初步具有观察、探索周围事物的能力；具有安全防范意识、遵守规则的意识；初步具有认识地图的能力。

(2) 社会常识、社会文化、社会历史、社会经济。

认知目标。初步了解传统文化、社会礼仪、民俗习惯、民族、国家、世界文化；认识商品、货币、劳动的知识。

情感态度目标。尊重自己民族与其他民族的风俗习惯；热爱自己的国家、家乡；探索事物的兴趣和探究精神；喜欢劳动，感受劳动乐趣，珍惜劳动成果；感受多元文化的丰富性。

技能目标。了解自己兴趣爱好的能力；探究自己感兴趣的事物的能力。

案例

幼儿园中班社会活动《认识电话号码》

目标：知道电话号码对我们生活的重要性，并学会正确认读；愿意了解自己和同伴的电话号码，激发与同伴交往的愿望和情感。

该案例中概括性地说明了此次社会领域教育活动的目标是让学前儿童知道电话号码的重要性，激发与周围人交往的愿望和兴趣。对事物的感受及体验不能用过于具体的目标来衡量，但是可以对学前儿童行为发生的条件进行明确表述，对应该达到的标准进行细化和说明。

(资料来源：https://ye.chazidian.com/jiaoan-34244/)

(3) 公民意识(社会规范、社会集体意识)。

认知目标。群体意识、社会规范意识。

情感目标。感受集体生活的意义和社会规范、社会礼仪的重要性；感受集体和自己的重要关系，体会自己言行举止的意义；喜欢家乡，乐于了解家乡的事物，体会这些事物对我们的重要性；爱护公物、爱惜公共财产；感受祖国的意义。

技能目标。自律能力，如遵守社会规范、规则；探索事物能力，掌握解决问题的基本途径方法；能够通过一些途径方法保护自我权利；有利他行为，知道别人需要帮助的时候，主动帮助别人；能够辨别他人和自己行为的好坏，能够主动与别人交流沟通，掌握简单的与人交流的方法和礼仪。

(4) 社会交往(交往意愿、交往规则、交往能力)。

认知目标。认识他人的基本特点、情绪情感；交往规则的认知，如游戏规则、学习规则、交通规则。

情感目标。爱父母长辈、同伴、老师；尊重他人；乐群；愿意倾听理解别人。

3) 人与环境

(1) 社会环境。

认知目标。生活环境的认知。

情感目标。爱护生活环境和公共设施；珍惜别人的劳动成果；乐于探索生活环境。

技能目标。适应环境的能力；初步掌握观察、探究事物方法，并能运用到实际活动中。

(2) 自然环境。

认知目标。地理常识认知。

情感目标。体验和感受大自然的风光；爱护自然环境；喜欢户外活动。

技能目标。认识地图的能力；自我保护和保护环境的意识、能力。

案例

幼儿园大班社会活动《小树叶找妈妈》

目标：通过小树叶找妈妈的活动体验树叶和树之间的亲密关系；产生探索树叶的兴趣，乐意发现自然的变化；通过观察和比较知道不同的树长着不同的树叶。

案例中可看出学前儿童教师通过小树叶找妈妈的活动，可以培养学前儿童观察能力，发现树叶形状的不同，体验小树叶与妈妈之间的依恋情感，激发探索自然的兴趣。该案例中通过这个活动，可使学前儿童在认知、情感、技能方面都能得到发展。

(资料来源；https://www.10hv.com/jiaoan/zhongban-zhuti/a34544.html)

学前儿童教师在进行社会教育活动前，自己要先明白关于社会教育中心词：公民、责任、文化、风俗传统、共和国。只有自己明白了社会教育的基本要素和自己的教育理念，才能很好地执行与反思自己的活动计划，不断完善目标设计，这样才能更好地促进学前儿童的发展。

(二)社会领域活动的重点、难点设计

所谓教学重点是指教学活动中举足轻重、关键性的、最基本的、最重要的中心内容，是课堂结构的主要线索，掌握了这部分内容，对于巩固旧知识和学习新知识都起着决定性作用。而教学难点则是从学前儿童实际出发，学前儿童难以理解或领会的内容，或较抽象，或较复杂，或较深奥。

1. 如何确定重点难点

(1) 熟悉和贯彻执行《纲要》。只有熟悉和贯彻执行《纲要》精神，才能明确社会领域教学目的任务、基本内容、目标和要求，才能正确确定教学重点。特别是教学大纲规定的教学目的任务，是正确确定教学重点的主要依据。因此，熟悉和贯彻执行教学大纲，是正确确定教学重点和难点的一项重要工作。

(2) 深入钻研教材，教材是教学的主要依据。教学的重点主要来源于教材内容。例如，如果教材中某一内容是诸内容中最基本、最主要的，是基础知识或基本技能或者是进一步学习其他内容的关键，那么这一内容就是教学的重点。

(3) 全面了解学前儿童知识和技能的实际情况。学前儿童既是教学的对象，又是教学的主体。教学的难点主要取决于教师和学前儿童的素质和能力。除了教师本身要有自知之明以外，还必须全面了解学前儿童的情况，特别是全面了解学前儿童知识和技能的实际情况。只有这样，才能据以正确地确定教学的难点。显然，绝大多数学前儿童已经掌握或容易掌握的教学内容不必列为活动难点。因此，全面了解学前儿童知识和技能的实际情况，对于是否能正确确定重点和难点十分重要。

(4) 善于总结自己的经验和虚心学习他人的经验。要善于总结自己在解决教学重点和难点问题方面的经验。同时，幼儿园教师应虚心学习他人在这方面的经验，不断地用它们去修改和完善自己的教案。

2. 活动重点、难点的设计

(1) 将教学重点难点放在学前社会领域教育活动过程之前。学前儿童教师可以通过某些辅助手段引导学前儿童主动去发现、去探索、去交流。由于学前儿童仍以具体形象思维为主，抽象逻辑思维还处于萌芽状态，因此对于一些需要经过多层次分析推理的事情，他们还是力所不能及的，以故事教学为例，如果在故事教学前仅仅按常规设计教案，那么有些故事内容对于以具体形象思维为主、生活经验还不太丰富的学前儿童来说，是难以接受和理解的。

案例

在幼儿园中班社会活动《小蜗牛的微笑》中，采用了拟人的手法，把小蜗牛用微笑的方式给大家带来快乐，从而自己也快乐起来的经过描写得形象逼真。让学前儿童充分感受到小蜗牛的助人之心和与朋友的友爱之情，体会到为朋友做事的快乐。教学活动中，小蜗牛的信在整个作品中是个难点。于是教师在导入部分是安排了学前儿童读小蜗牛的信，"老师这里有一封信。想不想知道小蜗牛在信中说了什么？""(学前儿童读信)小蜗牛信中的意思你们懂吗？"(理解孤单、微笑)。通过这样的难点前置，让学前儿童亲身感受，有助于帮

助学前儿童更好地体验故事中小蜗牛爱朋友的情感。

(资料来源：https://wenku.baidu.com/view/ccb309cbb207e87101f69e3143323968001cf470.html)

(2) 循序渐进，小步子实现重点、难点。根据自己的起步点努力实现目标，并不断提升发展目标。"小步子"是心理学提出的办法，就是说把大目标分解为阶段性小目标，使个体很快地从目标导向行为转入目标行为，尽快实现目标，满足需要，同时在目标导向过程中当目标能力增加时教师及时提供一个可使儿童实现高目标的条件，引导他们走向实现更高的目标。

案例

在幼儿园中班社会活动《闯红灯的危害》中，其中教学重点是认识常见的交通标志，了解标志的作用和特征，培养学前儿童的规则意识；教学难点是了解必须遵守的交通规则，形成初步安全意识与自我保护意识，提高自我保护能力。通过这次社会活动，学前儿童观看生动活泼动画片知道了闯红灯的危害；通过观看图片、师生之间相互讨论，让学前儿童重点认识各种交通标志，了解简单的交通规则。

(资料来源：https://wenku.baidu.com/view/85e8c873591b6bd97f192279168884868762b82c.html)

(3) 运用"支架式教学"理论，确定活动重点、难点。该理论源于维果斯基的"最近发展区"理论。它的存在为教学提供了可能，但是教学必须从儿童的现有水平出发，逐渐对儿童提出更高的发展要求。这也就要求教师不断地为儿童搭建支架，引导儿童从一个水平向另一个更高的水平发展。

最近发展区理论.docx

案例

在幼儿园大班社会活动《东北虎的眼泪》中，活动重点是带领全体学前儿童观看纪录片《东北虎的眼泪》，了解东北虎是生活在我们家乡的国家级保护动物；知道东北虎的生活环境被人类破坏得很严重。活动的难点是师幼一同寻找、收集废旧材料动手制作东北虎的家园；请学前儿童与教师共同合作布置东北虎的家园展台；讲述自己制作的东北虎笨笨的家，与同伴分享合作的快乐。

(资料来源：https://wenku.baidu.com/view/7bc917d1bb1aa8114431b90d6c85ec3a87c28ba8.html)

(三)社会领域活动的准备

活动的准备包括物质材料的准备和知识经验的准备。直观、形象、生动的教学形式易于学前儿童理解和学习。因此，活动的准备在整个活动设计中不是一个辅助的可有可无的部分，而是实现社会教育活动目标的有力保证。社会领域的活动材料大致可以分为两种：一种是电子版材料，包括活动中需要的音乐、视频、图片、PPT 等；另一种是实物版的材料，包括活动中需要的工具(剪刀、胶水、橡皮泥、纸张)、服装、道具、装饰等。例如，在大班的社会活动《不爱过河的小马》中，需要考虑准备，包括动画故事《不爱用手的小河马》《哭泣的小河马图片》；自己动手做的场景：《喂娃娃》《叠手帕》《绕毛线》《夹夹子》。

(四)社会领域活动过程的设计与指导

学前社会领域教育活动过程包括开始部分、基本部分、结束部分。

学前社会领域教育活动
过程的内容.docx

1. 开始部分

教学活动的开始部分是引导学前儿童活动的第一个步骤，具有初步引起学前儿童参与活动的兴趣及调动学前儿童学习主动性的作用。一般来说，学前社会领域教育活动的开始有下述各种形式。

(1) 设疑开始(猜一猜)。疑问可以由教师直接提出，也可以以谜语、儿歌的形式间接提出。

(2) 图式开始(看一看)。教师可以利用彩图、标本实物、课件来导出活动。

(3) 故事开始(听一听)。让学前儿童听一段短小的故事，是社会领域常用的一种导入方法。

(4) 情境表演(看一看)。创设一定的情境或利用情境来进行模拟表演，把学前儿童带到社会活动中。

(5) 游戏开始(玩一玩)。以练习的形式开始，在游戏中渗透社会教育。

学前儿童教师在开始选择活动的形式时，对于不同教育目标的活动，开始形式也是不一样的，教师应该根据教育目标教育内容和学前儿童实际情况选择恰当的开始。

案例

在幼儿园小班社会活动《保护鸟类》中，教师通过讲述故事《保护鸟类》导入活动并激发学前儿童思考。

(1) 师：小朋友们，今天老师给你们带来一个好听的故事，故事的名字叫《保护鸟类》教师边讲故事边放 PPT，故事讲完后提问。

(2) 师：听完这个故事，你知道小鸟为什么要罢工吗(因为猎人打死了小鸟的同伴)？

(3) 师：猎人这样做对不对？为什么不能伤害小鸟(小鸟能吃害虫，是人类的朋友)？

(4) 小结：听了这个故事，我们知道了小鸟能吃害虫，保护森林，是人类的好朋友，我们不能伤害它。

(资料来源：https://www.cnfla.com/jiaoan/281301.html)

2. 基本部分(议一议，做一做)

这是学前社会领域教育活动的核心部分，它承载着主要的教学任务。主要是教师引导学前儿童进行感知学习和练习。活动的大部分时间应放在这里。这一部分教师必须要抓住下述几个重点。

(1) 以多种形式让学前儿童参与活动，调动学前儿童的各种感官，让学前儿童成为活动的真正主角，如角色扮演、移情、实践等。

(2) 最终实现教育目标。

(3) 在基本过程中要尊重学前儿童的想法。

案例

在幼儿园中班社会活动《我是小轻轻》中，让学前儿童通过感知和区分声音的高低、强弱、轻重不同，知道怎样做不打扰别人休息。教育学前儿童要关心和尊敬长辈，培养学前儿童不打扰别人休息的良好行为习惯。

1. 让学前儿童自由去玩各种玩具，但要求学前儿童不能争抢，小朋友们要轮流玩，教师看哪个小朋友是个遵守纪律的好孩子，然后让小朋友在玩耍后，把玩耍时不发出声音，或者声音很轻、低、弱的玩具放在左边，声音重、高、强的玩具放右边。让学前儿童自己总结妈妈休息时，不能玩什么玩具？

2. 请小朋友想想故事《唱歌比赛》里哪些动物歌唱得太响了(小狗、小鸭)，哪个动物歌唱得太轻了(小鸡)。提问学前儿童如果妈妈睡了，你应该是轻轻地说话呢，还是高高地、重重地、响响地说话呢？

3. 让学前儿童听音乐，学小动物走：小鸡走、小猫走、大象走、小马跑。再提问学前儿童怎样走就不会吵到妈妈睡觉？让学前儿童感知只有轻轻地走才不会吵到妈妈睡觉。

(资料来源：https://wenku.baidu.com/view/c3f6b427dcccda38376baf1ffc4ffe473268fd4c.html)

3. 结束部分

教师可改变原先的活动方式，引导学前儿童通过其他符号系统的参与(如音乐、美术、身体动作等)，让学前儿童在轻松愉快的情绪中自然而然地结束。常见的结束方法很多，如作品展示、语言总结、教师布置任务等。如要在结束部分对活动进行小结评价，应做到简洁、精练，对学前儿童在活动中的表现以宽容积极的态度进行评价，对问题本身应留有一些思考的余地，使活动能够有效地延伸，并保留对活动的兴趣。

案例

在幼儿园大班社会活动《国旗升降要庄严》中，以游戏互动的形式作为活动结束，学前儿童通过游戏巩固所学知识。升国旗仪式过程：全体起立，教师播放国歌，学前儿童看电视屏幕进行升国旗仪式。教师观察学前儿童在听到国歌响起时，有没有做到原地不动，不说话、不嬉笑，态度要严肃认真、立正站好、眼睛看着国旗冉冉升起。对做到的学前儿童给予表扬。

(资料来源：https://max.book118.com/html/2019/0403/7163106056002016.shtm)

4. 活动过程的注意事项

1) 教师的组织指导是关键

学前儿童社会教育活动的方法多种多样，教师可根据各个活动步骤、内容的需要，恰当地选择，灵活地运用。通常是几种方法交替使用，以发挥其综合作用。活动过程的组织形式，可以是全班的或大组的集体活动，也可是教师指导下的比较松散的小班活动和个别活动。

案例

在大班社会活动《今天我是值日生》中，第一步骤是引导学前儿童"说说值日生该做哪些事？应该怎么做？"是全班集体活动；第二步骤是组织学前儿童讨论"怎样当好值日生？"则是固定的小组活动；第三步骤是"引导学前儿童进一步了解值日生的职责"，又是全班集体活动；第四步骤是"分组练习做值日生，体验为班级服务的快乐"，则可以让学前儿童自选活动内容，以自选小组的形式活动。

(资料来源：http://www.ruiwen.com/jiaoan/1322625.html)

2) 环环相扣，把握目标

在幼儿园学前社会领域教育活动设计与指导的实践中，有的教师在设计活动的过程时"有环顾左右而言他"的现象，对活动的目标把握不透，在设计时心中无目标。这种缺点是务必要克服的。在活动步骤的安排中，要十分重视前一步骤向后一步骤环节的过渡，使内容和目标自然连贯，促进学前儿童的学习从低一层次向高一层次发展，保证活动目标的有效实现。

(五)社会领域活动延伸的设计

幼儿园社会领域的活动延伸是指幼儿园在开展社会活动结束以后，教师为巩固学前儿童所学内容，更好地实现活动目标所设计的一切活动。学前儿童的社会性发展是一个长期而复杂的过程，不仅需要在活动中对学前儿童进行教育，活动后的延伸环节也是促进学前儿童社会性发展的重要途径。

1. 社会活动延伸的意义

1) 巩固和提升课堂知识，促进学前儿童的社会化发展

学前儿童在课堂上学习到的知识毕竟是有限的，社会领域的学习和教育是一个长期而复杂的过程，不是靠几次活动就可以实现活动目标，学前儿童的社会化发展体现在一日生活活动中的各个环节，活动延伸对课堂知识的内化起到很好的巩固和提升作用。

案例

在幼儿园小班社会活动《小猴打电话》中，教师采用角色扮演的方式，让学前儿童扮演不同的动物角色，要求学前儿童用礼貌的语言给别的动物朋友打电话，活动顺利结束，小朋友们学会了与人交往要礼貌。活动结束之后，需要教师利用活动延伸让学前儿童把学到的礼貌用语运用在日常与人交往中，使礼貌的品质深入学前儿童的内心，从而真正地形成良好的习惯和品质。

(资料来源：https://wenku.baidu.com/view/c34f343fb207e87101f69e3143323968011cf4b8.html)

2) 关注不同学前儿童之间的差异，弥补集体教育的不足

《幼儿园教育指导纲要(试行)》中要求教师"关注个别差异，促进每个学前儿童富有个性的发展""承认和关注学前儿童的个别差异，避免用划一的标准评价不同的学前儿童"等，这种要求也体现在社会领域的活动当中，在社会性发展活动中，教师围绕一定的内容组织集体活动，每个学前儿童的发展水平和对活动内容接受的程度不同。这就要求教师关注个别差异，利用活动延伸对接受程度低的学前儿童进行个别指导和引导，也可以在活动延伸中让某方面的社会性高的学前儿童带动行为习惯差的学前儿童，充分发挥榜样的作用。

3) 有利于学前儿童的整体性发展

所谓整体性发展是指学前儿童在发展的内容、结构与时间上的整体发展。从发展内容

来看，学前儿童社会性的各个方面都应得到发展；从发展结构来看，是指学前儿童社会认识、情感和行为的统筹发展；从发展时间上看，是指学前儿童终身的社会性发展。学前儿童一种社会品德的习得，是通过在日常生活中的行为表现来体现的，通常一次集体活动会让学前儿童认知到一种具体的行为品质，而通过活动延伸可以把以往习得的各种良好的行为品质加以融合，并通过具体的行为表现出来，使学前儿童对这些品质真正地得到认知并将它们上升到情感的高度，最终得到内化。

2. 幼儿园社会领域教育活动延伸实施途径

1)　提高学前儿童教师重视活动延伸的意识

马克思主义认为物质决定意识，意识反作用于物质。幼儿园和教师不应只重视活动过程，还要努力提高对活动延伸的认识，认识社会活动延伸对学前儿童社会性发展的重要作用。可以定期对学前儿童教师进行培训，使教师认识到活动延伸的作用以及怎样开展活动延伸；再者对学前儿童的活动进行评价时，不应该只对活动过程进行评价，还要把社会领域的活动延伸纳入评价体系，激励学前儿童教师注重活动延伸部分的设计和实施。

2)　寓活动延伸于游戏之中

学前儿童时期是孩子迅速发展的时期，而游戏在学前儿童成长中起着特殊的教育作用。游戏是一种有兴趣的活动，学前儿童易于接受，游戏活动对学前儿童有很大的吸引力，是一种极为有效的教育活动方式。在这种愉快轻松的氛围中，更容易进行社会领域的教育，更能促进学前儿童社会情感的发展。

3)　整合不同功能区域进行活动延伸

区域活动是学前儿童每天必须进行的活动，不同的区域活动有不同的教育功能和目的。同时，区域活动也是锻炼学前儿童社会性发展的重要场所。比如：区域活动中的分工和合作，规则的学习，交往是社会性区域活动的重要特征。

案例

在幼儿园中班的社会活动《大家一起学规则》中，教师让学前儿童观看跑步中不守规则的事件，引发学前儿童的激烈讨论，理解规则是为了我们集体活动更有序、公平，树立自觉遵守规则的意识。教师应设立规则组织学前儿童进行活动，为了使学前儿童今后自觉地遵守规则，教师把规则延伸到区域活动中，因为区域活动需要规则，学前儿童只有遵守规则区域活动才能继续开展。

(资料来源：http://www.youjiao.com/e/20170908/d02b2a9221b1e.shtml)

4)　寓社会活动延伸于一日生活的各个环节之中

学前儿童的社会性发展和教育是一个长期的过程，除了教师有目的、有计划地组织社会教育活动外，学前儿童一日生活的各个环节无不蕴含着社会教育的契机，社会教育活动延伸可以随时展开。比如：学前儿童入园时，可以延伸礼貌活动教育；洗手时可以延伸节约、排队规则的教育；小朋友摔倒了、没有玩具、心情不愉快都可以延伸同情心、关心他人的教育。在这个过程当中，教师需要具备灵活应变的能力，抓住延伸活动的契机，临场进行恰当的延伸教育引导。

5)　联合家庭，走入社区

学前儿童的社会能力发展有一个由表及里再由内而外的循环过程。也就是说，人的社会性行为总是伴随着理解体验逐步产生的，社会性教育活动的设计应该抓住认知—体验—积累—实践—迁移这几个社会教育的基本要素，学前儿童需要在实践中运用所学到的知识技能，最终养成对他人、社会亲近的态度。学前儿童教师设计社会延伸活动，应联合家长让学前儿童走出家庭和步入社区，让学前儿童在这个真实的社会环境中去体验、去实践，真正地让学前儿童在实践中学习和形成良好的社会性行为。

(六)社会领域活动评价

1. 评价的原则

1) 发展性原则

发展性评价原则是指在幼儿园学前社会领域教育活动过程中要从发展的视角进行评价与分析，尤其要从促进幼儿园自身的不断发展出发进行评价，不论是成绩与问题，都应认真分析，找到原因，给出有针对性的意见或建议。如：对处于发展过程中的学前儿童给予激励与建议，对于发展停滞甚至质量滑坡的学前儿童给予帮助。

2) 全面性原则

幼儿园学前社会领域教育活动评价的全面性是指评价内容应该涵盖幼儿园学前社会领域全部的教育活动。根据评价的因素分析理论，评价的内容应包括影响幼儿园学前社会领域教育活动的全部因素，不仅包括幼儿园学前社会领域教育活动开展的效果，还应该包括办园的理念、从业人员的素质、保育教育工作、家长与社区服务等方面。

3) 客观公正原则

在以往的幼儿园社会活动过程中，由于评价标准的可操作性较差，评价方法较为单一，缺乏辅助性的评价工具，因此，评价更多地带有主观色彩，使评价成为所谓权威式的评价。幼儿园社会活动评价的客观公正原则不仅包括评价内容及方法的科学有效，还包括参与评价的人员应具有客观公正的评价态度，这样才能保证评价结果的客观公正。

2. 社会活动评价的方法

《纲要》中指出：教育评价是幼儿园教育工作的重要组成部分，是了解教育的适宜性、有效性，调整和改进工作，促进每一个学前儿童发展，提高教育质量的必要手段。面对幼儿园学前社会领域教育活动这样一种新的课程模式，主题评价也就成为教育工作的一个必备环节。

1) 评价开始阶段，做好资料收集工作

可收集的资料包括图片、图书、文字资料、网络信息、甚至是学前儿童与家长在经过对社会活动内容的一定了解基础上而形成的学前儿童自己的绘画作品或资料剪贴作品。教师将学前儿童收集来的各种资料在展板上进行展示，让展板成为学习与评价的对象。教师可以获得学前儿童学习、社会能力情况的信息，从中分析评价学前儿童的发展水平、兴趣取向、需要进一步研究的问题等，从而进一步对教育行为和方式进行调整，帮助学前儿童获得更大的提高。

案例

在幼儿园中班社会活动《奥运来了》中，开展"我最喜欢的奥运冠军"子主题时，罗子怡是一个特别崇拜奥运冠军刘翔的男孩子，他在收集运动员资料时单独把刘翔的奔跑、跨栏、训练、夺冠、破纪录等不同场景都收集成册，并在每张图片的旁边剪贴上文字说明。他还在封面上请家长写上了"我最喜欢的奥运冠军"字样。从这份资料可以看出：通过资料的收集，该学前儿童对刘翔已经有了初步的了解。小小年纪从刘翔的身上学到了奋勇拼搏，为国争光的荣誉感和自豪感。为此，教师对其收集的资料及其认识进行及时肯定评价，接着鼓励学前儿童继续从奥运冠军入手，和同伴一起收集更多的相关资料，以促使其在后续活动中进行更深入的探究。此外，对学前儿童收集的特色资料进行评价。对学前儿童收集的特色资料，教师更不能吝惜自己的夸奖与赞扬。除了夸奖与赞扬外，教师还可以让学前儿童有展示与表现特色资料的机会。

（资料来源：https://wenku.baidu.com/view/b0e27020aaea998fcc220e45.html？from=rec&pos=1&weight=1）

2) 与艺术形式相结合，采用多种评价方法

在学前儿童学前社会领域教育活动评价中，学前儿童表现形式多种多样，目前经常采用艺术表现形式——绘画创作和歌唱表演。对学前儿童的评价，赞扬当然是一种重要的评价方式，在评价学前儿童社会活动成果方面，尤其是认为不出色的活动作品有必要通过适当评价而给予指导。

案例分析.docx

3) 家园共同参与的评价方式

《纲要》中明确指出："教师、家长、学前儿童均是幼儿园教育评价工作的参与者，评价过程是各方共同参与、相互支持与合作的过程。"对家长评价观念的引领，让家长了解学前儿童的社会能力发展，知道学前儿童的社会能力发展是多元的，从而肯定和认识每个学前儿童的个别差异，鼓励家长纵向地看待孩子在社会活动中的发展，不对学前儿童作横向的对比。

案例

在幼儿园大班社会活动《中国风》资料收集的过程中，不愿张扬的徐浩楠请爸爸帮忙从网络上下载了各种民族风情图片，并要求每张图片的尺寸都相同，色彩各异。然后请爸爸在每张纸上介绍该民族风土人情等。同时还把妈妈店里的民族饰品、相关的民族舞蹈碟片带至幼儿园与大家分享，在拿到徐浩楠的资料后，教师给予了很高的评价，接着请徐浩楠在全班学前儿童面前介绍自己的资料。也许是受了表扬的缘故，徐浩楠一改往常的轻声细语，大声并骄傲地介绍了起来。交流中，徐浩楠对各民族的风俗礼仪了解甚多，并且当被问及为什么要下载一样大的图片时，他的回答很出教师的意料，"因为，一样大的图片看起来很整齐，很美"，体现出他具有良好的空间视觉智能。

（资料来源：http://old.pep.com.cn/xgjy/xqjy/yjyj/jyyx/jgqy/201008/t20100823_702888.htm）

4) 多种评价方式相结合进行评价

幼儿园社会活动评价应综合采用自我评价与多元主体性评价、终结性评价与形成性评价、量化评价与质化评价相结合的方法，将自我评价与多元主体性评价相结合进而把评价工作看成是促进幼儿园发展、促进教师专业发展、促进学前儿童良好社会性发展的重要手段。

5) 建立学前儿童成长档案袋

教师可以将学前儿童在社会活动过程中的行为、对话等用摄影、文字、亲子作业、学习单、记录表、个案观察、情趣日记等方式记录下来，教师遵循"能清楚说明学前儿童的发展情况"的原则，将社会领域分为几个内容，放进学前儿童的档案袋。请家长协助学前儿童利用业余时间在家进行分类，整理后拿到幼儿园来。在参与整理个人档案的过程中，学前儿童体验着自己进步、成长的快乐，积极主动地调整、改进存在的不足之处，提高了自我评价的能力，使评价真正成为促进学前儿童不断进步、发展的有效手段。

四、学前社会领域教育活动设计课例

孩子是教学的主角，因此以游戏的形式让学前儿童了解一些车的用途及常用的求助电话号码。

幼儿园中班社会教案《各种各样的车》

活动目标：

1. 加强对生活中常见车辆的认识。

2. 了解三种特殊车辆的用途(警车 110、、救护车 120、消防车 119)。

活动重点：

了解三种特殊车的用途。

活动难点：

通过看图片、听声音了解常见车的用途。

活动准备：

1. 准备各种车辆的图片。

2. 下载各种车的声音。

活动过程：

1. 情境导入。教师：今天天气真好，我们大家一起出去兜兜风，并引导学前儿童齐唱儿歌，"小板凳，连一起，当作汽车开出去，邮政车，穿绿衣，信件包裹装肚里，救护车，穿白衣，病人伤员抱怀里，消防车，穿红衣，喷水灭火跑得急，洒水车，边下雨来边唱歌，垃圾车，边吃垃圾边唱歌。"

2. 谈话导入，引发学前儿童对车的兴趣。

(1) 师：今天小朋友来得真早，但不知今天你们是怎么来到幼儿园的呢？

(引导学前儿童说出骑自行车、电瓶车、摩托车等)

(2) 除了我们平常见过的这些车之外，你还知道哪些车？(引导学前儿童说出更多的车，如火车、货车、洒水车、垃圾车、警车、救护车、消防车)

师：原来有这么多的车，今天我们班来了很多客人，我们用掌声把他们请出来。(请几个车宝宝入场自我介绍)刚才我们认识了很多种车，你们谁知道它们的声音是怎么样的呢？下面我们来玩一个猜谜的游戏，听声音猜猜都有哪些车？

3. 听声音，辨别车辆，并让小朋友模仿车子的声音。

(1) 播放自行车铃铛声。

(2) 分别放出警车、救护车、消防车等车的声音，引导学前儿童说出车的名称。

师：刚才呀，我们认识了很多车，也知道了它们的声音，那这些车都是干什么用的呢？下面我们来玩一个找朋友的游戏(边放音乐边让没加入的小朋友唱并打节拍)。

4. 游戏"找朋友"人们在生活中的各种场景图，让学前儿童把相应的图片找到朋友。

上学——需要校车。遇到伤员病人——需要救护车。遇到火灾事故——需要消防车。遇到小偷偷东西——需要警车。遇到很多垃圾——需要垃圾车。遇到马路干燥——需要洒水车。

5. 结束部分。

师：今天我们认识了很多种车，并且知道它们的用途，还知道一些车的求助号码，是不是觉得很开心呀？现在，我们来玩一个开车的游戏轻松一下。"小板凳连一起，当作汽车开出去，邮政车，穿绿衣，信件包裹装肚里，救护车，穿白衣，病人伤员抱怀里，消防车，穿红衣，喷水灭火跑得急，洒水车，边下雨来边唱歌，垃圾车，边吃垃圾边唱歌。"游戏结束。

反思：

本次活动的主要目标是让学前儿童了解各种车的名称及用途，以及一些车的求助电话号码，学前儿童参与的积极性比较高，本次活动在宽松的游戏氛围中能够使学前儿童大胆地介绍自己，并能锻炼学前儿童的语言表达能力，不足的地方我再加以补充，如果拿真实的玩具车给小朋友讲解，小朋友的兴趣会更高。下次会再接再厉。

(资料来源：https://wenku.baidu.com/view/46b59d43cf2f0066f5335a8102d276a201296003.html)

拓展阅读

社会教育活动具体目标的确定

1. 要参照总目标，特别是依据年龄阶段目标来制定具体活动目标。

2. 每个活动应包含社会认知、社会情感和社会行为三个内容的教育，三者之间的关系是递进的。

3. 避免空洞地说教，目标应具体到具体的行为。

4. 生活经验是课程内容的重要来源和依据。课程内容就是从学前儿童出发，从学前儿童的生活出发。

(资料来源：https://ishare.iask.sina.com.cn/f/bsguJktOdWl.html)

本 章 小 结

学前儿童社会教育是指以儿童的社会生活事务及其相关的人文社会知识为基本内容，以社会及人类文明的积极价值为引导，在尊重儿童生活，遵循儿童社会性发展的规律与特点的基础上，在应用性的基础上，由教育者通过多种途径，创设实践性的环境和活动，陶冶儿童心灵，培育其良好的社会理解力、社会情感、品德与行动能力。进行学前儿童社会教育要树立人格陶冶的目标观、整合性的教育内容与力量观、渗透性的教育方法观。

思考与练习

一、名词解释

幼儿园学前社会领域教育活动　　学前社会领域教育活动目标设计　　学前社会领域教育活动延伸

二、简答题

1. 简述幼儿园学前社会领域教育活动的意义。
2. 简述幼儿园社会活动领域的特殊活动方法有哪些？你常用哪一种？为什么？
3. 简述幼儿园学前社会领域教育活动目标设计的方法。
4. 如何确定与选择幼儿园学前社会领域教育活动的重点、难点？

三、论述题

幼儿园学前社会领域教育活动包括哪几方面内容？请分别举例说明。

儿童的行为，出于天性，也因环境而改变，所以孔融会让梨。

——鲁迅

把子弟的幸福奠定在德行与良好的教养上面，那才是唯一可靠的和保险的办法。

——洛克

第八章　学前区域活动与主题活动

本章学习目标

➤　了解学前区域活动、主题活动的内涵。
➤　掌握学前区域活动的类型分类。
➤　学会学前区域活动、主题活动的设计与指导。

核心概念

学前区域活动(pre-school area activities)　学前主题活动(pre-school thematic activities)
预备区域(preliminary area)　基本区域(basic area)　教育资源(educational resources)　教师角
色(teacher role)　设计与实施(design and implementation)　创意区域(creative area)　延伸区
域(extension area)

引导案例

娃娃家里的两个爸爸

[观察班级]托班
[观察时间]5 月份

托班的区域活动开始了，毛毛和哲哲两个男孩子进入娃娃家，开始了游戏。毛毛很快来到小厨房里，开始用小锅做饭；哲哲看到了，犹豫了一下，也走过来，做起了同样的事情。但明显可以看出，毛毛是很有主意的，进来以后很快就开始做自己想做的事情，哲哲却有点不知道应该干什么，只是看到别人的行为想模仿一下，但又不是特别自信。

这时，王老师走了过来，看到两个孩子都有事情做，似乎觉得很满意，就走开了。不一会儿工夫，两个孩子的"饭菜"做好了，他们走到盛放做饭材料的地方，开始找新的做饭材料。过了一会儿，毛毛跑到床边的宝宝那里看了一下，自言自语地说："宝宝还没醒呢！"然后，他拿起家里的电话，开始打电话："喂，我们做好饭了，快来吃饭吧！"

这时候，王老师看到了孩子们的状况并听到了毛毛打电话，就主动过来敲门："请问家里有人吗？我可以进来做客吗？"两个男孩看到真的有人来做客，有点惊喜，赶紧打开家门请客人进来。

王老师进入娃娃家以后，就问两个男孩："你们谁是爸爸呀？"两个人争着说："我是爸爸！""我也是爸爸！"王老师笑了，又问："好香，你们做了这么多好吃的，我能不能品尝一下？"两个男孩立刻同意，迅速拿来了盘子，并把自己做的"饺子"端给客人吃。在这个过程中，毛毛始终热情高涨，主动跟客人说话，给客人拿吃的；哲哲不说话，但也不走开，只是在一旁默默地看着，有时也会帮帮忙，比如去拿筷子。吃完"饺子"，王老师说："饭是挺好吃的，有水果吗？"毛毛又跑去拿来"苹果""西瓜"等，请客人品尝。哲哲虽然还是不太说话，但慢慢地靠近两个人，看着他们，静静地听他们对话。

吃完孩子们做的饺子和水果，王老师好像忽然听到了什么，说："咦，我怎么听到有人在哭啊？快去看看是不是宝宝醒了？"毛毛一听，马上跑到小床那里，掀开被子把两个娃娃抓在手里，又把另一个娃娃夹在腋下，回到老师身边。然后，他把两个娃娃分别递给了哲哲和老师，在餐桌前坐了下来。王老师说："娃娃是不是饿了，我们喂喂他们吧？"两个男孩都说："好！"于是，王老师拿起勺子，轻轻地放到娃娃嘴边，说："别哭了，快吃点东西吧！"两个男孩看到老师的动作，也模仿着喂起了娃娃，毛毛还拿起一个"鸡蛋"，喂给老师怀里的娃娃吃。不过，两个孩子的动作很大，一会儿把娃娃的头弄朝下了，一会儿又翻了过来。王老师提醒他们："你们可要照顾好宝宝啊，不要把他们弄疼了。"两个男孩的动作稍微小心了一些。一会儿，宝宝们吃过饭，哲哲又把他们放回床上，并小心地盖上了被子。王老师也跟两个男孩道别，离开了娃娃家。

"客人"离开后，两个男孩似乎又没有事情可做了。他们商量了一下，又向王老师发出了邀请："你来！"于是，王老师再次进入娃娃家，主动对他们说："刚才你们做的饭真好吃，我们一起再给宝宝准备点饭吧！"男孩子们高兴地说："好！"王老师看到窗台上有皱纹纸和太空泥，就说："你们喜欢吃元宵、面条吗？我们一起做元宵、面条吧！"于是，三个人一起动手，做起了元宵。这一次，哲哲没有旁观，而是主动参与进来。这时，旁边益智区的小智来到娃娃家门口，也想进来玩，可娃娃家里的两个男孩没有同意，他只好不高兴地走开了。玩了一会儿后，区域活动结束的时间到了，教师开始放音乐，毛毛不想离开娃娃家。教师过来说："不玩了，明天再玩啊！"说着，教师把他拉了出去，他却哇哇大哭，一直不肯安静地参加接下来的分享活动。哲哲开始主动收拾娃娃家里的东西，一直把所有的物品放回原来的位置，才回到座位上。小智刚才没有达到目的，这会儿赶紧跑到娃娃家里跳来跳去，直到不小心把娃娃家的"墙"推倒了，这才跑了出来。

(资料来源：https://mbd.baidu.com/ma/s/1yhv231p)

 案例分析

(1) 托、小班学前儿童的游戏经验不足时，教师应尽可能陪伴学前儿童一起游戏，帮助学前儿童体验到游戏的乐趣。托、小班的学前儿童虽然很喜欢娃娃家这样的角色游戏，但是由于生活经验有限，有时候还没有具体的游戏情节，也不会进行真正的角色扮演，往往只是满足于摆弄娃娃家中的材料。在托班和小班初期，因为缺乏游戏经验无法拓展新的游

戏情节时，教师的陪伴和帮助就显得非常重要。从本案例中我们明显可以看到，王老师的陪伴有助于激发学前儿童游戏的兴趣、拓展游戏的情节。

（2）注意丰富托、小班学前儿童的生活经验，以帮助年龄小的孩子掌握一定的角色扮演技能。教师可以在活动前通过讨论、模仿等方式帮助学前儿童了解游戏中的主要角色，以及他们能够做什么；在游戏结束后，也可以组织学前儿童分享游戏时的体会和经验，不断提升他们的游戏水平。

（3）在小的年龄班内多设几个娃娃家，以满足学前儿童参与活动的需要。托、小班的学前儿童对娃娃家特别感兴趣，很多学前儿童喜欢进入这个区域玩耍，当需要得不到满足时，容易出现争抢区域、争抢角色的现象。因此，教师可以在班级内创设多个小型的娃娃家，空间不必太大，但可以满足更多学前儿童游戏的需要。

（4）在一个班级内尽可能多设计几个角色区，以丰富学前儿童游戏的内容。尤其是对小孩子来说，一件事情做完，很快就无所事事了。如果在娃娃家旁边还有水果店、小医院、影楼等角色区，娃娃家的爸爸、妈妈就可以带宝宝出来买东西、看病等，游戏的情节会自然而然地逐渐丰富起来，而且还可以促进几个区域之间的联动。

幼儿园区域活动课程就是学前儿童在教师准备的环境中进行的自由、自主、自选的活动。区域活动开展的前提是有一个特定的"有准备的环境"，学前儿童在教师有目的、有计划创设的环境中自由交往、自主操作，获取经验，获得发展。本章的重点是了解学前区域活动的相关概念，并且熟知关于学前区域活动的分类与主要功能，从而学会运用相关理论知识设计与指导学前区域活动。

第一节 学前区域活动设计概述

一、学前区域活动的含义

《纲要》提出了"深入实施素质教育"的指导思想，并强调"以游戏为基本活动，保教并重，关注个别差异，促进每个学前儿童富有个性化的发展"，同时指出要"保证学前儿童每天有适当的自由选择和自由活动的时间"。而区域活动的教育理念与形式正符合了《纲要》的教育理念。

区域活动为学前儿童提供了一个自由而有准备的活动空间，让每个学前儿童都能在这个环境中选择适合自己需求的操作材料，并以其特有的方式与环境互动。区域活动以个别化探究的教育形式尊重了个体差异，以物化的操作实现了教师指导的隐性化，从而让教师更有时间和精力对儿童进行个别化的观察、评价与指导，促进学前儿童个性化的发展。

区域活动目标的实现与学前区域活动的设计密切相关。学前区域活动设计主要包含两个方面，一是选择区域活动的区角类型，二是设计活动的实施方案。本节关注的设计重点是学前区域活动的区角类型的介绍。

学前区域活动是幼儿园教学中最能体现学前儿童自主活动的一种组织形式，对促进学前儿童全面发展所起到的作用是不容忽视的，因此各个幼儿园均把它作为教学的重要手段。但由于区域活动依据的教育理念以及教育实践的不同，各幼儿园对区域活动的内涵理解也各不相同。

在我国，幼儿园区域活动也称为区角活动、活动区、学习区或游戏区等。是指"借鉴、融合优秀教育理念，根据《纲要》和《3～6 岁儿童学习与发展指南》(以下简称《指南》)精神及教育目标，遵循学前儿童身心发展规律和学习特点，以学前儿童实际需求为依据，设置各活动区域，为学前儿童提供系统、适宜的区域材料，使学前儿童在自主选择和主动学习的过程中，通过与环境的有效互动获得个性化的发展"。

学前区域活动有三个基本特征。(见右侧二维码)

二、学前区域活动的基本类型

学前区域活动以学前儿童基本发展需求为依据可以分为预备区域和基本区域，而应以学前儿童创新性发展需求为依据设置创意区域；以学前儿童个性化发展需求为依据，设置延伸区域。预备区域可以分为生活区、感官区、生态区；基本区域可分为语言区、数学区、科学区、文化区、社会区；创意区域可以分为艺术区、建构区、沙水区；延伸区域可分为拓展区、特别研究区。

(一)预备区域

1. 生活区

生活区应选取与学前儿童生活经验贴近的、以日常生活练习为主要内容的活动材料，主要通过提供一些真实的活动内容和情境，围绕发展学前儿童的基本动作、自我服务能力、照顾环境、生活礼仪等几个方面进行。

(1) 基本动作方面。基本动作方面包括走、坐、站立、搬运、放置等动作的练习；手指配合的活动、手腕手掌配合的活动，如倒、折、剪、切、捏、夹、擦、卷等动作练习。

(2) 自我服务能力。自我服务能力方面包括穿脱衣服、系纽扣、系鞋带、进行简单的编织活动、切水果、整理物品等。照顾环境方面的练习包括打扫、整理环境、擦洗桌椅等。

(3) 生活礼仪。生活礼仪的训练包括打招呼、问候、致谢、递交物品、咳嗽、打喷嚏、规则养成等。生活区域中的练习可培养学前儿童的日常生活技能，帮助学前儿童养成良好的生活习惯和卫生习惯。

2. 感官区

学前儿童时期是感官发展的关键期，感官区是学前儿童早期认知发展的窗口。感官区是比较有特色的活动区域，它借助发展学前儿童视觉、听觉、嗅觉、味觉、触觉的相应材料，促进学前儿童的感官协调、全面地发展。

在感官区域投放让学前儿童自主选择、自我探索的材料，让学前儿童在拼、摆、摸、看、听等操作活动中，充分调动多种感官去认识事物的属性，促进学前儿童视觉、听觉、嗅觉、味觉、触觉等多种感官均衡、协调地发展，训练学前儿童的注意、观察、比较和判断能力，帮助学前儿童建立分类、配对、排序等概念并发展初步的逻辑思维能力。感官练习更多地蕴含在学前儿童的日常生活当中，教师要引导学前儿童运用多种感官充分感受、体验、探索生活中的事物，从中获得生活与学习经验，提高感官能力的敏感性和精确性。

3. 生态区

生态区以种植和饲养活动为基本内容，学前儿童通过亲身参与种植花卉、植物、蔬菜和照料、饲养小动物的活动，体验亲近大自然与小动物的快乐，了解常见动植物的外形特征及生长的基本规律，培养学前儿童热爱大自然、保护环境的意识。

幼儿园的生态区承担了对学前儿童进行科学、健康、社会教育的任务，是促进学前儿童观察力的发展、增长和丰富其知识的途径之一。班级内的生态区一般包括植物角与饲养区两个部分，结合起来便成"生态区"。通过设置生态区，既可以美化环境，使活动室美观、充满生气，也可以使学前儿童的生活更加生动有趣、丰富多彩。

(二)基本区域

1. 语言区

《纲要》指出："语言学习具有个别化的特点，教师与学前儿童的个别交流、学前儿童之间的自由交谈等，对学前儿童语言发展具有特殊意义。"

幼儿园的语言区，为学前儿童创设了相对安静舒适的区域空间和自由宽松的语言交往环境，能够引导学前儿童依照一定的方式和顺序来进行活动，具体体现在语言区所提供的活动材料上，包含听、说、读、写四个基本部分。其中听、说部分的练习，需要教师通过创设情境来激发学前儿童倾听与表达的愿望，鼓励学前儿童大胆交流，不断丰富词汇，提高语言表达技巧。语言区中的阅读活动，以培养学前儿童的阅读兴趣和良好的阅读习惯为主要目标，通过阅读活动发展学前儿童的想象力和理解能力，培养学前儿童对文学作品的审美情趣。

2. 数学区

《纲要》明确指出，要"引导学前儿童对周围环境中的数、量、形、时间、空间等现象产生兴趣，建构初步的数概念，并学习用简单的数学方法解决生活和游戏中某些简单的问题"。

数学区的活动目标和层次要求相对于数学集体教学来说更为宽泛、更加长远，它以培养学前儿童喜欢数学的情感、态度，引导学前儿童初步掌握学习数学的方法，感受事物的数量关系并体验到数学的重要和有趣，提高探索和解决问题的能力为主要目标。数学区材料所体现出的知识点，涵盖了学前儿童阶段数学领域学习的基本内容，其中包括有关数学的感知、体验和态度，数、量和数量关系，形状和空间概念。

3. 科学区

学前儿童有极强的好奇心和探究欲望，他们对蕴含在自然界当中的各种事物和现象有着很强的好奇心，他们希望通过自己的探究和发现，去认识和了解客观世界。幼儿园科学区域的活动内容丰富多彩，活动形式也灵活多样，教师应当选择贴近学前儿童生活和学前儿童特别感兴趣的探究内容，为学前儿童营造安全的操作环境和支持性的心理氛围，鼓励学前儿童探究自己，探究外界，了解物体和材料的物理特性、相互关系和有趣的科学现象。

科学区还可以组织开展科学观察、测量和分类等活动，为学前儿童提供适宜的工具，支持学前儿童利用工具进行探究活动，鼓励学前儿童进行科学实验，如神奇的颜色变化、物理溶解现象、灯泡发亮的小实验等，让学前儿童通过观察自然生命现象及参与科学探索活动来获取直接经验。在科学区域的活动中，学前儿童能够按自己的兴趣、需要、方式去了解科学常识，这种自主探究活动是对集体科学教学活动的有益补充。

4. 文化区

文化区主要是对学前儿童进行历史文化与地理文化等方面的粗浅教育，在区域内容安排上包括历史部分和地理部分。历史部分以"我"为开端，以时间和空间为线索，使学前儿童推己及人、由近及远地感受时间的特性，以及时间与生命、自然界的关系。教师选取贴近学前儿童生活的内容，如时钟、年月日、四季、生命的顺序、人类的进化等作为素材，为学前儿童提供可操作和学习的材料，让学前儿童感受时空流转所带来的变化。

学前儿童以"我"为原点，由近及远不断拓展认知的范围，通过对时间、空间、地球奥秘、国家与世界等多元文化的了解，激发勇于探索世界的勇气。文化区中还包含有不同国家的风土人情、人文历史等有关的内容，对培养学前儿童尊重生命、爱护环境的意识和国际化视野有着积极的作用。

5. 社会区

学前儿童的社会性发展包括人际交往和社会适应两个方面，它既是学前儿童社会学习的主要内容，也是培养学前儿童社会性和个性发展的基本途径。

幼儿园的社会区以发展学前儿童的人际交往能力和社会适应能力为主要目的，组织学前儿童开展情境化的社会活动，使学前儿童通过模仿、再现、创造，去参与和体验各种社会活动。这些体验与感受会对学前儿童的社会认知和行为产生一定的影响，并引导学前儿童主动地把大家认同的或有益处的行为进行自我强化。这种自主参与的活动，不同于来自成人的简单说教，更容易为学前儿童所理解和接受。学前儿童在活动中可以学习怎样与人相处、怎样看待自己、怎样对待别人，逐步认识周围的社会环境，内化社会行为规范，理解并遵守日常生活中基本的社会行为规则，不断发展适应社会生活的能力。

(三)创意区域

1. 艺术区

艺术活动是最能打动人们心灵的活动，是人们感受美、表现美和创造美的重要活动形式。学前儿童更是经常借助唱唱跳跳、绘画、表演等方式来表达自己对周围世界的认识与内心的情感和喜好。艺术区可为学前儿童提供充分展露个性、表达内心情感和艺术天分的舞台。

艺术区包括音乐区和美术区两个基本部分，其中音乐区以培养学前儿童对音乐活动的兴趣、提升学前儿童对音乐的感受力和表现力为主要目的。在音乐区域，可提供与音乐欣赏和表演活动相关的材料和设备，如钢琴、适合学前儿童使用的小型乐器、打击乐器、音响、录音机、光盘、演出服饰、乐谱等，为学前儿童营造音乐欣赏和表现的环境；还可搭建小舞台、小剧场，为学前儿童提供展示的场所。教师要不断提高音乐素养，敢于表现和创造，积极带动学前儿童对音乐、舞蹈、表演等各种艺术形式进行探索和表现。

在创设美术区域环境时，教师要根据各种美术形式的特点，为学前儿童提供颜料、画笔、各种画纸、泥塑材料等美术操作材料，鼓励学前儿童主动参与，尝试学习绘画、剪纸、折纸、剪贴等多种美术技能，学会正确使用美术工具、材料，培养学前儿童对美术创作的兴趣，鼓励学前儿童大胆地尝试各种美术活动形式。

2. 建构与机械区

幼儿园的建构与机械区，拥有充足的建构与机械材料，这些材料具有规则性、可操作性和灵活性的特点。学前儿童通过有意识地堆积、拼插、排列、组合建构材料，主动进行各种认知建构，可以获得感性经验和心理满足。建构与机械活动对促进学前儿童的客体认知发展、激发学前儿童的创造性，以及提高学前儿童解决问题的能力具有一定的积极作用。

幼儿园建构与机械区能够帮助学前儿童发展建构能力和空间知觉能力，帮助学前儿童认识物体的基本形状和数量关系。建构及机械材料能自由组合、重复使用，具有多变性、可塑性的特点，学前儿童在变化多样的建构活动中，既能获得大小、高矮、对称、平衡、方位等基本概念，又能锻炼动作的协调性和准确性，促进想象力、创造力的发展，还能提高分工合作，共同进行建构游戏的能力。

3. 沙水区

沙和水是柔性的自然物，亲近这些自然物，能让学前儿童的身心得到满足和放松，有益于学前儿童的身心健康。沙和水没有固定性，方便易得，学前儿童玩起来能够随心所欲，不被固定的思路限制，可以有无限的创意，因而最能调动学前儿童的想象力、发挥学前儿童的创造性和主动性，是学前儿童百玩不厌的活动。

沙、水是学前儿童最喜欢接触的自然物质，学前儿童在自由自在地玩沙、玩水的活动中，通过不同的玩法可以了解沙、水的特性，并从中体验玩沙、玩水的乐趣，培养自主性和创造性。玩沙、玩水适合学前儿童的生理和心理特点，是一项有力地促进学前儿童综合发展的游戏活动。

(四)延伸区域

1. 拓展区

拓展区是为有不同发展水平、不同学习节奏与兴趣爱好的学前儿童创设的活动区域。拓展区可为学前儿童提供研究在基本区域中发现的问题以及进行进一步探究所需的延展性材料，可以将其定义为区域活动中专门为个别学前儿童开设的"选修课"，它能够满足学前儿童的个体差异和不同的发展需求。当教师发现学前儿童在主题活动中需要了解的关键知识点、难点以及学前儿童感兴趣的问题时，就可将其转化为可操作的物化材料，设置与主题活动相适应的主题拓展区域，也可将部分操作材料投放至适宜的其他区域，拓展区域之间的横向联系。

2. 特别研究区

特别研究区是为学前儿童自己生成的或者特别感兴趣的"课题"提供的进行专门研究的活动区域，学前儿童可以在教师的指导和支持下，针对个人需求收集信息、量身定制、寻求答案。开展特别研究区的活动，在于让学前儿童体验探究的过程、了解研究的方法以及增强解决问题的能力，并且关注学前儿童的想法，创造条件满足学前儿童的特别需要。设置特别研究区的目的在于促进学前儿童的个性化发展，为学前儿童提供特色研究的领域和场所。

拓展阅读

幼儿园如何开展区域活动阅读习惯哪.docx 见右侧二维码。

第二节　学前区域活动的设计与指导

一、对学前区域领域教育活动设计的理解

《纲要》倡导的以儿童为本的教育理念尽管已经深入人心，但在教育实践中，在以集体活动为主要活动模式的幼儿园一日生活中，尊重学前儿童的兴趣和需要、尊重学前儿童的发展差异很难落到实处。区域活动可以帮助教师在实践中具体落实以儿童为本的理念，真正实现"促进每个学前儿童富有个性地发展"的人文教育目标。

因为在开展区域活动之前，教师会认真思考本班学前儿童的兴趣、需要和发展目标，有针对性地选择区域类型，投放适宜的活动材料，而且区域活动是个别化的自由、自主活动，学前儿童可以在相对宽松和自由的氛围中自由交往，教师不会有太多干涉，硬性控制也较少。即使学前儿童暂时不喜欢参与活动，也可以选择"无所事事地游走"或"呆坐"，这些都体现了教师对儿童的理解和尊重。

区域活动中教师的指导和干预更多地表现为活动前的环境创设和活动过程中的观察，如果需要教师介入指导，教师也会尽可能在不破坏学前儿童游戏和自主性的前提下介入，指导的前提是细致的观察。第一节中我们关注了学前区域活动设计的内容和类型，这一节我们将活动设计的重点放在学前区域活动的组织实施方面。

二、学前区域环境的创设

(一)合理的空间布局

1. 以学前儿童为本的区域空间

1) 站在学前儿童的立场进行规划和设计

站在学前儿童的立场的意思是要符合学前儿童当前年龄特点并且满足学前儿童内在需要、兴趣和爱好，契合学前儿童最近发展区。

2) 为学前儿童所喜爱和留恋

无论是区域的外部结构，还是内部设置，唤醒学前儿童的好奇心和好感是最重要的，要能因其具有足够的"吸引力"而唤起学前儿童参与其中的欲望。

3) 能促进学前儿童的全面发展

促进学前儿童全面发展是区域设置的根本出发点。在较大的自由度下，学前儿童根据自己的能力进行学习，享受学习的乐趣，满足内心的需求，创新的火花也会随之迸发。并且在自由选择玩伴的过程中，其同伴交往能力也会逐步得到发展。

2. 科学合理的空间分割

空间布局的质量不仅会影响区域活动的有效性，也会直接影响学前儿童参与活动的积极性、主动性、专注性和持久性。有研究指出，教室空间的分隔会影响学前儿童在区域内活动的效果，还会影响学前儿童的社会性交往。因此，无论在哪个年龄阶段、无论班级的空间有多大、无论把活动室分割成几个区域，空间的布局都要遵循科学、合理的原则进行具体规划。

1) 区域的数量与大小要适宜

通常情况下，一个班级的活动室不仅要用来开展区域活动，同时还可用来进行集体教育活动和生活活动。因此，班内设置多少个活动区，哪个区域的面积要大一些、哪个区域的面积要小一些，区域活动面积与集体教学活动场地如何协调共存，是教师首先要考虑的实际问题。

当然，对于区域的数量及每个区域面积的大小，教师可以灵活地根据学前儿童的选择不断加以调整。

2) "动区"与"静区"要避免相互影响

区域"动区"和"静区"要有意分开，避免其间的相互干扰。相对安静的阅读区、益智区、美工区宜相邻而设，并与相对热闹的角色区、建构区、表演区隔开一定的距离。

3) 开放与封闭程度要有所差异(因需而设)

因教育功能的不同，不同区域对开放与封闭程度的要求也有所差异，教师可以将玩具橱柜、纸箱、桌椅等隔开适当距离。一般情况下，表演区、角色区、运动区等"动区"的空间，可以设计成开放或半开放的形式，有利于学前儿童往外延伸活动，保证学前儿童有充分活动的空间，也有利于学前儿童的区内交往；而阅读区、益智区、美工区等"静区"的空间则需要相对封闭，确保同时开展的各种活动互不影响，互不干扰。

4) 区域之间要联动

科学、合理的空间布局不仅要有外部结构上的显著体现，更要有区域功能的内部联系，这是开展区域活动的生命力所在。日常实践中，由于教师对区域活动缺乏系统和深层的理解，常常导致区域设置上的随意性和盲目性。不少教师根据自己的想法和意愿，片面追求区域的外表繁华和表面的热闹，较少考虑内在的教育功能，区域之间缺乏联系，彼此孤立，不仅造成了不必要的财力、物力浪费，更使应有的教育功能被搁浅、被中断。因此，将功能上关系较密切的区域进行相邻或相关的布局规划，可以使各区域的活动进行有机的联系或融合，从而有效地增强区域间的教育联动，可以大大提高区域活动的效益。

3. 因地制宜，合理布局

由于办园条件存在差异，不同条件的幼儿园在进行区域空间的规划和创建时，还应根据各自园所的实际情况进行考虑并合理安排。

如果班级室内空间比较宽敞，可以在集体活动区域之外，单独进行区域规划。如果室内面积有限，可以考虑把材料容易取放、作品摆放灵活的区域(阅读区、美工区等)与集体活动区域融为一体，即平时把材料归类摆放到橱柜中，不占用空间；区域活动时，取出材料，布置在集体活动区的桌面或地面上。如果班级有独立寝室，可以考虑把寝室利用起来，开展区域活动。如果室内空间面积仅够集体活动所需，无法固定多个区域，可以分时间段进行自主区域游戏，即平时把玩具材料归类到橱柜中，靠墙边存放，没有区域环境规划，仅有区域材料。

另外，在门厅、楼梯、走廊等地方，经常会有不属于某个班级的公共空间。如果这些空间较大，也可以考虑利用起来，设置为公共区域，这样不同班级的学前儿童可以错时在公共区域内活动，或有意安排不同班级的学前儿童同时在区内活动。

4. 区域空间规划的要点

区域空间的规划是一个系统工程，不同的办园条件需要考虑的具体问题会有所不同。但是，无论条件如何，布局规划时都要把握好以下几个要点。

1）整体上和谐有序

一个班级的区域环境是班级教育环境的基本构成。可以肯定的是，一个空间布局、色彩搭配诸方面和谐有序的环境，不仅能带给学前儿童视觉上的舒适，更能带给他们心理上的愉悦和轻松，从而引发他们更多主动的、积极的行为。

区域空间在整体上是否和谐有序可以根据以下指标进行考量。

(1) 色彩的选择要符合学前儿童的年龄特点。色彩是人的视觉最敏感的东西，不仅具有象征性，还会让人产生明显的心理感觉，如冷、暖的感觉，进、退的效果等。因此，区域空间色彩的选择、搭配和运用对于空间的整体和谐具有举足轻重的作用。主调的选择是一个决定性的步骤，决定着空间的冷暖、特点和氛围，不同的空间可以采用不同的主色调。教师只有在许多色彩方案中认真仔细地进行鉴别和挑选，才能十分贴切地表现出空间的主题特点。

(2) 色彩的施色部位及其比例分配至关重要。一般情况下，主色调应占有较大的比例，并贯穿于整个区域空间，与主色调搭配的次色调应占较小的比例。此外，不同的色调会给人带来不同的感觉和心理感受，因此应结合活动空间的作用灵活调整。

(3) 材料的质地、造型和空间结构方式在统一中又富有变化。如今新材料层出不穷，组建区域的材料也日趋丰富，木质类、塑料类、壁纸类、布类、纺织类等多种材料得到广泛运用。把不同质地的材料运用在同一区域中时，要根据质地的不同，选择相适宜的造型和结构方式，以获得统一中富有变化的整体效果。

(4) 地面、墙面、立体空间之间要相互呼应。无论是班级的整体空间，还是每一个小的区域空间，其地面、墙面及所拥有的立体空间之间，只有在材料的形体、布局结构及色彩层次上形成巧妙的呼应和自然的过渡，才能取得和谐有序的效果。

(5) 分区、隔断、装饰与房屋建筑的风格、特点一致。不同园所的建筑设施，不仅建筑空间的大小有所不同，建筑风格也会各有所异。因此，区域空间的构建要使各区域在空间位置、空间大小、空间的色彩搭配、陈列装饰等方面与建筑特点、建筑风格协调一致，与建筑空间的功能属性和谐一致。

2）动态变化

一个班级的区域环境一经确定，各区域的空间位置一般会趋于相对稳定。如"娃娃家"是一个常设的区角，它的位置应该是相对固定的。但是，由于学前儿童的兴趣和需要总是在不断地发生变化，当他们对某一区域的活动失去兴趣时，就会产生新的想法，继而希望开设新的区域。因此，区域空间的设置要根据学前儿童的兴趣和需要，尊重学前儿童的活动意愿，及时调整或增设新的活动区域。另外，随着主题活动进程的变化，与之相关的某些区域也需要进行调整以适应新的主题的开展；季节的变化、学前儿童能力的发展等因素也会对区域的设置提出新的要求，教师要有发展变化的眼光，紧密结合当前需要作出相应的调整。

3）　安全卫生

保证学前儿童在区角的活动安全是最基本的要求，无论是相对固定的区域，还是经常有所变化调整的区域。例如，阅读区、益智区、美工区的光线要充足明亮；表演区、建构区的音量要大小适中；橱柜的高度、透明度，要以学前儿童的活动情况保持在教师的视线之内为宜；叠高的材料要稳固，悬垂的材料宜轻盈；封闭的空间要保持空气的畅通；沙水区宜靠近水源，便于为沙池、水池加水，便于学前儿童洗手和收拾、整理、清洁材料等。

(二)区域材料的选择与投放

1. 投放适宜的材料

1）　什么是适宜的材料

所谓适宜的材料，是指材料要与学前儿童的年龄特点、思维特点、兴趣爱好、发展水平相适宜，能引发学前儿童高效的活动、积极的发展。

小班的学前儿童以具体形象思维为主，小肌肉发展不够协调，注意力容易转移，所以教师投放的材料应该大小适宜、颜色鲜艳、形象生动逼真，有一定的趣味性，手感要柔软舒适。成品和半成品材料可以多一些，同种材料的数量也可以多一些。

中、大班学前儿童逐步从具体形象思维向抽象逻辑思维过渡，规则意识逐步增强，与同伴交往的能力也有了进一步发展，因此教师提供的材料要逐步增加挑战性，有一定的规则；同时，自然材料可以多一些，更富有变化和创造性。材料的种类增多，但同种材料的数量可以减少。

2）　如何获得适宜的材料

(1)　购买。有些材料是需要幼儿园出资购买的，如建构区的各种积木、插塑玩具，美工区的颜料、调色盘，益智区的拼图、棋类等。但是，活动区的材料与玩具不同，一般都需要教师经过二次选择和再加工，才能把买来的玩具变成"材料"。比如教师把买来的雪花片分成十个一组，让学前儿童练习分类、数数；把颜料用一定的容器分类盛放，这样才能使玩具或教具成为活动区的材料。

(2)　教师、学前儿童共同收集。区域里的很多材料，教师可以在带领学前儿童活动的过程中与学前儿童共同收集。比如，可以把学前儿童吃过的水果核收集起来，做分类、数数用的材料；秋天时捡拾各种落叶、小树枝等，做美工区的材料；教师装饰环境剩余的边角料，如小块的即时贴、海绵纸、色卡纸等，也可以收集起来做美工区的粘贴材料。

(3)　请家长帮助收集。教师要积极与家长沟通，请家长将家里不用的废旧物品带到幼儿园，如纸箱、牙膏盒、化妆品盒、衬衣盒等各种物品的包装盒，各种用旧的花布，各种绳子、瓶子等。这些废旧物品经过教师的分类整理和加工，可以变成区域里的丰富材料。

(4)　教师与学前儿童共同制作。小班的材料以教师制作为主，到了中、大班，随着学前儿童能力的不断提高，也可以让学前儿童参与制作。比如数学区里练习分解组合的材料，益智区里的益智棋，生活训练区里扣扣子的布制玩具等。

2. 材料的分类和整理

正因为区域材料的种类、数量繁多，因此分类清楚、有序摆放是对各区域投放的材料的共同的要求。否则学前儿童活动一段时间后，材料就会出现丢失、混乱等问题，不仅加大教师的工作量，而且更加不利于学前儿童活动常规的养成。

1) 根据材料的用途、性质等进行分类，并用较固定的容器盛放

对收集来的材料，教师要先把它们按照用途进行粗略的分类，然后再根据它们的大小、形状等分别存放到相对固定的容器中。比如对于美工区里的材料，可以按照纸张、颜料、画笔等进行分类；对于建构区里的纸盒等材料，可以根据大小、形状等进行分类；对于小班生活训练区的材料，可以按照顺序把近似的操作材料放在同一个或同一层橱子上。像倒的练习材料和舀的练习材料，可以放在一层，剪的和折的材料可以放在一层。对于同类的材料，可以盛放在同样的、做有标记的篮子、箱子里，这样看上去既整齐美观，又方便学前儿童物归原处。

2) 利用标记符号，帮助学前儿童进行活动后的材料整理

材料的分类存放是有序整理材料的基础。教师将繁杂的材料进行分类后，可以将物品摆放的位置利用一一对应的小标志进行固定。比如，在盛放倒的材料的托盘上贴上一个红色的三角形，在放托盘的橱柜相应的位置也贴一个红色的三角形，学前儿童操作完毕后，就可以很容易地找到材料原来摆放的位置，把材料放回原位。这会大大减少教师整理材料的工作量，又培养了学前儿童良好的习惯和常规，是一举两得的事情。

(三)有层次地投放材料

学前儿童每个年龄段的能力水平是不同的，当然同年龄段的不同学前儿童能力水平也是不相同的，因此，教师投放的材料首先要适合本年龄段学前儿童的普遍水平，又要兼顾同年龄段学前儿童发展的不同层次，不能太过简单，也不能太过复杂，要为不同水平的学前儿童提供活动的机会和成功的条件。意思就是教师要投放适合各年龄段学前儿童最近发展区的活动材料。

1. 为不同年龄段的学前儿童投放材料的层次

各年龄段学前儿童的发展水平不同、思维特点不同，自然对区域材料和操作的要求不同，所以，教师在投放材料时应该体现出不同的层次。

2. 为相同年龄段不同发展水平的学前儿童投放材料的层次

面对相同年龄段不同发展水平的学前儿童，教师投放的材料也要有不同的层次，以利于所有的学前儿童都能在自己的水平上得到发展。投放的区域材料如果有了不同的挑战性，就可以给学前儿童更多的选择余地，让每一个学前儿童都能在适宜的环境中体验成功、获得发展。

3. 相同的材料学前儿童操作熟练后，难度层次也应逐步提高

增加材料的层次性，并根据学前儿童的操作学习情况不断地对原有材料进行抽取或添加，适时增强材料对学前儿童的挑战。这既是对原有材料的提升和创新，同时，又意味着有新的任务吸引学前儿童。

三、学前区域活动的设计与指导

(一)预备区域活动设计

1. 生活区

1) 区域总目标
(1) 生活、卫生习惯良好，有基本的生活自理能力。
(2) 知道必要的安全保健常识，学会保护自己。
2) 各年龄段目标
(1) 3～4 岁。
① 初步培养良好的生活、卫生习惯。
② 熟练使用勺子，发展手的动作能力。
③ 认识身体各部位的名称，知道其主要功能。
④ 初步了解应对意外事故及体育活动中安全问题的常识。
(2) 4～5 岁。
① 学习保持自己和周围环境的卫生，有初步的生活自理能力。
② 初步学习使用筷子，能操作简单的劳动工具或用具。
③ 认识身体的主要器官及其主要功能。
④ 了解应对意外事故及体育活动中安全问题的常识，懂得快乐有益于健康。
(3) 5～6 岁。
① 讲究个人和公共环境卫生，进一步培养良好的生活习惯和自理能力。
② 熟练使用筷子，参与力所能及的劳动。
③ 认识身体的主要器官及主要功能。
④ 学习躲避危险、应对意外事故和快乐身心的最基本方法。
3) 生活区活动框架(如表 8-1 所示)

表 8-1　生活区活动框架

	我真行	美食汇	小作坊	……
单元一	夹发夹	剥鸡蛋	按向日葵	……
	小螃蟹	串葡萄干	粘毛毛虫	……
	喂小狗	切火腿肠	小鱼排队	……
	投硬币	榨西瓜汁	找宝	……
单元二	晾袜子	做饭团	插花瓣	……
	晾衣服	拌黄瓜	结果子	……
	洗毛巾	榨橙汁	串手链	……
	削铅笔	蒸水蛋	扣布环	……
单元三	夹花生	做寿司	做壁毯	……
	擦镜子	包饺子	缝扣子	……
	刷拖鞋	烤蛋糕	做手袋	……
	编辫子	沏茶	绣花	……
	开锁	……	……	……

4）生活区活动指导

日常生活是学前儿童学习的源泉，学前儿童在生活中能够习得基本的生活技能，提高自我服务能力。但事实上，在现实生活中，父母常常包办代替，使学前儿童失去了许多独立动手的机会，因此学前儿童自我探索的机会便被剥夺了，依赖性也由此滋生。

第一，教师应鼓励学前儿童通过一系列操作活动，例如让学前儿童通过练习使用夹子、勺子等生活用品，通过投硬币、夹发夹等活动，学习各种常见生活用品的使用方法，锻炼学前儿童手部的小肌肉群，让学前儿童在兴趣盎然的操作和尝试中提高手指的灵活性和手眼协调能力，使其精细动作能力得到进一步发展，树立"我的小手真能干""自己的事情自己做"的自信心，并且在教师提供相对丰富的工具条件下，引导学前儿童学习使用、掌握用具的方法，并与小伙伴一起分享自己的成果，增进学前儿童之间的交流互动，也能发展其人际交往能力。

第二，教师可以将生活区活动与班级开展的主题活动相结合，使活动内容可以更加丰富多彩。教师和学前儿童共同收集各种美食资讯，了解和体验来自世界的各种美食，共同讨论并选出哪些是自己喜欢的美食，制定切实可行的美食料理方案，引导学前儿童做好必要的技能铺垫，教师准备相应的食材，在生活区中创设美食工作坊，享受美食带来的愉悦，体验分享的快乐。

2. 感官区

1）区域总目标

(1) 能运用各种感官，动手动脑，探究问题。

(2) 培养手眼协调、专心独立和秩序感。

2）各年龄段目标

(1) 3～4 岁。

① 喜欢摆弄物品。

② 能用多种感官或动作去探索物体，关注动作所产生的结果。

③ 增强手部与手臂肌肉的控制能力。

(2) 4～5 岁。

① 动手、动脑探索物体和材料，并乐在其中。

② 能对事物或现象进行观察比较，了解事物之间的关系，发现其相同与不同之处。

③ 认识事物的属性，形成概念，发展逻辑思维能力。

(3) 5～6 岁。

① 在探索中有所发现时感到兴奋和满足。

② 能通过观察、比较与分析等方法解决问题，发现并描述不同种类物体的特征。

③ 完善各种感官的功能，发展创造性思维能力。

3）感官区活动框架(如表 8-2 所示)

4）感官区活动指导

感官区的设计让学前儿童已经充分接触到各种唤醒感官的操作材料，在动手能力、视觉辨析能力等方面有了较大的提高。

表 8-2 感官区活动框架

	看一看	摆一摆	摸一摸	试一试	……
单元一	水果对对碰	可爱的小象	图形找家	香香的水果	……
	小动物找朋友	水果派对	神秘袋	好吃的糖果	……
	小猪排队	美丽的树	图形箱	小鼓咚咚	……
单元二	动物手拉手	拼小动物	圆形转盘	闻花香	……
	找影子	六色花	布料对比	好吃的坚果	……
	红黄绿	毛毛虫	手掌摸豆豆	听音筒	……
	……	……	……	……	……
单元三	忙碌的机场	图形聚会	手指摸圆筒	精油瓶	……
	动物找家	彩色插桩	温觉板	酸甜苦辣	……
	彩虹的颜色	水果叠叠塔	拇指的力量	乐器在歌唱	……
	……	……	……	……	……

因此，教师应设计并提供促进学前儿童嗅觉、味觉、听觉发展的材料，比如：发展学前儿童嗅觉辨析能力的材料，通过提供装有香料、酒精、醋水等不同物品的玻璃瓶，让学前儿童闻一闻，分辨不同气味并用语言表述；感知不同香味的气味瓶，让学前儿童分辨有细微差别的气味。类似的材料还有味觉瓶、听音材料等，让学前儿童对看到、听到、摸到、尝到和闻到的各种物品有更灵敏的感受和判断，并能通过感觉器官的验证充分肯定自己对客观事物的认识能力，对客观情况作出合理的反应，促进学前儿童的感官均衡、协调地发展，使学前儿童获得丰富的生活与学习经验。

3. 生态区

1) 区域总目标
(1) 爱护动植物，关心周围的环境，亲近大自然。
(2) 珍惜自然资源，建立初步的环保意识。
2) 各年龄段目标
(1) 3～4 岁。
① 喜欢接触大自然，对周围的很多事物和现象感兴趣。
② 对感兴趣的事物能仔细观察，发现其明显特征。
③ 认识常见的动植物，能注意并发现周围的动植物是多种多样的。
④ 初步了解和体会动植物和人们生活的关系。
(2) 4～5 岁。
① 能感知和发现动植物的生长变化及其基本条件。
② 能感知和发现不同季节的特点，体验季节对动植物和人类的影响。
③ 学习用图画或其他符号进行记录。
(3) 5～6 岁。
① 能察觉到动植物的外形特征、习性及与生存环境的适应关系。
② 感知并了解季节变化的周期性，知道变化的顺序。

③ 能用数字、图画、图表或其他符号记录。

④ 初步了解人们的生活与自然环境的密切关系，知道尊重和珍惜生命，保护环境。

3) 生态区活动框架(如表 8-3 所示)

表 8-3　生态区活动框架

	快乐的农夫	小小饲养员	……
单元一	豆豆发芽了	喂鱼	……
	嫩绿的葱苗	养乌龟	……
	种花生	照顾小鸭	……
	……	……	……
单元二	插花	蚂蚁工房	……
	豆角丰收	蚕宝宝的一生	……
	种青菜	蚯蚓日记	……

4) 生态区活动指导

教师带领学前儿童在生态区植物角里种豆、葱、蒜、青菜、丝瓜，定期为植物浇水、拔草，观察各种植物的生长变化，用图画和拍照等方式记录过程，讨论、分享各自有趣的探索与发现，从而激发学前儿童对种植活动的兴趣，培养学前儿童的责任心和做事认真负责的能力。

(二)基本区域活动设计

1. 语言区

1) 区域总目标

(1) 乐意与人交谈，讲话礼貌。

(2) 注意倾听对方讲话，能理解日常用语的基本含义。

(3) 能清楚地说出自己想说的事。

(4) 喜欢听故事、看图书。

(5) 了解、感受中国传统特色语言。

2) 各年龄段目标

(1) 3～4 岁。

① 初步学习常见的交往语言和礼貌用语。

② 安静地倾听，能听懂、理解简单的指令。

③ 愿意用完整的短句进行讲述。

④ 初步感受文学作品的语言美。

⑤ 喜欢看书，知道看书的基本方法；感受语言和其他符号的转换关系；激发对文字的兴趣。

⑥ 喜欢古诗，感受古诗的韵律和节奏。

(2) 4～5 岁。

① 继续学习交往语言，提高语言交往能力。

② 耐心地倾听，能听懂、理解多重指令。

③ 愿意用清楚、连贯的语言进行讲述。

④ 喜欢文学作品，进一步感受文学作品的美。

⑤ 懂得爱护图书，知道图书的构成；了解汉字的由来和简单的汉字认读规律；激发主动探索文字的愿望。

⑥ 了解、感受民间歌谣、绕口令的韵律和节奏。

(3) 5～6 岁。

① 乐意运用交往语言，进一步提高语言交往水平。

② 积极倾听，不断提高倾听能力，能迅速把握和理解较复杂的多重指令。

③ 愿意用较清楚、连贯、流畅的语言进行讲述。

④ 愿意欣赏文学作品，积累文学语言，并尝试运用。

⑤ 有浓厚的阅读兴趣，知道图画书中的画面与文字的对应关系；积极辨认汉字，掌握正确的书写姿势和基本的书写技能。

⑥ 了解、感受成语、歇后语、颠倒歌、谚语等中国传统特色语言。

3) 语言区活动框架(如表 8-4 所示)

表 8-4　语言区活动框架

	有趣的字	丰富的词	神奇的句子	优美的篇章	……
单元一	印章装饰文字	我幸福的一家	小动物在干什么	三只蝴蝶	……
	皱纸装饰文字	学说你我他	看一看说一说	纸偶小剧场	……
	画笔装饰文字	量词	在农场	壁虎借尾巴	……
	碎纸装饰文字	听音找方位	夏天到	……	……
单元二	星星贴纸装饰文字	钓鱼	组成一句话	绕口令	……
	扎文字	相反国	好看的房子	静夜思	……
	拓印文字笔画	形容词花朵	我爱妈妈	咏柳	……
	……	词语接龙	……	猜谜语	……
单元三	偏旁花	礼貌用语	关联词说话	司马光砸缸	……
	笔画小书	成语	歇后语	井底之蛙	……
	猜字游戏	四季成语	对联	拔萝卜	……
	文字的演变	……	……	……	……

4) 语言区活动指导

第一，教师针对学前儿童的已有经验，在材料设计上提出递进性的要求，从名词开始，然后是动词、形容词，先找出最贴近学前儿童生活经验的词汇内容，再不断扩展。如，"钓鱼"这份材料，通过钓鱼的游戏来组词，学习与"鱼"相关的词语：鱼头、鱼尾、鱼缸等。

第二，教师将不同的词性相互组合、连接；学前儿童通过探究材料，在听、说、读等多种形式中，学说反义词、形容词，玩词语接龙游戏，感受成语的含义等，丰富了词汇量，并学会了在生活中灵活运用。

2. 数学区

1) 区域总目标

能从生活和游戏中感受事物的数量关系并体验到数学的重要性和趣味性。

2) 各年龄段目标

(1) 3～4 岁。

① 正确认读 1～10 的数字。

② 关心周围环境中物体的数量及数量关系。

③ 关心周围环境的物体形状，喜欢运用各种几何体进行拼搭和建造活动。

④ 学习比较大小、长短。

(2) 4～5 岁。

① 学习书写 1～10 的数字。

② 认识 10 以内的数。

③ 在进行分类记数的活动中，根据物体的特征，观察、体验同一事物中所包含的不同数量关系。

④ 认识常见的平面和立体的几何图形。

⑤ 学习比较高矮、粗细、厚薄、轻重、宽窄等。

(3) 5～6 岁。

① 学习书写 1～10 的数字。

② 学习 10 以内的加减。

③ 运用观察、分析、比较、类推和迁移等方法进行数的学习，解决简单的加减运算问题；归纳和概括物体的数量关系及数的运算经验。

④ 观察、比较几何图形之间的相同点和不同点，概括同类图形的共同特征，区分不同图形之间的差别。

⑤ 体验平面图形之间、平面图形与立体图形之间的关系，促进空间想象力的发展。

⑥ 学习等分实物或图形，体验整体与部分的关系。

⑦ 学习自然测量，感受量的守恒。

3) 数学区活动框架(如表 8-5 所示)

表 8-5　数学区活动框架

	我会数	我会排	我会算	……
单元一	做点图	形形色色	10 的数棒	……
	纽扣与点点	按规律摆积木	倒几杯茶	……
	点点与水果	建高楼	分几壶茶	……
	点点接龙	数字与小猫	……	……
单元二	花儿开了	数字小火车	拼算式	……
	苹果树	蝴蝶穿花衣	加法实物棍	……
	捆棒棒	数字与动物	加法实物块	……
	数小猫	数字小船	……	……

4) 数学区活动指导

首先，教师应引导学前儿童感受生活中的数量以及数量关系，提供充足的材料和丰富的环境；让学前儿童体验、观察生活环境中的物体特征等，能够让学前儿童运用观察、分析、比较、类推和迁移等方法进行数的学习，解决简单的加减运算问题；归纳和概括物体的数量关系及数的运算经验。其次，教师应提供多元的操作材料，以看数找量、比较数的大小等观念排出 10 以内的自然数列，帮助学前儿童理解数的顺序关系，引导学前儿童观察、比较，促进学前儿童思维能力的发展。最后，让学前儿童在生活和游戏中感受事物的数量关系并体验到数学的重要性和趣味性。

3. 科学区

1) 区域总目标

(1) 对周围的事物、现象感兴趣，有好奇心和求知欲。

(2) 能用适当的方式表达、交流探索的过程和结果。

2) 各年龄段目标

(1) 3～4 岁。

① 观察周围自然现象的明显特征，并获取粗浅的科学经验。

② 观察日常生活中各种物品的特征及用途。

③ 学习运用各种感官感知的方法，发展感知能力；学会根据一个或两个特征从一组物体中挑选出物体，归入一类，并能用自己的方式表达探索的结果。

(2) 4～5 岁。

① 了解四季的特征及其与人类生活的关系，观察简单的物理现象，获取感性经验。

② 了解周围生活中的某些科技产品及其与人类的关系。

③ 综合运用多种感官感知事物的特征，发展观察力；学会按照制定的标准对物体进行简单的分类；能用各种手段表达、交流科学探索活动的过程和发现。

(3) 5～6 岁。

① 获得有关季节与人类、动植物、环境等关系的感性经验，形成春、夏、秋、冬四季的初步概念；探索周围生活中常见的物理现象，获取有关的科学经验。

② 了解现代社会生活中的科学技术产品及其对人类的影响，激发对科学的兴趣和对科学家的崇敬。

③ 主动运用多种感官观察事物，学习观察的方法，发展观察力；能按照自己规定的不同标准对事物进行分类；能用多种手段表达、交流科学探索活动中的发现、获得的经验和遇到的问题，以及探索的过程与方法。

3) 科学区活动框架(如表 8-6 所示)

表 8-6 科学区活动框架

	奇妙的身体	动植物的奥秘	小小科学家	
单元一	我的身体	动物找尾巴	沉浮小实验	……
	我的五官	动物找影子	透光小实验	……
	我长高了	动物的食物	磁铁小实验	……
	……	青蛙变变变	颜色变化	……
	……	动植物分类	……	……
单元二	我的手指	海陆空的动物	天秤小实验	……
	爱护牙齿	家禽家畜	天气小伞	……
	大脑的秘密	胎生卵生	摩擦起电	……
	人体骨骼	小动物长大了	灯泡发亮	……
	……	蔬菜水果分类	……	……

4) 科学区活动指导

首先，教师应从孩子们的好奇心入手，让学前儿童运用观察、操作、建构等方法，去发现食物在人体里的消化过程，如，用拼图来"构建人体消化系统图"，认识人体的主要消化器官，并重点了解胃与身体健康的关系，从而让学前儿童从小建立起健康饮食的意识和习惯。

其次，教师可以选用生动直观的孕妇人体模型，学前儿童便能够通过感官直接、清晰地感知宝宝在妈妈肚子里的状态，体验妈妈怀孕时的辛苦，萌发对妈妈的关爱之情，这也是对学前儿童的一次感恩教育。

最后，教师应鼓励学前儿童主动运用多种感官观察事物，学习观察的方法，发展观察力；能按照自己规定的不同标准对事物进行分类；能用多种手段表达、交流科学探索活动中的发现、获得的经验和遇到的问题，以及探索的过程与方法。

4. 文化区(如右侧二维码)

5. 社会区

1) 区域总目标

(1) 喜欢并适应群体生活。

(2) 遵守基本的行为规范。

(3) 具有初步的归属感。

2) 各年龄段目标

(1) 3～4 岁。

① 对幼儿园的生活产生好奇感，喜欢上幼儿园。

② 懂得并遵守一日生活中的各项规则。

③ 知道家庭成员与自己的关系，体会到自己是家庭中的一员。

④ 奏国歌、升国旗时能自动站好。

(2) 4～5 岁。

① 愿意与家长一起参加社区的一些群体活动。

② 关心社区生活，养成良好的生活和学习习惯。

③ 认识国旗、会唱国歌，知道自己是中国人。

④ 知道父母的职业，能体会到父母为养育自己所付出的辛劳。

(3) 5～6 岁。

① 对小学生活感到好奇和向往。

② 了解社会生活中最基本的规则，自觉地遵守一日生活中的各项行为规范。

③ 爱护身边的环境，注意节约资源。

④ 知道自己的民族，知道中国是一个多民族的大家庭，各民族之间要互相尊重，团结友爱。

3)　社会区活动框架(如表 8-7 所示)

表 8-7　社会区活动框架

	相亲相爱	多彩的生活	……
单元一	我的一家	我是小升旗手	……
	礼貌用语	交通标志	……
	我上幼儿园	快乐的六一	……
	表情娃娃	认识职业	……
	……	……	……
单元二	我的亲人	我的祖国	……
	交流用语	汽车标志	……
	我俩不一样	三八妇女节	……
	谁对谁不对	我怎么办	……
	……	……	……
单元三	亲亲一家人	少数民族服饰	……
	我是小主人	游乐场标志	……
	上小学啦	中国传统节日	……
	一封信	垃圾分类	……
	……	常用电话号码	……

4)　社会区活动指导

在活动指导过程中，教师可以丰富活动的形式，采用语言、绘画、情境表演等多种活动方式，使活动内容更加生动有趣。学前儿童通过社会区的一系列活动可以认识家庭中的主要成员，学会在日常生活中与人交流所用到的礼貌用语，感受到一家人相亲相爱的温馨甜蜜，从而萌发爱父母等长辈的情感。

教师在设计操作活动材料时，应采用词语排列以及看图讲述等方式，鼓励学前儿童根据图片中的情境，学说词汇，使用礼貌用语，同时进行角色表演，强化学前儿童在生活中灵活使用语言的能力。

随着学前儿童年龄的增长，进入幼儿园学习使学前儿童有了更大的交往空间，教师通过"我上幼儿园""表情娃娃"等探究活动，可以引导学前儿童建立正确的自我认知，增强自信心，乐意与人交往，适应集体生活，积极面对新的学习生活。

(三)创意区域活动设计

1. 建构区

1)　区域总目标

(1)　能用自己喜欢的方式大胆地操作；培养观察力、想象力和动手操作的能力。

(2)　学习各种基本的搭建及拼装技能；乐于与同伴分工合作。

2)　各年龄段目标

(1)　3～4 岁。

①　喜欢建构与机械活动。

② 尝试运用不同的材料进行建构，掌握基本的操作方法。

③ 懂得爱护玩具，养成遵守规则的好习惯。

(2) 4～5 岁。

① 能有意识地选择材料，并进行综合运用。

② 能根据意愿或命题，尝试用平铺、搭高、围合等方法进行有目的的建构或机械活动。

③ 学会尊重同伴的观点和经验，培养初步的合作意识。

(3) 5～6 岁。

① 根据建构材料和主题，发挥想象力，设计出多种多样结构形态的建筑物。

② 学习制订计划和分工合作，体会与同伴合作的乐趣。

③ 用多种方式表现、交流、分享建构的过程和结果。

3) 建构区主题网络图(如图 8-1 所示)

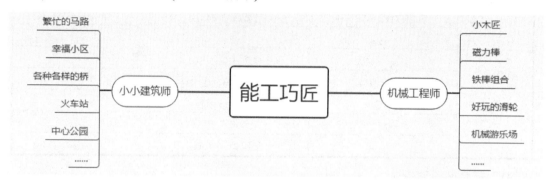

图 8-1　建构区主题网络图

4) 建构区活动指导

建构活动是学前儿童主动、自由地利用各种不同的建构材料塑造物体形象、反映周围生活的一项活动。在建构区游戏中，学前儿童可以根据自己的兴趣玩积木、玩插塑玩具，进行各种操作练习。他们运用拼插、垒高、砌接等方法搭建物体，不仅能丰富感知和亲身体验，还可以发展空间想象力、创造力、动手能力和建构技能。更有益的是，学前儿童在轻松自然、平等友好的游戏氛围中，能够学会与他人一起制定活动计划，分工协作完成建构任务，分享作品，表达感受，体验成功与挫折，这促进了学前儿童的社会性发展，培养了学前儿童与人合作、不怕困难、解决问题的能力，在发展动手动脑能力的同时，实现学前儿童个性的和谐、全面发展。

2. 沙水区

1) 区域总目标

喜欢沙水活动，感知沙水的特性，促进动作的协调、灵活。

2) 各年龄段目标

(1) 3～4 岁。

① 获得有关水的流动、物体沉浮等经验。

② 了解工具的名称、用途，掌握简单的操作方法。

③ 培养整理玩具的良好习惯。

(2) 4～5 岁。

① 获得有关水的溶解、渗透、凝固等感性知识。

② 在沙水游戏中，区别干湿、冷热、粗细、多少、深浅等不同的概念。

③ 通过铲挖、拍打、倾倒、堆塑、筛滤等活动，发展大肌肉动作与小肌肉动作。

(3) 5～6 岁。

① 获得有关水的三态变化、循环等感性知识。

② 通过用沙挖洞、筑造，增进空间概念和对事物的表现能力。

③ 在使用工具、协商角色的过程中，促进彼此之间的合作交流、分享互助。

④ 能创造性地进行沙水活动，激发探索精神，培养自主性，满足情感和情绪的需要。

3) 沙水区主题网络图(如图 8-2 所示)

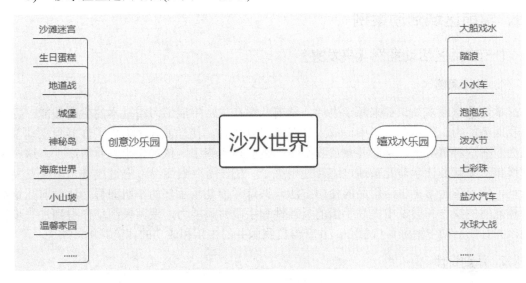

图 8-2 沙水区主题网络图

4) 沙水区活动指导

玩沙活动符合学前儿童的年龄特点，学前儿童在玩沙活动时所表现出的无拘无束和全情投入，是学前儿童童真童趣的真实流露。针对不同年龄阶段学前儿童已有的学习经验和动手能力的不同，教师提出了不同的要求。

如"造房子"主题活动。

3～4 岁的学前儿童，建立玩沙常规，学习使用简单模具压造出楼房造型。

4～5 岁的学前儿童，可收集使用更为丰富的辅助材料与玩沙工具，预先讨论确定设计图，再分工合作，完成"幸福小区"的建造。

5～6 岁的学前儿童，围绕主题"温馨家园"设计方案，安排系列活动。

活动层层推进，教师先组织学前儿童参观各种楼房模型和城市规划设计图，在玩沙时鼓励学前儿童大胆运用堆砌、挖掘、倒模、拼接等方法建造"温馨家园"，巧妙利用自然的辅助材料进行装饰，完工后各小组的学前儿童相互观摩作品，并摄影留念。这种有主题设计的玩沙活动，能够使简单的玩沙活动更有目标，增强学前儿童的相互合作与交流，提高学前儿童克服困难、解决问题的能力，使学前儿童创造性地开展活动，并通过对活动过程的总结和评价，对下次活动提出设想，使活动的内容更加丰富生动。

3. 社会理解区(见下图二维码)

4. 艺术区(见下图二维码)

社会理解区.docx   艺术区.docx

四、学前区域活动案例

(一)生活区活动案例《夹发夹》

1. 设计思路

学前儿童很多知识都来源于生活，学前儿童在生活中能够习得基本的生活技能，提高自我服务能力。但是在现实中，成人过多的包办代替，使学前儿童失去了许多独立动手的机会，在这种情况下，学前儿童自我探索的机会被剥夺了，依赖性也因此而产生。这一区域操作活动就是让学前儿童通过练习使用夹子、勺子等生活用品，通过投硬币、夹发夹等活动，学习各种常见生活用品的使用方法，锻炼学前儿童手部的小肌肉群，让学前儿童在兴趣盎然的操作和尝试中提高手指的灵活性和手眼协调能力，使其精细动作得到进一步发展，并且在活动中增强其自信心，并获得自我服务的快乐和成功的体验。

2. 活动设计

1) 活动目标
(1) 乐意动手参与操作活动，初步培养自我服务意识。
(2) 知道双手配合夹发夹的方法要领。
(3) 提高手指动作的灵活性。

2) 材料解读
(1) 根据小班的年龄特点，设置情境化的操作材料，为小娃娃夹发夹。
(2) 准备色彩和大小不同的发夹三对；发夹材质不能太硬，要便于小班学前儿童操作。
(3) 娃娃的头发可用毛线编织，头发的厚度应适中，以方便固定发夹。
(4) 选择质地较硬的卡纸来制作长发娃娃的头像。

3) 材料构成
(1) 长发娃娃头像 1 个，发夹 3 对。
(2) 篮子、收纳小包。

4) 操作步骤
(1) 将长发娃娃头像和装发夹的收纳小包从篮子里取出。
(2) 从收纳小包中取出发夹，并按大、中、小的顺序摆成一排。

(3) 取出一对大发夹,按照彩色毛线的颜色提示,将发夹夹到娃娃的长发上。

(4) 逐一夹好剩余的发夹,欣赏作品。

5) 适合年龄

3~4 岁。

6) 错误控制

娃娃头发以彩色毛线作为划分区域的标记,此标记提醒学前儿童将夹子夹在相应的区域内。

7) 注意事项

(1) 教师定期检查发夹,发现损坏要及时更换。

(2) 提醒学前儿童先将发夹掰开再夹到头发上。

8) 变化延伸

(1) 可以选择各种样式的发夹,如弹簧发夹、条状发夹、皇冠发夹等。

(2) 为学前儿童提供镜子,让他们对着镜子将发夹夹到自己的头发上,装饰自己的头发(如图 8-3 所示)。

图 8-3 学前儿童装饰头发

(二)生态区活动案例《嫩绿的葱苗》

1. 设计思路

春天是播种的季节,是万物生长的时节。本活动以种植活动为主题,配合植树节的到来,让学前儿童了解种植的意义,学习种植的基本方法,学习照料生态区的植物。教师带领学前儿童在生态区植物角里种豆、葱、蒜、青菜、丝瓜,定期为植物浇水、拔草,观察各种植物的生长变化,用图画和拍照等方式记录过程,讨论、分享各自有趣的探索与发现,从而激发学前儿童对种植活动的兴趣,培养学前儿童的责任心和做事认真负责的态度。

2. 活动设计

1) 活动目标

(1) 对种植活动感兴趣,乐意参加种植活动。

(2) 了解种植的基本方法和步骤,知道葱苗与人们生活的关系。

(3) 养成持久、细心的观察习惯。

2) 材料解读

(1) 选择大小适中的葱头，无腐烂和损坏。

(2) 选择适宜的土壤和花盆。

3) 材料构成

葱头、小盘、花盆、水壶、尺子。

4) 操作步骤

(1) 选取适量的葱头。

(2) 准备花盆和泥土，挖小坑，把葱头种进泥土中，浇水至泥土湿润。

(3) 观察葱头慢慢长开，破出表皮，长出嫩绿的小芽。

(4) 定期给小葱苗浇水，让其汲取足够的水分，快快生长。

(5) 观察绿芽慢慢长成嫩绿的葱苗。

(6) 学习用尺子测量葱苗的高度变化。

5) 适宜年龄

3～4 岁。

6) 错误控制

种植时，教师要引导学前儿童将葱头朝下，不宜埋得过深。

7) 注意事项

(1) 引导学前儿童浇水时注意量的把握。

(2) 提醒学前儿童在观察时不要用手触碰葱苗。

8) 变化延伸

鼓励学前儿童在家中参与种植活动，观察花卉植物的生长(如图 8-4 所示)。

图 8-4　嫩绿的葱苗

(三)语言区活动案例《钓鱼》

1. 设计思路

随着学前儿童年龄的增长、生活范围的不断扩大，学前儿童与周围的人有了基本的交流，他们已经能够理解并运用日常生活中的基本用语，并且有了交流表达的欲望，但是他们运用的词汇还非常有限，限制了其语言表达。所以本活动以发展学前儿童的词汇为主，教师针对学前儿童的已有经验，在语言区材料设计上提出递进性的要求，从名词开始，然后是动词、形容词，先找出最贴近学前儿童生活经验的词汇内容，再不断扩展。当学前儿童了解了基本词性后，教师将不同的词性进行相互组合、连接，设计系列活动。

2. 活动设计

1) 活动目标

(1) 体验钓鱼组词活动的乐趣。

(2) 学习与"鱼"有关的词语。

(3) 提高学前儿童小肌肉的控制能力。

2) 材料解读

(1) 有磁铁的钓鱼竿；能与"鱼"组词的小鱼字卡后有磁铁，不能与"鱼"组词的小鱼字卡后无磁铁。

(2) 小水桶的大小足够摆放小鱼字卡。

(3) 钓鱼竿及鱼线的长短要适合学前儿童使用。

3) 材料构成

(1) 有磁铁的钓鱼竿、鱼缸底板、有"鱼"字的小水桶、小鱼字卡、剪刀、胶水、记录单。

(2) 篮子、盒子。

4) 操作步骤

(1) 取出鱼缸的底板，将小鱼字卡摆放在鱼缸底板上；将小水桶的卡片整齐地摆在鱼缸底板的旁边。

(2) 用钓鱼竿从"鱼缸"里钓起带有磁性的小鱼字卡，少量没磁性的字卡留在鱼缸。

(3) 将钓起的字卡放在小水桶上，组成一个新的词语，如"鱼尾"。

(4) 操作完成后，依次说一说小水桶上的新词，如"鱼尾""鱼皮"。

(5) 对照操作材料完成记录单，并指读。

5) 适合年龄

4～5 岁。

6) 错误控制

鱼缸中能钓起来的字是能跟"鱼"组词的，钓不上来的字则不能组词。

7) 注意事项

(1) 提醒学前儿童在钓鱼时每个小水桶只能装一条鱼。

(2) 钓上鱼后，要将图卡上的字摆放在桶上"鱼"字的后面，便于学前儿童进行组词。

8) 变化延伸

(1) 学前儿童在生活区已有钓鱼的经验。

(2) 可增加难度，引导学前儿童学习与"鱼"有关的成语(如图 8-5 所示)。

图 8-5　钓鱼活动材料

(四)数学区活动案例《数字小火车》

1. 设计思路

学前儿童学习排序是发展数学智能的一个重要方面。本活动的设计是在学前儿童积累了对物体的大小、高矮、粗细、长短等量的比较和排序的相关经验的基础上，对数字与量的对应关系有了充分掌握之后，进行的 0～9 或 1～10 的数量排序。此活动通过《数字小火车》等系列操作活动，提供多元的操作材料，以看数找量、比较数的大小、运用序的观念排出 10 以内的自然数列，帮助学前儿童理解数的顺序关系，引导学前儿童观察、比较，促进学前儿童思维能力的发展。

2. 活动设计

1)　活动目标
(1)　乐意动手操作，感知自然数的排序规律。
(2)　认识数字 0～9，学习 0～9 的排序。
(3)　提高学前儿童观察事物、动手动脑的能力。

2)　材料解读
(1)　选用色彩鲜艳的木质火车吸引学前儿童的注意力，火车的车厢分别为 0～9 的数字。
(2)　每节车厢的前面有挂钩，后面有圈，便于连接成一列数字小火车(如图 8-6 所示)。

图 8-6　数字小火车玩具

3) 材料构成

(1) 0～9 的数字车厢、火车头和车尾、参照板。

(2) 托盘、篮子。

4) 操作步骤

(1) 取出参照板，认读数字 0～9。

(2) 根据参照板的提示，取数字 0 的车厢，把挂钩连接在火车头后面。

(3) 依次连接车厢 1～9，把车尾接到 9 的后面。

(4) 按排好的顺序指读车厢上的数字 0～9。

5) 适宜年龄

3～4 岁。

6) 错误控制

参照板上有按 0～9 排序的完整的小火车。

7) 注意事项

引导学前儿童注意观察数字的正反，数字摆放的方向止确后才能连接车厢，即一个挂钩连接一个圆圈

8) 变化延伸

投放 0～9 的数字小火车记录单。

(五)文化区活动案例《沙漏》

1. 设计思路

"时间"与我们的生活是息息相关、不可分割的。但是对于刚上幼儿园的学前儿童来说，时间是非常抽象的，他们对时间的概念也是模糊不清、难以理解的。本活动的重点就在于引导学前儿童感受时间的变化和规律，了解时间与我们生活的关系，从而培养学前儿童做事不拖沓、按时作息、守时的良好习惯。在本活动中，学前儿童通过观察沙漏现象，感知 1 分钟的时间有多长；通过对白天与黑夜的分辨，了解昼夜交替的自然规律；在认识时钟的活动中，了解到时钟的特征及用途，将自己的生活与时间相联系；通过探索一周的每一天，知道时间的周期变化和不再重现的规律。在活动中，教师应鼓励学前儿童自主探索，主动参与操作活动，制作完成自己的时钟小书，制定作息时间表，大胆表述自己的发现与感受，培养学前儿童的观察、比较与分析的能力，从而激发学前儿童对时间的兴趣，使学前儿童感受时间的流动性，培养学前儿童珍惜时间的观念。

2. 活动设计

1) 活动目标

(1) 对沙漏现象产生兴趣。

(2) 知道沙漏是一种计时的工具，感知 1 分钟时间的长短。

(3) 培养学前儿童细心持久的观察习惯。

2) 材料解读

(1) 选择的沙漏时间要正好为 1 分钟。

(2) 在计时器 1 分钟的刻度位置做标记。

(3) 选择彩色沙子的沙漏和卡通计时器，更能激发学前儿童的兴趣。

3) 材料构成

(1) 沙漏、苹果计时器、"1 分钟"字卡(如图 8-7 所示)。

(2) 篮子、小碟子。

图 8-7　沙漏与计时器

4) 操作步骤

(1) 从篮子中取出沙漏，观察沙子在两个玻璃球中撒落的过程。

(2) 取出苹果计时器，将时间调到 1 分钟的位置，感知 1 分钟的时间有多长。

(3) 计时结束后，与教师一起认读"1 分钟"字卡。

(4) 重新翻转一次沙漏，与计时器同时开始计时观察。

5) 适合年龄

3～4 岁。

6) 错误控制

计时器上的标记和字卡都是 1 分钟。

7) 注意事项

(1) 每次计时开始时都要等沙子全部撒落到下面的玻璃球里之后，再重新翻转。

(2) 沙漏是易碎品，提醒学前儿童轻拿轻放。

8) 变化延伸

(1) 可观察油漏等计时工具。

(2) 同时比较、观察几个沙漏，感知沙漏的速度与沙子粗细、漏沙口大小的关系。

(六)艺术区活动案例《精灵小乐队》

1. 设计思路

学前儿童天生喜爱音乐律动，他们听到音乐时会不由自主地手舞足蹈。教师应当满足学前儿童的需要，把握学前儿童音乐学习的特点，提供适宜的音乐素材，灵活运用不同的方式，将音乐活动日常化，让学前儿童自然地走近音乐，让音乐成为他们的朋友。节奏是音乐的重要元素，生活中处处充满节奏。教师应以节奏游戏为主要活动方式，为学前儿童创设音乐活动的平台"精灵小乐队"，让学前儿童随着音乐敲敲打打地进行律动，发展学前儿童的节奏感和音乐表现力，使学前儿童积极地参与到音乐活动中。在"精灵小乐队"音乐活动中，教师可以选取丰富的音乐素材，提供音乐播放器、音乐图谱、各种打击乐器、表演服装等材料，让学前儿童大胆地运用肢体动作和打击乐器去探索、表现、创造，充分感受音乐带来的韵律美，获得音乐的熏陶。

2. 活动设计

1）　活动目标

（1）喜欢音乐活动，在活动中情绪愉快。

（2）能跟随熟悉的音乐做相应的身体动作。

（3）认识简单的打击乐器，能够为短小的二拍子和四拍子的歌曲、乐曲伴奏。

（4）提高身体动作的灵活性和协调性。

2）　环境创设

（1）环境准备：在幼儿园礼堂内搭建一个有艺术氛围的小舞台。

（2）材料准备：各种打击乐器(如图 8-8 所示)、音乐播放器、音像资料、图谱、区域及材料摆放标志。

（3）经验准备：学前儿童已欣赏过一些音乐，认识了简单的乐器，有看图谱的经验。

图 8-8　各种打击乐器

3）　活动实施

第一阶段：动听的音乐。

日常生活中教师有意识地引导学前儿童欣赏各种歌谣和风格各异的乐曲。

第二阶段：拍拍动动。

学前儿童自由地用身体动作表现节奏，知道节奏可以用动作来表现。

第三阶段：乐器在歌唱。

（1）教师引导学前儿童初步了解 2～3 种简单乐器，如碰铃、串铃、铃鼓等，让学前儿童尝试自由敲击乐器，感受乐器的不同音色。

（2）播放学前儿童熟悉的二拍子或四拍子的音乐，教师引导学前儿童用身体练习节奏活动。

（3）鼓励学前儿童选择喜欢的乐器和着音乐节奏进行演奏，教师提醒学前儿童要爱惜乐器。

(4) 学习看指挥的手势，练习演奏。

(5) 重点评析乐器使用及物品归位、整理等情况。

第四阶段：拓展延伸。

带领学前儿童到音乐厅欣赏器乐演奏会

4) 活动反思

3～4岁的学前儿童在节奏活动中，乐意跟着老师念诵、拍打节奏、做身体姿势和动作。他们能辨别几种简单的打击乐器(如碰铃、圆舞板、木鱼等)的音色。他们对使用打击乐器演奏有着浓厚的兴趣，但是还不能较好地使用乐器，有时甚至乱敲乱打，把乐器当成玩具使用，成了"噪声制造者"。针对这个问题，教师应当通过提供丰富、适宜的乐器，给予学前儿童一些自由表现的时间，满足学前儿童探索的愿望。同时，要注意引导学前儿童认识打击乐器，学习正确使用的方法，培养良好的使用习惯。该年龄段的学前儿童，还没有足够的合作意识和经验，喜欢独自敲敲打打，教师可通过解析音乐作品、绘制学前儿童看得懂的音乐图谱，带领学前儿童相互采用合奏、轮奏等演奏方式，感受并表现音乐作品，锻炼学前儿童的协作意识和合作能力。在材料摆放、整理方面，教师可以制作具有明显特点的标识，让学前儿童能够方便地取放，养成良好的习惯。

(七)建构区活动案例《能工巧匠》

1. 设计思路

建构活动是学前儿童主动、自由地利用各种不同的建构材料塑造物体形象，并且能够反映周围生活的一项活动。在建构区游戏中，学前儿童可以根据自己的兴趣玩积木、玩插塑玩具，进行各种操作练习。他们运用拼插、垒高、砌接等方法搭建物体，不仅能丰富感知和亲身体验，还可以发展空间想象力、创造力、动手能力和建构技能。更有益的是，学前儿童在轻松自然、平等友好的游戏氛围中，学会与他人一起制订活动计划，分工协作完成建构活动，分享作品，表达感受，体验成功与挫折，这促进了学前儿童的社会性发展，培养了学前儿童与人合作、不怕困难、解决问题的能力，在发展动手动脑能力的同时，实现学前儿童个性的和谐、全面发展。

2. 活动设计

1) 活动目标

(1) 喜欢玩积木或参与建构区游戏，兴趣持久，情绪愉快。

(2) 感知建构材料的属性，初步学习用铺平、围合、搭高、拼插等技能搭建简单的造型。

(3) 发展小肌肉的灵活性和空间知觉。

2) 环境创设

(1) 环境准备：在幼儿园选择一块空间较大的公共区域创设建构区，建构区可以单独设置，也可以与机械区一起设置。

(2) 材料准备：建构与机械区标识牌、积木搭建类玩具、积塑插接类玩具、原木大型积木、废旧易拉罐、奶粉罐、纸盒以及玩具小汽车等。

(3) 经验准备：学前儿童会搭建简单的物体，已熟悉各种积木和积塑玩具的玩法。

3) 活动实施

第一阶段：拼拼插插。

(1) 教师带领学前儿童参观建构区，了解各类积木和塑料玩具，知道它们的摆放位置。

(2) 鼓励学前儿童自由建构，尝试运用已有的经验拼插、连接各种物体，如飞机、汽车、动物、树等。

(3) 教师参与游戏，适时地进行指导，提醒学前儿童接口处要插紧、要拼插出物体的主要特征等，并鼓励学前儿童坚持游戏，爱护自己和他人的作品。

第二阶段：围围垒垒。

(1) 教师引导学前儿童回忆总结游戏中的造型经验。

(2) 启发引导学前儿童怎样把搭建好的物品围合在一起。

(3) 根据生活中的各种场景，尝试用围合、垒高、延长等方法，丰富学前儿童建构游戏的内容，例如，给飞机围建机场、将动物放进动物园里、给汽车修马路等。

第三阶段：搭建桥梁。

(1) 确定搭建的主题，激发学前儿童搭建桥梁的兴趣。

(2) 观察各种小桥的图片，说说生活中见过的桥梁，如独木桥、拱桥、吊桥、天桥等，引导学前儿童加深对桥梁的印象，进一步了解桥梁的结构。

(3) 学前儿童自由选择材料，根据自己的意愿大胆地建构不同造型的桥梁。

(4) 教师参与活动，从材料的搭配、建构的方法上给予指导，并提醒学前儿童养成爱护玩具、及时归位等良好习惯。

第四阶段：拓展延伸。

启发学前儿童尝试用简单的辅助材料对建好的桥梁进行装饰(如图 8-9 所示)。

图 8-9　搭建

(八)沙水区活动案例《创意沙乐园》

1. 设计思路

玩沙活动不仅可以满足学前儿童好奇、探索、希望尝试的愿望，并且通过玩沙还能有效地提高学前儿童双手触觉的敏感性和动手能力。学前儿童的玩沙活动离不开盖房子、挖地下隧道、堆小山这些基本内容。学前儿童玩沙子时，最常见的方式就是用沙子堆砌修建房屋高楼，这是最贴近学前儿童认知经验的、学前儿童最感兴趣的内容，因此，教师应选择确立以构建"温馨家园"为主的玩沙活动。教师先组织学前儿童参观各种楼房模型和城市规划设计图，在玩沙时鼓励学前儿童大胆运用堆砌、挖掘、倒模、拼接等方法建造"温馨家园"，巧妙利用自然的辅助材料进行装饰，完工后各小组的学前儿童相互观摩作品，并摄影留念。玩沙活动符合学前儿童的年龄特点，学前儿童在玩沙活动时所表现出的无拘无束和全情投入，是学前儿童童真童趣的真实流露。

2. 活动设计

1) 活动目标

(1) 体验在大自然中玩沙的乐趣。

(2) 感知沙子松散的、细细的特性。

(3) 能大胆运用常用的工具进行玩沙活动。

2) 环境创设

(1) 环境准备。

① 在幼儿园户外场地选择一块空气流通、靠近水源的地方设置沙水区。

② 沙子要经过过滤、清洁，保证学前儿童使用安全。

③ 在天气干燥时，孩子进行玩沙活动前要适当洒水，保持沙子的湿度。

(2) 材料准备。

① 玩沙工具：铲、水壶、模具、漏斗、盆、桶等。

② 辅助材料：各种瓶、盒、鹅卵石、树枝、叶子等。

(3) 经验准备。

学前儿童已感知过沙的特性，有玩沙的经验。

3) 活动实施

第一阶段：细细的沙子。

(1) 教师和学前儿童一起光脚丫到沙池中踩一踩、跳一跳，尽情地玩耍。

(2) 鼓励学前儿童徒手玩沙，用手捧、捏、堆、拍等，感受和体验沙子柔软细腻的特性。

第二阶段：形形色色的工具。

(1) 介绍沙池的设施，知道它们的位置及功能。

(2) 了解各种玩沙工具的名称、使用方法及它们分类摆放的规律。

(3) 学前儿童选取喜欢的玩沙工具，自由探索各种玩沙的方法。

第三阶段：我家的楼房。

(1) 教师在游戏前交代游戏规则，如不扬沙、不向他人撒沙子、不用脏手揉眼睛……

(2) 教师引导学前儿童用模具制作楼房模型：将沙子铲到楼房模具里，用手或脚压紧后将模具倒扣，然后轻轻往上取出模具，一座楼房模型就制作好了(如图 8-10 所示)。

(3) 学前儿童尝试用各种模具制作楼房，教师观察并给予及时的指导。

(4) 学前儿童参观、展示作品，与同伴分享制作成果。

(5) 活动小结：重点评析学前儿童模型制作、物品归位和玩沙安全卫生等情况。

图 8-10 制作楼房模型

第四阶段：拓展延伸。

引导学前儿童尝试用简单的辅助材料装饰楼房模型，如用鹅卵石铺小路、用积木当烟……

4) 活动反思

3～4 岁的学前儿童，年龄较小，动手能力较弱，合作的意识不强，玩沙的时候常局限在抓沙、铲沙、堆沙等简单的操作活动，很难创造出完整的作品，也很少有相互之间的合作，基本上处于无目的的游戏状态。如何能让学前儿童通过简单的加工，创造出直观的作品，获得成功感呢？在玩沙活动"温馨家园"的实践中，教师发现，给学前儿童提供适宜的工具，能增加学前儿童玩沙的乐趣，也能引发学前儿童的创造热情。当学前儿童将沙子铲到楼房模具里，用手或脚压紧后将模具倒扣，发现一盘散沙变成了一座楼房模型时，他们都非常开心。这一活动使学前儿童感受到沙子的可塑性和模具的作用，也让学前儿童对探索更多的玩沙方法产生了更大的兴趣。

📖 拓展阅读

区域活动，是学前儿童一种重要的自主活动形式。它是以快乐和满足为目的，以操作、摆弄为途径的自主性学习活动。它是学前儿童主动地寻求解决问题的一种独特方式，其活动动机由内部动机支配而非来自外部的命令，表现为"我要游戏"，而不是"要我玩"，自主性是学前儿童游戏活动的内在特征。区域活动充分体现了学前儿童身心发展的特点，可满足学前儿童活动和游戏的需要，更好地促进学前儿童自然、自由、快乐、健康地成长，实现"玩中学""做中学"。在区域活动中，学前儿童参与积极性高，能积极动脑、大胆创作。这是因为学前儿童刚刚脱离婴儿期，他们最接近于人的自然本性，没有生存和学习的压力，对周围的一切都充满了好奇，探索欲望在心中萌芽并发展，促使他们去游戏、去追求、去探索。此外，他们借助于游戏这样一种有着社会氛围的活动来解决需要与现实之间的矛盾，以达到对现实生活的体验和感悟，消除紧张，满足好奇心。通过观察，我发现，区角活动的开展能有效促进孩子良好个性的发展，孩子通过互相交往，互相合作，共同商讨，可以提高处理问题、解决问题的能力，同时还能促进其良好个性的发展。

一、区角活动的开展为孩子交往提供了良好的心理环境

区角活动的设置是自由的、开放的，孩子可以根据自己的喜好选择相应的区角进行活动，丰富的环境为孩子提供了探索、求知、交往、合作的机会，使孩子的欲望得到满足。在娃娃家这个区角中，孩子们可以通过商讨和自己的意愿选择角色，在扮演角色的过程中体验快乐和满足，表达自己的情感。在没有任何约束和负担的前提下孩子们自由交往，还可以自我调节需求，他们一会儿做妈妈哄娃娃睡觉，一会儿带娃娃去玩玩具，高兴时还可以和娃娃一起去看表演，孩子们在自由、温馨的环境中尽情活动，游戏的积极性越来越高，也就越投入。我们班的洋洋一直比较孤僻，平时不爱与人交往，话也很少，开展区角活动后，他非常喜欢当菜场服务员，每次都会选择在菜场里当服务员，当有顾客来买菜时，他总是积极地介绍，不仅提高了口语表达能力，性格还得到了很大的改变，家长反映在家也愿意和周围的小伙伴交流了，变得开朗了。

二、区域活动为孩子提供了协商、合作的机会

现在的家庭大多是独生子女，在家里说一不二，都是以"自我为中心"的，所以对孩子进行协商、合作教育十分重要，在幼儿园的集体教育中，教师虽然比较注重对孩子这方面的培养，但针对性不强，而区域活动的特殊性恰恰弥补了集体教育的不足。如在理发店游戏中，有三个孩子都想当理发师，可是理发师只能有两个，怎么办呢？孩子们只好自己商量，或者改变角色等，或者采用轮流的方法解决矛盾，在这个过程中，孩子学会了等待，学会了合作，学会了相互协调。

第三节　学前主题活动设计概述

一、学前主题活动的含义

主题活动是幼儿园中一种重要的课程形式。长期以来在幼儿园课程中占有重要的地位。一直以来主题活动是作为综合课程的下位概念出现的，在 20 世纪 80 年代开始的中国学前儿童教育改革当中，学前教育理论和实践工作者尝试进行综合教育。朱家雄认为，课程的综合化可以通过学科、发展方向、专题及幼儿园环境等的综合而进行，但是，最为常见的是通过主题综合的方式进行。由此可见，主题活动在幼儿园当中是较为常见的，并且随着幼儿园课程改革的不断深入，主题活动这种课程组织形式也发展得愈加完善。

(一)主题

"主题"在《新华字典》中解释为①作者通过文章的全部材料和表现形式所表达出的基本思想。②文艺作品中所表达的中心思想。同时"主题"通常还和文学作品相关联，它是文艺创作的主要题材。

具体到幼儿园课程领域，我国学者虞永平认为"'主题'一词，意义指的是课程的某一个单元，某个时段所要讨论的中心话题，通过对这些中心话题的讨论，对中心话题中蕴含的问题、现象、事件等的探究，使学前儿童获得新的、整体的、联系的经验。因此幼儿园课程中的主题，往往不只是中心议题本身，它还包含中心议题蕴含的或者与中心议题相关的问题、现象、事件，等等"。

(二)主题活动

幼儿园主题教育活动是指幼儿园课程中围绕某个中心展开的、具有一定的时间跨度、不具有理论倾向的一系列教育教学活动的集合体。幼儿园中的主题活动本身即是综合课程的一种，是为了儿童更好地发展而采用的一种课程形式。相对来说主题活动的范围比较宽泛，儿童可以围绕某一主题进行各式各样的活动，虽然活动之间可能缺少逻辑性，但总体来说还是围绕大的主题进行的，有利于儿童身心的综合发展。

二、学前主题活动的来源

(一)学科或领域

学科或领域是主题的重要来源。学科或领域中儿童关注的内容常作为主题的名称，如"动物的世界""种子的秘密""人体的奥秘"等。这些主题名称与特定的学科或领域有关，围绕某一个关键点开展，把学科或领域中与关键点相关的内容组织在一起。但在主题的设计和实施过程中，又不只限于一个学科或领域。这类主题在我国幼儿园课程改革和发展的实践中，经历了一个不断发展和完善的过程。其基本的发展趋势是从较多的涉及单个学科或领域的内容发展到涉及多个学科或领域的内容。这类主题过多则会造成主题单一影响主题的生活性和综合功能。

(二)社会生活事件和学前儿童自身的生活事件

社会生活事件，不仅仅指的是社会生活中的大事件，最关键的是与儿童相关的或儿童感兴趣的事件。若与儿童无关的事件，不能真正引起儿童的兴趣，也就不能成为幼儿园主题活动的一部分。例如"台风来了""大桥断了""堵车了"等，便是比较适合的主题，它们既是生活中的重大事件，也是与儿童相关的，儿童可能会关注的，还涉及儿童学习的多个领域的知识，也可以培养儿童各种能力，激发儿童多种情感。

儿童自身的生活事件往往发生在儿童直接生活于其中的微观环境之中，这些事件是感性的，近距离的，也是最能吸引儿童学习兴趣的。比如"小兔子生病""我们的新客""下雨了"等，这些主题都是发生在儿童自身生活中的真实事件。围绕这些主题设计和组织的活动，可能覆盖多个领域的内容，这类主题往往有很大的活动生成的空间。

(三)人们专门提炼和概括的过程、原理或变化规律

大千世界千奇百态，人们不断地去探索、提炼出很多普遍的规律和原理。我们可以站在理性的方面去思考，也可以从感情上去把握它。而在幼儿园课程当中，主要是从感性上去发现不同事物共同发展的过程、规律。事物共同的过程、规律能把相关的事物和活动串联起来，构成一种有关联的活动。例如，梅花开在冬天，而荷花开在夏天，同样是花，但是却生长在不同的季节当中，这是万物的规律，我们可以借助这一现象设定"花"主题，让学前儿童去发掘四季中不同花的生长环境，认识不同花的特性。

(四)文学作品

文学作品是主题的一种特殊来源。文学作品本身就涉及艺术和语言两个领域，尤其是

故事、寓言类的，其具体的内容往往是与科学、社会等领域紧密相关的，本身就具备了课程整合的功能。如果将文学作品作为主题的来源，则可以进一步扩大文学作品的整合功能。如在《狼来了》一课中，"诚实""善良""保护"等，都是有开发价值的话题。

三、学前主题活动的特点

(一)综合整体性

幼儿园主题活动，它是一个系统的工程。主题活动打破了学科领域之间的界限，将各个方面的学习有机地联系在一起。我们在确定一个主题后，它所包含的内容不仅仅局限于一个学科或领域，而是以贴近儿童生活的某一中心内容为主线融合了几个学科或领域的活动。例如主题"春天来了"，单从主题上讲，它既包含艺术活动，又融合了社会和健康活动，它不单单界定为某一个领域，而是都包含在一起，将多个领域或学科综合在一起，整体发挥它的作用。它打破了学科分离的局面，更多的是将学科或领域融合在一起，促进学前儿童全面发展。

(二)生成性

我们在确定主题时，是建立在对儿童已有经验和活动过程的学习状况有充分了解的基础上而展开的。主题活动可以从学前儿童的兴趣和需要出发，或者由教师根据学前儿童的兴趣、生活进行推断、总结而成。主题非常灵活，有时会非常偶然地出现，例如学前儿童在室外发现一只蜗牛，大部分小朋友都去围观蜗牛、研究蜗牛，此刻一个新的主题"蜗牛"就诞生了。

(三)多样性

主题的确定不仅仅局限于学科或领域，它有时会出现在学前儿童的生活当中，有时会从意外事件出发，例如蝴蝶飞进教室。学前儿童所接触的环境和生活是多种多样的，这也就确定了主题的多样性，教室、社区、自然界、家庭处处都是主题生成的地方。教师应该为学前儿童营造更加多样的环境，让学前儿童在活动中去体验、探索。

(四)合作性

在主题活动中，教师和学前儿童的关系不仅仅是被动地接受。每一个主题的生成都需要教师和学前儿童的合作。教师应根据学前儿童的兴趣和需要来确定主题，促使学前儿童在接触环境的过程当中与教师进行交流，双方互相合作去开发适合学前儿童的主题。

第四节　学前主题活动设计与指导

一、主题的选择与确定

在选择和确定主题时，需要考虑以下几个方面。

(一)幼儿园教育指导纲要

在《纲要》中提出教育活动内容的选择要体现三大原则：一是既适合学前儿童的现有水平，又有一定的挑战性；二是既符合学前儿童的现实需要，又有利于其长远发展；三是既贴近学前儿童的生活选择学前儿童感兴趣的事物和问题，又有助于拓展学前儿童的经验和视野。我们在确定主题时要充分考虑《纲要》所提出的三大原则，贯彻《纲要》精神，以《纲要》为指导，根据其指导思想和基本要求设定主题内容。同时，也要符合《纲要》中提出的具体目标。例如，《纲要》提出的"对周围的事物、现象感兴趣，有好奇心和求知欲"这一目标，选择"奇怪的小鱼""我家的衣服"等主题。

(二)学前儿童

学前儿童的兴趣和需要是确定主题的重要依据。首先，我们要考虑学前儿童的身心发展特点，寻找符合学前儿童身心发展特点的主题，不能选择难度过高的，超出学前儿童认知的主题。其次，要关注学前儿童的兴趣和需要，比如几个孩子在课间玩起了"踩影子"的游戏，并讨论影子是从哪里来的问题，此时教师如果能敏锐地抓住学前儿童的兴趣，就会产生一个"影子"的主题。教师应该善于捕捉学前儿童当前关心的、与他们生活相关的问题或事物，为生成主题做准备。最后，要关注学前儿童的个性特征。每个学前儿童都是一个独立的个体，都有自己喜欢或感兴趣的内容，在设定主题的过程当中，要充分尊重学前儿童的个性特征。

(三)教师

教师的专业素养是影响主题活动开展的一个重要因素。如何精确地选择一个适合学前儿童的主题？如何选择具有教育价值的主题？一个主题能够涵盖哪些教育内容？主题的可行性如何？这些都是教师需要去考虑的，教师专业素养的高低直接影响到主题的效果，而每个教师的专业素质是不一样的，这就需要教师努力去提高自己的专业素质，为确立主题打下一个坚实的基础。

(四)可以利用的教育资源

我们在确立主题时，要考虑有哪些可以利用的教育资源？幼儿园的资源、社区的资源以及家庭的资源。丰富的资源是开展主题活动的重要保障。教育资源包括人力资源、物理资源和财力资源。人力资源包含开展活动所需要的人员。物理资源包含幼儿园的设施，活动举办所需要的材料等。财力资源包括举办活动所需要的经费。我们要综合考虑可以利用的教育资源。

二、主题活动前的准备

(一)备学前儿童

首先要随时记录学前儿童的活动行为，以了解学前儿童的所思所想以及行为，关注学前儿童的兴趣和需要，可以用文字资料或照片等工具记录，还可以在必要的时候设计活动来了解学前儿童。其次要进一步反思学前儿童的行为。以对学前儿童的了解为基础来进一步反思学前儿童的行为是很必要的。学前儿童的行为有语言、行动、情绪,包括学前儿童的作品都要认真对待。还可以通过教师之间分享、看家园联系册、和家长一起分享孩子的最近情况来反思学前儿童的行为。

(二)备环境

这里的环境主要指的是物质环境。开展主题活动,物质环境是基础。我们需要精心准备,不放过每一个细节,力求为学前儿童营造一个引起学前儿童思考和探索的物质环境。一方面,要注意活动区的材料要和主题活动有关。学前儿童可以利用活动区的材料来进行主题创作,另一方面,活动区的材料可作为学前儿童主题活动的一种拓展,让学前儿童对主题活动有更深的参与度和理解度。此外,可以将学前儿童的一日生活加入主题内容当中。让学前儿童在一日生活当中更好地去感受主题。例如在开展"垃圾分类"主题活动当中,教师可就学前儿童就餐后所剩下的垃圾对学前儿童进行讲解,让学前儿童更好地理解垃圾的各个种类,以培养学前儿童的环保意识。

(三)备教师

教师在学前儿童的生活和学习当中扮演着重要的角色。在开展主题活动之前,教师应该尽可能地了解更多的相关知识。作为主题活动中的教师,必须在主题活动之前准备尽可能多的相关知识,这样才能更好地面对充满好奇的学前儿童。教师可以通过查资料或向经验较多的教师请教经验或者观察学前儿童来收集更多的资料。同时,教师要保持饱满的热情,及时对学前儿童的表现给予反馈。教师的热情和兴趣可以激发学前儿童探索的欲望,让学前儿童迸发出无限的创造力。教师对学前儿童在活动中所表现出来的兴趣给予及时的反馈,能让学前儿童更好地融入主题活动当中,同时会生成更加丰富的内容。

三、主题活动的设计步骤

(一)选择与确定主题

选择与确定主题是最基础的部分。主题教育活动的主题一般来自学前儿童的生活,选择主题可有多个出发点。最关键的就是要以学前儿童的兴趣和需要为基础来选择,还要考虑学前儿童的身心发展特点及年龄特点。

(二)确定单元主题活动的目标

单元主题的目标,要符合《3~6岁儿童发展指南》和《纲要》的要求,同时符合学前儿童的身心发展特点,根据本班学前儿童的实际情况进行设定。一般包含认知、情感和技能三大目标。

(三)设计单元主题活动的内容,绘制网络图

确定目标和主题之后,我们要开始着手设计制定单元主题活动的内容。在设计时,可根据需要设置主题内容的几个环节,并设计每个环节的名称,也可根据五大领域来设计环节,还可根据主题发散的思路来进行系列活动的设计以确定每个活动的名称,确定名称之后,可绘制主题网络图,更清晰明了地表示主题活动的各个环节设置。网络图,可以采用

树状图的形式进行展示。

(四)设计每个活动

在有了网络图之后，我们可以明晰每个活动的整个大的主题，在此基础之上，我们可以根据活动名称，具体设计每个活动的内容。从活动目标、活动准备、活动重难点、活动过程、活动延伸等方面来设计符合学前儿童身心发展的活动。

(五)设计主题活动的环境创设

《纲要》中指出："环境是重要的教育资源，应通过环境的创设和利用，有效地促进学前儿童的发展。"可见，环境创设对活动开展的重要价值。环境创设一方面可以潜移默化地加深学前儿童对于主题内容的认识，学前儿童在日常看到或触碰，以及用自己的语言来表述环境创设中的内容，就是在潜移默化地感受主题的内容。另外，区域间的环境创设可成为主题活动开展的延伸活动。例如在开展"动物的世界"主题活动中，在美工区投放大量的关于动物的拓印画模板，将主题活动的内容拓展到美工角"我来画动物"。

(六)对设计的主题活动方案进行评估与调整

在完成主题活动方案的设计时，我们要对方案进行一定的评估与调整。评估方案是否符合学前儿童的身心发展水平，是否具有可行性。在评估的过程中发现问题，要进行一定的内容或形式的调整，使主题活动的方案，能够发挥其本身的价值，促进学前儿童各方面的发展。

第五节　学前主题活动设计课例

一、小班主题活动《小小手，大本领》

见右侧二维码。

二、中班主题活动《秋天来了》

(一)主题活动设计意图

秋天的红树叶，秋天的黄树叶，形状各异的树叶，让孩子们感受到植物随着季节变化的神秘。周围水果成熟了，农民伯伯收获粮食，大雁飞向南方去，这种种信息告诉我们秋天来了，根据孩子特点"学前儿童的好奇心是基于对事物认知的兴趣"，充分利用"大自然是活教材"的教育方式，用孩子喜欢的方式来表达对秋天的感受，对于中班孩子的发展是有益的。由此确立了班级主题活动《秋天来了》。

(二)主题活动目标

感知秋天天气的明显特征，周围植物的变化，乐意参加收集树叶等集体户外活动。

尝试用树叶拼贴画、拓印画，体验其中的乐趣，激发创作兴趣，提高对美术活动的兴趣。

了解秋天是个丰收的季节。

(三)相关活动准备

观察秋天周围事物的变化，请家长带学前儿童到农田参观农民伯伯的劳动。

体现秋天植物、水果的明显特征。

区角投放相关制作材料。

(四)生成活动网络图(如图8-11所示)

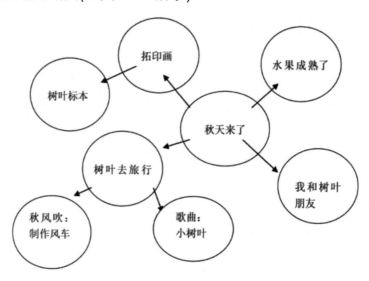

图 8-11　生成活动网络图

(五)设计各个活动

1. 活动构思一

活动名称：《树叶去旅行》

活动目标：

喜欢听故事，对文学作品的语言感兴趣。

理解故事情节及画面内容，知道落叶是秋天特有的景色。

活动过程：

(1)　教师以故事导入，引导学前儿童感受故事情节。

(2)　出示《树叶去旅行》大图，请学前儿童观察秋天来了一片树叶，挂在光秃秃的树枝上，它的心情好吗？

众多小朋友回答不好。

师：为什么？

雨涵：因为它一个人。

晨晨：因为它想妈妈了。

航航：因为它都哭了。

师：一阵风吹来了，小叶子请风带它去旅行，小叶子经过了田野，发现小草变黄了，农民伯伯正在收获粮食。小叶子经过果园，看见阿姨正在采摘水果。小叶子遇见大雁，大雁告诉它："秋天来了，我要到南方去了。"最后，小朋友看见小叶子，小叶子告诉他们："秋天来了，我要去旅行了。"

延伸活动：

请学前儿童玩秋风吹落叶的游戏，学前儿童扮演小树叶，教师当秋风，小树叶听秋风的信号作出相应的动作，如"刮大风了"学前儿童在场地上自由跑，"风小了"学前儿童慢走或跑。

活动反思：

落叶是秋天特有的景象，"树叶去旅行"由一片小树叶引发了秋天明显的特征，农民丰收，大雁南飞。活动以游戏结束，更加深了学前儿童对秋天来了的认识。

2. 活动构思二

活动名称：《我和树叶朋友》

活动目标：

观察秋天植物的变化，有初步的环保意识。

能分辨不同颜色、不同形状的树叶，发展感知能力。

能将相同的叶子放在一起，初步学习分类。

活动过程：

教师带学前儿童到户外观察秋天大树的变化。"秋天来了，树叶开始慢慢变黄了，秋风吹过来，树叶一片片往下掉。"小朋友们一边看一边听，还时不时唱起了歌曲"小树叶"。这时刚好有一阵风吹来，几片树叶飘然而落，有两片吹到了小瑞的衣服上，瑞瑞小朋友笑了起来，"老师，树叶掉下来了""对呀，地上还有许多的树叶哦，我们来把树叶送回家吧！"孩子们都兴高采烈地去捡树叶去了，一边捡还一边念："捡树叶了，捡树叶了。"不一会儿他们捡了许多的树叶，并向我高兴地炫耀。在孩子们捡的过程中，不时有小朋友发出疑问。

月月：为什么树叶不一样啊？

启航：这片叶子是红色的，这片叶子是黄色的。

一一：这片叶子像扇子一样！

小雅：那棵树没有叶子，它死了吗？

教师引导学前儿童将形状、颜色相同的叶子放在一起。

活动反思：

创造科学理论指出"无疑则无思"，提出一个问题，远比解决一个问题重要。听了孩子们的问题，发现孩子们的观察很仔细，加上前一个活动《树叶去旅行》的铺垫，孩子们对树叶很感兴趣、探究性很高。因此我决定从学前儿童的观察与兴趣入手开展下一个活动。

3. 活动构思三

活动名称：《树叶粘贴和拓印》

活动目标：

尝试用各种树叶拓印，体验其中乐趣，提高对美术活动的兴趣。

学习用树叶进行粘贴装饰。

热爱大自然。

活动过程：

(1) 教师出示不同树叶的组画和拓印画的成品，请学前儿童欣赏。教师示范方法，鼓励学前儿童积极尝试，将叶子的形状印或拼贴在纸上，可根据学前儿童的层次，启发学前儿童用一片、两片、三片树叶组合图案。

(2) 活动中，很多小朋友大胆参与。

瑞瑞：不时拿着不同形状的树叶比画着。

如意：目不转睛地盯着范画看了老半天，接着拿起一片扇形的树叶行动起来。

月月：我要做一条鱼，鱼很漂亮。

一一：老师，树叶里面有好多的线。

(3) 亲子活动：请家长和学前儿童共同收集各种树叶，鼓励学前儿童大胆想象，讲述各种树叶的形状像什么。引导学前儿童组合一些简单的动植物图案，并贴出来。

(4) 展示学前儿童作品，师幼共同欣赏。

活动反思：

通过主题活动的开展，学前儿童们参与活动的积极性很高，而且想象力丰富，大部分孩子都能将自己的想法告诉大家。这一活动不仅提高了学前儿童的动手能力，更重要的是能让学前儿童发挥聪明才智，体验成功的喜悦。在教育教学中，家长是不可或缺的教育资源，家长也是孩子第一任老师，应发挥家长的最大效能。

4. 活动构思四

活动名称：《树叶标本》

活动目标：

了解制作树叶标本的过程。

观察各种标本，巩固已有树叶知识。

喜欢参与活动。

活动过程：

(1) 请家长与孩子共同收集落叶，引导学前儿童用语言表达出树叶的颜色和形状，并做好记录，协助学前儿童将树叶夹在旧书里。

(2) 教师将已经压平的树叶拿出，请学前儿童选出自己喜欢的粘贴在纸上制成标本。

(3) 教师与学前儿童一起收集几种形状的新鲜叶子，用碱水泡，隔天换水，直至只剩叶脉，引导学前儿童观察叶脉的形状和颜色，制作成叶脉标本。

(4) 展示标本。

活动反思：

《纲要》指出"教育活动的组织与实施过程是教师创造性地开展工作的过程"。将不同颜色、形状的叶子制成标本，丰富了孩子的感知经验，为孩子提供了可供借鉴的信息，同时通过观察比较，孩子更深一层地了解到树叶上的线是叶脉。

5. 活动构思五

活动名称：《水果成熟了》

活动目标：

知道秋天是个丰收的季节，体验丰收的喜悦。

感知秋季时令水果的色、形、味，喜欢吃水果。

能大胆在集体面前表达自己的见解，感受交往分享的快乐。

活动过程：

(1) 出示布袋，请学前儿童猜一猜里面是什么？请个别学前儿童摸一摸里面是什么？

(2) 出示水果(苹果、橘子)，请学前儿童想象秋天还有什么水果成熟？

(3) 了解水果的基本特征，知道水果一般都由果皮、果肉、果核三部分组成。

(4) 尝一尝水果，进一步感知水果的特征。

师：小朋友刚刚吃的水果好吃吗？请小朋友告诉老师你们吃的水果是什么味道的呀？

星星：是甜甜的。

洋洋：我刚刚吃的是橘子，好酸哦！

小花：我吃的是苹果，好甜哦，下次我还要带来。

花花：我的梨更甜。

活动延伸：

制作水果拼盘、制作水果娃娃、绘画水果，并将学前儿童绘画作品展示出来。

活动反思：

在此次活动中引导学前儿童由外到内认识各种水果，通过观察、感受和品尝，知道水果有很多的品种，发现了水果有果肉、果皮、果核，自己吃到的是果肉。

6. 环境创设

在《秋天来了》这一主题活动中，根据学前儿童情况实施调整，有准备地创设主题墙饰，让学前儿童参与讨论装饰。我们将学前儿童作品及时展现出来，并请孩子集体装饰水果树，收集各种秋天的水果和植物装饰，丰富自然角。收集有关秋天的儿歌、图片，投放在语言区，鼓励学前儿童观察阅读。

(资料来源：https://wenku.baidu.com/view/71ad15fe001ca300a6c30c22590102020640f264)

7. 主题活动反思

《纲要》指出，"教师要善于发现学前儿童的兴趣和事物和偶发事件中所隐含的教育价值，把握教育时机，提供适当的引导"。幼儿园主题活动的开展，是课程改革深入发展的必然结果。"秋天来了"这一主题活动结合学前儿童的年龄特点，根据孩子的兴趣，结合我班实际，从我们农村本土常见的农作物、水果、树木入手，突出农村特色及本土资源，设计了一系列活动。在实践过程中，加深对农作物田地、种植菜园这方面的知识和了解。对学前儿童来说，所有的接触物都是常见的、熟悉的。实施时，便于收集材料，通过教师的引导预设，学前儿童对秋天兴趣浓厚。通过操作活动，有趣的游戏活动，孩子们通过别样的方式认识了秋天季节的变化，周围植物的变化。

📖 **拓展阅读**

良好环境创设的四大要点.docx 见右侧二维码。

拓展阅读

本 章 小 结

区域活动让学前儿童以个别或小组的方式、自主选择、自主操作、探索、学习，从而在和环境的相互作用中，利用和积累、修正和表达自己的经验和感受，在获得游戏体验的同时，获得身体、情感认知及社会性各方面发展的一种教育组织形式。区域活动为儿童提供了发现个性潜能的机会，也提供了学前儿童自主探索与伙伴交往的机会，使学前儿童能够充分发挥自己的主动性，并且能够建立适合于自己的发展模式，包括利用自己的长项，弥补自己的不足，从而对自己树立起信心，通过这样一种主动活动过程，使学前儿童的兴趣与需要得到满足，个性与天性得到表露，创造性与能动性得到充分发挥。

主题活动是幼儿园中一种重要的课程形式，长期以来在幼儿园课程中占有重要的地位。幼儿园主题教育活动是指幼儿园课程中围绕某个中心展开的、具有一定的时间跨度、不具有理论倾向的一系列教育教学活动的集合体。幼儿园中的主题活动本身即是综合课程的一种，是为了儿童更好地发展而进行的一种教育形式。

进行主题活动的设计，一方面要进行主题的选择与确定，它需要考虑《纲要》、学前儿童、教师以及可利用的教育资源；另一方面要进行主题活动前的准备，对学前儿童、环境、教师都要有一定的准备。

进行学前儿童主题活动设计的步骤包含选择与确定主题、确定单元主题活动的目标、设计单元主题活动的内容、绘制网络图、设计每个活动、设计主题活动的环境创设、对设计的主题活动方案进行评估与调整等几个方面。

【推荐阅读】

[1] 董旭花，主编. 小区域大学问——幼儿园区域环境创设与活动指导[M]. 北京：中国轻工业出版社，2013.

[2] 董旭花，主编. 幼儿园区域活动现场指导艺术——透视 38 个区域故事[M]. 北京：中国轻工业出版社，2015.

[3] 王微丽，主编. 幼儿园区域活动——环境创设与活动设计方法[M]. 北京：中国轻工业出版社，2014.

[4] 朱家雄. 幼儿园主题式课程[M]. 北京：教育科学出版社，2006.

[5] 隋玉玲. 幼儿园主题活动环境创设彩涂版[M]. 福建：福建教育出版社，2018.

[6] 孙芳，王蕾. 幼儿园主题活动的设计与实施[M]. 吉林：吉林大学出版社，2015.

[7] 陈福静. 幼儿园主题活动的设计与实施策略[M]. 北京：中国轻工业出版社，2016.

思考与练习

一、名词解释

学前区域活动　生活区　语言区　拓展区　主题活动

二、简答题

1. 简述学前区域活动的基本特征。
2. 如何理解学前区域活动？
3. 简述学前区域活动的基本类型。
4. 进行主题活动前都要做什么准备？
5. 良好环境创设的原则是什么？

三、论述题

1. 如何有层次地投放材料？
2. 区域空间规划的要点是什么？
3. 怎么进行与确定主题？
4. 请结合实际阐述如何进行幼儿园主题活动设计？

【实践课堂】

1. 教师在幼儿园区域活动中扮演角色时，往往难以准确把握，教师指导间接性的特点容易被忽视，区域活动的教育价值没有发挥出来，你有什么办法充分发挥区域活动的教育价值呢？

2. 围绕大班"我和蔬菜做朋友"的主题活动，设计一次系列主题活动。

具体要求如下所述。

(1) 符合大班学前儿童的年龄与认知特征。

(2) 阐明活动设计的依据。

(3) 绘制主题网络图，说明活动名称，活动目标。

(4) 阐明每次活动蕴含的教育价值。

(5) 设计一个区域背景墙，里面至少包含三个子主题，并简单说明理由。

全部的课程包括全部的生活，一切课程都是生活，一切生活都是课程。

——陶行知

生命不等于是呼吸，生命是活动。

——卢梭

第九章　幼儿园一日生活活动

本章学习目标

➤ 掌握幼儿园一日生活活动的相关概念。
➤ 了解幼儿园一日生活的内容。
➤ 学会对幼儿园一日生活活动进行活动设计。

核心概念

　　幼儿园一日生活(day in kindergarten)　生活(life)　生活活动(life activities)　体育活动(sports activities)　游戏活动(game activities)　学习活动(learning activities)　一日生活活动设计(day life activity design)

幼儿园生活活动之"穿鞋"

　　下午起床时间，当小朋友陆续起床，穿好衣服和裤子，要去穿鞋子。大多数的小朋友自己会穿鞋，可是有个别小朋友还不会穿自己的鞋子。本案例先以贝贝为主进行描述，当时，贝贝只是手里拿着鞋子，小眼睛东张西望，既不要求老师帮忙，也不自己试着穿鞋，就傻傻可爱地站在那里。当小朋友们穿好鞋或请老师帮忙穿好鞋后都去小便、洗手，准备吃点时，而他还是站在那里，一声不吭。这时我过去问他："贝贝，小鞋子怎么不穿呀？"他不回答我，只是看看我，"你不会穿吗？"他还是不回答我，"不会就点点头"于是他点了下头。"不会穿我们自己可以试着练一下，你坐下来，我来教你怎么穿小鞋，先把鞋子和小脚找对家，然后小脚套进去，用力往前钻，小手拿住小鞋的后跟处，往小脚的后跟紧靠，使劲就能把鞋子套进去。"结果说了半天，他还是站在原地不动，很无奈，我只好帮他穿了这次鞋。(类似的情况已经发生过好几次，有时不帮他穿，只教他方法，一圈转回

来，他还是站在原地不穿鞋)

(资料来源：https://mbd.baidu.com/ma/s/PNpREmWz.)

贝贝是个性格内向的小男孩，在平时的接触中，很少说话，与小朋友之间也较少沟通。家庭方面也是重要因素，由于他父母平日很忙，没有太多时间照顾他，所以请了个专业的阿姨来陪同他，平时也是他和阿姨一起生活，交际的范围受到局限。所以溺爱更是发生在这里。由于照顾，基本上他的一切生活起居都由阿姨包办，没有让他自己实践的机会。而且爸爸妈妈偶尔见面，照顾下也只有疼爱的份儿，更别说注意他各方面的发展。教育方式若不当，小朋友的发展也会受到限制。小班的学前儿童在动作发展方面已到了一定的阶段，也是遵循从大到小的发展规律发展的。其实贝贝的年龄在本班中并不算小，如果教育得当，他在生活自理能力方面会有较好的发展，最重要的是一种训练，绝大多数也是在于发展在家中及他的主要抚养者给不给他实践的机会。

一日生活的每个小方面就能体现出学前儿童的生理和心理问题，而生活活动贯穿于一日生活的始终，它对学前儿童的身心发展起着重要作用。可见，幼儿园一日生活的各个方面都渗透着教育因素，我们要不断地深入挖掘内在的教育价值，才能更好地促进学前儿童的全面发展。

《3~6岁儿童学习与发展指南》强调"要珍视游戏和生活的独特价值，创设丰富的教育环境，合理安排一日生活，最大限度地支持和满足学前儿童通过直接感知、实际操作和亲身体验获取经验的需要"。为贯彻这一要求，有必要对幼儿园一日生活活动进行具体的实施与操作，发挥幼儿园一日生活活动的最大价值，而且生活活动贯穿于一日生活的始终，它对学前儿童的身心发展起着重要作用。幼儿园一日生活活动旨在通过日常生活小事，让学前儿童掌握基本的生活经验，为以后的生活和学习奠定一个良好的基础。本章的重点是掌握幼儿园一日生活活动的相关概念，了解幼儿园一日生活的内容，学会对幼儿园一日生活活动进行活动设计。

第一节　幼儿园一日生活活动设计概述

一、幼儿园一日生活活动的含义

1. 生活的概念

生活，在汉语中指"人或生物为了生存和发展而进行的各种活动"。在英语语系中，名词 life 指的是生存、生活；动词 live 指生存、享受生活的乐趣、以某种方式生活等。生活是人的存在形式，人在生活中存在和发展。从生活的内容来看，生活可以划分为专业生活、职业生活、业余生活。生活的特点是生活的空间是大自然、大社会；生活的过程是一个动态的，前后相连的整体过程；生活的结果是主体人的经验不断积累，人生价值的不断实现。

2. 生活活动的含义

生活活动是指满足学前儿童基本生理需要、帮助其养成良好生活习惯、提高自理能力的活动。它主要包括进餐活动、睡眠活动、盥洗活动、排泄活动、整理习惯和作息习惯等。幼儿园的生活活动广义上说包括学前儿童在园的一切生活活动，即包括前面提到的所有活动。狭义上讲主要指学前儿童的一日常规活动，主要包括幼儿园入园、进餐、饮水、如厕、睡觉和离园等活动。幼儿园生活活动是学前儿童在幼儿园一天的全部生活经历；是学前儿童生命充实与展现的历程；是个体在参与、体验与创造中利用环境自我更新的历程。幼儿园或家庭为学前儿童创造的生活越丰富，他们从中学到的东西就越多，所积累的经验就越多样、越广阔，学前儿童的发展也会越有质量。

3. 学前儿童一日生活的含义

"学前儿童一日生活"这个概念在学前儿童教育领域有不同的提法。有称为"学前儿童日常生活活动"的："幼儿园的日常生活活动是指学前儿童一日活动中的生活环节和一些每天都要进行的日常活动而言的。"有称为"学前儿童一日活动""幼儿园的一日活动"的。对全日制的幼儿园来说，就是指学前儿童从早上进园到下午离园，在一日内所要经历的活动内容。总体来说，广义的学前儿童一日生活包含了学前儿童在幼儿园内所进行的一切活动，主要有四大类活动，即游戏活动、教学活动、生活活动和户外体育活动。狭义地说，学前儿童一日生活主要就是指生活活动，包括入园、晨检、盥洗、如厕、饮水、进餐、午休、离园等，幼儿园生活活动不仅是学前儿童生活之必需，也是学习生活经验，增长生活能力，培养独立性所必需的。一日生活需要组织和领导幼儿园每天进行各项活动，如制定科学合理的生活作息制度，保证学前儿童好的精神面貌，在游戏、教学活动等各种活动中表现活泼、积极、主动。各项活动的时间分配要合理科学，小、中、大班应有区别；活动制度要富有节奏，尽量减少不必要的等待现象，以及充分开展各种丰富多彩的游戏活动是学前儿童最主要的学习途径。因此，在时间上要充分保证学前儿童开展游戏活动，在空间上要提供充足的场地，在玩具材料上要满足学前儿童游戏的需要。游戏种类的安排要做到室内、室外结合，动静交替，有集体性游戏，也有个人自选的游戏。学前儿童的兴趣和求知欲望是多方面的，所以，一日活动的内容也应该是多方面的。比如，操作、练习、小实验等可满足学前儿童动手实践的兴趣；观察、参观等可增长学前儿童的见识；自我服务可培养学前儿童爱劳动的品质。通过有序、合理的安排，使学前儿童生活有规律、有节奏、有劳有逸，并使整个幼儿园生活、学习保持正常、稳定的节奏。

二、幼儿园一日生活的内容

幼儿园一日生活是指学前儿童从入园到离园的一天时间里，在幼儿园室内外各个空间里所发生的全部经历。幼儿园一日生活活动以游戏为基本活动，寓教育于各项活动之中。分为生活活动、体育活动、游戏活动、教学活动四种类型。

1. 生活活动

生活活动是一种养成性教育，主要在饮食、睡眠、盥洗、整洁、入园、离园等日常生活中实施。养成良好习惯、适应共同的生活是幼儿园生活教育的重要目标。生活环节对于这一目标的实现具有决定性的作用。生活活动贯穿于学前儿童的一日活动之中，旨在帮助学前儿童发展生活自理、与人交往、自我保护等能力，逐步养成健康的生活规则和习惯。从需求的角度来看，生活活动这些环节的内容是维持学前儿童生存的最基本、最强烈的生理需求。注重这些生活环节是幼儿园教育区别于其他年龄段教育的重要特征，也是学前儿童教育专业性的体现。

2. 体育活动

幼儿园体育活动是教师有计划、有目的、有组织地教授学前儿童一些动作练习的基本方式，是增进学前儿童体质以及促进学前儿童身体健康的最基本的途径。它不是单纯的技能传授，也不同于一般的身体锻炼，而是一种全方位的教育。在传授学前儿童体育知识技能的同时，可以完善学前儿童人格和个性，发展智力，更为终身健康打下基础。体育活动包括体育集体活动、自选活动和操节(幼儿园可自选)三个方面。体育活动能增强学前儿童运动能力和环境适应能力，是学前儿童形成健康体魄、愉快情绪的重要途径。

学前儿童成长过程中，身体健康是非常重要的一环。幼儿园的体育活动应该专业化，即包括日光浴、空气浴、水浴的"三浴"锻炼(如图9-1所示)，也需要保教人员观测孩子的运动量，让孩子得到真正有效的锻炼。遵循孩子的身心特点，以游戏为基本方式，集体活动、自选活动和操节相结合，让孩子们在运动中形成健康体魄和坚强、合作、乐观的品质。

图 9-1　学前儿童"三浴"锻炼

3. 游戏活动

幼儿园游戏活动是儿童自主自愿的、以过程为导向的、可自由选择的愉快的活动。游戏是学前儿童的天性，是他们认识世界、改造世界的起点。在游戏活动中，学前儿童能根据喜好选择不同的活动形式发展肌体、提高智力、拓展交际。因此，在他们成长的过程中，甚至于一生的发展中，游戏都具有十分重要的意义。《纲要》指出："幼儿园教育应尊重学前儿童的人格和权利，遵循学前儿童身心发展的规律和学习特点，以游戏为基本活动，保教并重，关注个别差异，促进每个学前儿童富有个性的发展。"其中"以游戏为基本活动"充分说明了游戏活动应是学前儿童一日活动的主体，是他们成长过程中认识社会、融入社会，以及今后长足发展的出发点。游戏活动贯穿于学前儿童一日生活之中，可以分为室内游戏和室外游戏两种。

4. 教学活动

幼儿园教学活动是有目的、有计划地引导学前儿童生动、活泼、主动活动的多种形式的教育过程。应根据活动目标、内容以及学前儿童学习该内容的特点来确定采用小组教学方式或集体教学方式，必要时也可采取个别教学方式(如图 9-2 所示)。教学活动的时间安排应根据学前儿童发展的年龄特点和活动中学前儿童的表现灵活掌握，一般小班 15 分钟左右，中班 20 分钟左右，大班 25 分钟左右。

图 9-2　教师组织教学的形式

小组教学活动有两种形式：一种是教师组织安排的；另一种是学前儿童自发组成的。小组合作活动由对某个话题共同感兴趣的部分学前儿童自由结伴，通过同伴间分工、协商和合作的活动形式。小组教学活动的教育价值在于相同的兴趣、相同的问题和困惑，使学前儿童自然相聚，成为合作学习小组。当学前儿童面对共同关注的话题，互相协商、分工合作，为共同目标而努力时，就可以萌发初步合作意识和规则意识。

集体教学活动，一般是由教师按照一定的教学活动目标，依据一定原则，选择教学活动内容，设计教学活动过程，面对全班学前儿童实施教学活动过程的活动。在集体教学活动中，教师主要通过直接控制的方式对学前儿童施加教育影响。所谓直接控制方式表现为直接、明确地传递教育意图。这一方式是教师作用于学前儿童的一种明确简捷、系统有序、经济有效的方式。集体教学活动有利于学前儿童自我控制能力、注意力良好倾听习惯和集体意识的培养，但难以满足学前儿童发展的个别需要。因此，不是所有的教育内容都适合采用集体活动。

个别教学活动是指教师面对一两个学前儿童进行指导，或者是学前儿童的自发、自由活动。个别教学活动是以积累个体经验、个别操作为主的活动形式。个别教学活动的价值在于当学前儿童间的兴趣、经验和矛盾有差异时，个别教学活动可帮助学前儿童按自己的活动方式自主探索，满足学前儿童个体的兴趣和需求。

三、幼儿园一日生活活动与儿童发展

见右侧二维码。

(1) 通过幼儿园一日生活可以让学前儿童养成良好的生活习惯，促进学前儿童身心健康发展。

(2) 组织好幼儿园的一日生活，才能保证完成学前儿童的教育任务，促进学前儿童全面的发展。

(3) 幼儿园一日生活与学前儿童的发展是联系在一起的。

① 在一日生活中教学，是实现学前儿童发展的有效途径。

② 在一日生活中活动，是促进学前儿童发展的积极手段。

③ 在一日生活中游戏，是推动学前儿童发展的内在需要。

第二节　幼儿园一日生活活动的设计与指导

一、对一日生活活动设计的理解

活动设计是指针对所要进行的活动制订出的工作方案和计划。一日生活活动设计是对一日生活进行整体把握与组织，合理规划每个环节的时间与任务内容，从而使一日生活更加具有连贯性、合理性的过程。一日生活是学前儿童在幼儿园一天的全部经历，是学前儿童生命充实与展现的历程，是个体在参与、体验与创造中利用环境自我更新的历程。在生活中学习与发展是学前儿童的一个显著特点，因此作为幼儿园教师，安排好学前儿童一日生活的流程就显得很重要。需要对一日生活活动做出详细的规划与设计，又由于学前儿童身体机能发育不成熟、自我调节能力不强，因此教师需在一日生活的每个环节中都应该做好相应的指导工作。

良好的一日生活活动设计和相对固定的生活流程，更能帮助学前儿童养成有秩序的生活习惯，使学前儿童达到自我约束又不感到外在压力，自由自在又不扰乱集体秩序，在活动与休息、室内与户外活动、运动量大与运动量小的活动之间达成总体的平衡，最终使学前儿童身心两方面的潜力得到充分发挥。

二、一日生活活动设计原则

(一)学前儿童为本原则

学前儿童身心相对比较脆弱，容易受到伤害，同时可塑性大，亟待接受高质量的启蒙教育。这些特点都需要教师以学前儿童为本，了解学前儿童的身心发展特点、个性、兴趣、需要和学习方式，在不伤害学前儿童身心健康的基础上进行高质量的启蒙教育。科学合理地安排一日生活活动的每个环节，预防危害学前儿童安全性的环节出现。此外一日生活中每个环节的设计都要充分考虑大多数学前儿童的身心特点和发展需求，但对于一些个例的学前儿童也需要因材施教，对于在生活中出现调皮、捣蛋、不按要求做的学前儿童也要针对他们的特点有针对性地进行教育，充分展现一日生活活动以学前儿童为本的原则。

案例

班里有个叫胡骏的孩子，一向让我很头疼。每一天都有好多小朋友来告他的状，而且，"罪状"也十分齐全，有打人，骂人，抢小朋友玩具，弄脏小朋友衣服、头发等。我感觉，每一天在耳朵里，都总是听着胡骏的名字。我尝试很多办法来教育他，谈心说服，严厉批评，让他转换主角，体会其他小朋友的情绪等都没有什么明显效果。我尝试和他的家长多交流，找出原因。经过几次谈话，感觉到家长对于孩子的行为表示无能为力，而且基本已经放弃，认为孩子是无可救药的。我意识到，原因就在于此。家庭、幼儿园，教师和小朋友对他的排斥在他的心里留下了很深的阴影，他也对自己放弃了。一个对自己不抱期望，心里没有爱的孩子，又能期望他有什么表现呢？我抛弃了自己先前对他的所有认识和评价，开始关注他，重新了解他。

发现一：区域活动结束后，胡骏收拾好玩具，看到地上有纸屑，拾了起来。我立刻在"小星星时刻"向全班小朋友介绍了他维护班级卫生的好行为，让全班给他鼓掌。在为他贴小星星时，告诉他老师很喜欢他这样做，还亲切地抱抱他。

发现二：早晨，胡骏通常来园很早，帮助老师整理图书，从大到小整理得井井有条，还照老师的样貌，把破损的图书全部粘好、晾干，然后很有耐心地摆放整齐。我决定抓住他的这个"闪光点"，以此为突破口，改变他。我选他做班级里的小小图书员，负责班里所有图书的整理、发放和保护，他干得可认真了。而且通过图书的桥梁，与小朋友的交往也十分愉快。

案例评析

我们在学前儿童一日生活中要善于发现孩子的"闪光点"。每个孩子都有自己的长处。作为教师，在一日的生活当中要注意并善于发现孩子的优点，以学前儿童为中心，并根据孩子的特点，因人施教。在一日生活教育过程中更要以学前儿童为本，当他们有了进步，要及时给予表扬、鼓励，使他们认识到自己存在的价值，增强自信，从而促进学前儿童个性健康的全面发展。

(二)保教结合原则

保教结合是一个整体概念，"保"和"教"是整体学前教育的不同方面，对学前儿童同时产生影响。"保"指"保育"，即保护学前儿童的健康，包括身体、心理和社会适应方面。"教"指幼儿园的教育教学，按照"体智德美"的要求，有目的、有计划地对学前儿童进行全面发展的教育，包括健康、语言、社会、科学、艺术等领域的教学、良好环境的创设、游戏的支持与引导等方面的整合。幼儿园的保教工作人员要在学前儿童一日生活活动中做到保中有教、教中有保，并使二者互相联系、互相渗透，保教并重，从而使学前儿童在得到细致周到照料的同时获得德智体美全面和谐的发展。

案例

一次活动后休息时，孩子们有的喝水，有的上厕所。这时，厕所里传来了争执的声音："这是我第一个抢到的！老师，他推我！""不行，我就要第一个！""哇！"一声哭声传来。原来，小朋友一起拥到厕所里，由于人多厕盆少，有些小朋友就要等待如厕。可天天就是不愿等，一进去就要抢第一。其他小朋友可不乐意了，他就动起了武力。像这样的事情几乎每天都上演好几次。小班学前儿童刚刚从家庭中走出来，他们的独占心理比较明显。在他们的意识中"我抢到的就是我的。我抢不到就打你、咬你"。因此在与同伴的交往中常常发生冲突。

课上，故事《小蚂蚁搬豆》中井然有序、团结合作的小蚂蚁形象深深感染着孩子们，给学前儿童树立了好榜样。于是我把可爱的小蚂蚁画下来，一个一个排好队贴在厕所的墙面上，而且高度和学前儿童的视线一般齐。这样，他们上厕所时，看到排着队的小蚂蚁，自然而然地就排好队等待如厕。在等待的过程中，还可以数数小蚂蚁，复述故事中的情节：小蚂蚁排好队，一个跟着一个，很快就把豆豆运到了家里。渐渐地，我再也不用每次休息时都要向学前儿童唠叨一句："上厕所时要排好队，不要争抢。"耳边经常听到的是："老师，我排好队了。""老师，我让东东第一个小便。"

案例评析

我们知道学前儿童模仿力极强，特别是小班学前儿童，他们能通过模仿学习攻击性行为，同样也可以通过模仿学会谦让、互助、分享和合作等一些行为。本案例针对一日生活中"如厕"环节出现的问题，教师及时抓住教育机会，通过《小蚂蚁搬豆》故事的讲解及重现故事中排队的情节，让学前儿童直观地明白了上厕所要和小蚂蚁一样排队、不争抢，并且同时也改善了学前儿童以自我为中心的"独占心理"，并通过环境的创设和利用，帮助学前儿童获得了积极的自我意识。

(三)整体性原则

学前儿童在园的一日生活是一个教育整体，一日生活中各类活动的安排与组织，应充分发挥活动之间的互补作用，应让学前儿童在生活中学习、在游戏中学习。

(四)多样性与交替性相结合的原则

一日生活作息制度的合理性及其管理的有效性，取决于各类活动的交替安排的合理性。除此之外，还应该根据不同的季节和儿童的不同年龄，制定出不同的生活作息制度，以保证作息制度的科学性。在园所场地受到限制的情况下，还可以将作息制度在不同的时间段交叉使用，以保证作息制度的有效落实。

1. 动态活动与静态活动相交替

动静结合是使活动内容和活动方式具有变化性，为学前儿童提供多样化活动的好方法。因此，在组合和安排幼儿园一日活动时，要充分考虑到学前儿童注意力发展的特点及影响学前儿童疲劳程度的各种因素，努力做到使活动的安排动静交替，有张有弛，体脑并用，劳逸结合，从而使学前儿童在活动中获取更高的学习效益。

2. 户内活动与户外活动相交替

除了户内进行的活动如生活活动、集体教学活动外，还要保证学前儿童每天两小时的户外活动时间，并且分段进行，给予学前儿童充分的体育锻炼的机会，提高学前儿童的体质，促进学前儿童身体的健康发展。

3. 集体活动与个体活动相交替

集体活动和个体活动是幼儿园常用的两种教学组织形式，它们各有特点和功能。为充分发挥两种活动组织形式的长处，较好地解决一般教学要求与个体发展需求之间的矛盾，我们要将集体活动和小组活动的形式有机地结合起来，以满足每个学前儿童的发展需要，有效促进他们的发展。

(五)稳定性与灵活性相结合的原则

1. 一日生活的设计安排应具有一定的稳定性

幼儿园应根据本园实际情况和学前儿童生理、心理发展需要，制定科学、合理、稳定的生活制度与常规，为此，应保证学前儿童有规律地生活与游戏，避免学前儿童因不必要的紧张、忙乱而产生失控感和不安全感；应相对稳定地执行幼儿园的作息制度，使每个学前儿童知道每日日程的基本安排，形成初步的生活节奏感，为接下来的活动做好心理准备，应尽可能地减少环节转换。

2. 一日生活的设计安排应具有相对的灵活性

一日生活安排在保持稳定性的同时，还应根据学前儿童活动的实际情况(表现、进程、需求等)灵活调整。一方面，遇到特殊情况或需要科学纠正时可根据需要适当临时调整日程安排，但要事先告知学前儿童或者和学前儿童商量，以使他们有心理准备，避免其情绪产生太大波动；另一方面，在具体的活动环节中，可根据学前儿童的反应和表现适当地缩短或延长某个活动。

案例

班上的一个孩子没在位置上喝水，另一个小朋友就跑来告状说："老师，他没回位置喝水！"我走过去问那个孩子，他说："在这喝很方便，一下子就喝完了，为什么非要到座位喝呢？"听到这样的回答，我霎时想道：是呀，为什么一定要回位置喝呢？第二天，在孩子们喝水前，我把这件事情跟大家讲了，请小朋友一起来讨论，一些小朋友说："是呀，没什么不好的，我在家也这样的。"有的孩子连忙反对说："不行，要在那喝的。"我说："这样吧，既然大家争执不下，那就试试。现在请女孩子去喝水，然后就站在那儿喝。"孩子们来了兴致，有的小朋友接完水就在那喝，几个小朋友回到了座位上，一个小朋友堵在了热水壶那喝，别的孩子在那无法接到水就大喊："老师，我们没法喝水。"我一直在旁边静静地观察他们，只听见一个孩子说："看来站着喝水不行，太乱了。"有个孩子就跑过来说："老师这样没法喝啊，人多一碰就洒了。"等小朋友喝完水后，我问："你们觉得今天喝水怎么样啊？"孩子们几乎是异口同声地说："不行，太乱了。""那你们觉得怎么做才合适呢？"经过讨论，最后小朋友们达成了共识：要是喝水的人多的时候，最好是回到座位上去喝；要是喝水的人不多，可以站在暖水壶附近喝，只要不影响他人就好。在那之后，如果单独有几个小朋友提出要喝水的时候我会让他们站在那喝，一般课间集体喝水的时候都回座位上喝。

(资料来源：https://www.docin.com/p-2176199673.html)

(六)自主性和指导性相结合的原则

教师直接指导的活动和间接指导的活动相结合，可以保证学前儿童每天有适当的自主选择和自由活动时间。教师直接指导的集体活动要能保证学前儿童的积极参与，避免时间隐性浪费。

三、一日生活活动的设计与指导

(一)幼儿园一日生活的设计要求

1. 制定科学合理的生活作息制度(如图 9-3 所示)

作息制度要有利于学前儿童的健康成长，要能保证学前儿童好的精神面貌，在游戏、教学活动等各种活动中表现活泼、积极、主动。为此，各项具体活动的安排必须符合学前儿童的生理、心理特点，要有规律；各项活动的时间分配要合理科学，小、中、大班应有区别；活动制度要富有节奏，尽量减少不必要的等待现象。

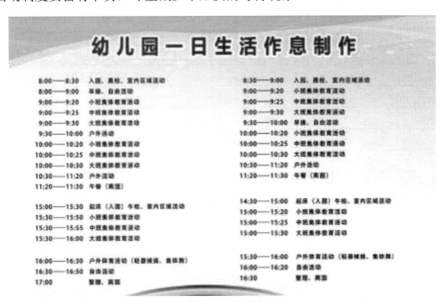

图9-3　某幼儿园一日生活作息表

2. 充分开展游戏活动

游戏是学前儿童最主要的学习途径。因此，在时间上要充分保证学前儿童开展游戏活动，在空间上要提供充足的场地，在玩具材料上要满足学前儿童游戏的需要。游戏种类的安排要做到室内室外结合，动静交替，有集体性游戏，也有个人自选的游戏。

3. 各种活动丰富多彩。

学前儿童的兴趣和求知欲望是多方面的，所以，一日活动的内容也应该是多方面的。比如，操作、练习、小实验等可满足学前儿童动手实践的兴趣；观察、参观等可增长学前儿童的见识；自我服务可培养学前儿童爱劳动的品质。

4. 活动结构要紧凑，各环节转换要自然

在活动中和活动间隙，要尽量避免拖沓，要把学前儿童静坐等待的时间变为积极活动的过程。在一个环节向另一个环节过渡时，可采用学前儿童喜闻乐见的歌曲、故事、儿歌、游戏等方式，以提高一日活动的整体效益，帮助学前儿童调整情绪。

(二)幼儿园一日生活各环节设计及教师指导要点

幼儿园一日生活活动指学前儿童在幼儿园一天中所经历的最基本的生命活动，它既是满足学前儿童生命基本需要的活动，也是在真实的生活情境中发展学前儿童生活自理、交往礼仪、自我保护、遵守共同生活必要的规则等能力，形成健康的生活行为习惯的活动，包括进餐、饮水、睡眠、如厕、入(离)园等基本生活活动以及户外体育、游戏、教学等活动，如表9-1所示。在各环节中，保教人员只有做好保育工作，才能保证学前儿童的身体健康，

培养学前儿童良好的卫生习惯，促进学前儿童的发展。

表9-1 某幼儿园学前儿童一日生活活动安排表

7:40—8:00	入园、晨检、自由活动
8:00—8:20	户外体育活动(晨操)
8:20—8:30	生活活动：分队如厕、洗手、喝水
8:30—9:00	集体教学活动
9:00—9:10	生活活动：分队如厕、洗手、喝水
9:10—10:10	全园课间操、分组户外体育活动
10:10—10:20	生活活动：分队如厕、洗手、喝水
10:20—10:45	游戏活动
10:45—10:55	生活活动：分队如厕、洗手、喝水
10:55—11:20	餐前准备、午餐
11:20—12:00	游戏活动
12:00—2:20	午休
2:20—2:30	生活活动：分队如厕、洗手、喝水
2:30—3:10	集体教学活动
3:10—3:20	生活活动：分队如厕、洗手、喝水
3:20—3:50	游戏活动
3:50—4:00	生活活动：分队如厕、洗手、喝水
4:00—5:00	户外体育活动、全园课间操
5:00	离园

【生活活动】

生活活动在学前儿童生活中占有重要的地位。学前儿童身体各个器官的生理机能尚未发育成熟，各个组织都比较柔嫩，其身体素质还相当薄弱。同时，学前儿童期又是生长发育十分迅速、新陈代谢极为旺盛的时期。但由于学前儿童知识经验匮乏，缺乏独立生活能力和自我保护能力，因此他们需要成人悉心地照顾，更需要成人反复地指导帮助、训练培养，才能独立自理，并养成良好的生活习惯，建立良好的生活秩序。

一、生活活动的总目标设计

(1) 主要着力于培养学前儿童良好的作息习惯、睡眠习惯、排泄习惯、盥洗习惯、整理习惯等卫生习惯。

(2) 帮助学前儿童了解初步的卫生常识和遵守有规律的生活秩序的重要意义。

(3) 帮助学前儿童学会多种讲究卫生的技能，逐步提高学前儿童生活自理的能力。

(4) 帮助学前儿童学会用餐方法，培养学前儿童良好的饮食习惯。

二、不同年龄班应有不同的阶段目标

小班。

(1) 使学前儿童了解盥洗的顺序，初步掌握刷牙、洗手等基本方法；知道穿脱衣服的顺序；学习保持自身的清洁，会使用手帕；培养学前儿童坐、站、行等正确姿势；培养学前儿童良好的作息习惯。

(2) 让学前儿童在轻松自然的气氛中进餐，保持情绪愉快；初步培养学前儿童良好的进餐习惯，懂得就餐卫生；初步培养学前儿童爱吃各种食物和主动饮水的习惯。

中班。

(1) 学习穿脱衣服、整理衣服；学习整理玩具，能保持玩具清洁；有初步的生活自理能力。

(2) 进一步培养学前儿童爱吃各种食物的习惯。同时，教育学前儿童喜欢吃的东西不宜吃得太多，身体超重也会影响健康；教育学前儿童少吃冷饮，多喝水，进一步培养学前儿童良好的饮食习惯。

大班。

(1) 保持个人卫生，并能注意生活环境的卫生；进一步培养学前儿童良好的生活卫生习惯和生活自理能力。

(2) 指导学前儿童使用筷子就餐，进一步培养学前儿童良好的饮食习惯；让学前儿童知道有些食品不能吃，有些食品不宜多吃，否则会有碍身体健康。

三、生活活动的主要环节内容设计与指导

学前儿童身体机能发育尚不成熟，神经系统发育尚不完善，在自我调节方面还不能收放自如。这就要求教师必须合理安排他们的生活活动，帮助他们保持良好的精神状态去进行一日的活动。

(一)入园

1) 入园接待

教师应以热情、亲切的态度主动与学前儿童问好，稳定学前儿童的情绪、与家长交流意见及做好物品交接工作。

2) 晨检

(1) 首先，在幼儿园大门口接受卫生保健教师的观察和咨询，既要张开嘴让卫生教师看看喉、腮部是否有异常，又要伸出手臂让卫生教师观察手指甲及皮肤是否有异常，一切情况正常即可进入教室。

(2) 进入学校进行进一步检查，严格按照学前儿童晨检制度(如图9-4所示)执行。

一摸：即摸学前儿童的额头、手心，了解有无发热现象，可疑者要测量体温。二看：即一看学前儿童面色和精神状态；二看学前儿童咽喉、腮部有无异常。

三问：个别学前儿童饮食、睡眠、大小便情况，即向家长或学前儿童了解当日身体健康情况，询问近日有无外来人员接触史等。若有带药来园的学前儿童，要问清楚是什么地方配的药，及时做好三核对工作，即核对姓名、药名药剂、用药时间和方法，并请家长做好委托吃药的签名工作。

四查：根据传染病流行季节，检查相应发病部位，查找传染病的早期表现；检查学前儿童手帕、指甲是否干净；检查有无携带不安全的物品等。

(3) 如果无异常，小朋友们就可进入教室，并洗手消毒。如有异常情况，立即处理。

图9-4　学前儿童晨检制度

(二)盥洗

(1)　学前儿童要用六步洗手法(湿、搓、冲、捧、甩、擦)(如图 9-5 所示)洗干净双手；根据盥洗室的空间大小，应将学前儿童合理分组，保持盥洗室安静有序；帮助或指导每个学前儿童将袖子挽至胳膊处，防止溅湿衣袖。

(2)　指导学前儿童节约用水，控制水流大小，洗完手后要在水池内轻轻甩三下，用毛巾擦干手上的水迹。

(3)　密切关注每个学前儿童的洗手过程，对搓洗不仔细，冲洗不干净等行为，教师要耐心地给予动作示范和语言提示；帮助学前儿童洗完手后用正确的方法擦干双手，将衣袖放下。

(4)　学前儿童盥洗结束后，及时用干拖把擦干地面上的水，等最后一个学前儿童洗完手后再离开盥洗室。

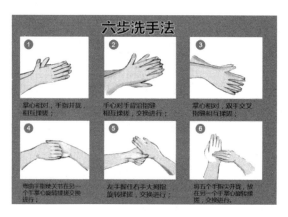

图9-5　六步洗手法示意图

(三)进餐

进餐时要注意用餐礼仪及食谱搭配(如9-6 图所示)。

图 9-6　某幼儿园一周食谱图

1. 早餐

(1) 指导学前儿童要身体靠近桌子，两脚放平。点心碟摆放整齐，提醒学前儿童边吃粥边吃点心，不能把粥吃完再吃点心，也不能把点心吃完再吃粥。吃完最后一口食物即可离开座位，餐具要轻拿轻放。

(2) 在教师和保育员指导下、在一定时间内吃完一份饭菜。充分咀嚼吞咽，对于特殊儿童要给予特别关注，培养他们自己动手吃饭的能力。养成"四净"习惯，即桌面干净、地面干净、身上干净、碗内干净。

(3) 待学前儿童就餐完毕，要指导学前儿童把餐具按碗、碟、勺子分类放置，提醒学前儿童餐具要轻拿轻放。收拾、清洁餐桌及清理用餐时遗漏下的污迹，最后送餐桶到厨房。

2. 午餐及午餐后

(1) 保育员要注意孩子的进餐情况，给学前儿童盛第一碗饭时，量要少些，指导学前儿童学会根据自己的需要添饭。注意要教学前儿童吃骨头、鱼之类的食物。

(2) 教会学前儿童吃饭要细嚼慢咽，不比谁吃得快、吃得多，进餐快约不少于 15 分钟，慢约不超过 30 分钟。对吃得过慢的学前儿童要提醒，以免饭菜变凉。对个别体弱学前儿童，可让他们先吃。要求每个孩子咽完最后一口饭菜即可离开饭桌。同样提醒学前儿童饭后漱口。

(3) 由教师管理未进完餐的学前儿童，保育员利用空隙铺好床铺，遇到天气变化要适当调整学前儿童被褥。

(4) 当大部分吃完中午饭后，教师组织好学前儿童在走廊活动，再由保育员指导未进完餐的学前儿童。

(5) 学前儿童吃完午餐，保育员和教师一起指导学前儿童进行常规的漱口、抹面、抹手，然后学前儿童跟着教师出外散步，保育员负责清理餐桌。

(四)饮水

(1) 每个学前儿童要有专门的水杯，最好放在有格、有门的柜子里，不要杯口朝下，柜门要用窗透气(如图 9-7 所示)。

(2) 儿学前儿童活动、进餐后要提醒学前儿童喝水，喝水时不能拥挤，教师应合理安排喝水时的秩序。

(3) 学前儿童活动量大，口渴时要随时喝水。即使在活动时间提出喝水，教师、保育员都不应制止。

图9-7 学前儿童饮水区

(五)如厕

(1) 保育员在活动前后要用和蔼的态度提醒学前儿童上厕所，并提醒学前儿童有秩序排队，排便时不说话，排便时间不超过10分钟。

(2) 要逐步培养学前儿童每日定时大便的习惯(最好在晨间)。

(3) 指导孩子对准厕盆大小便，不要排在外面，在厕所墙面显眼位置有必要贴有指示贴图(如图9-8所示)。

(4) 教学前儿童便后擦屁股。小班学前儿童初入园时可以由教师擦屁股，中大班学前儿童便后自己擦屁股。教学前儿童擦屁股时要从前向后擦，把纸折厚擦两次。纸要事先裁好放在盒子里摆在固定位置，学前儿童可自行取用。

(5) 指导学前儿童大便时拉好裤子。在冬季，注意腿部保暖。帮助学前儿童便后穿好裤子。注意腹部保暖。大中班注意检查，对个别学前儿童可提供帮助。

图9-8 学前儿童如厕贴图

(六)午睡

1. 入睡前的准备

教师睡前应指导学前儿童大小便；保育员做好睡觉前准备工作(如图9-9所示)。铺好床、拉上窗帘、适当开窗；检查学前儿童口袋是否带有危险物；指导学前儿童脱衣服、脱鞋。

2. 指导学前儿童上床

(1) 教师和保育员两人同时指导学前儿童上床。不管上床或低床都要求坐着(背靠墙侧)开被。待学前儿童安静睡下(12:25时)，由教师管理学前儿童午睡。

(2) 帮助需要服药的学前儿童服药。当保健医务人员送药到各班后，保育教师应签收，有问题及时与保健人员沟通。吃药前一定要进行核对，包括学前儿童的名字是否与学前儿童对应正确，对于有疑问的药物，宁可不吃。

3. 午睡

(1) 想办法让学前儿童安静入睡，可以开音调柔和的音乐安抚学前儿童睡觉，也可以给学前儿童讲讲故事，有助于他们入睡。

(2) 学前儿童睡觉时要做到"一看"，看学前儿童睡觉姿势是否正确，睡眠表情有无异常，被褥是否适合；"二摸"，摸手，摸额头，感觉是否够暖，有无发烧现象；"三巡"，巡被褥是否盖好，入睡时有无发烧、抽搐、出虚汗(如图 9-10 所示)；"四记录"，把午睡情况记录在交接班簿上。

图 9-9　入睡前准备

图 9-10　学前儿童午睡

4. 指导学前儿童起床

保育员与教师一起照看学前儿童起床后，再准备午点。午点期间，由教师指导学前儿童进食，保育员收拾床铺，清扫睡室，整理衣柜。待学前儿童进食完，清理餐桌，清洗毛巾。

(七)离园

(1) 提前检查学前儿童仪表，提醒并帮助学前儿童整理自己的衣物、玩具等。

(2) 与学前儿童进行简短的谈话交流，稳定学前儿童的情绪，总结、分享当天活动中的快乐并预告第二天的活动。

(3) 准时带学前儿童到门口排队集合，提醒学前儿童避免拥挤，观察家长带孩子的情况。

(4) 与个别需要沟通的家长有礼貌但简短地交流，或者与他们另外约定交谈的时间，避免疏忽对其他学前儿童的监护。

(5) 个别学前儿童无人接，教师必须把学前儿童交到值班教师处，做好交接工作后方可离园。

(6) 学前儿童全部离园后，检查活动室是否已经整理完毕，必要时准备好第二天要用的材料。

【教学活动】

1. 教学活动目标的设计

(1) 制定适宜的活动目标。

确定活动目标时，应根据学前儿童心理、生理发展的规律和本班学前儿童的特点，在客观判断学前儿童现有水平的基础上，确定学前儿童下一阶段经过努力可能实现的目标，只有这样才能做到目标定位适度。

例如：在幼小班《快乐的笔宝宝》活动中，学前儿童对目标中提出的画点、线都感觉特别简单。所以老师们将目标定位在画简单的几何图形上。通过活动可以看出多数孩子是能达到这个目标的，并使原有知识得到提升。

(2) 明确目标的价值取向，活动的灵魂就是其价值所在。活动如果没有价值，就失去了灵魂，整个活动也就失去了意义。

例如：在《绿化小区》活动中，教师定位的目标是①运用从上往下的方法表现不断重叠的关系，在讨论布局中感受画面的平衡性。②分享同伴的经验，积累一些树的特征，感受树与生活的关系。从这两个目标看不仅仅体现了提升技能方面的价值，而且蕴含了绿化与人类生活有着重要联系的道理。从活动的结果看孩子们不仅仅学会了画面重叠的画法，而且在画法的过程中懂得了绿化的重要性。

2. 教学活动材料的准备

(1) 教学活动材料应具有精致性。

教学活动材料准备得合适与否，关键不在于准备材料有多么精美、多么丰富，而在于准备的材料是否具有含金量。恰到好处的活动材料在活动之中就会起到画龙点睛的作用。例如：在《快乐的小刺猬》中，教师只是提供了一个半圆形，仅仅一个半圆却激发了他们的好奇心与思考力。

(2) 教学活动材料应具有层次性。

在进行一次活动前，首先要有充分的课前准备，特别是偏于计算和美术方面的活动需要大量的操作材料，在这个过程中教师就应该根据本班每个学前儿童的发展水平准备不同层次的材料。

例如：教师在准备幼小班《小画笔》的教学活动中，考虑到班级内学前儿童能力差异较大，针对能力较弱的学前儿童直接投放简笔画仿照绘画。而能力强的孩子根据儿歌的词就会动脑把图画画出来。再如：给《春天》涂色环节，考虑到学前儿童手部肌肉发展的水平不同，教师们投放蜡笔和油画棒。在活动过程中，手部肌肉发展较好的学前儿童可以选择蜡笔涂色，而容易疲劳的学前儿童可选择操作方便省力的油画棒。

3. 教学活动内容的设计

(1) 学前儿童学习的内容应该与教学目标相符，这样有利于学前儿童全面健康和谐地发展。活动目标要融于活动内容中，依靠教学内容得以实现。所以，教学活动目标是教学活动内容选择的一项重要依据，内容的选择必须与活动目标相对应。

(2) 学前儿童学习的内容应该是学前儿童现在或将来学习、生活所必需的或者对学前儿童基本素质的发展有较大价值的内容。学前儿童学习的内容应该是其发展所必需的关键经验，学前儿童期是学习这些内容的最好时机，错过了这个机会以后就没有那么好的发展机会了，虽然其他年龄阶段也可以发展，但要付出的代价更大；如果这个年龄阶段可以学习，其他年龄阶段也可以学习，但这个阶段要取得同等发展效果需要付出更大的代价，那么，这样的学习则不宜在学前儿童期进行。

(3) 学前儿童学习的内容必须能转化成学前儿童自身活动，并且要有适当的难度。不是所有的活动都能促进学前儿童发展的，只有那些有适当难度的活动，对学前儿童的发展才有促进意义。这里所讲的适当难度是指学前儿童需要努力并且是可以克服的障碍。没有一定难度的教育活动就是浪费学前儿童宝贵的时间和受教育机会。如果活动的要求大大低于学前儿童身心的能力，或者没有达到一定的身心负荷，那么，他们的身心力量就派不上用场，他们的发展就会进展缓慢，甚至还有可能会衰退和钝化。学前儿童经过努力克服了困难，获得了成功体验，这对提高他们活动的兴趣和自信心是很有帮助的；如果难度过大，学前儿童几经努力，还是接连不断地失败，进而他们就会垂头丧气，对自己失去信心。

(4) 学前儿童学习的内容与学前儿童生活的经验相联系。教师无论是选择活动主题内容，还是选择某教学活动的具体内容，都需要贴近学前儿童生活，考虑学前儿童已有的生活经验，否则就会造成教学活动的障碍。

案例描述：教师组织了大班主题活动"我爱春天"之"春耕播种"，一开始教师出示了一张以田野为背景，上面有农民插秧、耕地、播种情境的图片。教师说："你们看农民伯伯在插秧、耕地、播种种子。"随后教师围绕耕种展开了描述，但小朋友们的反应明显表现得不积极。

案例分析：这个幼儿园地处市中心，许多孩子没见过种田的情境，不了解播种的知识，春耕播种离他们的生活很远，他们对此也没有既有经验。脱离学前儿童生活选择活动内容是本活动的不足之处。它提醒我们，选择内容不要凭教师的主观意愿，一定要适合学前儿童。

(5) 学前儿童所学内容之间必须有内在逻辑联系。教育心理学研究表明：有内在联系的知识经验比零散的知识经验更有利于学前儿童的发展。因此，为学前儿童选择学习内容时，要努力使同一个领域的不同方面的内容、不同领域的内容、前后学习的内容之间产生有机的联系。在内容的组织方面，努力按照知识或经验的内在逻辑关系来组织，并且努力让学前儿童通过学习了解这些知识、经验的内在逻辑关系；当学前儿童的知识、经验达到一种程度时，还要将知识、经验"联系的原理"当作他们进一步学习的基础，进而不断提升他们的经验和知识能力的水平。

【教学活动】(见右侧二维码)

(6) 学前儿童学习的内容应该是学前儿童感兴趣的。我们为学前儿童选择的内容应该是学前儿童具有自发兴趣的或者是经过老师的努力，是可以让学前儿童感兴趣的。学前儿童是情绪中人，他们的学习绝大多数是由兴趣所决定的。没有兴趣的学习，对学前儿童来讲是没有意义的。

教学活动.docx

我们为学前儿童选择的内容应该是学前儿童具有自发兴趣的或者是经过教师的努力，是可以让学前儿童感兴趣的。学前儿童一般不会像具有理性智慧的成人那样为了"美好的明天"而学习，他们的学习一般都是由他们对活动本身的兴趣所激发的。

4. 学前儿童学习活动中教师的指导

(1) 教师的指导实施要能够从多方面着手。首先需要教师对整个学前儿童教学活动的方向全面关注，有了活动的目的才能够将活动顺利有序地进行下去。教师在这一过程中要能有目的地进行指导，对整个活动的发展要具有预见性，在对整个活动目的明确的基础上也要有一定的束缚，对灌输式的指导方式要能有效避免，所以在这一层面的指导就需要和实际紧密结合。

(2) 具体的学前儿童教学活动中的指导，要对学前儿童的反应敏感度进一步加强，教师要仔细观察学前儿童的一些反应。对学前儿童的兴趣以及感受进行关注并准确观察学前儿童对教师指导语的反应，这样就能将学前儿童的注意力以及思维向着教学活动的中心进行引领。

(3) 教师指导过程中也要适当留取空白，主要就是从问题上留白以及时间上留白两个重要层面。问题留白主要就是要能在实际活动过程中，在遇到了实际问题的时候要能够留白给学生提示，让学前儿童的想象空间及好奇心得到有效激发。而从时间留白层面来说，主要就是要能对自己出镜的时间进行有效控制，尽量让学前儿童的活动时间增多。教师的指导要能够为学前儿童的学习寻找一条有效的途径，促进学前儿童学习能力和思维能力的发展。

总而言之，对学前儿童的教学活动指导要能够结合实际进行，教师自身先要具备多方面的才能，能对整个活动局面进行把控及疏导，让指导的科学性得到真正的体现。此外，从集体、小组形式下分别进行教学的具体指导要求如下。

在集体教学活动中，教师首先要选择适宜的教学内容，让学前儿童有兴趣参与。内容要贴近学前儿童的生活经验，关注学前儿童的兴趣需要；其次教师要创设良好的心理环境，让学前儿童能大胆参与。恰当运用情感艺术、尊重信任每个学前儿童。此外，教师也要创设有趣的教学情境，让学前儿童乐于参与。比如，创设游戏化的教学情境、创设生活化的教学情境等；最后，还要提供丰富的活动材料，让学前儿童人人参与、共同参与，教师适时指导，让学前儿童学会参与。

在小组教学过程中，首先，教师安排在空间上要避免相互影响。两个小组要安排在不同的区域；其次，如果小组活动是要交换的，两小组活动的内容要避免重复，即两组内容不能有先后之分；最后，还要确保小组活动的正常交换，使每个孩子能获得同等的学习机会。

比如在进行小组教学时，一组在教室，另一组应在卧室，或者一组在教室，另一组在美术活动室或计算机活动室等。如一组是认识"蝴蝶"，了解蝴蝶的特征和习性，另一组是手工制作蝴蝶，事实上，第二组活动的开展要有第一组活动的基础，教师应在指导学前儿童制作时就引导他们了解蝴蝶的特征，但在交换小组后，这一组还要进行认识活动，对这组孩子来说，他们的学习是重复的，学习的内容对他们来说缺少挑战性和新颖性。

【体育活动】

在幼儿园积极组织学前儿童开展体育活动，不仅能够促进儿童生长发育，增强体质，还对学前儿童素质教育起着积极的关键的作用，因此科学设计学前儿童体育活动至关重要。

1. 幼儿园体育活动目标设计

(1) 学前儿童的各年龄(各年级)阶段目标是制定该年级阶段学前儿童体育教学活动目标的主要依据。年级阶段的目标是通过该年级学前儿童所开展的一个个具体的体育活动来实现的，因此，在制定每一个具体的活动目标时，应该和该年龄目标相一致。

(2) 体育活动的具体内容和形式是制定活动目标的直接依据。一般来说，活动内容不同，则活动形式也不同，而活动内容和形式的不同，往往会使活动的价值(目标)也不同。以小班体育活动《小鱼救哥哥》为例(见右侧二维码)。

小鱼救哥哥.docx

(3)　上一次活动的反馈信息是制定下次活动目标的重要依据。这是根据体育活动应遵守的循序渐进原则和从实际出发而提出来的。人们对知识和技能的认识和掌握都是从低到高，从未知到已知，从少到多逐渐提高的。因此，了解学前儿童已有实际水平是至关重要的。教师要了解学前儿童对上次所学内容的掌握情况，再根据实际情况在复习巩固的基础上逐步提高要求，或增加新的较难的活动内容。

2. 幼儿园体育活动内容的设计

(1)　首先应考虑内容对目标的贡献率。在设计活动内容时，要考虑目标的需要，要从目标引发到教学内容选择上，这是很有好处和符合逻辑的。首先是目标设计得要合理，再考虑活动内容的难易程度及目标实现的可能性。如果在这个环节上存在着问题，就要再返回到目标的设计上来，检验修正目标，使目标设计更合理；或者重新选择活动内容，使内容更好地为目标服务(案例见右侧二维码)。

小公鸡与懒惰虫.docx

(2)　在设计活动内容时，考虑活动的课时是十分必要的。因为幼儿园的体育教学活动一般是一周一次，每次时间约 30 分钟。怎样充分利用每周一次的体育活动，传授学前儿童知识和技能，增强学前儿童体质，促进学前儿童社会性的发展，其活动内容的选择显得尤为重要。既不能太通俗又不能太脱离实际；既不能太简单也不能太高不可攀，那就要选择那些具有典型性、基础性、实用性和可行性的活动内容。还要考虑到场地器材的现实条件。

3. 幼儿园体育活动方法的设计

在设计活动时，还应注意方法的科学性。我们可以根据知识内容的性质和学前儿童的年龄特点而采用不同的方法。方法的选用是否科学关系到教学目标实施效果的优劣。学前儿童体育活动的教学方法除了《学前儿童体育教学法》中所介绍的讲解示范法、练习法、比赛法、游戏法等外，在平时的教学中还可以使用以下几种方法。

(1)　主动探究法。主动探索法是教师提供活动材料或利用语言提示，引导学前儿童主动去发现玩法，然后请学前儿童示范自己的玩法，最后经教师指导练习巩固动作。这种方法注重以"儿童为中心"，充分发挥学前儿童的主体地位，让学前儿童感觉活动的轻松性、愉快性，真正形成"快乐体育"的理念，适合现今体育教改方向。

(2)　非言语指导法。非言语指导法的基本原理是心理暗示，是指教师利用表情、动作、手势等手段组织和指导学前儿童学习和练习的方法。在运用这种方法时，教师要特别注意明确性、清楚性，同时还可以与言语指导法相结合，起到补充的作用。

(3)　榜样激励法。一是教师的表率作用。"身教重于言教"，教师在体育活动中的表率作用对学前儿童具有很大的感染力，对学前儿童个性和良好品质的形成有着极为重大的影响，所以教师的榜样作用不可忽视。二是同伴的影响作用。学前儿童的能力是存在个体差异性的，所以学前儿童在活动时，教师要创造机会，鼓励学前儿童相互交流，使能力弱的学前儿童在得到他人启发的同时获得成功，以增强自信心。

(4)　儿歌辅助法。儿歌辅助法就是把动作的基本要领或游戏规则编成朗朗上口的儿歌(见图 9-11)，教给学前儿童，使学前儿童在理解儿歌的同时记忆动作的要领或游戏的规则。这种方法比较生动、形象，可以激起学前儿童的学习兴趣，学前儿童也容易掌握。

图 9-11　《找朋友》儿歌和游戏图

4. 幼儿园体育活动中教师的指导要求

(1) 调整材料适宜性，创设良好的运动环境。幼儿园户外活动形式多样化，这样才能激发学前儿童的兴趣，满足学前儿童的实际需要。除户外大型玩具设施外，要根据学前儿童的发展需求巧妙添置、调整户外体育活动的各种玩具器材，同时也可以利用废旧物品自制不同功能的活动器械。

(2) 依据学前儿童的动作发展规律，指导过程应从易到难。学前儿童掌握并熟悉某一动作，必定有一个循序渐进的过程，而且学前儿童之间还有着明显的个体差异，所以，教师要站在学前儿童的角度，充分观察学前儿童的行为表现，把握学前儿童内心的想法，有针对性地进行个性化指导，同时也能让不同水平、不同需要的学前儿童各有选择，从而最终获得活动的最佳效果。如对胆小、不爱动的学前儿童，应该鼓励或带动他们一起活动；而对能力较弱、需要帮助的学前儿童，则重点在于方法的指导。

(3) 发挥学前儿童的主动性，培养创新能力。学前儿童体育活动的组织形式多种多样，有集体教育教学活动、户外体育活动、早操、课间操活动等，教师要充分利用这些活动形式的优点，互助配合、取长补短，培养学前儿童的兴趣和创新能力，全面增强学前儿童体质。同时，还可以不断拓展单个活动的内容，让学前儿童在活动中主动思考、勇于创新、大胆实践，不但激发学前儿童参与活动的兴趣和积极性，而且更利于学前儿童活动能力的提高和拓展。

(4) 把选择权交给学前儿童，给学前儿童更多的"自由"。在户外活动中，教师除了组织一些集体体育游戏活动外，还应给学前儿童一些自由活动的时间与空间，让他们根据自己的爱好自由选择运动器械，自由结伴，在快乐、有趣的环境中与人交流和分享自己发现的信息。这时，学前儿童真正成为活动的主人，游戏也变得更加轻松、快乐。教师只需要认真关注学前儿童的情感、态度和活动状况，稍加必要的引导，一定不要干预过多。

总之，学前儿童体育活动是一种丰富多彩的活动，教师要不断从激发学前儿童的兴趣入手，把握学前儿童的身心发展规律和年龄特点，尊重和理解学前儿童的个体差异，因材施教，勇于创新，注重培养学前儿童的创新意识、综合能力和积极向上的情操，才能适应素质教育的需要，促进学前儿童的全面发展。具体在实际活动中对教师的指导要求如下所述。

1) 体育集体活动

(1) 充分利用日光、空气、水等自然资源，以及本地自然环境，有计划地锻炼学前儿童的肌体。

(2) 教师着装适宜，口令清晰，动作规范，活动游戏化；准备各种器械(见图 9-12)保证走、跑、跳、攀爬、投掷、钻、平衡等各种基本体育活动的开展。

(3) 保教人员合理调节学前儿童的运动量，抽查学前儿童的运动量。

(4) 学前儿童着装便于运动，情绪愉快，积极参与，倾听要求。

(5) 能掌握走、跑、跳等各种基本动作技能，能够坚持活动一段时间；乐于和同伴分享互学，能运用协商、讨论、合作等方法解决矛盾冲突。

图 9-12 学前儿童各种体育器材

2) 自选活动

(1) 教师给学前儿童自选器械的机会。

(2) 教师与学前儿童共同建立游戏规则，教会学前儿童学会自我保护。

(3) 鼓励学前儿童积极参与各种运动，及时鼓励学前儿童尝试新的玩法；引导学前儿童用多种方法使用器械，并与同伴分享、合作。

(4) 观察学前儿童的运动情况，关注和回应学前儿童的个体需要；可适当安排混班、混龄自选体育活动。

3) 操节

操节(见图 9-13)包括早操和课间操，根据学前儿童年龄特点安排操节内容，结构合理、运动量适当、时间适宜，可适当设计学前儿童互动、创编环节。

(1) 教师示范节奏准确、动作有力。

(2) 在做操的过程中，教师注意调动学前儿童的整体精神面貌，并能与学前儿童有语言和神态的互动和交流。

(3) 适时提醒、纠正个别学前儿童的动作。

图 9-13 学前儿童早操、课间操

【游戏活动】

游戏是学前儿童生活的基本活动形式，学前儿童在游戏中不断地尝试、不断地发现、不断地学习、不断地表现。他们通过游戏表达意愿、宣泄情绪、展示能力，因此游戏的世界是一个真正的童心世界。正因为游戏行为折射着学前儿童的情感、个性、经验和智慧，游戏才被看成是反映学前儿童心灵的窗户,是衡量学前儿童发展的标尺。所以,不仅学前儿童需要游戏,作为学前儿童教育工作者的教师更需要理解学前儿童的游戏,看懂学前儿童的游戏行为。要理解学前儿童的游戏行为离不开教师对学前儿童的心理和生理特征知识的了解,更离不开教师的观察与指导。

1. 幼儿园游戏活动目标的设计

(1) 不同年龄特点的学前儿童发展水平是不同的,游戏目标设计要适合本班学前儿童的年龄特点。

(2) 根据游戏类型确定不同的目标。制订游戏计划时,需结合对各游戏类型的教育功能特点的分析,确定侧重点和不同的游戏目标。无论游戏类型和游戏目标是什么,保证学前儿童游戏的兴趣是首要选择。

(3) 游戏的目标要有实际针对性。游戏的目标切忌过于笼统,含糊不具体。如教师发现小班学前儿童玩完玩具不能把玩具放回原处,就可以设置这样的活动"送球宝宝回家"(如图9-14所示),目标设置成"玩完玩具知道把玩具放回原处",这样目标清晰,指导起来就比较有针对性。

送球宝宝回家.docx

图 9-14 游戏《送球宝宝回家》

(4) 游戏的计划和目标应体现渐进发展性。在实施游戏活动之前教师都要制订一定的计划,作为行动的指导。但是游戏计划的制订如果千篇一律,或者前后学期都用同一个,就形同虚设了,完全起不到循序渐进、促进学前儿童发展的作用。因此,游戏计划应体现出渐进发展性,各周、各月的游戏目标应逐步提高要求。

2. 幼儿园游戏活动内容的选择

(1) 游戏内容的选择要体现趣味性。趣味性游戏常常能让学前儿童在游戏活动中保持兴奋、积极的状态。这就要求教师对学前儿童随时产生的兴趣和需要作出敏锐的反应,根据学前儿童的兴趣与发展需要的变化随时调整游戏内容,这不仅能更有效地激发学前儿童的游戏兴趣与主动性,而且有利于丰富和完善游戏活动内容。比如教师在培养学前儿童团队合作精神的游戏中,经常会采用两人或多人合作的游戏,在游戏中增加一些小难度的环节从而使完成游戏变得有趣味性。

(2) 游戏内容的选择要体现生活性。学前儿童的现实生活本身就是一部活生生的"教材",学前儿童所接触的新的现象、新的问题、新的环境都是游戏活动的源泉。把学前儿童日常生活中出现的行为问题融入游戏活动中进行教育,效果会非常好。

3. 幼儿园游戏活动中教师的指导要求

(1) 让学前儿童自主、自由地游戏。在游戏中,学前儿童自主、自由活动,教师不做硬性安排,由学前儿童自己选择,玩什么,怎样玩均由学前儿童自己做主。教师不能代替,不能为了某种需要强迫学前儿童服从自己的权威，要求孩子跟教师一样做，使学前儿童的自主性不能得到很好的体现，严重压抑了学前儿童身心积极的、充分的发展。学前儿童在游戏中可以不受任何限制，尽情玩耍。教师的指导不是控制，而是以伙伴的身份参与，在活动中做到尊重学前儿童的活动意愿、尊重学前儿童的年龄特点、尊重学前儿童的个体差异、尊重学前儿童的独立人格，并以饱满情绪感染影响学前儿童，对学前儿童的活动表示支持、赞许。为学前儿童营造宽松、民主、自由的游戏氛围，让游戏以生动活泼的方式加深学前儿童的真实感受。当然，在游戏中，教师并非完全放任，而应做到心中有数，并依平时对学前儿童活动特点的观察和了解进行相应的指导。

(2) 正确把握自己在游戏中的角色。学前儿童游戏过程是一个犹如"打乒乓球"的师生互动的过程。在这个过程中必须发挥"双主体"作用。学前儿童在游戏中需要教师参与或教师认为有介入指导的必要时，学前儿童邀请教师作为游戏中的某一角色或教师自己扮演一个角色参与学前儿童游戏，通过教师与学前儿童、角色与角色之间的互动，起到指导学前儿童游戏的作用。在游戏的过程中教师还可以为学前儿童提供一段时间，让学前儿童把游戏中的过程体验、存在的问题、有创意的想法及做法等讲出来，通过学前儿童之间的讨论，与学前儿童已有的经验发生碰撞，引导学前儿童以他们自己的方式来解决问题、分享经验，即让学前儿童成为游戏的主人，活动目标的主人，主动学习的主人，活动环境的主人；教师应成为学前儿童游戏的观察者、倾听者、支持者、扶持者、提供者、咨询者、指导者。

(3) 学会等待。在活动中教师要自始至终关注学前儿童的活动，当学前儿童出现困难时，不要急于介入，而应给予一定的等待时间，让学前儿童通过充分的操作、探索，尽可能自己解决问题。学前儿童的探索兴趣无穷无尽，他们经常会遇到自己无法解决的困难，教师这时要"学会等待"，只要当学前儿童的探索兴趣即将消失时，教师的干预才是积极的。教师如果不耐心等待，过早介入学前儿童的活动，就可能导致学前儿童原本富有创造性的想象活动因一个标准答案的出现而告终。

(4) 适时促进。教师要经常加入学前儿童的探索过程之中，成为学前儿童探索、发现过程的目击者和共同参与者。因此，教师对学前儿童要抱有具有弹性的可变的期望，教师不是一个教导者而是一个促进者。教师是"我"，而不是"他"和"它""我"是完整的，有生命的，能够积极主动地理解和表达的。这是走入教育的过程时的现在状态，而不是一个呆板空白的职业躯壳。教师和学前儿童共同游戏，体现的是一种真正平等的精神及对生活世界的真实投入和热爱，这样的游戏对教师和学前儿童来说都是享受的，又都是发展性的，交往所能达到的完美和谐，使游戏达到极致。因此，游戏活动中对教师具体指导的要求如下所述。

① 教师不得占用学前儿童游戏时间，每天游戏活动时间不少于两小时，户外活动时间不少于一小时。

② 为学前儿童创设良好的游戏环境，提供必要的场地、玩具、材料，保证游戏的顺利开展。

③ 游戏活动应注意动静交替，面向全体，注意个别差异，在游戏中要体现全面发展的教育任务和要求，促进学前儿童身心和谐、健康发展。

④ 在游戏中，要认真仔细地观察学前儿童的活动和表现，深入了解学前儿童，便于

有针对性地进行教育和训练，但不能干扰学前儿童的游戏活动。

⑤ 一定要注意安全，教给学前儿童一些自我保护的方法。

第三节　幼儿园一日生活活动的设计课例

见下方二维码。

幼儿园一日生活活动的设计课例.docx

本 章 小 结

科学、合理地安排和组织一日生活，既有利于形成秩序感，又能满足活动的需要，培养孩子的常规意识和学习能力。因此，幼儿园应科学、合理地利用、安排学前儿童的一日生活流程，在组织学前儿童的活动中，应满足学前儿童的需求并照顾到个体差异。在活动中教师要直接指导学前儿童和间接指导学前儿童的活动，尽量减少不必要的集体活动和过渡环节，以促进学前儿童积极参与，逐步引导学前儿童学习自我管理。

思考与练习

一、名词解释

一日生活活动　　一日生活活动设计　　生活活动

二、简答题

1. 简述一日生活活动的内容有哪些。
2. 简述幼儿园一日生活与儿童发展。
3. 简述一日生活活动设计的原则。

三、论述题

1. 结合实际谈谈幼儿园一日生活活动设计的原则有哪些？
2. 如何进行幼儿园生活活动的设计与指导？

【实践课堂】

著名教育家陶行知提出："生活即教育，一日生活皆课程。"也就是说："我们不能只把集体活动看作学前儿童的学习活动，而应该把学前儿童的一日生活各个环节都赋予教育意义，要做到生活教育化、教育生活化。"

以小组为单位谈谈你对"一日生活即课程"的理解。

游戏是儿童认识世界的途径，他们生活在这个世界里，并负有改造它的使命。

——高尔基

应该把幼稚园的课程打成一片，成为有系统的组织。这种有系统的东西应当以什么为中心呢？当然要根据儿童的环境。

——陈鹤琴

第十章　课程改革与发展新动向

本章学习目标

➤ 了解各幼儿园课程产生的背景及理论基础。
➤ 掌握各幼儿园课程的特点、目标与内容、组织与实施。
➤ 理解各幼儿园课程存在的特色与不足。

核心概念

海伊斯科普课程(haiyisikepu course)　多彩光谱方案课程(colorful spectrum scheme course)　加德纳的多元智能理论(gardner's multiple intelligence theory)　瑞典森林幼儿园(swedish forest kindergarten)　田野课程(field courses)　安吉游戏(angie game)

引导案例

区域活动中的孩子们

区域活动开始，孩子们开始选择自己喜欢的区域进行活动。"我先来的""不对，我的椅子先放下的，应该是我先来的才对。"在科学区中，童童和涵涵争吵了起来，大家你一言我一语，谁都不肯让步。"那你们挤一下不就行了，老师说的，材料足够桌子够用的话人数可以多一点的。"一旁的女孩子说。听完她的劝解，童童和涵涵都坐下了。面对初次接触的测量活动，面对多种多样的测量工具，孩子们有些不知所措，有的孩子拿着积木看了好久，有的孩子拿着铅笔在记录单上写着什么。瞧，熊子倪小朋友拿着一支新的铅笔，沿着桌子边在比画着，嘴里还在嘟囔着："刚才老师说，这些东西是用来测量的，你们看我的，我在量这张桌子到底有几支铅笔的长度。"边上的孩子听了她的讲解，也拿出各种物品，开始在桌子边上比画着。当然，部分孩子的测量方式是存在问题的。我走上前去，告诉孩子测量过程中的要点，确保测量结果的准确性。在我的提示和演示下，孩子们继续活动。桌子测量结束后，熊子倪又跑去测量桌子，其他的孩子在结束对桌子的测量之后，也纷纷跑去测量起桌子来。再来看看其他区域活动的孩子们，很多孩子的眼神都时不时盯着在科学区活动的同伴们。今天语言区的活动内容是故事表演，大家进入区域的第一件事情是选择喜欢的头饰并佩戴起来，"我是……""我是……"在初步确定角色后，部分孩子就坐回到自己座位上，翻阅着桌上的书本，只有几个孩子仍然在讨论着有关故事表演的内容。

(资料来源：https://www.jxscct.com/xxs/21982/)

区域活动的有效组织，需要做好很多准备工作，除了材料的提供，教师还应考虑到每个区域的人数、人员的合理安排，这些也是有效开展区域活动的先决条件。此外，在活动开展的过程中，建议观察为先，视具体情况再进行介入、引导，不要操之过急，给孩子一个交流、解决问题的空间。其实，孩子之间产生的问题是任何活动中最宝贵的教育契机，需要教师正确处理。

当今时代，是一个越来越高度国家化、科技化、多元化与民主化的知识密集时代，是科技发展一日千里、国际关系更加密切发展的时代，又是一个充满变化、充满竞争与挑战的时代。本章的重点是学习海伊斯科普课程、多彩光谱方案课程、瑞典森林幼儿园、田野课程、安吉游戏、学前儿童创意戏剧等课程的特点、目标、内容与实施，掌握当前我国幼儿园课程发展的趋势。

第一节 海伊斯科普课程

一、海伊斯科普课程的产生

海伊斯科普课程，又称为高瞻课程，始于 1962 年，是当时美国密歇根州海伊斯科普·佩里学校学前教育科研项目的组成部分，由维卡特(Weikart D.P.)等人编制的关于早期儿童课程。此课程的创设是为了帮助贫困的、处境不利的学前儿童做好入学准备，成为美国 20 世纪 60 年代"开端计划"的重要组成部分。这一课程最终证实了能给儿童带来短期或长期的益处，如更佳的入学准备，学业失败的减少，更低的留级率，更高的就业率等。这一课程又是如何发展建构的呢？

(一)海伊斯科普课程的理论基础

海伊斯科普课程吸纳了皮亚杰认知发展阶段理论和认知建构主义理论的思想精华，并从中提炼出两项儿童认知发展的原则：一是人们可以以预测的顺序发展儿童智能；二是儿童逻辑推理能力的发展是儿童内在认知结构发生变化的结果，这种变化是不能直接传授的，而是儿童与环境相互作用主动建构的。

(二)海伊斯科普课程的发展历程

海伊斯科普课程主要经历了三个发展阶段。[①]

第一阶段：1971年之前。出版了第一本介绍海伊斯科普课程的著作《认知中心课程》，这一时期它以皮亚杰的认知发展理论为基石，把重点放在如何发展儿童的认知与智力上，关注为儿童进入小学做好知识与技能方面的准备，主要是为处境不利的特殊儿童服务。

第二阶段：1971—1979年。这一时期，第二本著作《活动中的儿童》出版。第一次把儿童的主动学习与儿童发展作为课程的核心思想。从服务对象上看，开始面向所有的儿童。从目标上看，从原先强调学业技能的训练转向强调根据每个儿童的发展水平促进其发展，提出以认知发展为中心，同时也要注重儿童社会性与情感发展等方面。该书奠定了海伊斯科普课程的基本框架。

第三阶段：1979年至今。出版了一系列关于海伊斯科普课程的著作，尤其是1995年的《儿童的教育》，除了对以前的版本进行修改完善外，还提出了一些新的思想；如皮亚杰关于儿童作为知识建构者的思想在课程中得到了体现，"主动学习"成为一日活动的核心；强调教师与孩子的互动；关键经验从过去的5大类49条发展成为10大类58条；强调家庭与学校的合作等。

二、海伊斯科普课程的目标与内容

(一)课程目标

十大经验概述.docx

海伊斯科普课程的目标也是其核心教育理念，即促进儿童的主动学习。所谓主动学习，是指由学习者发起的学习，是学习者通过与人、观念、情境的相互作用，主动建构起关于现实知识的过程。该课程致力于追求为学前儿童提供适合其当前发展阶段的广泛的、真实的生活经验，让儿童在内在兴趣需要的基础上，对物体进行操作，开展活动，在活动中不断思考，发现问题并解决问题，以此来促进学习的发生与认知结构的发展，并进一步拓展智力与社会技能。

海伊斯科普课程的设计者为实现课程目标，确立了10大关键经验，并在1995年出版的《儿童的教育》一书中进行详细的阐述，如创造性表征、语言和文字、自主与社会关系、运动等。

(二)课程内容

海伊斯科普课程的内容是围绕10大关键经验开展的各种教育活动，它们往往以各种区角活动为中介而展开。如娃娃家是角色游戏的中心，给学前儿童提供了模仿和假想的空间，学前儿童可以把在生活中遇到的任何事物在这里表征出来，如购物、看医生等。他们可以尽情地表达自己的情感和想法，同时学会理解他人，与他人合作，帮助他人。因此，海伊斯科普课程非常重视教室活动区的布置，如积木区、美工区、沙水区、动植物区等，以及区域投放材料的选择。强调环境与材料的丰富性、适宜性对学前儿童关键经验获得的影响，

---

① 徐小龙. HIGH/SCOPE学前教育课程模式近二十年的发展. 学前教育研究，2001(4).

创设良好的活动区，促进学前儿童各方面能力的发展。

海伊斯科普课程特别强调各活动区学前儿童的"主动学习"，包括运用所有感官主动地探究，通过直接经验发现事物之间的关系；操作、转换和组合各种材料；掌握使用工具和设备的技能；进行大肌肉活动等。随着不断发展和成熟，海伊斯科普课程还进一步具体化了"学前儿童学习"的必需要素。[①]

(1) 材料：要提供丰富的，能适应学前儿童不同发展需要的材料。

(2) 操作：要给学前儿童提供进行操作、转换、组成等活动的机会。

(3) 选择：学前儿童能自由地选择自己操作的材料与活动。

(4) 学前儿童的语言表达：学前儿童有机会在活动中描述事物、表达自己的想法，以及学前儿童之间能很好地交流。

(5) 来自成人的支持：与学前儿童讨论他们正在做的事情，参与学前儿童的游戏及协助学前儿童解决问题，成人可以鼓励学前儿童的努力，并拓展他们的活动范围。

知识链接

在美国的幼儿园里，海伊斯科普课程为儿童创设了一个具有丰富刺激而又井然有序的学习环境，整个教室根据儿童的兴趣以及材料的特点被分成若干个活动区。

积木区——给学前儿童提供探究、独立或合作性建造、分类、组合、比较和排列物体、表征经验和玩角色游戏的机会，是建构活动的中心。

娃娃家区——给学前儿童提供了一个与别人相处、表达情感和思想、用语言交流、对角色的认识、体会以及对别人的需要和要求作出反应的机会，是象征活动和角色游戏中心。

美工区——给学前儿童提供变形、重组以及转换材料的机会。

安静区——也称规则游戏区或规则游戏和阅读区，给学前儿童提供进行分类、比较、匹配、制作不同的图形、看书以及听故事的机会。

木工区——给学前儿童提供运用真正的木料和工具来学习新的技能、解决问题和制作结实的表征物体的机会。

音乐和节奏活动区——给学前儿童提供体验节奏和练习音乐的技能、了解声音和伴随声音的动作的机会。

沙水区——给学前儿童提供了解材料的质地、数量和特征，进行表征和角色游戏的机会。

动植物区——给学前儿童提供观察生长和变化，学习饲养、浇水和照料有生命的东西的机会。

户外活动区——给学前儿童提供进行大肌肉活动的机会。

这些活动区能帮助学前儿童确定自己的选择，因为每个区都有一套独特的材料和活动的机会。

(资料来源：https://wenku.baidu.com/view/dae7e039a88271fe910ef12d2af90242a995ab6e)

---

① 虞永平，王春燕. 学前教育学[M]. 北京：高等教育出版社，2012(7).

三、海伊斯科普课程的组织与实施

(一)课程的组织

海伊斯科普课程包含各种类型的活动，同时根据活动类型的不同，可以将课程的组织形式分为三种。

1. 兴趣区活动

由学前儿童自己制订计划，决定活动的内容、方法，自由选择活动的材料，在与活动材料、情境相互作用中建构知识，取得关键经验。教师的任务便是鼓励和帮助学前儿童学会计划自己的活动，并实现它。

2. 小组活动

小组活动是教师有目的、有计划地组织学前儿童参与的活动。教师根据学前儿童的兴趣和需要，利用未开发的材料或根据当地传统设计活动以便拓展他们的新能力。在小组活动中，教师为学前儿童提供活动框架，学前儿童可以以自己的方式思考问题，并解决问题，整个活动主要反映学前儿童的需要、兴趣、能力和认知水平，而非预设的结果。

3. 大组活动

大组活动是教师将整个班的学前儿童集合起来一起游戏、唱歌、做手工、练习基本动作以及开展其他特别的团体活动，由教师和学前儿童轮流担任活动的控制者。在活动中学前儿童可以大胆积极地参与问题提出，最终获得问题的解决。在大组活动中，教师可以为学前儿童提供表达自己、分享、体验和合作的机会，并逐渐形成团体意识。

(二)课程的实施

海伊斯科普课程的实施主要是由"计划、工作和回忆"这三个环节组成，相当于国内幼儿园常规的集体教学活动，是课程实施的重要组成部分。除此之外，课程的实施还有其他的方式，如户外自由活动、区角活动等。

1. 计划环节

在计划阶段，教师给学前儿童提供表达自己想法和打算的机会，通过让学前儿童自己做决定，使学前儿童体验独立工作的感受以及与成人和同伴一起工作的快乐。在计划制订出来以前，教师应与学前儿童反复讨论计划，帮助学前儿童在其头脑中形成自己的想法，以及如何实施其计划的概念。对于教师而言，与学前儿童一起决定计划也为他们鼓励学前儿童的想法，优化活动设计，并为了解和评估学前儿童的发展水平等提供了机会。

2. 工作环节

工作环节占日常活动的时间最多。在这段时间里，学前儿童实施他们计划的项目和活动，对材料进行探究，学习新的技能，尝试自己的想法，教师则应鼓励、指导和支持儿童的活动，设置问题情境，并参与儿童的讨论。

3. 回忆环节

回忆环节通常在整理和收拾活动材料之后。在回忆环节中，学前儿童与教师一起回忆和表述工作环节的活动。回忆可以通过讲述活动的过程，重温学前儿童在活动中遇到的问题，也可以通过绘画等方式来表现活动中所做的事情。

(三)课程中教师的作用

在海伊斯科普课程中，教师的作用主要是鼓励儿童积极解决问题。教师必须在教师组织的活动与儿童自发的活动之间求得平衡，既要使活动符合每个学前儿童的兴趣，又要有力地支持儿童获得课程关注的各种关键经验。具体来说，教师的作用有以下两个方面。

第一，为学前儿童提供丰富的材料和活动机会，使学前儿童能对材料和活动进行自由选择。

第二，鼓励和协助学前儿童运用某种方式制订计划和制定目标，并在完成任务的过程中找到和评判不同的解决问题的办法。

🌏 案例链接

一天早上，约翰的计划是在积木区搭一个加油站。他用积木先搭了一辆汽车，然后在周围找方向盘。忽然他不想找了，看起来似乎想放弃原来的计划，这时教师走了过来。

"你能用什么东西来做方向盘呢？"

"它必须像这样(约翰用手比画着方向盘的转动)。"

"它必须能转动，对吧。"

他们一起在教室里找。对约翰来说，一块圆柱形积木是不能充当方向盘的，因为不符合他给方向盘留的空间位置。

"用什么东西刚好能装进去呢？"

"娃娃家区的扫帚！"

约翰很实际地说："但是还需要有一个圆盘。"

他们又继续寻找。他们能找到的圆的东西是一个纸盘子。

"你怎么能把它装上去呢？"

"我知道，中间打一个洞。"

在教师的协助下，约翰成功地完成了他的计划，并邀请许多小朋友来坐他的汽车。

通过积极有效的提问、建议和环境创设，为学前儿童创造与其思维发展、语言发展和社会性发展有关的关键经验的活动情境。

(资料来源: http://www.doc88.com/p-0973208531567.html)

四、对海伊斯科普课程的评价

海伊斯科普课程，首先，它是以儿童的主动学习为核心，课程目标的制定与内容的选择立足于学前儿童认知发展所必需的"关键经验"，从而促进儿童积极主动地学习，进而激发儿童的创造潜能，创造性表达，解决问题、处理人际关系以及在社会中实现成功生活所必需的交流技能等广泛的能力。其次，该课程强调教师和学前儿童在确定学习经验方面具有同等重要的作用。教师既给予学前儿童自由自主选择活动内容和材料的空间，又给学前儿童提供必要和适宜的指导，有利于学前儿童全面均衡的发展和师幼关系的良好维护。最后，海伊斯科普课程有较强的可操作性，通过设置一系列课程实施环节，为教师提供了用来指导学前儿童独立自主地展开活动的框架结构，帮助学前儿童掌握适合其发展阶段的关键经验。总之，依据儿童发展理论和早期儿童教育实践，海伊斯科普课程是一种高质量服务于学前儿童的教育方案，并被称作"适宜于儿童发展教育实践"很好的例证。

当然，海伊斯科普课程也有其不足之处。

第一，该课程目标侧重于指向学前儿童认知能力的发展，对学前儿童的情感和社会性方面的发展没有特别具体明确的目标，尽管该课程的关键经验中比以往增加了"自主性与社会交往等，也强调师幼积极的协作关系对学前儿童社会性和情感发展的重要性，但总体还是偏向于学前儿童的认知能力"。

第二，该课程对教师的专业素质和技能的要求较高，特别是对学前儿童心理发展规律与特点，以及学前儿童技能掌握的观察与评价，这些都使该课程方案直接应用于学前儿童教育领域受到一定的限制。

第二节　多彩光谱方案课程

一、多彩光谱方案课程的产生

"多彩光谱方案"诞生于 1984 年，由哈佛大学的加德纳教授(Howard Gardner)和塔伏茨大学(Tufts University)的费尔德曼教授(David Henry Feldman)率领哈佛大学"零岁方案"和塔伏茨大学的研究小组合作完成，是一项持续 10 年的早期教育方案。"多彩光谱方案"基于对传统评估方案的批判，主张发展一种更为人性化、全面的评估方案，能够使学前儿童潜在的或外显的能力得到充分的反映，而非传统的单一的智力测验。它要求发展出一种课程，能够给学前儿童提供各种活动材料，支持学前儿童以各种方式开展学习，发现并发展学前儿童的强项，力争使所有学前儿童都能够以最佳的方式取得进步。

二、多彩光谱方案课程的理论基础

多彩光谱方案以加德纳的多元智力理论和费尔德曼的非普遍性理论为理论基础。

加德纳的多元智力理论主要指个体身上存在着相对独立的、与特定认知领域或知识范畴相联系的八种智力以及每种智能都有其自身的符号系统与解决问题的方式。这些具有程度不同且相互独立的八种智能包括语言智能、数理逻辑智能、音乐智能、空间智能、身体智能、人际交往智能、自我认知智能和自然智能。他认为："每个个体有不同于他人的智能，在各个领域中，各种智能不是均等的。一个人的一般智能或特殊智能，从与生俱来的第一层次，通过与环境的交互作用而发展，形成第二层次的多元智能……个体与环境直接的交互作用是多向的和动态的，是以领域特殊性的方式影响个体的。"[①]费尔德曼教授的非普遍性发展理论认为："在人类或个体发展的过程中，有许多活动和领域，它们既不是每个社会个体都必须或可能达到的，也不独立于一定的环境和教育的影响，人们在大多数时

---

① 朱家雄. 超越儿童认知发展的普遍性——从光谱方案看当今学前教育发展的新动向[J]. 学前教育研究，2002(5).

候都是在追求获得非普遍性领域内的专长。"①非普遍性理论是对皮亚杰理论不重视认知发展的个体差异以及教育环境特殊作用的挑战和补充。

这两大理论都反映了学前儿童在智力上的多样性，都认为学前儿童具有独特性，应该给学前儿童提供多种发展的空间和机会，使每个学前儿童都有机会实现自己的潜能，这一理论基础奠定了多彩光谱方案的价值追求。

三、多彩光谱方案课程的目标与内容

多彩光谱方案课程的目标即引导学前儿童接触更广泛的学习领域，在丰富的学习环境中发现儿童的强项，采用多种方式培养学前儿童的强项，并将之迁移到其他领域和学业表现中去。

根据加德纳提出的多元智能理论，多彩光谱方案课程设计了运动、语言、数学、自然科学、机械与建构、社会理解、视觉艺术和音乐这八个学习领域，并建立了八个别出心裁的学习中心活动。这种选择以领域而不是智力来设置课程内容，凸显了多彩光谱方案课程对学前儿童认知整体性的理解，也体现了其对学前儿童发展的个别差异性的尊重。

四、多彩光谱方案课程的组织与实施

(一)课程的组织

多彩光谱方案课程的八个学习领域，每个领域都有相应的多种学习中心活动，以自由游戏和结构化活动相结合的方式开展。由于每一个学习领域之下又有更为精细的关键技能，因此教师会根据这些关键技能来建构各种活动所需的材料和活动形式，从而创设丰富适宜的环境来满足不同学前儿童发展自身潜能的需要，真正做到尊重学前儿童个体差异。

发展学前儿童强项的前提是要发现学前儿童的强项，教师会在学前儿童根据自己的兴趣需要选择区域活动时，通过多次参与性观察来记录和总结学前儿童强项。同时，教师还应特别重视学前儿童的游戏风格，即学前儿童与活动材料、同伴的互动方式。游戏过程的维度，包括自信心水平、坚持性水平以及对细节的关注度等。

(二)课程的实施

1. 引导学前儿童接触广泛的学习领域

多彩光谱方案课程以加德纳多元智能理论和费尔德曼非普遍性发展理论为基石设计的运动、语言、数学、艺术等八个全方位的学习领域，让学前儿童在丰富的学习活动中充分开发自己的潜能。

2. 在丰富的学习环境中发现并发展学前儿童的强项

多彩光谱方案课程的出发点在于相信每个个体天生拥有各种智能，只是在每个个体身上会呈现出不同的智能组合形式，这是因为每个个体都拥有不同的优势领域和弱势领域。因此，相对于他人，每个学前儿童都有自己的强项。教师在日常教学活动中，可以通过参

---

① Jie-Qi. Chen et al. Building on Children's Strengths: The Experience of Project Spectrum[C], Teachers College Press, 1998:3.

与式观察、开家长会等方式发现学前儿童的强项。

3. 采用多种方式培养儿童的强项

在发现了学前儿童的强项之后教师可以设计一些个别化的活动和方案，为学前儿童发展这些强项提供所需的支持，以发展儿童在某一特定领域的能力、知识和技能。同时，还可以让学前儿童轮流担任其强项领域的领导，锻炼自己的能力并提升自信心，扩大学前儿童之间的交流合作，形成积极的学习态度。

另外，多彩光谱方案还设计了独树一帜的与社区联结的课程，如"回家作业"是指每一个学习领域都设计了几个可以带回家的活动，目的是通过家长与学前儿童的合作学习，让家庭也共同参与发现和培养学前儿童强项的工作；"与社区博物馆联合"主要指使他们的展出更贴近学前儿童的需要，还开发出以课室为本的课程及在博物馆进行交互式教学活动，让这两种独具特色的学习环境互相促进。"导师制"是指多彩光谱方案的设计者为了让学前儿童有机会和成人一起工作，观察和学习成人是如何在一个真实的世界中解决问题和创造有价值的产品，因而构建了一种导师制课程。

4. 将学前儿童的强项迁移到其他学习领域

多彩光谱方案课程为学前儿童提供了丰富多样的活动和材料，让学前儿童能够更好地投入到活动中，并充分表现自己的优势和暴露自己的不足。教师可以采用多种方式将学前儿童的强项迁移到其他学习领域，比如学习内容的迁移、工作风格的迁移等，从而促进学前儿童独特而又完善地发展。

五、对多彩光谱方案课程的评价

多彩光谱方案课程是一种综合型课程，综合了"学术性课程"和"生成性课程"的精华，既重视学前儿童基本技能的学习，又强调学前儿童自发游戏和自主发现的重要性。它以学前儿童个体的强项为切入点，以真实世界和教师指导下的广泛领域的学习为基本途径，使学前儿童的智能向多元的方向发展，并以此带动整个智能的发展。这种方法较为成功地平衡了知识、技能与一般能力、教师教学与学前儿童需要以及个体与集体等之间的关系。它被耶鲁大学的斯滕伯格(Sternberg R. J.)誉为"全世界教育等待已久的杰出研究"。

但加德纳曾对多彩光谱方案进行这样的评论："我感到我们不得不在具有相互抗争的力量之间航行，诱人的理论对现实的实践，强调儿童是独立的个体，主要考虑整个社会的儿童群体。有时候我们将两者的距离拉得太远，以致产生失望的情绪，但是，令人感到高兴的是，我们已经能够在这些对立的方面之间建立起一座桥梁。"多彩光谱方案批评完全将学前儿童看成被动的对象，对学前儿童实施直接教学的课程取向，也不赞成完全以学前儿童的兴趣和需要为出发点，而不关注知识和技能的课程取向。

第三节　瑞典森林幼儿园

一、瑞典森林幼儿园的产生与发展

森林幼儿园最早发源于瑞典，是一种典型的学前儿童教育形式。课程基本都在户外进行，除非遇到非常恶劣的天气气候，鼓励学前儿童在森林或自然环境中玩耍、探索和学习，而教师仅是作为观察者、安全的维护者和必需材料的提供者。

1957年，瑞典的一个退伍军人戈斯塔·弗洛姆提出了"森林之子穆勒"的概念。穆勒是弗洛姆虚构的四个童话人物之一，他出生在森林里，经常会告诫来森林玩耍的学前儿童哪些事情可以做哪些事情不可以做，帮助学前儿童热爱和保护大自然。弗洛姆根据这些人物编写了很多激发学前儿童想象力，鼓励学前儿童探索自然、热爱自然的童话故事，这些起初是给没有工作的瑞典妇女的育儿礼物，但后来发展成了宣传环保的户外活动，并且还专门成立了组织——户外活动推广协会。

1985年，西沃·林德在瑞典创办了第一所森林幼儿园——阳光雨露幼儿园，基于"森林之子穆勒"的理念，他将这些户外活动融入正式的幼儿园课程中，主要包括角色扮演、故事、歌曲和各种探索活动。该幼儿园建立之后，渐渐地有许多家长认为户外活动对学前儿童的童年发展非常有帮助，而且家长的参与活动有效改善了亲子关系。因此加入森林幼儿园的孩子越来越多，瑞典森林幼儿园的名声越来越大，吸引了众多国际参观者。

2002年，为期两天的第一届国际森林学校论坛在瑞典召开。从1985年至2008年瑞典已有180多所森林幼儿园和18所基础教育学校建立，如今森林学校的办学模式已经传播到日本、德国、法国、挪威等多个国家。

二、瑞典森林幼儿园课程的目标与内容

森林幼儿园的课程目标和内容虽各有差异，但典型的森林幼儿园课程就是通过在森林中组织各种活动，使学前儿童得到全面发展。课程内容主要包括下述各项。[①]

第一，利用自然资源和不同的规则组织富有想象力的游戏，帮助学前儿童形成独具个性的观念。

第二，通过角色扮演发展学前儿童的想象力与团队合作精神。

第三，在伙伴或成人的帮助下，用树枝等自然材料建立庇护所或其他建筑，培养学前儿童形成明确目标、制订计划并发扬团队协作和坚持不懈的精神。

第四，计算物体个数或者在自然中寻找数学模型，以提高儿童数学运算和视觉感知的能力。

第五，利用自然界的物体做记忆游戏，发展儿童的记忆力和给物体命名的能力。

第六，通过听故事、唱歌、朗诵诗歌、画画和制作玩具等活动，提高儿童的艺术、戏剧水平和注意力，培养儿童的创造力和模仿能力。

第七，爬树和森林探索活动，增强儿童体质，发展平衡性，促进儿童身体意识的觉醒。

第八，开展捉迷藏游戏，通过对他人行为、思想的预判，发展儿童的思维逻辑。

第九，独自探索和思考，借此发展儿童的自我意识和性格。

三、瑞典森林幼儿园课程的组织与实施

(一)课程的组织

森林幼儿园课程中他们认为大自然是一个理想的教育场所，学前儿童能够在自然物的

---

① 陈时见，何茜. 幼儿园课程的国际比较[M]. 重庆：西南师范大学出版社，2011.6：207.

帮助中获得全面的发展。

1. 室内活动

一般森林幼儿园只有一处室内场所，如果天气确实非常糟糕或者温度在-10℃以下，儿童可能会在上午 8 点半到下午 2 点半这段时间内进行 3 小时的室内活动。但一年中的所有课程有 80%的时间都是在户外进行的。

2. 户外主题活动

在森林幼儿园的课程中，有很多课程都是自然生成的。教师和学前儿童通过"围坐时间"，让学前儿童自由表达自己的所见所想，让学前儿童学会倾听和分享，同时学前儿童自由地交流锻炼了学前儿童的语言技能。细心敏锐的教师可以从中发现学前儿童感兴趣的主题，从而就形成了接下来要进行的主题活动。主题活动的展开形式多种多样，比如角色扮演游戏、"挖坑"体育活动、讲故事、自然探索活动等，学前儿童的户外主题活动具有发散性和灵活性。

3. 户外探险活动

户外探险活动是在所有年龄层的儿童之间以各种各样非竞争的形式展开的。滑雪、划独木舟、乘雪橇、辨别方向、撑杆走等，这些活动都是森林学校的常规活动，构成了所有学校项目的基础部分。

4. 户外散步或旅行

这些活动一方面可以锻炼学前儿童的身体素质，培养学前儿童意志和合作的精神品质。另一方面也是为了培养学前儿童独立的自理能力。当外出散步或者旅行时，即使 2 岁的儿童也要自己背背包，背包中可以放坐垫、零食、营养午餐、小玩具或者自己珍爱的东西。

5. 各种形式的游戏和娱乐活动

除了丛林生存活动，儿童还可以通过各种形式的游戏和娱乐活动获得学习和发展。比如在读写活动中，让儿童在自然中寻找字母的形状。在数字游戏中让学前儿童用果实和叶子模仿摆出数字图形。还可以与同伴一起探索虫子是怎样分解叶子的。或者组织儿童听故事、合作游戏、谈话、运用自然物体进行记忆游戏和户外探险活动等。

6. 森林以外的活动

森林并不是户外活动的唯一场所，除了在森林中进行游戏和学习以外，在冬季，学前儿童还可以在草地上学习滑雪，在池塘和湖泊中学习溜冰或者在空旷的山上学习乘雪橇。而在收获的季节，学前儿童还可以在果园里学习采摘水果，等等。

(二)课程的实施

西沃·林德在 1985 年创办了第一所阳光雨露幼儿园后，对森林幼儿园的课程的实施提出了下述几条原则。[①]

第一，教学方法要使学前儿童对知识、活动和归属感的需要在自然的环境中得到满足。

---

① Robertson, J. Swedish Forest Kindergartens, Part 1[R]. Creative Star Learning Company, 2008:5.

第二，在一年各种各样的天气里，通过让学前儿童在森林、田地、高山和湖泊中共同玩耍，学会如何与大自然相处并懂得如何保护自然。

第三，与家长合作保证高质量的户外活动。

第四，增强学前儿童对自然知识的掌握，加深他们对于自然中相互依存关系的理解，进而体会自然的脆弱和可破坏性，改变学前儿童对自然的态度。

四、对瑞典森林幼儿园课程的评价

经学者的长期研究和跟踪调查发现，森林幼儿园课程与普通幼儿园课程相比，在很多方面都表现出较大的优势。首先，森林幼儿园非常重视成人与学前儿童之间的互动，因此幼儿园会把大量的资金用于教职工的培训而非材料和设备上，目的是让教师成为学前儿童学习活动更好的陪伴者、支持者和引导者。其次，森林幼儿园的一切都讲求原生态、自然化，很少有人工刻意雕琢的痕迹，幼儿园的灌木丛和植物等都是自然生长的，幼儿园也不会设置栅栏或围墙，真正做到与自然界融为一体。最后，森林幼儿园课程中的户外活动已经被证明对学前儿童的发展有积极的影响，对学前儿童身体的协调性、平衡性、感觉敏感性等方面有明显的改善作用，同时户外活动还促进了学前儿童的语言能力，以及社会性的发展。近期还有研究表明，森林幼儿园对一些问题儿童，如注意力障碍、孤僻症等儿童有良好的矫正和治疗作用。

🕹 案例链接

下面是一所瑞典森林幼儿园的一日课程活动，它反映了森林幼儿园的教师是如何组织课程内容的。①

早上，孩子们来到森林幼儿园，在一小时的自由玩耍之后，教师将孩子们聚在一起吃东西，并同时举行一次"围坐时间"交流，让儿童与他人分享自己的感觉、想法等。孩子们在一起讨论天气、季节，吟诵诗歌和歌曲等，或者是分成几组坐在两棵树下认真地听教师或者其他同伴讲故事。

之后，教师开始今天的主题活动。这所幼儿园的儿童最近正在研究橡树，在课堂的"分享时间"，教师向学生展示一只松鼠样本并让孩子们展开自由讨论。当另一名教师拿来一袋动物玩具时，孩子们就开始讲述自己知道的关于这些动物的故事，或者唱他们喜欢的歌曲。那天有两名小朋友分别想唱"波利小姐有一个洋娃娃"和"5只猴子"这两首歌，于是会唱的孩子便起劲儿地唱起来。

之后，孩子们背上他们的行囊再次出发，途中也会偶尔因为孩子们对一棵大树产生兴趣而逗留片刻。另外，教师还会带一辆旧的手推车，不仅可以装工具，还可以让那些年龄较小的儿童在里面睡上一觉。最后孩子们来到森林的另一个地方，一块叫作"马场"的开放草坪，到夏天的时候会有很多马儿在这里吃草。在草坪上，孩子们和另外一个幼儿园的7名儿童会合。这时，由保育员按照户外活动原则照看孩子，因为这些孩子几乎每周要见两次面，所以他们对彼此都很了解并能和睦相处。

今天，孩子们想在草坪旁边挖一个新的火坑，而且这也征得了社区森林工作人员的同

---

① Robertson, J. Swedish Forest Kindergartens, Part 2[R]. Creative Star Learning Company, 2008: 6~7.

意，当时大约一半的孩子对这件事情很感兴趣，大家立刻开始动工，花费了大约26分钟的时间挖坑，其中有些孩子很喜欢做这种有明确目标的实践游戏，游戏完成后，孩子们感觉很有成就感，还在这里进行了很多其他游戏活动。

（资料来源：https://wenku.baidu.com/view/d3721c03760bf78a6529647d27284b73f342361f.html）

第四节 田 野 课 程

一、什么是田野课程

田野课程是我国21世纪以来学前教育界又一新的课程研究成果。是由南京师范大学虞永平教授带领南京市太平巷幼儿园教师，组成科研团队，以太平巷幼儿园为研究基地进行十多年潜心研究而形成的园本课程。

田野课程的实践研究者将田野课程界定为：田野课程是以自然主义教育精神为基础，以在园本课程实践中形成的"田野"理念为指导，以学前儿童经验的联系和延续为基本线索，以学前儿童的主动学习为基本形式，以教学、游戏、实习场、情境脉络、现实生活等交叉融合的活动为途径，努力促进学前儿童在原有水平的基础上全面和谐发展的各种活动的总和①。

(一)田野课程的基本理念

田野课程的基本理念是"真实、参与、现场、开阔、清新"，这些理念是田野课程的核心和精髓。课程的理念来自课程研究者长期的实践研究和学习，同时也融入了中外教育先驱的教育思想与哲学思想，如陶行知的生活教育思想，关注学前儿童真实的生活体验，强调学前儿童在操作中学习，在活动中成长，在生活中求知。陈鹤琴的"活"教育思想，让学前儿童走进自然、走进社会，融多方面的教育内容为一体，促进学前儿童全面发展；卢梭的自然教育思想，强调从学前儿童的天性出发，让学前儿童在自然环境中获得真实的经验；蒙台梭利的思想，注重为学前儿童创设"有准备的环境"，建有秩序、美观、能够丰富学前儿童经验、促进学前儿童自由探索和发展的学习与生活环境；杜威的进步主义思想，注重学前儿童的生活经验、兴趣与需要，让学前儿童在生活中学、在做中学；维果斯基的建构主义，倡导教师、家长、社区的多元参与，共同为学前儿童的自主学习、自主探索提供支持。还有多元智能理论、瑞吉欧课程方案等的课程理念都使田野课程的发展更加深厚和完善。

田野课程的基本理念.docx

(二)田野课程中的学前儿童观

第一，在田野课程中，教师和实践研究者把学前儿童看作快乐的精灵。他们是自然人，拥有热情、好奇与求知的天性，他们需要被尊重、理解和对其纯真本性的呵护。

田野课程的教师观.docx

---

① 汪丽. 田野课程——架构与实施[M]. 江苏：南京师范大学出版社，2008.4：26.

第二，学前儿童是独立的个体。他们享有成人同样的基本权益，不容侵犯。在实践中，教师应尊重每位学前儿童的人格和内在需要，善于捕捉学前儿童身上的闪光点。

第三，学前儿童是主动学习者和天生的创造者。学前儿童总是对世界充满着无限的兴趣和探索欲望。他们是学习的主人，教师应该保护学前儿童善于发现的心灵，为学前儿童创设良好的环境，激发学前儿童的创造潜力。

第四，学前儿童的发展是指向其一生的可持续发展。学前儿童期是人终身发展的奠基时期，这一时期的素质培养状况将直接影响未来的发展质量，因此学前儿童必须在良好的教育引导下积极发展，包括学前儿童体、情、知、能的全面和谐发展。

第五，学前儿童的有效学习是建立在最近发展区内的自主建构过程，是在与有着各种复杂关系的情境的互动中，不断地尝试和探索的一个过程。教师应该考虑如何为学前儿童创设更加适宜的情境和挑战来促进学前儿童的成长。

二、田野课程的目标与内容

田野课程以"培养健康的人、博爱的人、智慧的人、富有个性的人"为核心目标。田野课程不仅关注学前儿童认知、情感、技能以及创造性、生活态度和能力等各个方面的发展，还关注各领域之间的相互渗透，形成"总目标—各领域目标—各年龄段目标"的三级目标体系。如图 10-1 所示。[①]

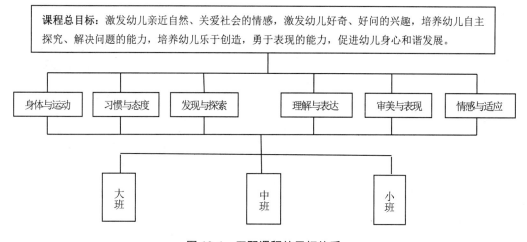

图 10-1　田野课程的目标体系

田野课程的内容以"五大领域"为基础，基于学前儿童的生活和已有的经验，从学前儿童的兴趣需要出发，同时注重整合性、趣味性和挑战性。

三、田野课程的组织与实施

(一)课程的组织

田野课程以主题活动、领域活动、生活及游戏活动为主要的组织形式，通过多样的组

---

① 汪丽. 田野课程——架构与实施[M]. 江苏：南京师范大学出版社，2008.4：32.

织形式让学前儿童在活动中探索、体验和交往，从而获得整体而完善的发展。

1. 主题活动

主题活动是教师与学前儿童共同围绕一个主题，并将这一主题渗透到各个领域，构建丰富的主题活动网络。其中需要注意的是，主题内容本身要与学前儿童的发展保持一致，并能够促进学前儿童技能和经验的提升；主题的拓展需要教师从新的角度去拓展和挖掘，而且可以通过多种课程途径实施，如游戏活动、亲子活动和生活活动等。

2. 领域活动

领域活动是课程内容的重要组织形式，可分为健康、语言、艺术、科学、社会五个领域，这是根据知识本身的逻辑和学前儿童心理发展的逻辑所形成的一组活动。

3. 生活、游戏活动

生活活动是满足学前儿童生理需要，培养学前儿童生活技能，使学前儿童初步学会自理，学习安全生活、愉快生活和文明生活的活动，它贯穿于学前儿童一日活动之中。

游戏活动是学前儿童在积累丰富生活经验的基础上，自主规划、模仿和想象，创造性地反映、再现现实生活的活动，能够促进学前儿童群体意识与自我意识的协调发展。

(二)课程的实施

在课程实施过程中教师既要遵循主体互动、发展均衡、审议先行等原则，通过实践反思、团队研讨等方式理解实施课程，也要观察、倾听和关注学前儿童的兴趣和需要，关注学前儿童的发展与潜力并以此设计实施课程，努力为学前儿童提供适宜的、真实的、自然的并富有挑战性的教育环境。田野课程有五种基本的实施途径。

1. 田野系统活动

该活动是以教师为主导，通过创设良好的教学情境，激发学前儿童兴趣，引导学前儿童主动探索，在问题情境中大胆设想和尝试，让学前儿童从中获得经验的集体教学活动。

2. 田野项目活动

田野项目活动是学前儿童自主选择活动项目，以小组活动的形式，在教师支持下进行的探究活动。项目活动的产生、发展是一个开放的过程，学前儿童可以自主决定活动的发展方向。在项目活动整个过程中，教师只初步预设活动线索，和学前儿童共同规划、推进活动进程。同时，教师要提供充足的资源和必要的技术予以支持。

3. 田野游戏活动

这种活动由教师和学前儿童共同商定游戏活动的主题、内容、场地、材料等，以及评价和分享各自的经验。田野游戏活动既可以是平行班之间学前儿童的互动，也可以是不同年龄段学前儿童之间的互动交流和学习。

4. 田野生活活动

田野生活活动包括自我生活活动和社会生活活动。自我生活活动就是幼儿园一日生活常规中的活动，如盥洗、如厕、吃饭、睡觉、穿衣等；社会生活活动包括值日、种植、分享等活动。田野生活活动是培养学前儿童在日常生活中发现问题，并通过自己的努力解决问题的能力的重要活动。

5. 田野亲子活动

田野亲子活动是由家长、学前儿童、教师围绕一个话题开展的多种形式的活动。亲子活动方案的产生、规划、组织来自家长或教师，这一活动能够增进家长与孩子的情感交流、促进双方共同成长，同时更有效地促进家长、学前儿童、幼儿园之间的沟通和交流。

四、田野课程的特点

田野课程作为园本课程，有不同于传统幼儿园的三个基本特点。[①]

开放性和选择性。田野课程内容既有预设的，也有生成的，同时，田野课程结构也呈开放状态。教师可以根据本班学前儿童的兴趣、经验和需要，灵活选择和调整主题内容. 使课程更充满生命力和活力。

真实性与多样性。田野课程基于学前儿童的真实生活，为学前儿童的探索和学习提供真实的场景。田野课程强调满足不同学前儿童的发展需要，适应不同需要的学前儿童和教师的发展特点和个性要求。因此，田野课程提供了多类型、多层次的活动形式、活动情境、活动内容和活动材料，通过多样化的课程管理手段，促进学前儿童、教师富有个性地成长。

整体性与动态性。田野课程将学前儿童一日生活都看作课程内容的实施载体，充分发挥学前儿童生活中潜在的课程价值。田野课程的实施结构不是一成不变的，而是动态的。教师在进行课程实施时可根据本班学前儿童的特点和班级的需要，自主规划，调整课程实施的内容以及实施途径的比例与结构。

🌐 案例链接

科学系统活动——神奇的纸

活动目标

1. 积极探索纸的不同折法与承受积木重量之间的关系。
2. 能积极、主动参与讨论，较清晰地表达自己在探索中的发现。
3. 能细致、耐心地进行摆放积木的操作活动。

活动准备

学前儿童已有的经验：知道纸能变形，会折纸。有玩积木的经验。
所需资源：铅画纸若干、积木若干、记录表、笔。

活动过程

(一)设置问题情境，引出"怎样让纸站起来"的话题

1. 出示铅画纸，引起学前儿童思考：怎样让纸站立在桌上？
2. 学前儿童自由探索让纸站起来的不同方法。

---

① 汪丽. 田野课程——架构与实施[M]. 江苏：南京师范大学出版社，2008.4：28.

3. 学前儿童交流让纸站起来的不同方法并分类。

(二)再次设置情境，引导学前儿童探索：哪种折法的纸承受的积木最多

1. 讨论：经过折叠的纸站在桌上能摆放积木吗？请学前儿童操作。

2. 学前儿童猜测并记录：不同折法以及可以摆放积木的数量。

3. 学前儿童实验并记录结果。

4. 表达交流实验结果与发现。

(三)再次实验竞赛：谁摆放的积木最多

活动策略分析

(一)实验操作

1.发现折叠一次的纸上能放积木，教师为学前儿童有目的的预测做准备。

2.引导学前儿童细致耐心地进行实验。

3.竞赛的形式可以激发学前儿童再次探索的热情。

(二)实验记录

1.真实记录实验数据，检测预测的正确性。

2. 从记录中发现不同折法与承受积木数量之间的关系。

3. 便于学前儿童表达交流。

(三)表达交流

总结实验的经验让学前儿童得到新信息，对自己的操作方法进行修正。

(资料来源：https://wenku.baidu.com/view/0beca35631687e21af45b307e87101f69e31fbe4.html)

第五节　安 吉 游 戏

一、安吉游戏的产生背景

安吉游戏的形成
和发展.docx

　　"安吉游戏"是浙江省安吉县安吉幼儿园游戏教育的简称。浙江安吉，黄浦江之源，曾获联合国最佳人居奖，也是十八大报告中"中国美丽乡村"概念的原型地。这里山青水绿，处处风景，是上海、杭州的"后花园"。而在学前教育界，安吉以游戏闻名。

　　学前儿童教育是人一生的教育之源。它从生命的初期培养人适应变革所需要的能力。但现今，我国的学前教育小学化倾向十分严重。在"教育要从娃娃抓起""孩子不能输在起跑线上"等功利思想的影响下，家长将学业压力加在幼儿园阶段的孩子身上。为迎合家长要求，幼儿园一味灌输学科知识，学前儿童被迫进行繁重而枯燥的"训练"。此时，幼儿园的游戏只是重复操作。在学前儿童教育阶段，学前儿童本应在与大自然的接触中，在自由自主的游戏中感知、认识、探索、理解自然与社会，却被小学化教育挤压了游戏时间，失去自主探索和认识世界的机会，使学前儿童的能力和精神被压抑和束缚。

　　在这样的时代背景和现实问题的驱动下，迫切需要一种培养学前儿童能力和品质的高质量的学前儿童教育理念，迫切需要一个学前儿童、幼儿园、家庭和社会良性互动的生态

体系，迫切需要一种既吸纳历史精华，又着眼现在和未来的学前儿童教育模式。从 2000 年起，安吉的学前儿童教育工作者们踏上了学前儿童教育改革之路。

二、安吉游戏的教育理念

安吉游戏的基本理念是相信学前儿童。相信学前儿童在学校、家庭和社会环境中，在与世界、同伴的有意义交往和活动中形成自己的见解、想法和规划，从而达到自身最大潜能的开发。在此，安吉游戏提出了一个新的名词"真游戏"，就是学前儿童根据自己的意愿开展的游戏，这也是安吉游戏之所以成功的精髓所在。

(一)投入

真正的投入产生于学前儿童充满激情的探索、发现物理世界和社会的过程中。安吉游戏赋予学前儿童最大程度的自由，使他们获得在开放空间运动的能力，充分地活动、探索、体验周围的世界并投入其中。

(二)反思

反思在经历转化为知识的过程中起着关键性作用。学前儿童由教师、家长、材料和环境支持，以多种方式反映和表达他们在一日生活中的经验。家长和教师也通过观察儿童、探索自己的游戏记忆来参与学前儿童的反思。

(三)冒险

没有冒险，就没有解决问题的能力。没有解决问题，就没有学习。学前儿童根据自己的条件、时间和地点选择挑战。他们有最大的机会去接触并享受物理的、社会的、智力上的冒险。在探索能力的极限中他们发现并解决困难，教师在现场观察和支持，但不干涉、干预或指导，除非有明确的危险或儿童已经真正用尽一切已掌握的办法。

(四)喜悦

没有喜悦，游戏就不可能是真游戏。喜悦是自主参与、自己调整难度以及有意义地反思的结果。安吉游戏的工作者们评估每日课程的一个标准就是儿童在他们的活动中是否达到喜悦的状态。学前儿童可以安静或专注，也可以吵闹或表达，但这些并不影响他们对喜悦的表达。

(五)爱

爱是一切有意义关系的基础。只有在支持真正的自由和自我表达的环境中，学前儿童才能放心地体验身体、情感、社会和智力上的冒险，不断发现、好奇、提出问题。在安吉游戏的幼儿园中，教师们不但像爱自己的孩子一般爱着每一个学前儿童，他们更将这种爱延伸到学前儿童之间、教师之间、幼儿园与家庭之间、幼儿园与社区之间的关系中。

三、安吉游戏的教育内容

2016 年教育部颁布的新版的《纲要》明确要求："幼儿园教育应尊重学前儿童的人格

和权利，尊重学前儿童身心发展的规律和学习特点，以游戏为基本活动。"然而不少幼儿园却大量地牺牲了游戏，把"教"作为幼儿园主要的教育内容。

(一)游戏等于学习

安吉幼儿园的学前儿童，他们玩真的竹子、木块、木板、砖头、超大油桶、滑道绳索、沙土、锅碗瓢盆、轮胎、废旧汽车……那种购买的精致大型玩具器材往往无人问津。这里的孩子，站在大油桶上用脚滚动着油桶向前、向后，在 3m 高的软梯上爬上爬下，拉住手环从高空索道上冲下来，用简单的大型积木搭建各种造型，他们穿着雨鞋玩真的沙、真的水……就连幼儿园的墙面都由学前儿童"做主"，有的地方挂着孩子画的游戏故事；有的地方张贴着孩子心目中最得意的作品；有的地方留有大量空白，等待孩子们进一步的探究和补充。对学前儿童来说，游戏等于学习，学习就是游戏，把本该属于学前儿童的权利——游戏，还给学前儿童。他们在与周围事物的练习与互动中，与同伴的嬉戏玩耍中享受"真游戏"，学习真知识。

(二)独立自主，自我发展

在安吉幼儿园，看似在让学前儿童"野玩"，实则是教师给予学前儿童足够的信任，让他们在游戏中学会独立自主，自我发展。在安吉幼儿园，经常可以看到这样一个"奇怪的现象"：教师都"不说话"，而是时不时拿出手机或相机，悄悄地拍摄在游戏的学前儿童，还露出喜悦、惊讶、专注等表情。在游戏的过程中，教师始终没有规定游戏的规则、游戏材料、游戏人数玩法等，当学前儿童遇到困难时，教师并不是马上上前帮助或指导，而是等待，相信学前儿童可以自己寻找解决问题的办法，从而实现自我发展。

(三)学会对自己负责

在安吉幼儿园，学前儿童最喜欢的一个游戏之一就是跳梯子，一个个孩子爬上 2m 高的梯子，然后扑通跳下，形态各异地趴在地垫上。就这么一个简单的过程，孩子们乐此不疲地反复玩，并放声大笑。或许家长们通常会认为这是不安全的，孩子会受伤。然而，并不是想象的那样，学前儿童在一次次的尝试冒险过程中锻炼了勇气，学习了安全自护的能力。只有拥有了这样的安全机制，不论何时何地学前儿童都能够保护自己，对自己负责，让家长放心。

四、安吉游戏的开展

(一)玩具取法于自然

大自然这一宝贵的资源，成为"安吉游戏"赖以存在和发展的物质基础。丰富的自然环境，让安吉的学前教育在面临投入不足的困境时想到了取法自然——给孩子们提供真实的、低结构的、丰富多彩的自然之物作为游戏材料。他们利用遍地的竹子制成梯子、秋千、桌椅，搭建茅屋、瞭望台；利用丰富的木材切割、打磨成造型简单的大型建构积木、原生态的跷跷板、平衡木；利用丰富的沙土资源、水利资源，建成沙池、水池、泥池。在竹林里长大的安吉学前儿童，从小就知道生活中处处都是游戏，充满挑战和探索的乐趣。

(二)教材来自生活

安吉游戏背景下的课程来自学前儿童的生活，学前儿童是课程的发起者，教材就是学前儿童在游戏中发现的新奇的事物、感兴趣的问题等。教师的"教"不是仅限于书本的固定知识，而是关注学前儿童的生活经验。安吉游戏的创造者程学琴说："我们的改革，不用远离孩子的教材而教，而是自觉地利用儿童原生态的生活经验，甚至部分保留儿童原生态的生活，由此衍生出游戏课程。"

(三)环境植根于美丽的乡村

幼儿园作为"美丽乡村"建设的一部分，与安吉政治经济的发展相结合，形成互助互利的良性发展模式。对于学前儿童来说，环境是他们的另一位老师，安吉幼儿园利用他们得天独厚的自然资源，打造适合学前儿童发展的良好环境，为学前儿童打造了一个优秀而强大的隐性老师，这是普通幼儿园无论如何也无法超越的。

五、安吉游戏中教师的角色

在安吉幼儿园，游戏属于学前儿童，他们是游戏的主人。安吉幼儿园的教师都本着"游戏是学前儿童的基本活动"的理念，因地制宜，利用宝贵丰富的自然资源探索和创造激发学前儿童各方面能力发展的游戏材料和环境。教师们在安吉游戏中所扮演的角色也是安吉游戏走向成功的重要因素。

(一)细心的观察者

在安吉游戏中，教师经常会做的两件事是认真仔细地观察和不停地拍照记录。在这个过程中，似乎教师并没有参与学前儿童的游戏活动，其实不然。教师在一旁的观察是为了不打扰学前儿童的游戏，让他们尽情地享受和体验其中的快乐。但并不是无所事事毫不关心，教师们都在认真仔细地观察，并做记录，是为了能够在自然的情境中了解每个学前儿童的发展现状，并且记录他们的闪光点，在今后的生活中能够更好地指导和促进学前儿童的发展。

(二)全面的支持者

在安吉游戏中教师努力为学前儿童的"真游戏"提供各方面的支持。一方面，教师竭力控制自己想要掌控学前儿童游戏的欲望，坚持做到"闭上嘴，管住手"，让学前儿童真正拥有游戏的权利。采用"放权"的方式，让学前儿童掌控游戏，自主选择游戏内容、游戏的材料以及游戏的玩伴。另一方面，教师在游戏材料的投放、游戏时间和空间上会给予学前儿童最大程度的帮助和支持，从而成为学前儿童忠实的伙伴和全面的支持者。

(三)可靠的保护者

在安吉游戏中，教师完全信任学前儿童能够独立自主地自我发展，让学前儿童在游戏中不断地尝试和体验适宜的冒险活动，即使遇到困难，也相信学前儿童能够想办法解决。在整个游戏过程中，教师大胆"放权"，同时又成为学前儿童坚强的后盾，为他们提供必要的帮助。如此一来，学前儿童便会逐渐形成坚强、独立，为自己负责的良好品质。

案例链接

很长一段时间，孩子们对轮胎和滚筒的游戏都表现得乐此不疲。每次结束他们还依依不舍，总是嚷嚷着要多玩几次。从孩子们喜悦的表情和兴奋的状态，我能看出，孩子们是真的非常喜欢。

今天到了户外自主游戏活动时间，孩子们在操场上来来回回奔跑着，有的孩子在滚筒里"睡觉"，有几个孩子自由组织起了滚动比赛，我在一旁静静地观察着。这时，王俊逸跑到操场中间来找我。"杨老师，你看，接水的管子可以滚起来哦。""嗯，是哎，你滚滚看呢。"只见她把管子一滚，滚了好远，我们俩都开心地笑起来。旁边有好多孩子围过来，看着王俊逸表演。没过多久，乔乔跑来说："老师，你看，挖沙的滚筒也可以滚起来。"卢启淳找来了圆圆的木头。周瑜珂在不停地滚动着竹筏和盖子，嘴里还嘀咕着："怎么老是要倒掉啊。"其他小朋友也开启了一系列连锁反应，都四处去搜寻。孩子们在操场各个角落里转来转去，然后开心地拿着自己找到的材料，跑过来跟我说："这个盖子也可以滚哦。""还有皮球，还有木头，还有油桶……"好多好多，孩子们纷纷说着自己的发现。这时，王炜桐还乐呵呵地骑着一辆小车子过来，嬉皮笑脸地说："小车子也能滚起来哦。"孩子们开心地叫起来："是哦是哦，还有自行车哦。"……

不一会儿，孩子们就搜罗了好多会滚动的材料。我就现场组织孩子们围成了大圈，把会滚动的材料都拿来滚滚，一起来验证一下这些材料是不是都可以滚动。结果，我们发现：皮球、管子、木头、油桶这些东西都能滚动起来，而且能滚很长时间；杯子、滚筒刷、盖子这些只能滚一下，就不能滚了。这是为什么呢？孩子们纷纷表达自己的看法："杯子有手柄呀，滚不起来；盖子这么窄，一滚就倒了；它们都不够圆；不够大……"最后，我们总结出了一点，表面光滑、圆圆的东西才能滚动起来。

讨论结束后，孩子们又各管各去玩了。我在一旁看着，那边王一轩和龚艺恒滚着油桶和轮胎在比赛；那边姚焕景骑着小车在推滚筒；材料丰富了，还是孩子们自己发现的，这下他们玩得更开心，更带劲了。

(资料来源：http://www.ajedu.com/Article_Show.asp? ArticleID=129841&tsrwkkhrncd)

第六节　学前儿童创意戏剧课程

一、学前儿童创意戏剧课程的产生

学前儿童创意戏剧课程是一种非正式的戏剧活动，是以创作教学过程为主的创造性学前儿童戏剧。具体来说，学前儿童创意戏剧课程是一种在自然开放的氛围下，通过学前儿童的肢体律动、默剧、简单即兴对话等戏剧形式，由教师引导学前儿童想象、观察、体验生活经验的非正式戏剧活动，其重点在于学前儿童经验的重建。

从 2009 年 12 月开始，南京师范大学许卓娅教授带领十余家省级示范园的园长、骨干教师等幼教专业人员与资深学前儿童绘画工作者和动画、音乐、戏剧工作者联手，进行创意戏剧课程的理论和实践研究。本研究立足于"凡是儿童可以自己做的一定要让儿童自己去做，凡是儿童能够自己体验的一定要让儿童自己去体验"的理念，分别从学前儿童创意戏剧教育的文本创编、操作材料配备、阅读资源准备、教学策略选择等不同角度进行了实践研究，以期努力为学前儿童创设主动探究、发挥创意、迁移生活经验、承担责任的机会。[①]研究团队还不断将相关研究成果通过故事绘本、动画 DVD、音乐 CD、互动游戏设计等形式分享给广大教师，为他们实施创意戏剧课程提供丰富的物质支持。

二、学前儿童创意戏剧课程的特点

学前儿童创意戏剧课程具有非常明显的特点，主要表现为以下四个方面。[②]

(一)剧本来源

幼儿园创意戏剧通常取材于学前儿童熟悉的绘本或经典童话故事，是在对绘本和故事进行或多或少的增删、改编、创新而成的。

(二)戏剧排演方式

幼儿园创意戏剧的排演基本是通过教师和学前儿童在日常生活与集体教学中完成的。其间，学前儿童启发教师、教师引导学前儿童，双向的互动使学前儿童创意戏剧贴近学前儿童，丰富灵动。

(三)舞台呈现

学前儿童创意戏剧宣扬真善美，强调交流胜过冲突，重视表现内心冲突胜过表现外部冲突。冲突场面、矛盾纠葛在大部分学前儿童创意戏剧中被淡化。

(四)戏剧性

学前儿童创意戏剧大多改编自绘本或经典童话故事。由于绘本及童话故事本身具有戏剧性和文学性，再加上师幼的共同建构，学前儿童创意戏剧故事较为完整、线索清楚，主要人物形象突出，使学前儿童创意戏剧课程具备了一定的戏剧基础。

三、学前儿童创意戏剧课程的理论基础

学前儿童创意戏剧课程的理论基础主要基于马斯洛的需要层次理论和皮亚杰的儿童认知发展理论。美国人本主义心理学家马斯洛认为：人的基本需要可以分为五类，即生理的需要、安全的需要、爱和归属的需要、尊重的需要、自我实现的需要，而且这五种需要是按由低到高的次序依次发展的，当上一层次的需要得到基本满足时，才会产生追求更高层次的需要。对于学前儿童来说，正处于追求爱和归属感需要的阶段。学前儿童创意戏剧教育非常重视这一点，在学前儿童戏剧的故事编写、情节设计以及材料准备方面都考虑到学前儿童的诉求。比如在学前儿童戏剧"一对多"中，小动物帮鼠小弟摘苹果、小动物帮小壁虎借尾巴等，其中的人物结构是充分稳定和安全的。"主角"在集体中感受到关爱和温暖，而且在互相帮助的过程中，都给予了他们心理上的归属感。

---

① 许卓娅. 创意戏剧课程理论与实践研究[J]. 学前儿童教育，2011(7).

② 胡心言，谈亦文. 学前儿童创意戏剧的戏剧性评估及理论基础探究[J]. 江苏第二师范学院学报(教育科学)，2015(5).

"儿童的思维产生于动作，行为越复杂，思维水平越高。"这是瑞士心理学家皮亚杰基于儿童认知发展阶段理论的研究结论。对于注重过程评价的学前儿童创意戏剧来说，剧本中的"行动"都是新奇的认知，都将注入自己的体验和思考。在这其中皮亚杰提出了"同化—顺应"的认知发展机制，即学前儿童在与外界事物的相互作用过程中不断地将新的图式同化到自己原有的图式，然后再根据需要改变原有图式的结构以达到顺应，从而提高认知水平。学前儿童在创意戏剧教育中，随着新事物的不断出现，通过"同化—顺应"这一发展机制来实现认知和思维水平的提高。

四、学前儿童创意戏剧课程的实施

(一)创意戏剧课程的主题来源

学前儿童创意戏剧课程实施的理

1. 故事来自生活

这是一种将生活艺术化的形式。如在《狼大叔的红焖鸡》中，狼大叔为了养肥小鸡而不断喂食，母鸡纳闷是谁给它们送食，母鸡发现后携小鸡感谢狼大叔的美餐。在《农场乐翻天》中，母鸡为了得到电热毯，尝试采用写信抗议、联合罢工、巧妙胁迫等种种方式。这些都是现实生活中社会化极高的关系在学前儿童心中的映射。

2. 故事和音乐的相互转换

一个故事可以翻译成多首音乐，一首音乐也可以翻译成多个故事。如《揠苗助长》《东郭先生和狼》等这些寓言故事都可以通过改编，形成富有韵律的、有趣的音乐剧本。如以色列狐步舞、瑞典狂想曲等音乐也可以通过想象改编成生动有趣的故事剧本。

创意戏剧课程与其他综合性主题课程一样，也可以从一个主题出发，拓展不同学科的学习活动。但不论是音乐的、故事的还是主题性的，学前儿童创意戏剧课程与学前儿童的语言教育都有密切的关系，它可以提升学前儿童应用各种语言表达交流的能力，以及观察、思维和想象的能力。

(二)实施创意戏剧课程需要注意的事项

1. 学前儿童应该有机会自主选择扮演什么角色

教师可以鼓励学前儿童自主选择角色，大胆尝试没有演过的角色，轮流表演大家竞争的角色，竞选表演希望尝试的角色。

2. 学前儿童应有机会提议演给谁看和在什么地方表演

教师可以引导学前儿童拓展观众的范围，包括本班、平行班、高班、低班学前儿童，家长、老师或客人老师。可以让学前儿童选择在"小舞台"表演、到园外表演等。

3. 年龄稍大的学前儿童应该有机会对排练承担更多的责任

例如在集体教学活动中进行分组排练；在"小舞台"活动中自主排练；在休息日争取父母参与小剧组排练，等等。

4. 学前儿童应有机会参与更多的舞美工作

诸如化妆，设计制作服装、道具、布景、广告等。

案例链接

大班儿童剧：小兔子和大野狼

一、游戏综述

剧本讲述了大野狼两次趁兔子妈妈离开家的时候，想尽办法想要抓住小兔子们，可是两次都被聪明的小兔子们识破，最终被兔妈妈打跑的故事。

二、课堂目标

(1) 让孩子们进一步熟练掌握角色的对话和学习角色的动作。

(2) 感受与同伴一起活动的乐趣。

(3) 让孩子们学习在集体中要大胆表现。

三、游戏准备

(1) 回顾通过上节课剧本表演所学心得。

(2) 邀请孩子表演他们眼中的小兔子，兔子妈妈和大野狼的形象，让其余孩子评价大家表演得好的地方。

(3) 通过小兔乖乖的音乐，引导孩子学习故事《小兔子乖乖》，了解小兔子的机敏，大野狼的狡诈，兔妈妈的孝顺勇敢等不同角色的特征，为表演做铺垫。

(4) 选取小演员与小评委，共分三个小组：第一组为原创组，表演课按原剧本内容表演。第二组为创意组，在不改变故事结局白兔妈妈成功赶跑大野狼的前提下，表演中大野狼诱捕小白兔们及小白兔们的反应可由孩子们自己提出自己的想法。第三组为小评委，评价各组表现。

(5) 教师带着学生进入排练时间与休息时间。

(6) 排练结束后开始进行成果展示。

(7) 小评委总结。

(8) 教师总结孩子们的表现，以及提问孩子们从这个故事中学到了什么？

四、游戏资源

(1) 创设场景，准备道路。①场景：花草地、小房子、大树；②道具：兔子妈妈的头巾、篮子、胡萝卜、大野狼的围巾、木棍。

(2) 选配音乐：①欢快轻松的音乐；②紧张危险的音乐。

五、游戏提示

学前儿童在表演的时候可能会出现动作与音乐不匹配的现象。如：开场音乐已经停了，小演员们还没有走到舞台中央，或者已经走到舞台中央了，音乐还没有停止。在遇到这样的问题时，教师可以引导小演员们听音乐的长短在心里估算时间，然后配合步伐自己再做个调整。

六、游戏小故事

在和孩子们商量分配角色时，可能出现谁也不愿意扮演大野狼这一角色的问题，问其原因，可能会说："大野狼那么丑，我才不演呢！"大家一致认为这是个反面角色，纷纷拒绝。角色没有分配好，谈何表演呢？因此教师们应和孩子们展开讨论。

首先，教师必须告诉孩子们，角色的美丑都是故事中必须有的，这样才能衬托出角色形象。如果没有大野狼的狡诈，也衬托不出来小兔子的机灵与兔妈妈的勇敢。其次，即使你演了不太光彩的角色，也不能说你就是不光彩的。相反，很多著名的演员都是演了反面角色而大获成功的。无论正面反面角色，只要你演好了，就是最大的成功。这才是表演的真谛。

七、童话剧本：小兔子乖乖

角色：兔妈妈、三只小兔(长耳朵、红眼睛、短尾巴)、大野狼。

剧本：

旁白：大森林里，住着快乐的兔子一家，兔妈妈和她的孩子们——长耳朵、红眼睛和短尾巴。

兔妈妈和小兔们：(欢快的音乐声中，兔妈妈带着所有小兔鱼贯而出，围成圈齐念)小白兔，白又白，两只耳朵竖起来，爱吃萝卜和青菜，蹦蹦跳跳真可爱(四处游玩吃草，蹦蹦跳跳回家)。

兔妈妈：(呼唤)长耳朵。

长耳朵：我在这儿呢！

兔妈妈：(呼唤)红眼睛。

红眼睛：我在这儿呢！

兔妈妈：(呼唤)短尾巴。

短尾巴：我在这儿呢！

兔妈妈：(一边扎头巾一边说)孩子们，一会儿，妈妈要去很远的地方拔萝卜，你们千万记得要把门关紧了，除了妈妈，谁来都不要开。

小兔：知——道——了！

兔妈妈：(提起篮子，临出门再嘱咐)记住，妈妈没回来，谁来也不开！

小兔：知——道——了！

(兔妈妈出门，小兔一起关门)

旁白：不远处，一只大野狼到处找点心，饿得直流口水。

大野狼：我是一只聪明的狼，抓兔子嘛，我最在行！哎！前面不是兔子的家吗？让我去碰碰运气！(咚咚咚砸门)快开门，快开门，让我进去！

兔子们：(齐唱)6565|365|5532|1--|6123|1--‖
　　　　　　不开不开　就不开，妈妈没回　来，谁来也不开！

大野狼：哼！狡猾的兔子。(大野狼灰溜溜地嘟囔着，走下台)

兔妈妈：(拎着一篮萝卜上场，唱着歌儿来敲门)

3516|5--|5--|3561|5--|5--|653|2--|2--|353|
小　兔子乖　乖，　把门　开　开，　快点开　开，　妈妈要
23|1--‖
进来。

小兔：(欢呼着边唱歌边把门打开)妈妈回来了！妈妈回来了！

兔妈妈：我的宝宝们，你们一定饿坏了吧？来，妈妈给你们带回来萝卜了，快吃吧(兔妈妈给小兔分萝卜吃)!

兔妈妈：我的乖宝宝们，你们乖乖在家吃东西，妈妈去给你们的姥姥送点吃的去。

兔妈妈：(临走前叮嘱)记住了，除了妈妈，谁来也不要开门!

小兔：(把手放在嘴边做喇叭状)知——道——了!

旁白：(配表现紧张的音乐)可这时，大野狼并没有走远，它躲在大树后面，偷偷学会了刚才兔妈妈唱的歌。

大野狼：(大摇大摆地走到舞台中央)原来要开门还得先唱歌。嗨！这还不简单，让我打扮打扮清清嗓子来唱歌(跑到大树下拿条围巾围在头上)!

大野狼：(围着围巾，边唱歌边敲门，声音有些沙哑)

3 5 1 6 | 5 -- | 5 -- | 3 5 6 1 | 5 -- | 5 -- | 6 5 3 | 2 -- | 2 -- | 3 5 3 |

小　兔子乖　乖，　　把门　开　开，　　快点开　开，　　妈妈要

2 3 | 1 -- ||

进来。

小兔：(唱歌)不对，不对，你是大野狼!

大野狼：(侧耳倾听门内的动静，眼珠一转)哎呀，乖宝宝，别害怕，我是你们的好妈妈!

小兔：(对着门)你把尾巴给我们看看，我们就开门。

大野狼：(扭着屁股把尾巴塞进门缝)看吧，看吧，我的尾巴白又白。

小兔：一——二——三，嘿(三只小兔一起用力关紧门，夹住了大野狼的尾巴)！！！

大野狼：(抱住尾巴)哎哟、哎哟，疼死我了！疼死我了!

旁白：正在这时，兔妈妈回来了。

兔妈妈：(拿起一根大木棍，用力打，边打边说)你这个大坏蛋，看我怎么收拾你！看你下次还敢不敢来!

大野狼：哎哟！哎哟！不敢了，我下次再也不敢了(大野狼一使劲儿，尾巴扯断了，它捂着屁股逃走了)!

小兔：噢！我们胜利啦!

兔妈妈：(兔妈妈放好木棍，拍拍身上的土，走到家门前，边唱边敲门)

3 5 1 6 | 5 -- | 5 -- | 3 5 6 1 | 5 -- | 5 -- | 6 5 3 | 2 -- | 2 -- | 3 5 3 |

小　兔子乖　乖，　　把门　开　开，　　快点开　开，　　妈妈要

2 3 | 1 -- ||

进来。

兔子：(唱歌)妈妈回来了！妈妈回来了!

兔妈妈：我的宝宝们，你们可真勇敢啊！(说着搂住小兔子们)妈妈真为你们感到骄傲!

合：(音乐响)大野狼，真正坏，装成妈妈骗乖乖。小兔乖乖不上当，打跑大野狼本领强!

(资料来源：https://wenku.baidu.com/view/814bdcb6bc64783e0912a21614791711cd7979d8.html)

第七节　当前我国幼儿园课程发展的趋势

一、幼儿园课程与社区教育相融合

我国幼儿园的发展有逐渐依托社区的发展趋向。在构建和谐社会的背景下，社区的服务功能正在扩大和加强，社区资源的综合运用正在受到关注。学前教育是整个社会服务系统的重要组成部分，政府对学前教育负有主要责任，幼儿园课程与社区教育和服务相融合，是我国学前教育的发展趋势。幼儿园依托社区，融入社区，其价值不止限于运用社区资源，更重要的是在宏观的层面上加强对学前儿童及其家庭的教育和服务，而这种教育和服务是全方位的、多层次的和多功能的。幼儿园课程与社区教育和服务相融合，会给我国幼儿园课程改革带来新的思路和发展契机。

二、幼儿园课程更加生活化

幼儿园课程越来越强调与学前儿童生活的联系。幼儿园课程应立足于学前儿童生活，在生活化的教育情境中促进学前儿童生活能力的提高，并同时促进学前儿童的情感、经验、技能共同发展。第一，就课程与生活的关系而言，如果把生活看作课程的基础，那么课程内容主要来源于生活，是对生活经验的一种高度提升和概括。第二，生活是连接儿童与课程的中介，生活能为课程提供丰富的素材，能在学习知识与儿童已有的或正在形成的经验之间构架一座桥梁，使儿童体会到学习过程的轻松和快乐。第三，生活是人之为人的根本目的，所有课程的学习都必须为这种目的服务，为儿童现在和未来的生活做准备。

三、幼儿园课程更加文化多元化

文化与教育存在一种相互影响的互动关系，多样的文化导致多元文化教育的产生，多元文化教育的开展又保护了文化的多样性。儿童学习经验的获得是与社会文化背景、价值观念紧密相连的，社会文化的多样性使幼儿园课程也呈现出尊重多元文化差异的趋势。

四、重视教师专业水平的提高

中国幼儿园课程改革的关键实施人群就是幼儿园教师，课程改革效果的好坏主要依赖于师资水平的高低。可以说在一定程度上，师资水平已经成为决定课程改革的关键性因素。这是因为无论课程改革的理念如何先进、课程改革的标准如何符合学前儿童的身心发展水平，真正的实施人群是广大的幼儿园教师，如果教师不能理解或者误解课程改革的目标，则在教育教学中就无法实现所追求的目标。任何改革的理念性设想都需要通过一线教师的教育行为得以实现。因此，重视幼儿园教师的专业化发展是我国当前乃至今后应始终关注的话题。

📖 拓展阅读

加德纳的多元智能理论.docx 见右侧二维码。

拓展阅读

思考与练习

一、名词解释

海伊斯科普课程　　加德纳的多元智能理论　　安吉游戏　　田野课程

二、简答题

1. 海伊斯科普课程的实施过程有哪些环节？对我国幼儿园课程有哪些值得借鉴的地方？

2. 多彩光谱方案课程的理论基础有哪些？

3. 瑞典森林幼儿园课程的理念和内容有哪些？

4. 安吉游戏的教育理念以及教师的角色能给我国传统的幼儿园课程的改革带来哪些启示？

三、论述题

1. 结合实际谈一谈什么是学前儿童创意戏剧课程？它的特点有哪些？

2. 当今我国学前课程改革的趋势特点有哪些？对此你有何看法？